"Yüzyıl daha yaşasam,
bu yalandan daha gerçek bir şey
söyleyip söyleyemeyeceğimi
bilmiyorum."

Eksik Parça Yayınları

Sevgili Yasmin
Sophia Khan
Periscope Books tarafından aşağıdaki isim ile İngilizce basılmıştır:
Dear Jasmeen

Yayın Yönetmeni: **Asiye Ademir**
Çevirmen: **Güniz Galay**
Editör: **Kürşad Kızıltuğ**
Redaktör: **Burcu Terzioğlu**
Son okuma: **Uğur Aydemir**
Kapak ve Sayfa Taşarımı: **Serkan Cenker**

Baskı ve Cilt: **MY Matbaacılık San. ve Tic. Ltd. Şti.**
Maltepe Mah. Yılanlı Ayazma Sok. No: 8/F Zeytinburnu/İstanbul
Tel: 0212 674 85 28 | mymatbaa34@gmail.com

YAYINEVİ SERTİFİKA NO: 40882
MATBAA SERTİFİKA NO: 34191

Baskı: Mayıs 2018
ISBN: – 978-605-2162-65-1

Genel Dağıtım: **İKİ A YAYINCILIK VE DAĞITIM HİZMETLERİ**
Gülbahar Mah. Elif Sok. No: 4/A Mecidiyeköy/İstanbul
Tel: 0(212) 272 45 46 | Fax: 0(212) 272 45 55

www.ikiayayincilik.com.tr
www.facebook.com/eksikparcayayinlari
www.twitter.com/eksikparcayayin
www.eksikparca.com

SOPHIA KHAN

Sevgili Yasmin

"Belki de her hikâyenin sonsuz sayıda farklı sonu vardır."

Çeviren: Güliz Galay

EKSİK PARÇA

Aileme

Aşkım, yol arkadaşım
Sürülmemiz emredildi yine,
her sokakta haykırıp
her kasabadan medet ummaya mahkûm edildik.
Sevdiklerimizden haber getirecek
bir ulağın izini sürmek üzere.

– Faiz Ahmed Faiz

Birinci Bölüm

1

Mektuplarım eline geçiyor mu diye merak ediyorum şimdi. Eline geçiyorsa da hâlâ umursuyor musun diye. Pencerelerde yüzümü görüyor musun? Karlı günlerde aklından geçiyor muyum? Beni düşünüyor musun? Gecenin bir vakti benim gibi birdenbire uyanıp kendini umutsuzca boşluğa sarılırken buluyor musun merak ediyorum.

Kutuyu bulduğum gün, annemin ölmüş olduğunu anlıyorum. Bundan emin olmanın bende yarattığı hissizlik işkence ediyor bana. Üstüme üstüme gelen bu karanlık odada, kutunun bacaklarıma değen metal kenarlarından başka bir şey hissetmiyorum. Bir insana şimşek çarptığında onun bunu anında kavrayamadığını söylerler. Şimşek kurbanlarının, bilinçlerini yitirmeden önce ya da acı içinde çığlıklar atarak yere yığılmadan önce metrelerce uzağa yürüdükleri bilinir. Sanırım parlak ışıkların yarattığı körlüğe benzer bir şey yaşıyorlar: Zihinleri etraflarındaki gölgeleri tekrar algılamaya başlayıncaya kadar her yer bembeyaz görünüyor gözlerine. Kutuyu bacaklarımın üstünde sımsıkı tutarken yıllarımı bir yanılsamanın içinde debelenip durarak geçirmiş olabilir miyim diye düşünüyorum.

Kutuyu ocak ayının bir pazar günü buluyorum. Yoğun kar, zaten her şeyin yavaş ilerlediği Crawford kasabasını sessizliğe gömmüş durumda. Yapacak hiçbir şeyin olmaması kendimi babamın çalışma odasının üstündeki tavan arasında dizlerimin üstünde otururken bulmama sebep oluyor. Babamın alnından itibaren dökülmeye yüz tutan saçlarını, acemice kullandığı klavyeden gelen düzensiz tıkırtıları, yazmakta olduğu kitabın herhangi bir cümlesine takılıp kaldığında eğilen omzunu hayatım boyunca belleğime kazıdım. Bu gece bir yerde takılıp kalmış gibi görünüyor. Gözetleme deliğinden baktığımda, bütün bir öğleden sonramı pişirmek için harcadığım büryan pilavı tabağındaki pirinçleri amaçsızca didiklerken görüyorum onu. Koca bir kaşık dolusu yemeği ağzına götürüp tadına varmadan alelacele midesine indiriyor. Büryan pilavı geçen haftadan kalma bile olabilir. Hatta marketten alınmış hazır bir pilav da olabilir. Hiç önemi yok onun için.

Doğrulup, neredeyse boşalmış Chanel parfüm şişesini karanlıkta kaybetmemek için kucağıma koyduktan sonra el yordamıyla sigara paketini arıyorum. Kutu bacaklarımı uyuşturmaya başlıyor, ama umursamıyorum. Olduğum gibi kalırsam ve bugünün diğer günlerden bir farkı yokmuş gibi yaparsam ne yapacağımı, ne hissedeceğimi bilebilirim diye düşünüyorum.

Buraya gelmeye başladığım ilk zamanlarda hiçbir şey bir kol boyundan uzun değildi. Yalıtım için kullanılan malzeme, kenarlardan aşınmaya başlamıştı. Kutuyu da öyle buldum zaten, omuz şeklindeki bir oyukta görünüvermişti. Bu karanlıkta tek başına olmanın beni korkuttuğunu düşünmek tuhaf olabilir, ama öyleydi. Korkuyordum. Banyonun tavanındaki yerine oturmayan tahta plakayı ilk fark ettiğimde, onu kaldırıp etrafa şöyle bir bakmaktan öteye gidemeyecek kadar korkmuştum. On bir yaşındaydım ve annem gideli bir yıldan biraz fazla olmuştu. Bu keşfi yaptığım ilk gün, tahta plakayı hızlıca kapatıp klozetin üstünden atlarken aklımda annem vardı. Onun göremeyeceği karanlık yerlere gizlice saklanıp görünmez olmamdan hoşlanmazdı. Tabii ki o zamanlar annemin ölmüş olduğuna dair bir fikrim yoktu.

Okuldan eve geldikten sonra alt katta zaman geçmek bilmiyordu. Sürekli annemin yüzünü görüyordum aynalarda. Orada olmadığı halde, oturma odasındaki sandalyelerde dokunuşlarının bıraktığı izleri görüyordum. Bir gün biri koridorun, diğeri benim odamın üzerine denk gelecek şekilde yere iki delik açtım. Annem sanki hâlâ buradaymış gibi, ona dair bir iz yakalayabilirim umuduyla üst kattan saatlerce bomboş evi izler dururdum. O izi hiç yakalayamadım. Onun yerine, aşağı katta olmak zorunda kalmadan orada yaşamayı öğrendim. Aşağıda başka bir Irenie'nin yaşamını, o diğer Irenie'nin ödev yapışını ve annesi için resim çizişini hayal ederdim. Annemden bir tane daha hayal edecek kadar ileri gitmesem de diğer Irenie'nin onun mutfakta, banyoda ya da merdivenlerde olduğundan emin olduğunu bilirdim.

Havalandırma boşluğunun karşısına oturup dalgın bir şekilde yalıtım malzemesindeki çatlakları tırnaklarımla kazıyıp büyütüyorum. Uyuşan sol bacağım oraya gizlice yerleştirdiğim kasetçalara değiyor. Bir anlık refleksle bacağım kıpırdar da kasetçalar aşağı uçar korkusuyla hareketsizim. Aşağıda babam sandalyesinde kıpırdanıyor ama ayağa kalkmıyor. Babam en azından yellense keşke diyorum ama babam pek yellenmez. İç çeker ya da esnemek için vücudunu oynatır oynatmasına ama daha ilginç bir şey yapmaz.

"Burnunu başkalarının işine sokmak sana hiçbir şey kazandırmaz," diyerek ikaz ederdi annem beni kapalı kapıların ardında saklanırken gördüğünde. Ama artık saklanmıyorum. Sadece babamın yellenmesi umuduyla çıkmış değilim buraya. Babamın çalışma odasına denk gelen deliği onu gözetlemek niyetiyle açtığım doğru. Onu her gün işten gelir gelmez oraya çeken şey neydi? Kendisini oraya sürükleyen görünmez bir güç varmış gibi, *selam-okul-nasıl-gitti?* gibi üstünkörü bir soru yönelttikten sonra daha ben yanıt veremeden merdivenleri yarılamış olurdu. Belki annemle ilgili bazı gizli dosyaları inceliyordur, alçak sesle telefon konuşmaları yapıyordur ya da camdan dışarı sızıp yağmur borusundan aşağı kayarak evden kaçıyordur diye düşünürdüm. Belki de sadece annem ortadan kaybolduğundan beri onun için kendi ellerimle hazırladığım akşam yemeklerinin tadını çıkarmasını umuyordum. Ama o bunların hiçbirini yapmıyordu. Sadece masasına oturup bilgisayarında bir şeyler yazıyor, boş boş ekrana bakıyor ya da sandalyesini camın kenarına çekip oturuyor ve kitap okuyordu. Sonra da, şimdi yaptığı gibi, yemeğini büyük lokmalar halinde ağzına götürüp umursamazca çiğnemeden önce buz gibi olana kadar soğutuyordu. Ortada gözetlenecek bir şey yoksa yaptığınız şey gözetleme sayılmaz aslında.

Sol ayağım iğnelenmeye başladı ve sırtım tutulur gibi oldu. Kutu bacaklarımda iz yapmaya başladı, ama bunu düşünecek halim yok şu anda. Tahminime göre, neredeyse bir saattir buradayım. Normalde buraya çıkarım, ne yapacaksam yaparım ve aşağı inerim ama kış projemi tamamladığıma ve Celeste de Florida'da olduğuna göre yapacak pek bir şeyim yok. Gözlük camlarımı temizleyip gözetleme deliğinden tekrar bakıyorum. Görünen o ki babam her zamanki gibi yine bezgin. Sigaramı yakıyorum. Onu kendine getirme zamanı geldi.

İlk seferinde yanlışlıkla olmuştu. Mendil kutusunun içinden dışarı çıkmış şişe ağzını fark ettiğimde çengelli iğne bulmak için annemin ofisini karıştırıyordum. Bırakın başkalarını kendisinin bile akıl edemeyeceği yerlere eşyalarını dalgınlıkla koymak gibi tuhaf bir huyu vardı annemin: Ayakkabıları buzdolabının sebzeliğine, anahtarları sırt çantama, parfümleri mendil kutusuna koyabilirdi mesela. O ortadan kaybolduktan sonra haftalarca parfümü aramıştım. Mutsuz olduğum zamanlarda parfümünü koklamama izin verirdi. Hatta bazen kulaklarımın arkasına azıcık damlatırdı o parfümden.

Şişeyi açmak için telaş edince nasıl olduysa parfümü baştan aşağı üzerime döktüm. Bir anda annem her yerdeydi. Beni kollarına alıyor, saçımı okşuyor, beni yatağıma götürüp bana masallar okuyor ve iyi geceler öpücüğü veriyordu. Sonra gözlerimi açtım. Oda boştu.

Saatler sonra, parfüm elimde tavan arasında açtım gözümü. Bugün bile oraya nasıl çıktığımı hatırlamıyorum. Babamın eve geldiğini duyunca gözetleme deliğine biraz daha yaklaştım. Bana seslenip seslenmediğini, benden cevap alamayınca arayıp aramadığını merak ettiğimi hatırlıyorum. Ev karanlıktı ve yan komşumuz Celeste'lerde olduğumu düşünmüş olmalıydı. Elinde bir fıstık kavanozuyla çalışma odasına geldi ve hemen bir kitaba daldı. Kavanozdaki fıstıkların çeyreğini yiyip bitirmişti ki hapşırmak üzere olduğumu fark ettim. Hapşırmamak için ağzımı gömleğimle kapatınca istemeyerek de olsa, parfüme bulanmış kumaşı gözetleme deliğine değdirmiş oldum. Babam elindeki kitabı yavaşça bırakıp sandalyesinden kalktı. Havayı koklayıp "Yasmeen?" dedi fısıldayarak.

Annem gittiğinden beri ilk kez onun ismini söylediğini duyuyordum. O ismi defalarca söylediğini duymak istiyordum. Beni unutmuş olsa bile onu unutmamış olduğundan emin olmak istiyordum. Annemin gitmesine izin verdiği için, onun hakkında hiç konuşmadığı için, o sanki hiç var olmamış gibi davrandığı için öfkelendim birden. Tıpkı benim gibi, onun da annemi özlemesini istiyordum. Onun yokluğunun yasını uluorta tutsun istiyordum.

İşte her şey böyle başladı.

Başlarda sadece parfümdü. Büyüdükçe daha yaratıcı olmaya başladım. Onun dinlediği Nusret Fatih Ali Han'ın, *hint sufi müzik-*

lerini çaldım. Türk tütünü içtim ve annemin ön odanın duvarlarına üst üste dizdiği antolojilerden seçtiğim şiirleri yüksek sesle okumaya başladım. Özellikle de Faiz'in ve Dickinson'ın şiirlerini okuyordum çünkü altı en çok çizilenler onların şiirleriydi. On üç yaşıma geldiğimde ciltlerce şiir ezberlemiştim. Bugün bile merdivenlerden çıkarken kendimi o şiirleri okurken buluyorum.

Babam yaşadığı bu tuhaflıklarla ilgili tek laf etmedi bana. Annemin hayalini kendisine sakladığına inanıyorum ve bu yüzden anneme sahip olanın asıl ben olduğumu düşünürken ona birtakım izler bırakmaya devam ediyorum. Ona sahip olan bendim.

Delikten aşağı bir ağız dolusu duman üflüyorum ve sigarayı daha önce yukarı çıkardığım çikolatalı süt bardağının dibinde kalan yapışkan sıvıya atıyorum. Bu bir hata. Babam sigaranın sönerken çıkardığı sesi duyup sandalyesinde doğruluyor. Ani bir hareketle karanlığa doğru çekiyorum kendimi.

"Irenie?" diye mırıldanıyor. Sesimi çıkarmıyorum. Yıllar ya da anlar geçtikten sonra hareket etmekte bir sakınca görmediğimden eğilip babama bakıyorum. Dalgın dalgın klavyenin tuşlarına basıyor. Kutu ayak bileğimin üzerinde ağırlık yapmaya başlıyor. İlk kez o an yakından bakıyorum kutuya. Metal bir kutu. Teneke olabilir. Yan yana getirilmiş iki ayakkabı kutusu büyüklüğünde. Her yeri fosforlu renklerle boyanmış gibi görünüyor karanlıkta. Mandallardan biri kırılmış. Diğeri şatafatlı bir kilitle tutturulmuş. Tam hatırladığım gibi.

Karanlıkta daha içine bakmadan anlamıştım ne olduğunu: Annemin sırrı. Bana hiç bahsetmediği sırrı. Hatıralarıma o kadar uzun bir süre önce girmişti ki sanki hep oradaymış gibi geliyordu bana. Okuldaki resim odasında yangın çıktığında Bayan Ronson beni arabasıyla eve bırakmıştı. O zaman görmüştüm kutuyu yatak odasında oturan annemin kucağında. Annemi dinlemeyip öğle uykusuna yatmadığım nadir öğlenlerden birinde o kutuyu kilerde yerde annem üzerine eğilmiş içindekilere bakarken görmüştüm. Bir keresinde de geceyi Celeste'lerin evinde geçirdikten sonra eve korkarak geldiğimde mutfak masasının üstünde görmüştüm onu. Annem her defasında bana gülümseyip kutuyu kapatır, sorularımı duymazlıktan gelir ve sanki son zamanlardaki o uzaklara dalıp giden halini yüzü ele vermiyormuş gibi hayata geri dönerdi.

"O kutuda ne saklıyorsun?" diye sorardım ama o saçlarımı okşayıp kutuyu bulamayacağım bir yere kaldırırdı. Annem bir şeylerle meşgul olduğunda evin her yerinde kutuyu arardım. Annem eşyaları saklama konusunda tam bir uzmandı. Benim nerelere bakacağımı bilirdi. Annem gittikten sonra deliler gibi aradım o kutuyu. Bulamayınca, kutuyu da beraberinde götürdüğünden emin oldum. Belki de çok daha güzel bir yere götürmüştü onu.

Banyonun tavanından aşağı sarkarken babamın çalışma odasından gelen ışık huzmesinin kaybolduğunu görüyorum. Bardağı dişlerimle tutuyorum. Kutu sol elimde. Aynada kendimi James Bondvari bir halde görüp mutlu oluyorum. Birdenbire bir şeyin farkına varıyorum. Annemin en büyük sırrına ulaştım. Kutudaki şeyler onun neden gittiğini ya da nereye gittiğini söyleyecek mi bana? Onun her bir zerresini, aklından her geçeni bilmek istiyorum. Ben bu istekle yanıp tutuşurken ayağım kayıyor. Dengemi bulmak için duş perdesine tutunuyorum. Dişlerimle tuttuğum bardak yere, küvetin içine düşüp paramparça oluyor ama kutuyu bırakmıyorum.

Babam "Irenie?" diye seslenip kibarca kapıya vuruyor.

Tavandaki kapağı alelacele yerine yerleştirip kutuyu sokuşturacak bir yer arıyorum. Belki de lavabonun altına koymalıyım. Babam lavabonun altındaki dolabı diş macunu bitmiş olsa bile *asla* açmaz. Diş macununun tüpünü tırnak makasıyla ikiye bölüp dibinde kalanı kullanır. Annem gitmeden önce diş macunu tüpü ya dolu ya da yeni alınmış olurdu. Bazen de kuyruğu havaya kalkmış kocaman bir tırtıla benzerdi.

"Ne var?" diye soruyorum bağırarak. Aceleyle küvetteki cam kırıklarını toplayayım derken parmağımı kesiyorum. Elimden akan kanı, külü ve çikolata artığını küvetin giderinden akıtırken aklıma saçımı ıslatmak geliyor. "Başımı yıkıyorum."

Babamın yerinden kıpırdamadığını fark ediyorum. Bu adama kimse kadınların kendilerine ayıracak özel zamanlara ihtiyaçları olduğunu söylememiş mi? Üzerimdeki kirli elbiseyi çıkarıp havluya sarınıyorum. Hâlâ orada.

"Banyoda işin bitince dişimi fırçalamak istiyorum," diyor.

Kapıyı aniden açınca ayağı takılır gibi oluyor. Alnını kapıya dayamış olduğunu anlıyorum. "İşim bitti," diyorum.

Tuhaf tuhaf yüzüme bakıyor ama hiçbir şey söylemiyor. Kapıdan çıkıp yanından geçerken her zamankinden daha fazla irkilip yere bakıyor. Odama gittiğimde parmağımdan akan kanın havlunun her yerine bulaştığını görüyorum.

O gece sık sık uykumdan uyanıyorum kutuyu düşünerek. Gidip almak istiyorum ama ya kapının önünde babamla karşılaşırsam? Annemi görmeyeli beş yıl oldu. Hayatımın üçte biri. Bir fotoğrafta donup kalmış bir yüz dışında annemin yüzünü bir türlü hatırlayamıyorum. Babam ona benden üç yıl daha fazla sahip oldu. Ben Celeste ile Florida'da olduğum için annemi koruyamayacak durumdayken onun gitmesine izin veren, hatta belki de gitmesine sebep olan o. Bunu benden almasına izin vermeyeceğim.

Annemi mutfakta nefret ettiğimi bildiği halde mısır gevreğime muz doğrarken hayal ediyorum. Babamın gömleklerini ütülerken benim gömleklere kola püskürtmeme izin verdiğini hayal ediyorum. Kendimi gecenin bir vakti annemi evin içinde ararken hayal ediyorum. Korkmuyorum ama çünkü evde bir yerlerde olduğunu biliyorum. Saat beş civarı uykuya dalma mücadelesi vermekten vazgeçip kendime bir kahve yapmak üzere alt kata iniyorum. O an kutuyu bulmuş olmamın benim için tam da ne anlama geldiğini fark ediyorum. Annem yaşıyor olsaydı kutu onda olurdu.

Babam işe geç gitmek için bu sabahı seçiyor. Kafam ona tereyağlı kızarmış ekmekten başka bir şey hazırlayamayacak kadar meşgul olmasına rağmen kahvaltıda oyalanıyor. Pazartesi günleri genellikle omlet yer. *Geç Dönem Antik Çağ Dergisi*'ni okuyup bir dilim kızarmış ekmeği bitireceğim diye boğuşur.

"Okula geç kalmıyor musun Irenie?" diyor. Nadiren babamla beraber yeriz. Bu yüzden yalnız bırakılmak istediğini fark ediyorum.

"Sen geç kalmıyor musun?"

"Ders ekleme bırakma haftası," diye mırıldanıyor. "Ofis saatlerim öğleden sonra."

Bütün yolu son hız koşarak bile gitsem okula geç kalacağımdan emin olana kadar bal kâsesiyle oynuyorum.

2

Sensiz yapamayacağımı düşündüğüm zamanları düşünmek. Yok olacağımı hayal ettiğimi düşünmek. Üzerinden yıllar geçti ve ben bir şekilde hâlâ buradayım.

Okulun ilk günü öylesine geçiyor. Tüm dersler boyunca kutunun sanki hiç var olmamış gibi bir anda ortadan kaybolacağından korkuyorum. Son ders zili çaldığında kontrol etmek için Celeste'i bile beklemeden eve koşuyorum.

Gün ışığında bakınca yıpranmış olmasına rağmen üzerine özenle resim yapılmış olduğunu görüyorum. Annem kutuyu ben doğmadan once, hatta belki de babamla bile tanışmadan önce boyamış olmalı. Annem resim yapmak için tutku gerektiğini söylerdi. Görünen o ki bizimle olduğu yıllar boyunca bu duyguyu hiç yaşamamıştı. Verdiği resim dersleri esnasında bile eline fırça aldığını görmemiştim.

Kapağı açmak için kutuyu sarsıyorum. Kilidi çekiştiriyorum ama sıkışmış. O sırada kilidin antika bir Osmanlı kilidi olduğunu fark ediyorum. Beş yıl önce annemin benim için bıraktığı, yatak odamdaki aynadan sarkan kolye ucuyla fevkalade uyumlu bir zinciri var kilidin. O kolyeyi sonsuza dek çıkarana kadar boynundan hiç çıkarmamıştı. Kucağında oturduğum zamanlarda o kolye ucuyla oynar, zincirinin iç içe geçen halkalarının güzelliğine dalıp giderdim. O zamanlar bile anahtar olabileceğini aklımdan geçirmediğim o kolye ucu sırlarla doluymuş gibi gelirdi bana.

Bir zamanlar kilitli olmayan kutu, onca yıl kapalı olmasına rağmen kolayca açılıyor. Kutuyu açarken neredeyse kafamın içinde heyecanlandırıcı bir fon müziği duymayı bekleyerek nefesimi tutuyorum. Ama odada sessizlik hakim. Kutunun içinde süslerle bezenmiş kâğıda sarılı bir paket var. İçi mektup dolu.

"Sevgili Ahmed," yazısını okuyorum kapağa takılıp paketten dışarı fırlamış bir mektubun ucundan. Hatırladığımdan daha büyük harflerle ve annemin hiç yapmayacağı kadar çalakalem yazılmış olmasına rağmen annemin el yazısı bu. İslamabad'dan ara sıra gelen eski tip bir mektup kâğıdına yazılmış. Böyle mektuplar geldiğinde annem çok mutlu olur, zarf şeklinde katlanmış mektup yırtılır da içinden bir kelime eksilir korkusuyla yavaşça açardı.

Ben annemin tepesine çıkıp ona çaktırmadan henüz okuyamadığım kelimelere bakmaya çalışırken "Rahat dur Irenie," diye söylenirdi.

Mektubu evirip çevirerek adrese bakıyorum. Ahmed Kakkezai, Londra, İngiltere. 1992 yılında gönderilmiş. Peki ama bu kutuya nasıl girmiş? "Sevgiler, Yasi," diye yazmıştı mektubun sonuna sanki aceleyle karalanmış gibi. Annemin Ahmed diye birinden ya da Londra sevdasından bir kere bile bahsettiğini hatırlamıyorum. Londra üzerinden İslamabad'a giderken yola devam etmeye can atardı. Babam annesini ziyaret edebilmek için İrlanda'da mola vermeyi önerdiğinde "Bir an önce İslamabad'a gitmek istiyorum," derdi.

Babaannemi ziyarete sadece bir kez gitmiştik. Kimsenin bu ziyaretten keyif aldığını hatırlamıyorum. Tıpkı babam gibi babaannem de bizimle ne yapacağını bilmiyordu. Hatırladığım kadarıyla annemin Londra ziyaretleri uçağın kalkışını beklerken sabırsızca Heathrow civarında dolaşmaktan ibaretti. İslamabad'dan ayrıldıktan sonra hemen hemen her yaz oraya gitmiş olmasına rağmen iyi bir gezgin sayılmazdı. Farklı farklı yerleri anlatan bütün tatil broşürlerini toplamasına rağmen başka bir yere seyahat etmeyi asla istemezdi.

"Tüm sevdiklerim ya orada ya da burada," derdi. "Neden başka bir yere gitmek isteyeyim ki?"

Oysa Ahmed'i İngiltere'de sevmişti ve biz oraya hiç gitmemiştik.

Mektup yığınının en üstte olanı neredeyse yirmi üç yıl önce yazılmış. Onun altındaki bir hafta öncesine ait: Ahmed'den Yasi'ye gönderilmiş. Onun mektubu daktiloda yazılmış ve mürekkebi solmuş. Kutuda iki deste mektup var. Her biri telefon rehberi kalınlığında. Kaç yıl öncesine kadar gittiklerini, hepsinin de Ahmed ve Yasi'ye ait olup olmadığını ya da annemin başkalarıyla da yazışıp yazışmadığını merak ediyorum. Amma çok mektup var diye bağırıyor zihnim. Ne çok sır. Panik yapmamalısın diyorum kendime. Sistemli bir şekilde ilerlemeliyim. İşimi kolaylaştıracak bir şey düşünmeliyim. Başlamadan önce bir durum tespiti yapmalıyım. Mektuplar sadece ikisine ait ise annemin tanımadığım bir adamla defalarca yazıştığı gerçeğiyle yüzleşmeye hazır olmalıyım. En baştaki ile başlayıp en sondaki ile bitirmeliyim. Mektupları okumadan önce sadece tarihlere ve kime gönderildiklerine bakacağım. Sayıyı tespit edip tarihlerine göre sıraya koyacağım.

Sıralama işinin çeyreğini tamamlayamadan annemin benden bir adım önde olduğu çıkıyor ortaya. Mektuplar en eski tarihliden en yeni tarihliye doğru sıralı. Önce anneminkiler, sonra onunkiler. Başkasından gelmiş tek bir mektup yok içlerinde.

Annem sıraya koymadan önce mektupları ütülemiş olmalı. Kat izleri öyle iyi düzleştirilmiş ki mektuplar hiç katlanmamış gibi duruyor. Kutuda yüzlerce sayfa mektup var. Onları bu hale getirmek annemin ne kadar zamanını aldı acaba? Geceleri yatağına uzanıp sabırsızlıkla bu çok ama çok zahmetli işi yapmaya müsait olacağını bildiği sabahları beklemiş midir? Annemin bu mektupları bir gün ben bulayım diye böyle düzenlediğine inanmak istiyorum ama en değerli yanılsamalar genellikle en kırılgan olanlardır. Bu kutu ve içindeki sırlar sadece ve sadece ona ait. Kutunun içindekilere bakınca annemin beni aklının ucundan bile geçirmediğinden şüpheleniyorum.

Mektupları saymayı bitirdiğimde sayfalar yerde akordiyon gibi sıralanıyor. Önümde iki bin dört yüz elli altı sayfa var. İlk yazılan mektuplar üniversite yıllarında birbirlerine gönderdikleri küçük notlardan ibaret. Üniversitede tanışmış olmalılar. Sonra yazılanlar çok daha uzun. Her biri sayfalarca sürüyor. Ama ben en baştan başlamak istiyorum. Kutunun en alt kısmında daha yeni görünen açık kahve kalın bir zarf var. İçinde bir şey var ve bantla yapıştırılmış. Annem sır kutusuna koyduğu bir şeyi neden bantlama ihtiyacı duymuştu ki? Bütün öğleden sonra içimde sinsice yuvalanan kötü bir şey olacağı korkusu artıyor. Bir an annemin özenle gömme dolabına sakladığı tüm iskeletlerden haberdar olmak isteyip istemediğimden emin olamıyorum.

Geri adım atmak için çok geç. Sanki bir rüyadaymışım gibi kendimi mektupları oradan oraya taşırken buluyorum. Parmaklarım mekanik bir şekilde kâğıdın rengini alıp kenarlarda iz bırakan bandı çekiyor. Bandı çıkarırken sanırım annem artık bu işin içinde olduğumu biliyor. Asla geri dönmeyeceğini hatırlatıyorum kendime. Bu kez seni iyiliğin için terk etti.

Zarfın içinde babamın eski mendillerinden birine sarılmış tuhaf bir deste var. Mendilin içinden bir deste para çıkıyor. Yedi yüz dolardan biraz fazlası var. Bir de Bayan Randolph tarafından yazılmış iki yüz kırk dolarlık bir çek: Unutulmuş resim dersi paraları. Resim dersi vermeye ben okula başladığım zaman başlamış ve gitmeden yaklaşık bir yıl öncesine kadar bu dersleri vermeye devam etmişti. Öğrencileri civarda oturan yaşlı kadınlar ve diğer profesörlerin işsiz eşleriydi. Bazen bir üniversite öğrencisi genellikle sessiz ve hüzünlü olan grubu acıklı biten aşk hikâyeleriyle canlandırırdı. Dersler devam ederken ön odaya ya da o esnada adlandırıldığı şekliyle stüdyoya girmem yasaktı. Mutfağa sığınır, çikolatalı kurabiyelerden yerken onların konuşmalarına kulak misafiri olurdum. Şöminede yanan odunların çıtırtısı ve camdan içeri sızan tatlı öğleden sonra güneşi derse gelen kadınları keyiflendirirdi. Bazen resim fırçaları havada asılı kalarak duraksayan, kırklı yaşlarına varalı beri beyaz yün külotlardan başka bir derdi olmayan kadınlar, bir o kadar önemli olduğu aşikâr ama esrarengiz sırlarını ortalığa saçarlardı.

Buram buram parfüm ve esans kokusuyla son öğrencisi de dersten çıktıktan sonra annem beni hemen serinleyen ön odaya götürüp öğrencilerinin yaptığı resimleri değerlendirmemi isterdi.

Resimlerden birinden biraz uzaklaşır, başını kaldırıp bir elini kalçasına koyarak "Meredith'in burada sarıyı kullanmasına ne diyorsun?" diye sorardı. "Bana biraz abartılı bir şekilde parıltılı geldi ama yapmak istediği bu mu emin değilim."

Söz konusu resme düşünceli göründüğünü umduğum bir bakış atmaya çalışır, "Evet, bence de öyle ama yapmak istediği tam da buymuş gibi geldi bana," derdim. Annemin bana fikrimi sorması hoşuma giderdi. Öğrencileri benim resim derslerinde yaptığım kabarık elbiseli, saçları özenle toplanmış detaylı kız resimlerinden katbekat kötü olduğunu düşündüğüm soyut resimler yaparlardı. Annem çizdiğim kızlardan nefret ederdi ama sıradışı inatçılığım o resimleri yapmaya devam ettirirdi beni.

"Minik düğün pastaları gibi görünüyorlar," derdi annem. "Gerçek hayatta çocuklar böyle görünmez. Dizlerindeki yaralar ve toz toprak içindeki saçları nerede?"

Böyle zamanlarda annemden neredeyse nefret ederdim. Benim çizdiğim çocukların, tıpkı benim onun için olmak istediğim gibi mükemmel olduklarını nasıl olur da görmezdi? Belki saçım her zaman temiz, eteklerim her zaman kolalı dursaydı annem kahvaltı masasında ağlamaz, kahvesine gizlice viski eklemezdi. Ona hiçbir zaman söylemesem de öğrencilerinin yaptığı çılgın karmaşık renk cümbüşüne katlanamazdım. Bana tehlikeli ve anlaşılmaz görünürlerdi. Yine de yaratıcılarının beraberinde getirdiği para için ve bana annemin yanında bir yetişkin olma şansı verdikleri için o resimleri affederdim.

Bazen kışın en soğuk günlerinde "Hadi dondurma yemeye gidelim," derdi. "Yazı hatırlamaya ihtiyacımız var." Bana kazandığı paraları önceden planlanmamış maceralar için harcıyormuş gibi gelirdi. Bir gün öğle vakti beni okuldan alıp şatafatlı bir öğlen yemeği için şehre götürmüştü. Pırıl pırıl örtüsü olan bir masada onun karşısında otururken dünyanın en şanslı kızıymışım gibi hissetmiştim. Restorandaki erkek ve kadınların hepsi annemin varlığını hissetmiş, göz ucuyla onu seyretmekten kendilerini alıkoyamamışlardı. Yanıbaşımızda duran komi, annem bardağından bir yudum alır almaz bardağını doldurmak üzere bekliyor, ekmek sepetindeki ekmekleri tazeliyordu. Annem dünyamın merkeziydi, sadece bana ait olduğu halde kolaylıkla başkalarının da ilgi odağı olabilmesi beni mutlu ediyordu.

Parayı zarfa koyup toplam miktarı üstüne yazıyorum. Babam birazdan evde olacak. O gelmeden her şeyi toparlamak istiyorum. Annem gittikten sonra babamın odama adım attığını sanmıyorum ama yine de o evdeyken annemin sırlarının ortalığa dökülmesini istemiyorum. Belki de sırların kokusunu alır ve ben de onunla paylaşmak zorunda kalırım.

Mektupları sıralarını bozmamak için itinayla kutuya geri koyup yatağımın altına itiyorum. Celeste bu mektupları neden hâlâ okumadığımı asla anlayamayacak ama bu kutuda annemin hayatı var ve o hayatı keşfetmeye kararlı olsam da bu suçu onu üzecek şekilde işlemeyeceğim. Akşam yemeği zamanı. Annem kutuya koyduğu son mektuptan sonra bütün öğleden sonrayı ağlayarak geçirmiş olsa bile akşam yemeğini asla geciktirmezdi.

3

Sana olan aşkım yıldızsız bir gecede oradan oraya uçan bir ateş böceği. Bir annenin yeni doğmuş bebeğine ilk bakışı; çok eski zamanlarda yaşamış bir insanın delik deşik olmuş kafatasından dökülen kuzey ışıkları, kış vakti beliren bir gökkuşağı. Sana olan aşkım Mariana Çukuru, Lacandon yağmur ormanı, K2'nin karla kaplı zirvesi, Pasifik Okyanusu, Atlantik Okyanusu, birleşip tek bir okyanusa dönüşen tüm okyanuslar. Her titreşiminde yüzünün belirdiği eş zamanlı bir süpernova. Sana olan aşkım evren ve benim evrenimde sadece sen varsın.

James eve akşam yemeği soğuyup kaskatı olmak üzereyken geldi. Evin ön tarafındaki çiçek tarhının fotoğrafını çeken birkaç mimarlık fakültesi öğrencisini başıyla selamladı ama Yasmeen'in muhtemelen yapacağı gibi çaya davet etmedi onları. İçerisi pek sıcak değildi. Fırın yandığı sürece mutfak rahattı ama yemek piştikten sonra çamaşır odasından gelen soğuk hava, mutfağı buzhaneye çeviriyordu. Uzun zamandır halletmek istiyordu bu sorunu. Irenie ona göğüs eti bırakmıştı. Onun but yemeyi tercih edeceğini biliyordu. Bunu Irenie'ye farklı zamanlarda birkaç kez söylemişti ama Irenie "Senin yaşındaki insanların but eti yememesi lazım," demişti. James, Irenie'nin onun ne yediğini gerçekten umursayıp umursamadığını merak etmekten alıkoyamadı kendini.

Kızı ortalıkta görünmüyordu. Yemeğin başka bir yerde pişirilip hayaletler tarafından getirilmediğine dair bir işaret yoktu. Bunu düşünmek James'in hevesini bir anlığına da olsa kaçırdı ama o hayalperest bir adam değildi. Zihni hemen gerçekliğe yöneldi. Yorucu bir gün geçirmişti. Dönemin ilk haftasında her gün yorucu oluyordu gerçi. Tanışılması gereken öğrenciler, yapılması gereken ders programları ve dikkate alınması gereken özel istisna talepleri vardı. James rutinini bozmasını gerektiren karışıklıklardan hiç hoşlanmazdı. O öğleden sonra iki öğrenci gelip başlangıç sınıfı için bekleme listesine alındıklarından şikâyet ettiler. Birincisi son derece aptal olduğu her halinde n anlaşılan güzel bir kızdı; ikincisi yakasında böğürtlen dikenleri olan genç bir adamdı. Tüm bunlar dikkate alındığında, sınıfındaki diğer öğrencilerden daha iyi ya da daha kötü değillerdi. Dışarı çıkarken Doris ona derse kabullerinin tamamen onun elinde olduğunu söylemese hiç umursamayacaktı bu öğrencileri. O sadece derslerini veriyordu. Derslerini kimin alacağına karar vermek istemiyordu ama bu iki avareyi derse kabul etmediği takdirde hiç esnek olmamasıyla meşhur olabilirdi. İnsanlar bu konuyu onunla görüşmek isteyebilirdi. James insanlarla en az etkileşim gerektiren dersleri seçerdi.

Aklına göğüs eti geldi yine. Kenarlarından turuncu renkli yağ sızan kırmızımtırak bir sosun içinde duruyordu. Pilavının birazına bulaşmıştı bile. Şimdi de patlıcanın alanını ele geçirme hamlesi yapıyordu. Tabağın ne zamandır orada durduğunu, yemeğin ne zaman pişirildiğini merak etti. Irenie'nin okulu yeni açılmıştı. Belki de akşam yemeği pişirecek vakti olmamıştı. Belki de bu tavuk eti buzdolabının arka tarafında duran alüminyum folyo ile sarılmış bir tabaktan alınıp önüne konmuştu ve bozulmasına ramak kala kendisine servis edilmişti. Fakat mutfak kendisine hiç de yabancı gelmeyen kavrulmuş soğan ve baharat kokuyordu. Tavuk o akşam pişirilmişti. Ya sağlıklı olduğu için ya da aşağılanmak amacıyla kendisine göğüs eti layık görülmüştü ve yemeğin gözüne bayat görünmesinin tek sebebi eve geç gelmesiydi. James iç çekip kendini kışlık kıyafetlerinden kurtarmak gibi zahmetli bir çabaya girişti. Paltosunun omuzlarındaki karı görünce şaşırdı. Kar yağdığının farkına varmamıştı. Üzerinden çıkanları rafa koyup yemek tabağıyla üst kata çıktı.

Irenie'nin odasının önünden geçerken bütün ışıklarının yandığını gördü. Demek ki evdeydi. Bir an geldiğini haber vermek için kapısını çalmayı düşündü ama nasıl olsa merdivenlerden çıktığımı duymuştur düşüncesiyle vazgeçti. Merhaba demek isteseydi şimdiye dek odasından çıkmış olurdu zaten.

Çalışma odasına doğru yürümeye devam edip kapıyı yavaşça kapattı. Askıdan sabahlığını alıp yemeğini masasına koydu. Masa lambasının sıcak ışığı altında yemek nedense daha tuhaf görünüyordu. Mesele Irenie'nin iyi bir aşçı olmaması değildi. Irenie iyi bir aşçıydı fakat eve geç geldiğinde yemesi için bırakılan tabaklar ona hep suçlayıcı gözlerle bakıyordu. Irenie hep bir zamanlar annesinin yaptığı hazırlaması zahmetli körili soslardan yapıyordu. Tek fark, Irenie'nin hazırladığı sosların yemek masasında elden ele dolaştırılmaması ve asla masa başı sohbetlerle lezzetlendirilmemesiydi. Tek bir tabakta soğumak üzere tezgâha bırakılıyorlardı. Açıkça söylemekten çekindiği bir şey olsa da James sandviç yese daha mutlu olurdu.

Çatal bıçak getirmeyi her zamanki gibi unutmuştu. Bazı günler mutfağa gitmeye üşenmezdi ama bu gece çok yorgundu. Mutfak evin en az sevdiği yeriydi. Yasmeen onlarla iken gürültü, kahkaha ve baştan çıkarıcı kokular eksik olmazdı mutfaktan. Onu yemek pişirmese bile sık sık fırının yanı başında kitap okurken bulabilirdiniz. Bir keresinde çoraplı ayaklarını fırının içine sokmuşken yakalamıştı onu. Omzunu silkerek "Üşümüştüm," demişti gülümseyerek. Şömineyi o zaman tamir etmişti. Uyuyamadığı zamanlar Yasmeen çay içme bahanesiyle aşağı inerdi. Yalnız yatmak o zamanlar James'i rahatsız etmezdi. Onu nerede bulacağını bilirdi hep. Şimdi onun yokluğu her yerdeydi: Mutfağın sessizliğindeydi, mutfak lavabosunun yanındaki bulaşık eldivenlerindeydi, banyo aynasının altında duran onun son diş fırçasının hâlâ durduğu bardaktaydı. Bir keresinde James, Irenie'ye bu küçük sarı evden taşınmayı önermişti.

"Annem geri döndüğünde bizi nasıl bulacak o zaman?" diye sormuştu kızı. Yasmeen'i evden gönderen oymuş gibi bakmıştı yüzüne.

James sadece "Çok doğru," diyebilmişti.

Yemeğini parmak ucuyla dürttü umursamazca. İyice soğumuştu. Yasmeen çalışma masasındaki fotoğraftan *Bebek gibi davranmayı bırak artık* dercesine bakıyordu. Her gece farklı bir şey söylüyordu. Kendisinden on sekiz yaş küçük olmasına rağmen Yasmeen ona çocuk demeye bayılırdı.

Pekâlâ diye düşündü. Bebek gibi davranmayacağım. Masasının altındaki kupadan aldığı çay kaşığını zafer edasıyla havaya kaldırdı. Soğuk olsa bile yemeği lezzetliydi. Her zamanki gibi.

Yasmeen'in ona pişirdiği ilk akşam yemeğini hatırladı. Tıpkı buna benzeyen bir tavuk yemeğiydi ama lezzetsizdi. Onu öpmek için portmantonun içine çekmişti ve o arada yemek gereğinden fazla haşlanmıştı. Önce tavuğun üzerindeki sosun yanmamış kısımlarını sıyırmaya çalışmışlar ama sonra vazgeçip pilavla yetinmişlerdi. Hatırlayabildiği en güzel yemeklerden biriydi. Şimdi Yasmeen'in gözleri *hadi ama, kendin için üzülmeyi bırak artık*, der gibi bakıyordu. James bunu yapmayı denedi ama olmadı. Artık aç hissetmediğini fark etti. Tabağı kendinden uzaklaştırıp karısının fotoğrafının olduğu resim çerçevesini eline aldı. Ona ait çok az fotoğraftan biriydi. Irenie'nin bu fotoğrafı çok istediğini biliyordu ama onu elden çıkarmaya dayanamazdı. Bu fotoğrafı oturma odasına koyacak gücü bile bulamamıştı henüz kendinde. Irenie aynaya her baktığında Yasmeen'i görüyordu zaten: Küçük düz burnunu, narin çenesini, pürüzsüz ışıltılı cildini görüyordu. James hiç değilse bu fotoğrafı kendine saklamak istiyordu.

Fotoğraf daha yeni tanıştıklarında çekilmişti. Sarhoş bir güzel sanatlar öğrencisi onları durdurup Yasmeen'e poz vermesi için yalvarmıştı. Henüz birlikteliklerinin başında olduklarından James onunla geçirdiği her saati sayıyordu. Bu yüzden bu davetsiz misafire içerlemişti. Ama Yasmeen her zaman olduğu gibi söyleneni yapmaya mecbur hissetmişti kendini. Öğrenci onları kampüsün her yerine peşi sıra sürüklemişti. Sonunda çeke çeke bu fotoğrafı çekmişti. Fotoğrafta Yasmeen dalları karla kaplı bir çam ağacının yanında durmuş başına değen bir dalı kendi saçını düzeltir gibi geriye atıyordu. Birkaç hafta sonra imza ya da teşekkür notu içermeyen bir elektronik posta gelmişti. Yasmeen fotoğraftan hiç hoşlanmamıştı. James'in ona o şapkayı bir daha asla ama aslâ takmaması gerektiğini hatırlatmasını istemişti. James fotoğrafı güzel bulmuştu. Yasmeen de kimseye göstermemek koşuluyla o fotoğrafı istediği kadar saklayabileceğini söylemişti ona. Bildiği kadarıyla sadece Irenie görmüştü o fotoğrafı. Üzerinden on yedi yıl geçtiğine inanamıyordu. Yasmeen'e âşık oluşu çok uzun yıllar önce olmuş bir şey gibi gelmiyordu James'e.

Fark ettiği ilk şey, onun ayak sesleri olmuştu. Kaygan, cilalı mermer zemin üzerinde keskin *tak tak* sesleri. Yasmeen'in topuklu ayakkabılarının çıkardığı ses zihnine sızıp dikkatini dağıttığında sınav kâğıdı okuyarak ya da ders planı hazırlayarak bir şeylere konsantre olmaya çalışırdı. En sonunda dönemin ortalarında bir gün aynı ayak seslerini duyunca onu okul ortamlarında sessiz olunması gerektiği konusunda ikaz etmek niyetiyle masadan kalktığında görmüştü ilk kez.

Birinden etkilenmeye hazır değildi. Topuklu ayakkabı giyen kadınlar onun ilgi alanından çıkalı on yıldan fazla zaman olmuştu. Birkaç ay çıktığı ve adının Agnes olduğunu düşündüğü bir kadın dış görünüşüne o kadar önem veriyordu ki gün içinde yapmayı planladıkları şey uzun yürüyüşler yapmalarını gerektirecek bile olsa ısrarla yüksek topuklu ayakkabı giyiyordu. Şehre inmekte ısrar ediyor, kir pas içindeki arabalara binmek yerine yürüyerek gitmek istiyor (neyse ki James metroya binmekten bahsetmiyordu), sonra da sürekli ayakkabılarının ayağını vurduğundan yakınıp duruyordu. Gündüz görüşmelerinden sonra ne yapıp edip kendisini bir şeyler içmek için evine davet ettiriyor ve daha kapıdan içeri adım atmadan ayakkabılarını çıkarıyordu. Çeşitli ayak yaralarını hiç şikâyet etmeden tedavi etmişti James. Sonraları ama çok sonraları, başını James'in göğsüne yaslayıp manikürlü uzun tırnaklarını göğüs kafesinde gezdirir ve iç çekerek o güne kadar hiç kimsenin ona bu kadar iyi bakmadığını söylemişti. James nihayet ona daha rahat ayakkabılar giymesini önerdiğinde, ona yıllardır can çekişen bir azize edasıyla bakmış, yaptığı tüm açıklamaları devre dışı bırakıp iç çekerek, "Bu kadar uzun boylu olman benim hatam değil. Topuklu ayakkabı giymezsem benim burnum senin göbeğine gelir," demişti.

Bir hafta sonra ayrıldılar. James'e onun neye ihtiyacı olduğunu hiç anlamadığını söyledi. O günden sonra topuklu ayakkabı konusunda ihtiyatlı davranıyordu. (Evlendikten birkaç yıl sonra bu ilişkisini hatırlamış, o zamanlar Yasmeen'in on iki ya da on üç yaşlarında olduğunu, ayağında siyah parlak Mary Janes ayakabılarıyla okul bahçesinde gezinirken ilk topuklu ayakkabılarının hayalini kurduğunu düşünmüştü bir keresinde. Bir keresinde de ona ilk topuklu ayakkabılarını sormaya çalışmıştı ama her zamanki gibi geçmişinden bahsetmek istemeyerek konuyu geçiştirmişti Yasmeen. Ertesi akşam James'i kapıda stiletto ayakkabılarla karşılamıştı ama onun tek istediği Yasmeen'in hâtırasıydı.) Dolayısıyla kendini ofisinin kaosundan mezar gibi görünen koridora attığında biraz telaşlı, biraz da kızgındı ve Yasmeen ile karşılaşmaya hiç ama hiç hazır değildi.

"Pardon hanımefendi," dedi sert bir ses tonuyla. Bulunduğu mekân için fazlaca yüksek sesle konuşmuştu. "Rica etsem..."

Yasmeen normalde sessiz olan bu alanda James'in yüksek sesle konuşmasından irkilerek arkasına döndü ve o an James'in tüm kızgınlığı uçtu gitti. James'in dünyasında, çarşamba günü sabahın dokuzunda bu tekdüze üniversite binasında Yasmeen'in koyu renkli tayyörü hiç de ona uymamış gibi görünmüyordu. Titreşip duran loş floresan ışığının altında bile parlıyordu. Vücut hatları odadaki diğer her şeyden her nasılsa daha canlıydı. O zamana kadar gördüğü her şeyden daha net, daha keskin ve daha gerçekti. Sanki iki boyutlu bir dünyada yaşıyordu da birdenbire bir şeyler şişip yuvarlaklaşmıştı.

James'e göz ucuyla bakıp "Evet?" dedi.

James "Bir şey yok," diye kekelemeyi becerebildi çok şükür.

Sonraki birkaç hafta boyunca James onun kim olduğuna dair kendince gizli bir dizi soruşturma yaptı. Çok geçmeden bitişiğindeki ofise yerleşmesine gıcık olduğu Charles Faber isimli esmer ve geveze Latince profesörü memnuniyetle bilgilendirdi onu. James, kadının adının Yasmeen olduğunu; Faber'in ders vermediği zamanlarının çoğunu Fransız sigarası içerek, sekreterlerle flört ederek ve dedikodu yaparak geçirdiği koridorun sonundaki sıkış tepiş kahve odasında öğrendi. New England'da küçük bir temel bilimler üniversitesine devam etmiş olmasına rağmen Asya kıtasında bir yerlerde, belki Hindistan ya da Pakistan'da büyümüştü ama bundan hiç bahsetmemişti. Pek de hevesli olmayarak edebiyat mastırı yapıyordu. Verdiği ders, Profesör Chafen'in herkesçe bilinen sıkıcı akademik yazı dersi ile bağlantlıydı. Öğrencileri ona hayrandı. Dersten sonra sık sık onun odasına gelip birinci sınıf öğrencilerinin illaki yaşadığı ıvır zıvır sorunları tartışırlardı. Sık sık kampüsteki kafe-barda, elinde kızartılmış soğanlı simidi, ağlamaklı bir kız öğrenciyle sabırlı bir şekilde otururken görülürdü. Hafta sonları önüne gelenle yattığına, çok içtiğine ve belki de uyuşturucu kullandığına dair söylentiler vardı. Ayrıca, ara sıra yerel gazetenin cemiyet sayfasında uyuz bir mirasyedinin koluna asılmış bir halde davetsiz fotoğrafçıya boş gözlerle bakan fotoğrafları çıkıyordu. Oysa pazartesi sabahları harika görünüyordu. Saçları hep derli toplu oluyordu. Onu bahsi geçen uyuşturucu müptelası eğlence düşkünü âşıklarıyla beraberken gördüğünü iddia eden de yoktu.

James, bütün bu bilgileri birilerini azıcık teşvik ederek elde etti. Görünen oydu ki Yasmeen, Faber'in hakkında konuşmaktan hoşlandığı bir insandı. Yağmurun hemen ardından güneşin yüzünü gösterdiği ender günlerde isli camlardan süzülen bir ışıkmışçasına uzun uzadıya yorumluyordu Yasmeen'in yüz hatlarını. Bazen sahte ayak sesleri Yasmeen'i ele verdiğinde buzlu camdan onu görebilmek için telaşla ofisinin kapısına koştuğunu duyardım. James de aynı şeyi yapmak isterdi ama Faber'i küçümseyen hali bunu yapmasını engellerdi. Bu yüzden Yasmeen'in dersinin bitişine yakın onun da kendine bir fincan kahve almak için oraya geleceğini umut ederek koridorun sonundaki kahve odasına giderdi her sabah. Ona şekerliği uzatır, belki havaların durumundan bahseder ve onu ne kadar sevdiğini söylerdi ona ama öğrencileri biraz daha kalması için yaygara kopardığından Yasmeen'in dersleri genellikle bitmesi gereken zamanda bitmiyordu. Oysa James, Faber'a yakalanmayacak kadar kalabiliyordu o karanlık kahve odasında.

Bir gün, hiç umulmadık bir anda, kimse onu dinlemediği halde, ilahiyat fakültesinin hocalarından birinin delikanlı çağındaki oğluna karşı cinsel eğilimiyle meşhur bir sosyoloji profesörü ile kötürüm çocukları anlatılamayacak kadar çirkin seks aktiviteleri içinde tasvir eden, resimleri müstehcenlik davasında delil olarak kullanılmadan önce Guggenheim'da kısaca yorumlanmış, bir hayli tartışmalı bir ressam arasındaki ilişkiden bahsederken birdenbire durup "Onunla hiç konuştun mu?" diye sordu Faber.

Bir sonraki dönem vereceği Homeros'a Özgü Poetikaların Temelleri adlı dersi için seçtiği metinleri gözden geçirirken bir yandan da Faber'in söyledikleriyle ilgileniyormuş gibi yapan James öyle panik oldu ki kupasını yere düşürdü. Faber ile göz göze gelmemek için bir bahane bulmuş olmanın verdiği rahatlık hissiyle hızla soğuyan mat renkli, bulanık kahvenin içinde parıldayan cart mavi kupa parçalarını toplamak için yere eğildi.

"Ne?" diye sordu gergin gergin. "Kimden bahsediyorsun? O dediğin hangi kadın?"

Faber, James'e şöyle bir baktı ama ayağını yere vurmaya başlayarak tedirgin edici bir şekilde sessizliğini korudu, James'in kırık parçaları toplamasına da yardım etmedi. James ne diyeceğini pek de bilemeyerek son parçayı da yerden aldı ve yere dökülen kahveyi silmek için bir kurulama bezi almak üzere lavaboya doğru yürüdü. İki adam, bu tuhaf tablo içerisinde birkaç dakika boyunca sessiz kaldı: James, Faber'in sol ayağının önünde eğilmiş ortada olmayan bir şeyi ovuyor, Faber ise elinde şaşırtıcı bir zarâfetle tuttuğu kupası, göbeğini buzdolabına dayamış ayakta duruyordu. Sonunda pes etti. Dikkat çekici bir şekilde boğazını temizledi ve "Tabii ki Yasmeen," diye mırıldandı.

James rahatlamış bir vaziyette gözlüklerini düzelterek ayağa kalktı ve "Pek sayılmaz," dedi. Yasmeen güzel bir kadındı. Binadaki herkes onu çoktan fark etmiş, onunla konuşmuş ya da konuşmak istemiş olmalıydı. Faber'in kendisi de koridorda yanına gidip üniversitedeki saçmalıklardan, havaların nasıl gittiğinden, James'in aklına ona yakışmayacak tek bir renk gelmese de o sabah giydiği elbisenin renginin ona ne kadar yakıştığından bahsediyordu. Evlendiklerinden beş yıl sonra bile Yasmeen tasarımcısını beğendiği için ona yılbaşı hediyesi olarak aldığı gerçekten iğrenç mor bluzun ona çok yakıştığı konusunda bile ısrarcı olacaktı Faber. Faber'in açık saçık yorumlarını ya da sinsi imalarını şaşkınlığa düşmüş bir tavır takınarak savuşturmayı aklından geçirdi ama artık çok geçti. Tescilli bir salak gibi sessiz kalmış, kupasını paramparça etmiş, dakikalarca yere çömelmişti zaten.

Kendilerinden başka kimsenin öğrenme zahmetine girmediği anlaşılmaz Latince yazıtları ezberden okuyarak kampüsün her yerinde peşinde dolaşan bulanık zihinli öğrencilerin çok etkilendiği salağa yatma numarasıyla "Belki de konuşmalısın," diyerek cevap verdi Faber. "Dersler neredeyse bitiyor. Yasmeen gelecek dönem o dersi vermeyecek." James, aylardır umursamazmış gibi görünmeye çalışarak yaptığı konuşmaları esnasında içinden geçen gizli özlemler bir yana, onun varlığını fark ettiği için Faber'den etkilendi ve biraz da çekindi ondan. Üzerinde şekerlik olan küçük eğri masada otururken kendinden gurur duyarak James'e aslında onun aklından geçenleri okumanın magazin haberlerini okumaktan çok daha kolay olduğunu söyledi. James bu zamana kadar hiçbir magazin dergisini dikkate alıp okumadığı için Faber'e karşı ne kadar şeffaf olduğundan emin olamadı. Faber ona bunu Yasmeen'e dair çok fazla soru sormasından değil ama Yasmeen'den başka hiç kimse ile ilgili soru sormamasından anladığını söyledi. Belki de bunu fark eden başka biri olmamıştı ama Faber uyanık bir adamdı. Böyle şeylerin kokusunu hemen alıyordu. Gerçekten de öyleydi. Sezgileri çok güçlüydü.

James'in kıza vurulduğu barizdi ve çok geç olmadan bir şey yapması gerekiyordu.

Faber ona uzun uzadıya akıl verdi. James onun bu kendine çok güvenen haline, kendisinden genç birine babacan öğütler verirken yüzüne üflediği nefesine, hem hayali hem de gerçek bir dizi hastalıkla mücadele ettikten sonra gut hastalığına yenik düşen eşi benzeri olmayan karısı ile nasıl tanıştığını anlatırkenki şaşırtıcı duygusallığına tahammül etmekte zorlanıyordu. O zamandan beri tek başınaydı. Ayakta kalmasını sağlayan tek şey işiydi. Artık birer yetişkin olan çocukları onu sadece uzun tatillerde arıyorlardı. Torunlarının ilgisi ise her yılbaşı onlara aldığı hediyelerin paketleri yırtılıp değiş tokuş yapılıp sonra da daha çekici şeyler için bir kenara atılana kadar sürüyordu. James öğleden sonraki dersine yetişme bahanesiyle izin istediğinde Faber'in hiç de düşündüğü kadar sevimsiz bir adam olmadığı sonucuna varmıştı.

James, Faber'le yaptığı konuşmanın ertesi sabahı onun göz kırpmalarına ve kıkırdamalarına mâruz kalmamak için kahvesini her zamankinden erken bir saatte almaya karar verdi. Neyse ki Faber saat ondan önce uğramazdı kahve odasına. Kasım ayının bu ıslak gününde James de bunu gazetesini yapış yapış olmuş masaya yayıp yeni çıkan kitaplar sayfasını rahat rahat incelerken ikinci kahvesini yudumlama keyfini sürme fırsatına dönüştürdü. Öğle vaktinin bile uyanık olmak için erken olduğunu hissedeceğiniz kasvetli kış günlerinden biriydi ve ofisine gidip işe başlamaya hazır hissetmiyordu kendini. Yasmeen odaya dalıp ortalığa yağmur suyu ve yaprak saçmaya başladığında James bazı uzun uçak yolculuklarında tarih kitaplarını severek okuduğu bir yazarla ilgili bir makale okuyordu. Yasmeen bugün ayağına galoş geçirmişti. James onun geldiğini duymamıştı.

"Tanrım! Dışarıda hava berbat. Dersten önce kurulanabilecek

zamanım olsun diye bir saat önceki otobüse binmek zorunda kaldım," dedi yüksek sesle. Yağmurluğunu çıkarıp ilk kez varlığını fark ederek baktı James'e ve yağmurluğu onun karşısındaki sandalyeye koydu. "Çok özür dilerim. Ben Yasmeen. Sizin sınıfınızın yanındaki sınıfta ders veriyorum." Bulaşıklığın yanına gidip kırık dökük bir sürü lekeli kupa içinden kendisine bir kupa bulmaya çalıştı: Üzerlerinde "85. doğum günün kutlu olsun Gertrude Teyze, George Washington Lisesi Yelkencilik Takımı, 1974" gibi şeyler yazan ya da içleri yavru kedilerle dolu fiyonklarla süslenmiş sepet resimlerinin olduğu kupalardı bunlar.

"Biliyorum," dedi James sessizce. "Kırmızı olana dikkat et. Charles Faber bıraktı onu oraya. Doldurulunca dibinden akıtıyor." Yasmeen gülümsedi ve ağza gelen kısmı altın yaldızlı sade yeşil bir kupa seçti. James çok uzun olmadığını umduğu bir sessizlikten sonra "Ben James," dedi.

Yasmeen "Biliyorum," dedi hoş bir gülümsemeyle. "Orkide Koridoru'nun esrarengiz üyesi. Herkesi ortalıkta sağa sola koşuştururken ya da durmaksızın şundan bundan bahsederken duyuyorum ama siz hep kapısı kapalı ofisinizde oluyorsunuz. Az daha her şeyden elini eteğini çekmiş biri olduğunuzdan şüphelenmeye başlayacaktım."

Yasmeen kahvesini koymuştu ve şimdi de süt bulmak için buzdolabını karıştırıyordu. Sütü bulunca onunla oturacak mıydı? Oturması için dua ediyordu. Oturmaması için de. Oturmadı. Oturmak yerine kahvesini masaya bıraktı ve dirseklerini sandalyenin arkasına dayayıp meraklı bir çocuk edasıyla gözlerini ona dikti.

"Demek klasikleri okutuyorsunuz."

"Evet. Yunan klasiklerini. Çoğunlukla da ilgisiz bir dinleyici kitlesine."

Onunla gerçekten mi ilgileniyordu yoksa günlük bir sohbet esnasında bile kekeleyen bu yaşlı akademisyene karşı kibar olmaya mı çalışıyordu? Sonuna kadar içmek istercesine bakmak istiyordu ona ama yüzlerce adamın bunu isteyerek baktığından emindi ve onlardan biri olmak istemiyordu. Güzel bir kadın olmak nasıl bir histi? Yüzünüzün isteseniz de istemeseniz de asla kurtulamayacağınız bir arma ya da her seferinde dikkat çeken kırmızı bir bayrak gibi olması. Başının arkasında zarif bir şekilde topladığı saçından fışkıran darmadağın ıslak kıvırcık saç tutamlarına rağmen mükemmel görünüyordu.

"Mendilimi kullanmak ister misiniz?" diyerek kibar bir şekilde ama sanki biraz umutsuzca uzattı göğüs cebinden çıkardığı mendili. "Pek işe yaramayabilir ama en azından yüzünüzü kurulayabilirsiniz."

Gülümseyip "Teşekkür ederim," dedi.

Mendillerin modası geçmiş midir artık diye düşündü. Onun yaşlı bir bunak olduğunu düşünür müydü? En azından hoş bir mendil uzatmıştı ona. Krem rengi keten kumaşın üst köşesine denizci mavisi iplikle isminin baş harflerinin işlendiği bir mendildi. Annesi, Cork yakınlarındaki özel bir kumaşçıya ısmarlardı bu mendilleri. Her yılbaşı üzerlerinde bir not ya da kutlama mesajı olmaksızın beşli paketler halinde gelirdi ona. Annesinin ara sıra ona gönderdiği, bahçesi ya da onun bursu ile ilgili gelişmeleri detaylı bir şekilde anlatan okunması imkânsız mektuplar dışında uzun zamandır sahip oldukları tek iletişim aracıydı bu mendiller. Annesi, ikinci eşiyle ikiz kardeşi Irene dokuz yaşındayken öldüğünden beri, hiç olmadığı kadar mutlu görünüyordu. Özellikle eşi öldükten sonra Amerika, Grace Eccles'ı pek de bağrına basmamıştı. Bu duruma beş yıl dayanabilmişti ancak. James, Yale'e devam etmek için evden ayrıldıktan sonra evi satıp İrlanda'ya dönme kararı verdiğini açıklamıştı. Bu çok da şaşırtıcı değildi. Onu Amerika'ya bağlayan tek şey oğlu James idi. Onunla da hiçbir zaman yakınlık kuramamıştı. İrlanda'ya döndukten yaklaşık bir yıl sonra, annesi kasapta kendisinin satın almak istediği böbreğe göz koyunca tanıştığı emekli jokey William McKenna ile nişanlandığı haberini veren bir mektup yollamış ve aile içinde yapılacak sade nikâh törenine katılmak üzere temmuz ayında oraya gelmesini rica etmişti. Nikâh esnasında William ona karşı cana yakın davranmıştı ve James o günden bu yana geçen yirmi beş yıl içerisinde sadece birkaç kez görüşmüş olmalarına rağmen ondan hoşlanıyordu. Her ikisi de seyahat etmekten hoşlanmıyordu ve yılda iki kez yazdıkları mektuplarda da birbirlerine anlatabilecekleri çok şey yoktu. Yine de annesinin mutlu olmasından memnundu ve şu anda her yılbaşı yolladığı bu geleneksel hediye için ona minnettardı.

Yasmeen yüzünü silmeyi bitirip mendili James'e uzattı ama ödünç verilmiş bir mendili geri almak pek centilmence görünmedi James'e. "Sizde kalabilir," dedi. "Otobüs durağına yürürken tekrar yüzünüzü silmeniz gerekebilir."

"Çok hoşsunuz," deyip itina ile dörde katladığı mendili ceketinin cebine koydu Yasmeen. "Çocukken yanımda mendil taşımam için çok diretirdi annem ama verdiği mendilleri kaşla göz arasında ya kaybeder ya parçalar ya da kirletirdim. Hızıma yetişemezdi. Evden ayrıldıktan sonra kendi kendime mendil edinmem çok zahmetli geldi bana."

Bu karınca kararınca hediyenin ne denli değerli olduğuna onu inandırmak için Yasmeen'in beyaz bir yalan söylediğinden şüphelendi James. Yasmeen küçük yaşlarda edindiği alışkanlıkları yetişkinlikte bırakacak bir kadına benzemiyordu. Şimdi bile tırnakları kısa, saçları derli topluydu. Yasmeen'in, onun başka bir zamana, başka bir mekâna ait, buruşturulup bir kenara atılmış bir gazetede rastlayacağınız okunamayacak kadar küçük harflerle yazılmış ve onunla uzaktan yakından alakası olmayan bir yazı gibi renksiz ve sıkıcı biri olduğunu düşündüğünden emindi.

James bir anda "Tatilde memleketinize gidiyor musunuz?" diye sordu, bu konuşmanın sonunun nereye varacağından emin olamayarak.

"Maalesef hayır. Buraya çok uzak," dedi Yasmeen içmeyi unuttuğu kahvesine üç kaşık şeker koyup hızlı hızlı karıştırırken.

James onun her şeyi zarafetle yapan biri olduğunu düşünmüştü oysa.

"Hindistan mı?" dedi.

"Hayır," dedi. "Benim gibi koyu tenlilerin hepsi aynı soydan gelmiyor."

"Özür dilerim," diye kekeledi James ama Yasmeen koridora vuran incecik gölgesini de alıp çoktan gitmişti. Kahvesini alma zahmetine girmemişti. James onun kahvesini alıp ofisine döndü ve her yudumun tatlılığını hissederek içti.

Geçen seferki konuşmalarından akıllanarak ona ikinci kez yanaşmadan önce dersini bir güzel çalıştı. Son dersi bittikten iki saat sonra buz gibi aralık havasında kayıt memurunun ofisine gitti. Yılbaşı tatilini uzatmak için final ödevlerini erken teslim eden öğrencilerin çoğu okuldan gitmişti. Yürüyüş yollarında biriken kar kürenmemişti. Kayıt ofisine yaptığı kısa yürüyüş bile pantolon paçalarının sırılsıklam olmasına yetmişti. Ahşap panellerle kaplı duman dolu odaya girerken kapının üstündeki çan, kulak tırmalayıcı bir ses çıkardı. Kalbi küt küt atıyordu. Sanki acemi tacizciler gibi mesleğini kişisel çıkarları için kullanıp sistemi kandırıyormuş ve bu yüzden de çok ağır bir suç işliyormuş gibi hissetti kendini. Ayrıcalıklı bir profesör olarak geçirdiği onca yıl boyunca tartışma konusu olabilecek en ufak bir şey yapmamış, mızmız bir öğrencinin not yükseltme talebine teslim olmamış ya da sonuçların açıklanmasından bir gün önce gecenin bir vakti okuduğu sınavlara üstünkörü bakmamıştı.

Arka arkaya sigara tüttürüp aşk romanları okuyan sekreterin

dikkatini çekmek için boğazını temizledi.

"Profesör Eccles, hâlâ okulda mısınız? Tatil planınız yok mu? Sanırım bazılarımız hâlâ yapılacak işler varken arkamıza bakmadan çıkamıyoruz okuldan. Size nasıl yardımcı olabilirim?"

James ne tür bahaneler bulabileceğini düşündü. Çok geç sayılmazdı. Bazı formlara, gelecek dönemin sınıf listelerine hatta bir zarfa ihtiyacı olduğunu bile söyleyebilirdi. "Bir öğrencinin adresine ihtiyacım var," dedi. "İsmi Yasmeen Khalil."

"Evet, Yasmeen," dedi ismi belki de Beatrice olan kadın ağzından bir duman bulutu çıkarırken. "Çok hoş bir kız. Her zaman hatırımı sorup bana iyi günler diler. Sınıflarınızdan birinde mi profesör?"

"Evet," diyerek yalan söyledi. "Çarşamba sınıfımda. Son ödevini tatilde göndermemi rica etti. Ödevi hâlâ değerlendirmedim."

Beatrice kontrol etseydi eğer, Yasmeen'in onun çarşamba sınıfında olmadığını, hatta hiçbir sınıfında olmadığını görecekti ama böyle bir şey yapmaya pek niyeti var gibi görünmüyordu. Sabırsızca okuduğu romanı masaya bıraktı.

"Sürekli adresini mi buradaki adresini mi istiyorsunuz?"

"Buradaki adresini," dedikten sonra gözü pek bir şekilde "Ödevi Pakistan'a göndermek çok zahmetli olurdu," diye ekledi.

"Sanırım haklısınız," dedi Beatrice. "Üçüncü dünya ülkelerine giden posta oraya ulaşana kadar o muhtemelen yeni dönem dersleri için buraya dönmüş olacak. Gidip adresi bulayım sizin için."

James, yarıyıl tatilinin büyük bir kısmını ona uygun bir özür mektubu yazmaya çalışarak, sonra da mektubu gönderip göndermemesi gerektiğini düşünerek geçirdi. En sonunda, hatasını telafi etmek, onu dışarı çıkarıp çıkaramayacağını ya da belki de bir kahve ısmarlayıp ısmarlayamayacağını sormak için daktiloda yazılmış o birkaç satırı gönderdi ona. Yıllar sonra Ahmed'in mektuplarından haberdar olduğunda bu mektubu da saklayıp saklamadığı sorusu içini kemirmeye başladı. Uzun bir yılbaşı partisinde içip biraz sarhoş olduğu bir akşam ona bu mektubu sordu.

"Ne mektubu?" dedi Yasmeen yorgun ve ilgisiz bir ses tonuyla.

"Sana yolladığım ilk mektup."

"Tabii ki hayır Bay Casaubon. Tam bir kaçık olduğunu düşünmüştüm. O mektubu aldıktan sonra senden uzak durmayı planlamıştım."

4

Senin yaşamını bilmek istemediğin hikâyeleri anlatarak doldururken bile, o zaman bile sevdim seni. Yatağımda bir yabancı gibi yatarken bile, o zaman bile özlemini çektim senin. O zaman bile seni hayal ettim: Bütün gece seni ve beni. Ve şu anda bile seni özlüyorum. Bizi ayıran günler, yıllar ve hatıralar buhardan daha somut değil.

Küçükken annem beni yiyecek tezgâhlarının önündeki kuyrukta bırakır, geri döndüğünde de kırk yıllık kocalarının onları bir sekreter, bir striptizci ya da komşularının çocuk yaştaki oğulları için nasıl terk ettiğini anlatan duş bonesi takmış mavi saçlı birtakım yabancıları dinlerken bulurdu beni. Çay demlemek için mutfağa gider, daha sonra kocasının kırmızı korvet almasından beri talep ettiği cinsel münasebetlerine dair Bayan Harper'ın hikâyelerini sansürlemek için tam zamanında geri dönerdi. Kütüphanenin karanlık köşelerinde tuhaf adamların küçük kızlarının nasıl da değiştiğini anlatışlarını dikkatle dinlerken yakalardı beni.

"Bazı şeyleri bilmemen gerekiyor," diye azarlardı beni, ben uzaklaşmamak için direnirken. "Sırları ortaya çıkarmaman gerek."

Ama benim derdim sırları ortaya çıkarmak değildi. Ben sadece annemin durmamı istediği yerde dururdum ve sırlar da kendiliğinden dökülürdü önüme. Yaşlı teyzeler çantalarının dibinden tereyağlı şekerlemeler bulup bana verir, bu dünyadan yarı uyur yarı uyanık geçip giden mutsuz suratlı adamlar durup başımı okşardı.

Bu yabancılar anneme bazen "Sanki dinlemek için doğmuş," derlerdi.

"Dinlemek için doğmuşmuş," diye alay ederdi annem sonradan. "Hangi kız böyle şeyleri dinlemek için doğar ki?"

Sık sık annemin benimle sırlarını paylaşan bu yabancıları kıskandığını düşünürdüm. Evet dinlemek için *doğmuştum* ama sadece onu. Asla söylemediği şeyleri duyuyor ve yaptığı şeylere odaklanıyordum. Yabancıları dinlemek gerçekten duymayı umduğum hikâyeler için yaptığım amaçsız denemelerdi. Usta bir iskambil oyuncusunun çocuklarıyla oynaması gibi dinledim onları: Zaman geçirmek için eğlenceli bir aktivite yapmak niyetiyle ama asla gerçekten yapmak amacıyla değil. Annemin söylemediği şeyleri dinlemek için çalıların altında, kapıların arkasında şekilden şekle girerek saatler geçirirdim.

"Bir gün hiç bilmek istemeyeceğin bir şeyi öğreneceksin," diye ikaz ederdi beni bir kanepenin altında ya da bodruma inen merdivenlerde büzülmüş bir halde bulduğunda. Bana göre, mesele neyi bilmek isteyip istemeyeceğim değildi. Bazı şeyler beni incitiyor bazıları da üzüyordu ama insanın öğrenebileceği her şeyi öğrenmesi daha iyi değil miydi? Babama ait ilk hatıramı merdivenlerde büzülmem sayesinde edindim. Merdiven tırabzanlarının altındaki on dört sütun, edindiğim ilk arkadaşlardı. Onlara fısıldayarak annemi gözümün önünde tutabiliyordum. Tavuk eti doğrarken parmaklarını da doğradığında hemen orada olabiliyordum. Soğan doğrarken ağladığında mendilim oluyordu. Ajanlık yapmak sayılmazdı bu, çünkü orada olduğumu biliyordu. Babamın da biliyor olması gerekiyordu ama o beni hiçbir zaman iyi göremiyordu ya da sadece unutuyordu.

O gün eve geldiğinde "O uyudu mu?" diye sorup annemi göğsüne çekmişti. "O", "Irenie" değil. Sadece "o". Benim orada olmamın verdiği rahatlıkla, hevesle söylenmiş birkaç kelime.

"Irenie merdivenlerde," demişti annem buz gibi bir ses tonuyla ama babamdan uzaklaşmadan. O gün gözlerindeki parıltıyı kaybederek kendini geriye çeken babamdı. Bir anlığına sıcak ve genç olabilmişti ama sonra sadece kendisiydi. Bana "o" deme şekli beni ağlattı ama babamın annemi kendisi için istediğini, benim onun için sadece bir ayak bağı olduğumu öğrenmek daha iyi değil miydi?

Annemin gidişinin üzerinden yıllar geçene kadar görmemeyi tercih edeceğim bir şey olduğunu düşünmüyordum. Gözetlemelerime teslim olmasına rağmen tavan arasının bana *yasak* olacağından şüphem yok. İlk birkaç ay, tavan arasında olmaktan suçluluk duydum ama cazibe galip geldi. Görünmezliğin ve babama görünmeksizin onu izlemenin tadını çıkardım.

Görmemiş olmamın daha iyi olacağına gerçekten inandığım şeyi gördüğümde, on iki hatta neredeyse on üç yaşındaydım. Coğrafya sınavından bir gün önceydi. Uyuyamadım. Sınavlarda başarısız olmaya alışık değildim ve bu sınavdan kalacağıma emindim. Başarısızlık korkusu, ışığım söndükten ve babamın son ayak seslerini duyduktan çok sonra bile uyutmadı beni. Belki de tavan arasının bana hissettirdiği hapsolmuşluk hissi kafamın içinde dolanıp duran endişeleri bastırarak azaltır da uykuya dalabilirim diye geçirdim aklımdan.

Tavan arasındaki delikten hâlâ babamın çalışma odasının ışığı sızıyordu. Sabahın üç buçuğunda hâlâ niye ayakta bu adam diye merak ettim.

Önce masasında oturmuş bir şeylere bakıyor diye düşündüm. Sırtı bana dönüktü. Ropdöşambırının yakası saçaklanmıştı. Başının orta kısmında başlayan kelleşmeyi fark edip etmediğini merak ettim. Bana göre masasındaki fotoğrafın bir özelliği yoktu ama gözlerini dikmiş o fotoğrafa bakıyordu. Eski polaroid bir fotoğraftı. İnsanların kendilerinden başka kimsenin görmesini istemedikleri bir şeyin fotoğrafını çektikleri zamanki fotoğraflar gibi eğri, bulanık bir fotoğraftı. Fotoğrafta ne olduğunu pek çıkaramadım ama denizin üzerinde çıplak yatan bir kadına benzettim. Fotoğrafa öyle odaklandım ki masanın üstündeki diğer her şey silindi ama kadının yüzünü bir türlü göremedim. Yine de o kadının annem olduğunu biliyordum. Duruşundan, ince koyu renkli kollarından anladım. Belki de fotoğrafa bakmadan anladım onun annem olduğunu ama görmek istemedim işte.

Babamdan boğuk bir ses çıktı. Sonra mendilini çıkardı. Masadaki lamba sallanınca resim titreşmişti ama şimdi her şey hareketsizdi. Karanlıkta öylece donakaldım. Nefes bile almak istemiyordum. Babamın masadan kalkması yüzyıllar ya da saniyeler sürdü. Annemi çekmeceye koydu ama ışığı söndürmeyi unuttu. Arkasına döndüğünde gözlerinin kızarmış olduğunu fark ettim. On sekiz gündür uzattığı sakalı gözyaşıyla ıslanmıştı. Burnu akıyordu ve babam bunu umursamıyordu.

Bu mektuplardan daha fazla şey öğrendikçe annemle ilgili bilmesem daha iyi olacağını düşüneceğim şeyler var mı diye merak ediyorum. Üniversiteden yollanan notlar bittikten sonra ilk mektuplar kızgınlıkla yazılmış. Annem Ahmed'den, Ahmed de annemden nefret ediyor gibi ama düzinelerce mektup var. Ahmed'in en yakın arkadaşı olan Mustapha adındaki adam her şeyin içinde ya da öyle görünüyor. Birbirlerini suçluyorlar, birbirleriyle dalga geçiyorlar, birbirlerini iğneliyorlar ve birbirlerine eziyet ediyorlar. İntikam hırsıyla yapılmış ihanetleri ima ediyorlar ve buna benzer daha bir sürü şeyi en ince ayrıntılarıyla anlatıyorlar. Ahmed onu terk etmiş ya da o Ahmed'i. Kimin niye terk ettiğini söyleyemiyorum. Birbirlerinden nefret ettikleri halde neden yazışmaya devam ettiklerini de söyleyemiyorum.

5

Seni incittiğim için buna karşılık olarak senin de beni incitmeye uğraşıp en çok kendine zarar verdiğine pişman olmadığım tek bir güne uyanmadım. Gel gör ki nasıl olduysa bütün bu incinmelerden daha saf, daha güçlü bir aşk doğdu.

Bütün gün yağmur yağdı ve babam ofise çakılıp kaldığını haber vermek için aradı. Bütün evin bana kalmasından son derece memnunum. Celeste'in öğleden sonrayı onların evinde geçirip sıcak çikolata eşliğinde eski filmler izleme teklifini de şimdiden iki kez reddettim. Babamın dışarıda olduğunu fark eder etmez kütüphaneyi arayıp Bayan Winterbourne'a bugün gelemeyeceğimi haber verdim. Her zamanki umursamaz tepkisini verdi. Kütüphanedeki görevim tamamen gönüllülük esasına dayalı.

Eski çarşafıma sarınıp okumaya başlıyorum. Bu okuduklarımın ilk mektuplardan çok daha iç açıcı olmaları beni rahatlatıyor. Sinirleri bir hayli yatışmış olmalı ki özel hayatlarında olup bitenleri paylaşmışlar birbirleriyle. Benimle ilgili bölümlere rastlıyorum ve kendimle ilgili sadece hoş şeylerden bahsedilmiş olması beni mutlu ediyor. Ahmed'e benim ilk kelimelerimin neler olduğunu, üzüm suyunu çok sevdiğimi ve ayak baş parmaklarımı emdiğimi yazıyor. Hatta mektup kâğıdının bir köşesindeki alakasız bir karalamanın benim bebekçe merhabam olduğunu iddia ediyor. Her ne kadar beklesem de, hatta ödüm patlasa da bebek sahibi olmanın onu mutsız bir hayata mahkûm ettiğinden asla sızlanmıyor. Aslına bakılırsa hiç mutsuzmuş gibi görünmüyor. Benim iki yaşında olduğum zamanlarda yazdığı mektuplardan birinde, çocuklarına yeterince zaman ayırmadığı için Ahmed'i azarlıyor. Sevdiği adama kendisine ait olmayan bir aile için aile değerlerini yücelten şeyler yazması tuhaf bir şekilde annemle gurur duymama sebep oluyor.

Bu sabah okuduğum mektupların tümü bu tarzda: Çocuklar ve evler en ince ayrıntılarıyla anlatılıyor. Görünen o ki Ahmed annemin nasihatlerini dinlemiş ve bu sayede çok daha mutlu olmuş. Artık ölümsüz aşk iddiaları ya da umutsuz yalvarmalar yok ama bence bunlar daha fazla dile getirilecek şeyler değil. Mektuplar hâtıralarla, kütüphanede geçirilen karlı öğleden sonralarla, geç saatlere kadar oynanan kâğıt oyunlarıyla, annemin arkadaşının yazlığında geçirilen hafta sonlarıyla ve Massachusetts tepelerinde yapılan iç açıcı yürüyüşlerle dolu. Annemi böylesine kaygısız hayal edemiyorum. Annemin tüm bunlara sahip olup sonra da kaybettiğini düşününce ağlamaklı oluyorum.

Yaklaşık bir yıl boyunca mektuplar "Hatırlıyor musun bir keresinde"lerle dolu ama sanırım annemle Ahmed'i de şu an beni üzdükleri kadar üzmüşler, çünkü hemen sonrasında günlük hayatlardan bahsediliyor mektuplarda. Günlük hayatlarını anlatmaya başlamalarından önce, bir yerden bir yere koşarak ama bir şekilde birbirlerine kenetli kalmayı başararak geçirdikleri gençliklerini hissediyorum. Ahmed 13 Haziran 1985 tarihli mektubunda o yazın sonlarına doğru İslamabad'da buluşabilecekleri ihtimalinden kısaca bahsediyor ama anladığım kadarıyla 1983 yılında onları böyle acımasızca ayıran ve ne olduğuna dair hiçbir fikrimin olmadığı o olaydan sonra bir daha bir araya gelmiyorlar. Annem bu buluşma ihtimalinden hiç söz etmiyor.

Okumayı bırakıp bana ait olmadığını bildiğim bir çaresizlik hissi içinde küf kokan çarşafı gözyaşlarımla ıslatırken alt kattaki kapının gürültüyle kapatıldığını duyuyorum. Yerimden fırlayıp yüzümü çarşafa siliyorum ve çarşafı bir hamlede etrafa saçılmış mektup yığınının üzerine atıyorum. Bu kadar gafil avlanabilmeme nasıl izin verebildim? Ya babam eve geldiğini söylemek için içeri dalsaydı? Ya neden ağladığımı sorsaydı? Ya okuduğum şeyleri görseydi?

Celeste kapıdan içeri girdiğinde hâlâ savaşçı modunda çömelmiş vaziyetteyim. Gözlerim ağlamaktan kızarmış ve örme zahmetine girmediğim saçlarım darmadağın vaziyette.

"Vay canına, şu an *tıpkı* Bombacı Kaczynski'nin[1*] sabıka fotoğrafındaki haline benziyorsun"diyor.

Saçlarımı ellerimle yatıştırmaya çalışıp "Ginsberg okuyordum," diyorum.

Gülüyor ve üstünden sular süzülen yağmurluğunu yere bırakıyor. Celeste iç çekip çöp kutusundan aldığı bir poşete tıkana kadar üzerine çarşaf örttüğüm mektupları ıslatan ekose desenli plastik ucûbeye dikiyorum gözümü. Tehlike şimdilik atlatıldı.

"Yine mi mektuplar?" diyor. "Biliyor musun onun hayatını didik didik edeceğim derken kendi hayatının en güzel günlerini burnunu çeke çeke geçiriyor olman annenin hiç hoşuna gitmezdi diye düşünüyorum."

"Yağmur yağıyor, Celeste. Hava çok kasvetli. Yapacak fazla bir

1* Unabomber (Bombacı): Asıl adı Theodore John Kaczynski. Amerikalı matemetikçi, teorisyen, eylemci. Popüler kültür ve basında FBI'in taktığı Unabomber lakabıyla bilinir. Berkeley Üniversitesi'ndeki görevinden istifa ettikten sonra Montana'da ormanda bir külübeye yerleşerek teknolojiden, endüstriden uzak bir yaşam sürmeye çalışmışsa da yaşam alanlarının tahrip edildiğini düşünerek kendini sabotaj eylemlerine, bombalamalara adamış, 1978 ile 1995 yılları arasında üniversitelere ve hava yollarına gönderdiği mektuplar yoluyla gerçekleştirdiği bombalı saldırılar sonucunda üç kişinin ölümüne, yirmiden fazla insanın yaralanmasına neden olmuştur. 1996 yılında tutuklanmış, iki yıl sonra da ömür boyu hapis cezasına çarptırılmıştır.

şey yok."

"Film seyredebiliriz mesela. Darbe planı yapabiliriz.Yapıyorum dediğin ödevi yapabiliriz." Kendini güzelce yatağıma yerleştirip sırılsıklam olmuş saçlarına rağmen bir kraliçe edasıyla battaniyeyi omuzlarına çekiyor. Celeste bir kez kalmaya karar verdi mi onu başınızdan savmanız imkânsızdır. Onunla tanıştığım ilk gün bunun mümkün olduğunu düşünmüştüm ama o zaman da şimdiki gibi imkânsızdı onu başınızdan savmak. Altı yıl önce yandaki eve küçük bir kızın taşındığını öğrendiğimde hiç heyecanlanmamıştım.

Annem "Neden gidip ona bir merhaba demiyoruz?" diye dürtmüştü beni. "Böyle yakında oturan bir arkadaşının olması iyi olurdu." Annem çocukluk arkadaşlarının ne kadar önemli olduğunu anlatmaktan usanmazdı. Yıllardır dünyanın iki ayrı ucunda yaşıyor olmalarına rağmen en iyi arkadaşı Shireen'i çok özlerdi.

Ama ben arkadaş falan istemiyordum. Hele burnumun dibinde olanını hiç istemiyordum. Annem vardı ve bu bana yetiyordu. Süpermarkette ya da okul bahçesinde tanıştığı annelerle yaptığı oyun saati buluşmaları yeterince eziyetliydi zaten. Ben duvardaki saate bakıp dururken itaatkâr küçük kızların Barbie bebekleriyle oynadığı evlere bırakılırdım. Şu an evde olmam lazım diye geçirirdim aklımdan. Annemin her an bana ihtiyacı olabilir. Bazen o küçük kızlar benden daha sabırsız olurdu. Ben de Amy'nin yüzüme boyama kitabıyla nasıl vurduğunu ya da May Beth'in bana okuldaki herkesin benim tuhaf bir kız olduğumu düşündüğünü söylediğini uzun uzun anlatırdım anneme. Annem önce bir iç çekip pes ettim der gibi bakardı ben bunları anlatınca ama beni nadiren o eve bir kez daha gönderirdi. Hava yeterince sıcak olduğunda bazı öğleden sonraları mahalledeki çocuklarla bitişik blokların etrafında bisiklete biner ya da birilerinin havuzunda sakin sakin yüzerdim. Yıl boyunca okul arkadaşlarımın doğum günü partilerinde boy gösterdiğim sürece annemi memnun ederdi bunlar. Benim için düzenlenen doğum günü partileri kalabalık olmazdı ama hafta sonlarını elimde güzel bir hediye paketi ve ağzımda arabada ezberletilmiş güzel dileklerle geçirmemin ihmal etmemem gereken sosyal bir zorunluluk olduğunu düşünüyor gibiydi annem. Kısacası, Celeste St Clare yanımızdaki eve taşınana kadar, dile getirilmeyen bir anlaşmazlığı ara ara doğum günü partilerine katılma sözü verip annemin sosyalleşme özürlü bir yetişkin olacağım korkusunu gidermem karşılığında, onun yanı başında olmamı sağlayacak şekilde çözmeyi başarmıştık.

Aylarca her Allah'ın günü neden yan komşulara uğramamamız gerektiği konusunda gerekçeler bulma mücadelesi verdim. Okul koridorlarında benim bile duyduğum söylentiler dolaşıyordu. Sadece altı yaşında olan oğlan kardeşi, öğretmenlerinin bile yüzünü kızartacak küfürler ettiği için şimdiden iki kez eve gönderilmişti. Çarşıda kısa bir süre önce çiçekçi dükkânı açmış olan annesi sık sık üzerinde bir tek geceliği ve başında da çiçeklerinden yapılmış bir taçla sokaklarda dolaşırken görülmüştü. Celeste de Cadılar Bayramı'nda üzerinde seksi bir külot ve ayağında ponponlu patenlerle gezinmişti ortalıkta. Yılbaşı kutlamalarında da ikinci sınıftayken sene sonu müsameresinde kız kardeşinin elbisesini giyme hevesi yüzünden homoseksüel olduğundan şüphelenilen Jason Franz'ı ökseotu[2] çelengini bahane edip öpmüştü. Cadılar Bayramı'nda köpekotlu öksürük şurubu dağıtmışlardı. Bu iki kardeş öğle yemeklerinde sık sık teneke kutularda satılan koyulaşmış hazır çorba ya da kötü kokulu Delicé de Bourgogne üçgen peynirleri yiyorlardı. Sallantıda olan sosyal statüm dikkate alındığında, dişimle tırnağımla oluşturmakta olduğum görünmezlik örtüsüne zarar verecek bir şey yapmak istemiyordum.

O kaçınılmaz gün nihayet gelip çattığında annemle çay partilerimizden birindeydik. Annem ilk ziyaretimizden hemen sonra vefat

2 Ç.N.: Ökseotu, yılbaşlarında dekorasyon için kullanılan bir bitkidir ve bu bitkiden yapılmış çelenklerin altında öpüşmek bir yılbaşı geleneğidir.

eden İrlandalı büyükannemin verdiği kaliteli porselen çay fincanlarını çalkalamayı bitirmiş, bana da limonata yapmak için limonları katletme görevini vermişti. Ben sıkarak limonların canını çıkarırken o da salatalıklı sandviçler hazırlamış ve bayat bisküvilere Nutella ve reçel sürerek taze süsü vermişti. Annemle aramıza bir örtü serip üzerine içinde plastik çiçekler olan oyuncak vazomu koymuştuk. Havalardan, hastalıklarımızdan, verandadan gözetlediğimiz yaramaz çocuklardan bahsedip eğleniyorduk. Annemin gülmeyi bırakıp bahçe çitinin olduğu tarafa doğru başıyla selam verdiğini fark ettiğimde ona o gün okuldaki bakımsız bir birinci sınıf öğrencisinin nasıl burnundan koca bir sümük çıkarıp gizlice beslenme çantasına koyduğunu anlatıyordum. Hikâyeyi kısa kesip kimin geldiğini görmek için arkama döndüm. Dikenlerin arasından dikkatli bir şekilde geçen Celeste oradaydı işte.

Celeste ile yaptığımız o ilk çay partisinin nasıl geçtiğini artık hatırlamıyorum ama surat asmamak için ne kadar zorlandığımı gayet iyi hatırlıyorum. Celeste oyunumuza beni dehşete düşürecek kadar iyi uyum sağladı. Annemle de pek iyi anlaşıyor gibiydiler. Yeni komşumuz partiye çok kıskandığımı itiraf etmem gereken yırtık dantel bir masa örtüsünden yapılmış bir elbise ile gelmişti. Öğleden sonra akşama dönmeye başladığında panikten kıvranıyordum. Ya bu kız her gün gelmeye kalkarsa? Ya beni annemle baş başa bırakmazsa? Annesi ve erkek kardeşi evin önünde göründüğünde açıkçası Celeste'in abartılı casusluk taktiklerinden sakındığımdan boynumdaki tüyler horoz tüyü gibi kabarmıştı. Blake, çeşmedeki melek heykeline sopayla vurarak kendini oyalarken annem Selene St Clare'e gerçek çay ikram etmek için onu mutfağa götürdü. Patlayacağım zannettim.

Celeste ile yalnız kalır kalmaz ona "Annenin deli olduğunu duydum," dedim.

"Evet," dedi bana. Bana vuracağını ya da en azından ağlamaya başlayacağını ümit etmiştim ama bisküvinin üstündeki reçeli yalayarak sanki benden bir şey yapmamı bekliyormuş gibi, sanki başka şeyler de söylememi bekliyormuş gibi bana bakarak orada öylece oturdu.

"O zaman neden babanla yaşamıyorsun?"

Celeste sorudan hoşnut kalmışa benziyordu. "O öldü," dedi. "Ve Blake'e gelince. Kim bilir." Adını duyunca Blake bize bir taş attı ama hedefi tutturamadı. Celeste kendini bildi bileli annesinin erkek arkadaşlarının peşine takılıp farklı yerlere seyahat etmişlerdi. Büyükannesine yaptıkları yatılı ziyaretler uzadığında bu seyahatlere ara verdikleri zamanlar olmuştu. Büyükannesi geçen bahar Florida'ya taşınmıştı. Kızına kenar mahallelerden birinde bir çiçekçi dükkânı satın almış, kızının maskaralıkları yüzünden kesinlikle kısaldığını düşündüğü ömründen geriye kalanının tadını çıkarmak için güneye uçmuştu.

"Bu hiç hoş değil," dedim.

Celeste omuz silkti. "Sen hiç Yellowstone'da bir yurtta kaldın mı?"

O an, oracıkta onun ara sıra bizi ziyaret etmesine izin vermeye karar verdim. Gel gör ki okulların açık olduğu aylar boyunca her gün geldi bize. Yaz tatili başladığında ondan kurtulmaya çalışmaktan çoktan vazgeçmiştim. Anneme de ara ara Celeste'in onun değil *benim* arkadaşım olduğunu, bize ihtiyacı olursa benim odamda birbirimize sırlarımızı anlatıyor olacağımızı, sim ve yapıştırıcı ile kendi mucizelerimizi yaratacağımızı açıklamak zorunda kalıyordum.

Celeste şimdi yastığıma tünemiş "Cidden berbat görünüyorsun," diyor bana.

Duruma çözüm bulmak için gardırobumu odanın içine boşaltıyor ve annemin eski elbiselerinden birini seçiyor: Dolabım onun dolabına sığmayan giysilere ev sahipliği yapardı bir zamanlar. İnce kumaştan yapılmış puantiyeli bir elbise seçiyor ama baharlık olmasına rağmen giymem için üsteliyor yine de. "Annen gittiğinden beri giydiğin etek ve hırka gibi Viktorya devrinden kalma değil hiç değilse," diyor. Onun bana aldığı giysiler gibi giysiler alıyorum. Her yıl daha büyük bedenli giysiler. Elbisenin üzerimde anneme olduğundan daha dar ve daha kısa oluşuna şaşırıyorum. Celeste tabii ki bunu onaylıyor.

Celeste beni doğru düzgün bir kıyafetin içinde görünce "Senin için endişeleniyorum Irenie," diyor. "Bütün gün odana kapanıp sürekli bunu yapman sağlıklı bir şey değil.Bu mektupları bulalı ne kadar oldu? İki hafta mı üç hafta mı? O zamandan beri okuldan doğruca eve koşup kendini bu mektuplarla odana kapatmadığın tek bir gün olduğunu sanmıyorum." Nefeslenmek için biraz duruyor. "Bir de şu mektupları düzenleme konusu var. Çok tuhaf. Sanki annen çıkıp gelecekmiş de sayfaların her köşesinin üst üste durup durmadığını kontrol edecekmiş gibi düzenliyorsun onları. Anneni özlemeni anlıyorum ama bu onu geri getirmeyecek." Bunu söyledikten sonra belki de fazla ileri gittiğinden korkup aniden susuyor.

Üstümdeki elbiseyi düzeltip "Onu geri getirmeye çalışmıyorum," diye ısrar ediyorum. "Sadece onun nasıl biri olduğunu bilmek istiyorum. Bizi terk ettiğinde, onu annemden başka biri olarak göremeyecek kadar küçüktüm ama şimdi onu insan olarak tanıma şansım var."

Celeste tam olarak ne diyeceğini bilemiyor. Annesini haddinden fazla bir zamandır insan olarak görmüş. Öğleden sonranın geri kalanını Celeste'in pek bir ilgilendiği hamur işi kermesi için çikolatalı kurabiye yaparak geçiriyoruz. Bu ilginin kaynağının üst sınıfta okuyan spor yıldızı, lise tanrısı, basketboldan okul kermesine kadar her şeyin içinde olan Dionysius Blue olduğunu tahmin etmek yanlış olmaz. Dionysius samimi bir hobi delisi. Ateş yutuculuk konusunda sarf ettiği çabayı geçen yılın sonbahar fuarında ilk kez sahnelemesiyle ünlü. Bu ayki hobisi Celeste'yi etkilemek. Onunla anıları olacak mı Celeste'in? Birbirlerine arzu dolu mektuplar yazacaklar mı ayrıldıktan yıllar sonra? Kurabiyeleri soğutma rafına yerleştirirken insanları birbirine böylesine çeken şeyin ne olduğunu anlama çabası içine giriyorum. Birazdan Celeste çabalarımızı paketleyip eve gidecek. Bu sorunun cevabını bulana kadar okuyacağım mektupları.

6

Yoksunluğun kalpteki sevgiyi çoğalttığını söylemeleri ne komik değil mi?Benim kalbim her geçen yıl daha mahzun hissediyor. Yabancıların yüzünde senin gülüşünü arıyorum. İsmini görmeyi umarak artık bana yabancı olan gazetelere göz gezdiriyorum. Seni her yerde arıyor, hiçbir yerde bulamıyorum.

James, cuma günlerini dört gözle beklerdi hep. Birçok meslektaşında olduğu gibi hafta sonu sevdası değildi cuma gününü sabırsızlıkla beklemesinin sebebi. Cuma günü kayınvalidesi ile kayınpederinin onu aradığı gündü. Önceleri James onlardan haber almayı dört gözle bekliyordu, çünkü Yasmeen onların kanındandı. Fakat zamanla onlarla yaptığı sohbetlerden keyif almaya başladı. Özellikle kayınvalidesi karizmatik bir kadındı. James bazen heyecanlı bir çocuk gibi kısaca TM diyerek ismini Hıristiyanlaştırdığı kayınvalidesi ile Pakistanlı kadın hakları savunucusu ve yazar Tehmina hakkında konuşurken bulurdu kendini. Irenie de babası gibi babaannesinin cazibesinden etkileniyordu. Babaannesine James'e aylar boyunca anlatacağından çok daha fazla şey anlatıyordu yarım saatlik telefon görüşmelerinde. James Irenie'nin hayatında neler olup bittiğini ancak bu konuşmalara kulak misafiri olduğu zamanlar öğrenebiliyordu.

Ne olduysa beklenmedik bir şekilde sıcak bir şubat günü oldu. Mutfak masasında karşılıklı oturuyorlardı. Saat sekiz buçuk olmuştu. TM'nin genellikle telefon ettiği saatten yaklaşık bir saat sonrasıydı. Irenie o gün evdeydi ama James'in işe gitmesi gerekiyordu. İşe zamanında gidebilmek için en geç dokuzda evden çıkması gerekecekti. Telefon çalar çalmaz açtı.

"Alo?" dedi. Sessizlik. "Alo, kimsiniz?" Arayan kişi derin bir nefes aldı ve telefonu kapattı. Bu sessiz telefonlar bir süredir devam ediyordu. James arayanın Irenie'nin gizli hayranlarından biri olduğunu düşünüyordu ama ona kim olabileceğine dair bir fikri olup olmadığını sorduğunda Irenie ona ters ters bakıp imalı imalı "Benim hayranım falan yok valla. Seninkilerden biri olsa gerek,"dedi.

James, tedirgin tedirgin saatine bakıp "Umarım her şey yolundadır. Hiç böyle yapmazdı," dedi.

Çilek reçeline çay kaşığını batırıp çıkaran Irenie, başını kaldırıp babasına baktı. Başka bir baba olsa çay kaşığıyla çıkardığı gürültünün başını şişirdiğini söylerdi ona. Ama o kendisi olduğu için çay kaşığına baktı dik dik.

Irenie, çay kaşığını kavanozun dibine daldırdı ve reçeli karıştırarak "Muhtemelen bir yerlere gitti ve zamanı unuttu," dedi. "Keşke çilekleri ezmeseydi; reçelin en sevdiğim yeri," diye geçirdi James içinden. "Bilirsin, insanlar bazen çay kahve içmeye falan giderler," dedi Irenie.

Irenie'nin bilmişliği James'i kızdırdı. Irenie, hayatının ilk dokuz yazını orada geçirmişti. O ise sadece iki kez ziyarete gidebilmişti onları. Bu nasıl oluyordu da Irenie'ye koskoca bir ülkenin örf ve âdetleri konusunda ahkâm kesme hakkını veriyordu. "Çok da güvenli bir ülke değil," dedi Irenie'ye.

"Yeterince güvenli bence. Annem oradayken gayet iyiydi değil mi?"

Bunun üzerine ikisi de sustu. Yasmeen'in orada kendini iyi hissettiği doğruydu. Bunun nesine dayanamıyordu ki? Ne kadarını bildiğini merak ederek kızına baktı ona hissettirmeden ama kızının yüzünden hiçbir şey anlaşılmıyordu. Beyninin sağ tarafı "Ona söylemelisin," dedi. "Bunun için çok geç artık," diye karşılık verdi sol taraf.

Telefon çaldı.

Irenie telefona fırladı ama sonra kimin okula gitmesi gerektiğini hatırladı.

"Merhaba TM," dedi James. "Evet evet, seni gayet iyi duyuyorum."

Irenie haklı çıkmıştı. Kayınvalidesi, Lahor'dan eve dönerken trafiğe takılmıştı. Savaş uçaklarının bile kalkış yapabileceği kadar geniş bir otoyol açılmıştı ama o geleneksellliği elden bırakamayıp iyi bildiği eski yolu kullanmayı tercih etmişti.

"En iyisini yapmışsın. İnsan bildiğinden şaşmamalı," dedi James. Bunu söylediği an Irenie'nin gözlerini devirdiğini hissedebiliyordu. TM uzun uzun torunlarından bahsetti. Evde neler olup bittiğini anlattı. Sonra Yasmeen'in kız kardeşi Mehreen aldı telefonu. O sabah yaptığı kanlı kanal tedavisinden bahsetti kısaca. Mehreen de James gibi konuşmayı pek fazla sevmiyordu ama her hafta onunla konuşmaya gayret ediyordu. James, sesinin Yasmeen'in sesine ne kadar benzediğinin ve ona bu telefon konuşmalarıyla beş dakikalığına da olsa ne büyük bir iyilik yaptığının farkında olup olmadığını merak etti. Muhtemelen farkında değil diye düşündü. Mehreen kız kardeşine hiç benzemezdi. James'in onların bir şekilde birbirlerine benzediğini düşündüğünü bilse şüphesiz çok şaşırırdı.

Kızı telefonu ona verince "Sence de Irenie'yi alıp buraya gelmenin zamanı gelmedi mi canım?" dedi TM James'e.

Her sene en az sekiz kere sorardı bu soruyu ama James hep hazırlıksız yakalanırdı. Sınav kâğıtlarını okuyorum diyebilirim diye düşündü. Ya da makale teslim etmem gerekiyor derim. Yaz okulunda çalışmam gerekiyor da diyebilirim. "Şey, bir araştırma bursu aldım," dedi. Irenie, telefon sırasını beklerken gözlerini dikmiş ona bakıyordu. Şimdi bir de burs bulması gerekecekti ya da bursu neden kaybettiğine dair onur kırıcı olmayan bir gerekçe. Yasmeen'in aile fertleriyle telefonda konuşmayı seviyordu sevmesine ama henüz onun evini yanında o olmadan ziyaret etmeye hazır değildi.

"Eninde sonunda öğrenmek zorunda kalacak gerçeği," diyerek uyardı kayınvalidesi James'i.

"Şüphesiz, şüphesiz," diye kekeledi James.

"Söylesene Irenie nasıl?"

Reçeli karıştırırken hafifçe kaşlarını çatmış Irenie'ye baktı James. Sanki boş bakışlarının arkasında bambaşka bir hayat varmış gibi şu son birkaç haftadır her zamankinden yoğun görünüyordu. Buna neyin sebep olduğunu ya da yaşamında ne tür bir değişiklik olduğunu merak etti bir an. "Sanırım," diye başladı söze.

"Belki onu birkaç aylığına buraya göndermen onun için iyi bir değişiklik olur. Ne dersin?" diye sordu TM. "Gençler söz konusu olduğunda 'sanırım'dan daha net olmak lazım."

"Bakarız," dedi James biraz kızgın bir ses tonuyla. Telefonu Irenie'ye verdi. Yarım saat sonra Irenie hâlâ telefondaydı. Sırtını mutfak duvarına dayamış, kuzeni Naaz ile konuşuyordu.

7

Fotoğraflarımızı yırtıp senin göründüğün parçaları yaktım. Yüzünü barlarda, kulüplerde, metro vagonlarında aradım. Bana seni hatırlatan herkesle yattım. Bilmediğim boş yataklarda hâlâ uyurlarken çırılçıplak bıraktım onları. Bir türlü huzura eremediğim yüzlerce sabahın ardından yapabileceğimi düşündüğüm son şeyi yaptım. Senden ayırdığım, sadece benim olduğum fotoğraf parçalarını yaktım. Sana olan nefretim ya da görünmez oluşun seni kalbimden söküp alamıyor. Sana olan aşkım inatla direniyor. Kolayca yerinden sökülse de yeniden kök salıyor toprağa.

Mektupların tamamını okumam bir aydan fazla sürüyor. Bunun iki sebebi var. Çok daha çabuk bitirebilirdim okumayı ama bir keresinde Bayan Winterbourne'un neden bana sürekli acele etmememi söylediğini anladım: Son sayfayı çevirdiğinde kitap biter. 1992 yılına ait mektupları okumaya başladığımda bunun olmasından korktum. Ahmed'e lenf kanseri tanısı konmuştu. İyileşme şansı düşüktü. Hiç tanımadığım bir adamı kaybetme korkusuyla o kısa hüzünlü mektuplarla bir hafta geçirdim. Başından beri yapmayı umut ettiğim şeyin ne olduğunu fark ettim: Annemin Ahmed'i ile tanışmak, nasıl biri olduğunu görmek ve bu sayede annemin bir zamanlar nasıl biri olduğunu anlamak. Ne yazık ki onunla hiçbir zaman tanışamayacağım. Ölmüş olduğundan eminim. 1992 yılında mucizevi bir şekilde toparlamış ama 1996'da tekrar hastalanmış. Anneme yolladığı son mektup bir veda mektubu.

Mart ayında, mektupları okumaya başladığım günkü gibi buz gibi soğuk bir günde bitiriyorum okumayı. Kar hâlâ Crawford topografyasının kalıcı özelliği gibi görünüyor ama kış, tıpkı deniz sezonu bittikten sonra tahta parmaklıkları boyama zahmetine girmekten vazgeçen bir görevli gibi terk ediyor buraları. Güneşli günlerde çamurlu kar kümeleri tuhaf görünüyor: Geçici ikametleri beklenenden uzun süren lümpen Rip Van Winkle'lar derbeder bir şekilde yol boyunca uzanmış yatıyorlar şimdi. Ama günler güneşli olsa da hava soğuk. Sokağa çıktığınızda hâlâ sis çekiyorsunuz ciğerlerinize. Kısa bir süre sonra bahara kavuşacağımızın belki de yegâne işaretlerini okul koridorlarında görmek mümkün. İklimlendirme denetimi dikkatlice düzenlenmi olsa da, Mart başında hava yumuşamya ve ılımaya bşladığında kendisini gösteriyor. Koridorlardaki gürültü patırtı sanki durgun bir su birikintisinden geçerek filtrelenmiş gibi belli bir akışkanlığa kavuşuyor. Kızların soluk yanaklarına renk geliyor ve onların peşinden koşan oğlanlar kendilerine çekidüzen verip kasıla kasıla yürüyorlar. Gözler pırıl pırıl parlıyor. Dudaklar hülyalı hülyalı gülümsüyor. Floresan ışıkları daha az acıtıyor gözleri. Islak lastik çizmelerinden gelen o bildik koku, istenmedikleri için dolaplarda çürümeye bırakılan solmuş Sevgililer Günü buketlerinin yaydığı iğrenç kokuyla karışıp bambaşka bir kokuya dönüşüyor. Baharın geldiğinin en aşikâr ve en esrarengiz belirtisi, gözleri parlayan kızların iç çekişleri. Dağ sıçanları Pensilvanyalılara baharın gelişini iki yüz yıl önce müjdelemiş olabilirler ama Crawford'da bu işi en iyi ergen kızlar yapıyor. Bu yıl Celeste de al yanaklı kızlar topluluğuna dâhil oldu.

Mektupları okumamın otuz yedi gün sürmesinin ikinci sebebi de Celeste ve Dionysius'un birlikteliklerinde her şeyin yolunda gitmesi. Celeste'yi benden uzaklaştırmış olmasaydı mektupları iki kat daha uzun sürede okuyabilirdim ancak. İlk çıktıkları gece Dionysius onu son zamanlardaki tutkusuyla tanıştırdı: Flamenko. Sonra gizlice Selene'nin serasına girdiler. Celeste de Dionysius'u kendi tutkusuyla tanıştırdı. O zamandan beri de Celeste'in dibinden ayrılmıyor. Celeste bundan rahatsız olmuyor. Nedense ben de rahatsız olmuyorum. Bana ıslık çalmayı ve camadan bağı atmayı öğretti. Ama mektupları okumayı bitirdiğim gün Celeste ile yalnız kalmak istiyorum.

Telefon ettiğimde bana akşam yemeğinden sonra gel diyor. Son birkaç gündür Blake çok öksürüyormuş. Bu öğleden sonra onu doktora götürecekmiş.

Bekleyerek geçirince pazar günleri uzadıkça uzuyor. Önce tarih ödevimin üzerinden geçiyorum. Sonra da Nani'nin nergisi köfte[3] tarifini deneyerek saatlerimi harcıyorum. Annem hep Amerika'da katı yumurtaları bulayabilecek kadar ince kıyılabilen koyun eti bulamadığından yakınırdı. Birkaç çay kaşığı ufalanmış ekmek ve yumurta sarısı ile etin kolayca yumurtalara yapışmasını sağlıyorum. Bu keşfimden ona asla bahsedemeyeceğim gerçeğinin beni üzmesini engellemeye çalışyorum bir taraftan da.

Işık, tül perdeden dans ederek süzülüyor ve dünya gözüme çok hoş görünüyor. On sene önce annemin Nani'ye *Her odada beyaz perdeler olsun. Perdeleri sarartacak kadar toz girmiyor içeri* diye seslenişi çınlıyor kulaklarımda. Perdeler sararıyor artık ama bu hallerini daha çok seviyorum. Eskiden sanatoryumlardakiler gibi bembeyazdılar. Sahte vaatleri ve kötüye giden sağlık sorunlarını çağrıştı-

3 Ç.N.: Pakistan'a özgü bir köfte çeşidi.

rıyorlardı. Şimdi damadı nikâh masasında bırakıp kaçan bir gelinin gelinliğinin kuyruğu gibiler. Tülden süzülen ışık, kışın bile sıcacık hissetmenizi sağlıyor. Mutlaklık hep rahatsız etmiştir beni: Renksiz ışık ya da sonsuz gökyüzü gibi mesela. Ne çok şeyi asla bilemeyeceğimi düşünmekten hoşlanmıyorum. Eski perdelerin bir yaşanmışlığı var; tozlarımızla kaplılar. Biz çevremizi yaratıyoruz, buna karşılık çevremiz de bizi. Küçükken annem bana en kötü masalları anlatırdı: Ölümden başka çareleri olmayan âşıkların masallarını. Ya zehirlenirlerdi ya boğulurlardı ya da toprak yutardı onları. Geceleri kendime anlattığım annemle ilgili masallar çok daha kötüydü – sonları kötü bittiği için değil, pekâlâ mümkün olduklarından, ama yine de asla gerçekleşmeyeceklerini bilirdim.

On yaşıma girdiğim gün annemi bir daha göremeyeceğimi biliyordum. Biliyordum çünkü beni aramamıştı. Bütün günü Celeste ile deniz kenarında kumdan kekler yaparak geçirdik. Büyükannem yüzme becerimizden emin, bize aldırmadan kitabını okuyup içki içti. Celeste ile birbirimizi sırayla kuma gömdük. Kumdan deniz kızı kuyrukları ve biraz dikkatli yetişkinlerin bile müstehcen bulacağı kocaman memeler yaptık. İstediğimiz kadar uzağa, hatta Jamaika'ya kadar bile yüzebilirdik ama sahilde vakit geçirdik. Başkaları bizi test etmeyecekse kendimizi bu konuda test etmenin bir anlamı yoktu. Mayom yeniydi. Annemin erken doğum günü hediyesiydi. Uçuk pembe, eteği fırfırlı bir mayoydu. Kayaların üzerinde ölmüş ve güneşten kurumuş bir denizanası bulana kadar onlardan biri gibi göründüğümü hayal etmiştim. En az fosforlu bikinisi kadar iddialı olan Celeste, ölü denizanasını eline alıp denize attı.

Doğum günümün öğle yemeği menüsünde, üstü pastel renkli şekerlemelerle kaplı kapkekler vardı. Celeste ile başka bir şey yemedik. İkimiz de yarım düzine kapkeki mideye indirip sırt üstü kumlara uzandık. O kadar yanmıştım ki yanında labrador cinsi köpeği olan bir kadın özel koya doğru yürürken Havaili olup olmadığımı sordu. Celeste çok kıskandı beni. Kendini baştan ayağa Hindistan cevizli güneş yağına buladı. Kumlar her yerine bulaştı. Büyükannem bahçıvanı gönderip koydaki izinsiz ziyaretçiyi uzaklaştırana kadar köpekle kumlarda debelendik. Sonra da bütün bir öğleden sonrayı Celeste'in uydurduğu ve güzel olanın kumlarda ağır hareketlerle hoplayarak denizdeki kızı kendi saçını ıslatmadan kurtarmak zorunda olduğu Yıkanan Güzeller oyununu oynayarak geçirdik.

O akşam büyükannemin talimatıyla üzerimizdeki her bir kum tanesinden kurtuluncaya kadar küvette kaldık. Neredeyse birbirine tıpatıp benzeyen beyaz plaj elbiselerimizi ve ince uçuk mavi hırkalarımızı giydik. Üzerinde Mary Janes resimleri olan dantel çoraplarımızı giyelim istedim ama Celeste çok bebekçe göründüklerini söyleyince sandaletlerimizi giymeye karar verdik. Ayak tırnaklarımıza lila rengi oje bile sürdük. Büyükannemin estetik ameliyatlı yüzü şaşırmasına izin verseydi bizi gördüğünde şaşırabilirdi. Oradaki tüm zamanımızı dağınık saçlarımız, üzerimizde mayolarımız ve eski püskü şortlarımızla oradan oraya koşarak geçirdik.

O akşam büyükanne, bizi menünün Fransızca olduğu şatafatlı bir restorana götürdü. Yemeğimizi yedikten sonra frak giymiş bir garson, üstünde mum yerine maytap olan bir doğum günü pastası getirdi. O an insanın doğum gününü restoranda kutlamasının hayal bile edilemeyecek kadar egzotik bir şey olduğunu düşünmüştüm. Maytapı söndürmek için büyükannenin bardağındaki brendiyi kullanayım derken brendiyi tutuşturunca o bile gülümser gibi oldu. Bana üzerinde her yaşım için bir tane olmak üzere on çeşit bonbon şekeri olan güzelce paketlenmiş bir kutu ve eşit aralıklarla yerleştirilmiş on inci tanesi ile bezenmiş son derece zarif altın bir bilezik verdi. Büyükannenin bütün bunları Celeste ben gelmezsem gelmeyeceğini, ben de doğum günümü kaçırmamak için gelmek istemediğimi söylediğim için yaptığını gayet iyi biliyordum ama yine de çok eğlendim.

Gerçi annemin beni aramadığını fark etmeyecek kadar da değil. Telesekreteri en az on kere kontrol ettikten sonra Celeste, "Annen özgürlüğünü verip seni azat ediyor," diyerek teselli etmeye çalıştı beni. "E artık iki haneli yaşlardasın ne de olsa."

Ama annemin asla böyle bir şey yapmayacağını biliyordum. Misafirliğimizin son birkaç gününde eğleniyormuşum gibi yapmaya çalıştım ama pek beceremedim. Üç yıl önce annemin orada olmadığı zamanı hatırlamaya başladım. Bir zamanlar çok sevdiğim spor delisi Jo Anne'i ve babamı bakıcımla kanepede birbirlerine dolanmış vaziyette gördüğümde annemin bizi neden terk ettiğini nasıl olduysa hemen anladığımı hatırladım. Annem o zaman geri dönmüştü gerçi. Babam o zaman iyi ki de ondan kurtulmayı başaramamıştı ama bu sefer başardığından emindim. Annemin birçok yetişkinden daha güçsüz olduğunu biliyordum. Küçücük şeyler bile onu çok üzebiliyordu. Babam bu kez ondan kurtulduğunda, annem geri dönecek gücü bulamayacaktı kendinde.

Geri döner dönmez "O nerede?" diye sordum. Babamın yüzü zaten bildiğim gerçeği doğruladı. Yetişkinler sır saklamakta ustaydı ama iş bir suçu sır gibi saklamaya gelince çocuklardan hiçbir farkları yoktu. Suçluluk duygusunu babamın yüzünde defalarca görmüştüm o güne kadar. O zaman da kolayca tanıdım o duyguyu.

Babam annemden ilk kez kurtulmaya kalktığında annemin kendini iyi hissetmediğini, bu yüzden de hastaneye kaldırıldığını söylemişti ama Jo Anne'le beraber gittiğimiz hastane, hastaneden çok otele benziyordu. Ayrıca, hangi hastane çocukların ziyarete gelmesine izin vermez ki? Melinda Yao'nun babası bir yıl önce kanserden ölmüştü. Melinda hastaneye gitmek için sürekli okulu kırmıştı. Babamın annemi zindana attırdığından emindim. Otel sadece bir kandırmacaydı. Artık Fairhaven Merkezi'nin ülkenin en iyi rehabilitasyon merkezlerinden biri olduğunu biliyorum tabii ki ama o zamanlar oranın zengin insanların stres atmak için gittiği tatil mekânlarından biri olduğunu zannediyordum. Annem gerçekten de oralarda bir yerdeyse de mutlaka bodrumda otel çarşaflarını çitiliyordur diye düşünmüştüm.

Babam annemden ikinci kez kurtulduğunda bahanesi bile yoktu. "Gitti," dedi. Ne zaman döneceğine dair tek söz etmedi. Birkaç hafta sonra annemin sürekli boynunda taşıdığı ve günün birinde o gizli kutuyu açacak anahtar olan kolyeyi verdi bana.

İç çekerek duvar saatine bakıyorum. Saat daha beş buçuk. Mesele, daha önce olduğu gibi Celeste ile konuşmak istediğim son mektup değil aslında. Son mektup sadece birkaç satırdan ibaret. Ahmed çok fazla zamanının kalmadığını, öldükten sonra bile annemi sevmeye devam edeceğini yazmış. Şu son birkaç haftada annemin hayatının şahit olduğum on dokuz yılına yakışan bir son değil bu. Hikâyenin sonunda ne olduğuna dair hiçbir ipucu vermiyor bana. Annem nereye gitti? Nasıl öldü? Bilmiyorum. Tek bildiğim Ahmed Yasmeen'i, Yasmeen de Ahmed'i sevmiş. Evlenmeye karar vermişler ama bir şeyler ters gitmiş. Ahmed Mehrunissa adında bir kadınla, Yasmeen de James Eccles adında bir adamla evlenmiş. Ölene kadar da birbirlerine hasret kalmışlar.

Telefonun sesi beni gerçek hayata döndürdüğünde mutfak masasının kenarına bıçakla çentik attığımı fark ediyorum.

"Irenie?" diyor babam telefonu açtığımda. Sanki telefonu başka *birinin* açma ihtimâli varmış gibi.

"Efendim."

"Az önce kitabın elli sekizinci bölümünü tüm kitabı toparlayacak şekilde yeniden yazmanın bir yolunu buldum. Sanırım geç saate kadar ofisimde olacağım."

"Tebrikler."

"Anlamadım?" Babam benim kibar olma gayretimle onu iğnelememem arasındaki farkı bir türlü göremez.

"Kitabı nasıl bitireceğini bulduğun için yani."

"Teşekkürler. Sadece akşam yemeği için evde olamayacağımı bilmeni istedim."

"Tamam."

"Görüşürüz o zaman."

Babamın bırakın evlilik dışı bir ilişkiyi yürütmesini evlenmeyi başarmış olması bile mucize. Mektuplar babamı bir nebze temize çıkarıyor ama annemin ölümünden onu sorumlu tutuyorum yine de. Annem babamla tanışınca Ahmed'e mektup yazmayı bırakmış. Yıllarca da yazmamış ona. Ben neredeyse bir yaşıma gelene kadar yazmamış aslında. O zaman da sadece anne ve babasını kaybettiği için ne kadar üzüldüğünü söylemek için yazmış. Babam onu daha mutlu edebilmiş olsaydı annem belki Ahmed'in cevaben yazdığı uzun mektuba yanıt vermeyecekti. Belki ne kadar mutsuz olduğunu anlattığı bir sonraki mektubuna da yanıt vermeyecekti. Onu görmeyi ne kadar çok istediğini yazdığı mektuba da. Babam annemi daha mutlu edebilmiş olsaydı Ahmed'e tekrar ihtiyaç duymayacaktı. Ahmed'in hüznünün onun hayatını ele geçirmesine izin vermeyecekti ama öyle olsa bile mektuplaşmak yasak aşk ilişkisiyle aynı şey değil. Bunu Celeste'den duymak bana iyi gelecek.

Şu ana kadar bu konuları onunla tartışmayı erteledim ve şimdi de ondan bir sır saklıyor olmak tuhafıma gidiyor. Celeste başıma gelen her şeyden haberdar olmuştur hep. Alıştırma sütyeni takmamın zamanının geldiğini söyleyip bulduğumuz ilk araçla beni sütyen almaya götüren odur mesela. Yine beni eczanenin hijyenik kadın pedi satılan raflarına götürüp hayatın bazı gerçeklerini anlatan da odur. Celeste, oğlanların karşısına mayoyla çıkmaktan utandığım için yedinci sınıfta beden eğitimi dersinden neredeyse kaldığım zamanı da bilir. Timmy Bigg'in sırt çantasına takılıp düştüğümde sınıftaki herkesin külodumu gördüğü günü de bilir. Onun bana kadın olmayı öğrettiğini benim de ona bir hanımefendi olmayı öğrettiğimi söylüyor. Ne onun ne de benim bu konuda çok başarılı olduğumuzu söyleyemeyeceğim.

Saat yedi buçukta Celeste'i Blake'le yemek masasına oturmuş bir tabak kraker, bir şişe ketçap ve bir kavanoz üzüm jölesinden ibaret akşam yemeklerini yerlerken buluyorum. Güzel bir sofra. Masanın ortasına kenarlardan sarkan dantel bir örtü serilmiş. Üstüne de Dionysius'un hediyesi olduğunu düşündüğüm çiçek konulmuş. Büyükannenin çeyizinden kalma Çin porselenleri kullanıyorlar. Biralarını da yine onun kristal yivli bardaklarında içiyorlar. Selene ortalıkta görünmüyor. Öksüz bırakılmış köftelerimi memnuniyetle masaya ekliyorlar. Şansıma, Blake neredeyse köftelerin tamamı bitene kadar taş gibi olma ihtimallerini fark etmiyor. Celeste, körinin içine ketçap sıkarken sinirlenmemeye çalışıp hikâyemi anlatmaya başlamanın bir yolunu bulma mücadelesi veriyorum. Birkaç yanlış ve beceriksiz konuya giriş denemesinden sonra nihayet nereden başlayacağımı buluyorum: 1979 yılının yılbaşı gecesi, Ahmed Kakkezai, Yasmeen Khalil'i bir arkadaşlarının Manhattan'daki bir apartmanın yedinci katındaki evinin balkonunda öptü.

Sonrasında hikâyenin gerisi kendiliğinden geliyor. Genellikle kötü bir dinleyici olan Celeste, birkaç şaşkınlık nidâsı dışında sessiz kalmayı başarıyor. Blake, hikâyenin yarısında sıkılıyor ve QVC adlı online alışveriş sitesinde gezinmek üzere yanımızdan ayrılıyor.

Ben hikâyeyi bitirir bitirmez "Annen inanılmaz bir insanmış!" diyor. "Demek istediğim ben onun hep harika bir insan olduğunu düşünürdüm ama bu anlattıkların olağanüstü şeyler."

Bunun pek de beklediğim bir tepki olmadığını söylememe gerek yok. Haftalardır annemi Celeste'e karşı nasıl savunacağım konusunda kafayı yiyorum sonuçta. "Öyle mi?"

"Masal gibi bir şey bu ve o zaman bile senin öğrenmemeni sağlamış."

"Bunun neresi iyi anlamadım."

"Irenie, sen Selene'nin hayatına kaç erkek girip çıktı biliyor musun? Kaç kere onun bir salak uğruna neleri feda ettiğini gördüğümü biliyor musun?"

"Ama annem de öyle yapmış," diyorum.

"Ahmed ölürken. Onun haricinde her şeyi kendine saklamış. Bir kere bile onun peşinden dünyanın öbür ucuna kadar gitmek için kolundan tutup okuldan çıkarmamış seni ya da sana bakamayacak kadar perişan olup seni büyükannene bırakmamış."

"En azından senin annen her seferinde dönmüş."

"Öyle yaptı da ne oldu? Senin annen ideal anne gibi bir şeydi. Sana hiç söyledim mi bilmiyorum ama o benim de annemmiş gibi davranırdım hep. Senin için her şeyden vazgeçmiş."

"Fazla bir seçeneği de yokmuş sanki."

"Saçmalama. Olmaz olur mu? İstediği zaman Ahmed'le kaçabilirdi ama yapmadı."

"Sonunda yaptı."

"Hikâyenin sonunda ne olduğunu bilmiyorsun."

"Sanırım öyle."

"Peki şimdi ne yapacaksın?" diyor heyecandan sandalyesinde zıplayarak.

"Nasıl yani?"

"Ne olduğunu öğrenmek istemiyor musun?"

"Tabii ki istiyorum da nasıl? Tek bir ipucu bulabilmek için bütün mektupları didik didik ettim."

"Peki şu en iyi arkadaşla ilgili ne biliyorsun? Ahmed'in en iyi arkadaşından bahsediyorum. Neydi adı?"

Susuyorum. Mustapha ile ilgili bazı şeyler beni huzursuz ediyor: İlk mektuplarda hemen hemen her olayın içinde. Sonra, aylar boyu lafı edilmiyor. Ne annem ne de o adını anıyor Mustapha'nın.

"Yani kimin adını anmıyor?" diyor Celeste.

"Khalid. Mustapha Khalid," diye kekeliyorum.

"Sen onun Boston'da olabileceğini söylemiştin. Yanılıyor muyum?" Telefonu almaya gidiyor. "Boston'da kaç tane Mustapha Khalid olabilir ki?" diyor bilinmeyen numaralar servisini ararken.

Anlaşılan o ki Boston'da o isimde biri yok. Ya da listede kayıtlı değil.

"Peki ya annenin oda arkadaşı?" diyor Celeste azmi elden bırakmayarak. "Adı Claire miydi? Üniversite yıllarında annenle oda paylaştığına göre bir şeyler biliyor olsa gerek. Soyadını biliyor musun?"

Kolumu kırdığım gün annem Claire'in düğününe gitmişti. Evde değildi. Bunu çok net hatırlıyorum ama Claire'in soyadı aklıma gelmiyor. O zaman daha beş yaşındaydım. Doğal olarak oda arkadaşı tanımı benim için çok da bir anlam ifade etmiyordu. "1982 sınıfından Claire'in 1991'de evlendiğini bildiğimize göre belki de öğrenci işleri bize bir adres bulabilir," diyorum Celeste'ye. Parlak fikirleri olan genellikle ben olmadığım için bana hayranlıkla bakıyor. Mutfaktaki ıvır zıvır çekmecesinden büyükannesinin ona her doğum gününde yolladığı üzerinde su lekeleri olan bir mektup kâğıdı alıp getiriyor.

Biz Celeste ile iş adresi mi ev adresi mi kullanalım tartışması yaparken Selene eve geliyor. Celeste mektupta samimi bir dil kullanmamız gerektiğini düşünüyor ama ben de annemin her zaman bir şekilde resmî tavırlı bir kadın olduğunu iddia ediyorum. Selene çivili botlarını çıkarıp sobanın yanında bıraktığında kâğıtları saklama telaşına düşüyoruz. Bizim orada olduğumuzun farkında bile değil oysa. Dalgın dalgın “Mmm. Lezzetli bir şey kokuyor,” diyor. Saçlarında çiçek yaprakları var. Paltosunu da giymişe benzemiyor.

“Blake’in doktorda randevusu vardı bugün,” diye haber veriyor annesine soğuk bir ses tonuyla Celeste. “Sen gelmediğin için çok üzüldü.”

“Tatlım şu sümbüller yok mu?”dedikten sonra kızının parlak sarı saçlarını okşuyor. “Selam Irenie.”

Celeste başını çekiyor. “Sümbüller mi? Akciğerinin filmini çekmeleri gerekti.”

Selene birden hüzünleniyor. “Ne kadar da morlar. Mor bulutlar ve mor gökyüzü. Mor kasırga!”

“Şarkıdaki gibi mi?”

“Evet Irenie. Şarkıdaki gibi.” Sanki az önce kedisini alevlerin sardığı bir ağaçtan kurtarmışım gibi bana bakıyor Selene.

Celeste annesine “Oğlun zatürre olmuş,” diyor ruhsuzca.

“Hay Allah. Hay Allah,” diyerek iç çekiyor Selene. “Ona lolipop verdiler mi?”

“Reçete yazdılar.”

“Peki ya lolipop?”

“Evet,” diyor Celeste pes ederek. “Mor olanından.” Bana öyle geliyor ki masum anne tavırları yara almış durumda.

“Ne güzel. Mor her zaman daha iyidir.”

“Biz Celeste ile Florida’da iken bu evde neler olduğuna dair bir fikrin var mı?” diye bir soru çıkıveriyor Celeste’in ağzından. Sonra da bana bakıyor. Selene geçmişe dair soruların cevabını pek hatırlamıyor.

Beni şaşırtıp cevaplıyor bu soruyu. “Tabii ki. Tabii ki var. Kahveyi beğenmemişti ama çiçekler çok güzeldi.”

Celeste gözlerini deviriyor. “Ben Irenie’lere gidiyorum. Gidip Blake ile konuşman gerek. Gerçekten.”

Selene bir pirinç tanesini ağzına atıp "İyi eğlenceler kızlar," diyor belli belirsiz. Gülümsüyor ama bize değil. Bakışları omuzlarımızın üzerindeki dünyaya çevrili, yaşıyor gibi göründüğü dünyaya. Bazen Selene'nin uyanıp bir gölge değil de bir zamanlar olduğu insana dönüştüğü günler olmasa Celeste daha az mı üzülürdü diye düşünmüyor değilim. Öyle zamanlarda bizden kurabiye yapmamızı ya da yeni giysiler almak için alışverişe çıkmamızı ister. Mutfak tezgâhını bir güzel ovalayıp leziz yumurtalı ekmekler yapar. Bir fıkra dinlediğinde güler. Onunla konuştuğunuzda başını size çevirir. Hayat dolu ve ışıltılıdır. Çocuklarının söylediği her şeyi dikkatle dinler, yaptığı her şeyi dikkatle izler. Onlara sanki yüzlerini aklına kazımak istiyormuş gibi bakar. Tam olarak bunu yaptığını anlamam yıllar sürdü. Zihnindeki sisler arasında onları çok net göremiyor. Aklında kalanlar sadece anlık görüntüler.

8

Sevgilim, bütün bir öğleden sonra aynı şiirin mısraları takıldı aklıma: "Yalnızlığın ne olduğunu çok zor idrak eder insanlar ve ne kadar uzun sürebileceğini ve yüzler sadece resimlerin ve tınısı bir zil sesinden başka bir şey olmayan konuşmaların sevgisiz mekânı."Benim gibi sevgisizliğin bir nevi ölüm olabileceğini düşünmemiş olsa da Bacon benim ifade edebileceğimden çok daha iyi ifade etmiş.

Birdenbire nisan ayı geliyor. Bana çok da zalim görünecek kadar saçma bir şekilde değil ama. Annem buraların nisan ayından nefret ederdi hep. Baharı karşılamak için şubatta uçurtma uçurmaya alışık biri olarak mart ayı boyunca kışlık paltolarını giyip yünlü atkılarını takarak yaltaklık ederdi mevsim tanrılarına. Bir nisan geldiğinde yalvararak "E hadi ama! Havanın ısınması *gerek* artık," derdi. Pek de ümit beslemeden bütün paltolarını kaldırır sonra da sadece süveter ve kalın çoraplar giydiği için okul işlerini ve öğleden sonra yürüyüşlerini titreyerek yapardı. Havalar gerçekten ısındığında da kaçınılmaz olarak çoktan üşütmüş olurdu.

Kütüphane yolundaki sekiz uzun ve soğuk blok boyunca şiddetli rüzgârla baş etmek için beremi kulaklarımın üstüne çekiyorum. Rüzgâr öyle şiddetli esiyor ki düz yürümem gerektiği fikrinden bir an uzaklaşsam dengemi bozup yönümü değiştiriyor. Akşama ne pişireceğimi düşünürken elektrik direğine doğru sürükleniyorum. Kafamın içindekilere takılıp kalırsam asfalta yapışmam çok mümkün. Bu fikir bir an çok câzip geliyor. Rüzgâr beni nereye sürüklerse sürüklesin ama bu saldırı beni yeni bir yere götürmeyecek ki. Ayrıca, insanın kendini kör uçuşuyla gidişatın dışına atmasından kime ne hayır gelir ki? Maceralar beni ne zaman büyüttü ki? Altın bir kürenin içi ne zaman ölümsüz bir çalının daracık içinden fazlasına dönüşmüştür ki? Kütüphanenin dışındaki fundalık ve evimizin arkasındaki ağaçlar sihirliydi. Meşe palamutları perilerin tılsımlı sözleri, hayali çay fincanlarının altlığıydı. Yuvarlak beyaz taşlar gizli bir dünyadan gelen mesajları barındırırdı içlerinde. Sokağın öteki tarafında dans eden ölü dallar, yenilmiş kraliçelerin vazgeçilmiş asalarıydı. Bugün bütün dünya gri ve ölü, fırtına ise affetmeyen ruhların fırıl fırıl dönmesinden başka bir şey değil. Rüzgârın etkisiyle yüzümde bir ıslaklık hissediyorum ve soğukta kanayanın burnum mu yoksa gözlerim mi olduğunu anlayamıyorum. Bugün evde kalabilirdim, hatta belki de evde kalmalıydım ama aklıma bir şey geldi. Kütüphaneye gitmem şart.

Gereğinden fazla ısıtılmış kütüphanede başımdaki kardan taç çabucak eriyip darmadağın saçlarıma karışıyor. Soğuktan kıpkırmızı olmuş yüzümün yavaş yavaş sıcağa teslim oluşunu izliyorum kapının camındaki yansımamda. Genelde gafil avlanmaktan korkarım. Hani şu kendisini yansıtan herhangi bir şey gördüğünde kendine uzun uzun bakmadan geçemeyen narsistlerden biriyim yani. Neyse ki kütüphane boş. Bayan Winterbourne, her yeri aydınlatma ihtiyacı bile duymamış. Aklı başında olan hiç kimse yeni bir şey okumak için bu soğuğa meydan okuyup kütüphaneye gitmek gibi bir çılgınlık yapmaz. Bugün tam da sevilerek okunmuş kitapların bir daha okunacağı ve televizyonda ürün tanıtımlarının izleneceği gün.

Bayan Winterbourne, cam kapıdaki yansımama öyle sessizce yaklaşıyor ki camda kendi yüzümün değil de onun yüzünün yansımasını görünce ödüm patlıyor.

"Bütün gün orada durup kendini mi seyredeceksin?" diye soruyor bana sahte bir sabırsızlıkla.

Biraz utanarak içeri giriyorum. Bayan Winterbourne insanların yaptığı tuhaf şeylere gayet alışık. Birbirinin üstüne dizilmiş ansiklopediler dolusu sırra sessizce kulak misafiri olmuş biri o. Kütüphane yüz sene önce nasıl idiyse hâlâ öyle. Neredeyse tavana kadar yükselen koyu ahşap raflar, nuh nebiden kalma tırabzanların üzerinde kıvrılan cilalı merdivenler. Önceki pelüşe benzeyen hallerine ihanet eden solmuş halılar ve hâlâ zamana meydan okuyan kalın perdeler. Kimsenin bilmesini istemediğiniz şeyleri fısıldamak için mükemmel bir yer. Ama bu kütüphanede söylenen tek kelime bile Bayan Winterbourne'un hassas kulaklarından kaçmaz. Kasabadaki ihanetleri, planlanmamış evlilik dışı hamilelikleri tek tek listeler ve ona göre insanlar saf saf ortaya döktükleri malum sırlardan biraz daha fazlasıdır. Kâğıt üzerinde siyah ya da beyaz olmayan hiçbir şeyi onaylamaz ama sanırım kendisine rağmen beni seviyor.

"Bugün raflara yeleştirilecek çok şey var mı?" diye soruyorum umarım yoktur diye geçirerek aklımdan. Aslında genellikle sorun etmiyorum bunu. Çalışırken Bayan Winterbourne bana hikâyeler anlatıyor. Ama bugün başka bir iş için buradayım.

"Dergilerin orada iki araba dolusu var. Bir de W ile başlayan kitapların tozlarının alınması lazım. Senin okulundan gönderdikleri salak, kitapların sadece ön kısımlarının tozlarını almış," diyor bana.

Bayan Winterbourne kayıt odasında ıvır zıvır işlerle oyalanırken çabucak yerleştiriyorum kitapları raflara. Crawford'daki tüm doğumlar, ölümler ve evlilikler o dosyalarda kayıtlı. O belgelerden sorumlu olma işini çok ciddiye alıyor. İşlerini neredeyse bitirmek üzereyken yanına koşup eski bir atlasın nereye konacağını soruyorum.

"Gel benimle," diyor kaşlarını çatarak. Hoşnutsuzluğu işime yarıyor: Kayıt odasının kapısını kilitlemeyi unutuyor. W ile başlayan kitapların bulunduğu yere gelince hoşnutsuzluğu sona eriyor. Bana Othello'nun sonunda ne olduğunu anlatıyor. Othello'yu henüz okumamış olmam dehşete düşürüyor onu. Şapkasının altına gazete sokuşturmuş yaşlı bir kadın, zar zor yürüyerek içeri giriyor. Yavru fare yetiştirmekle ilgili bir kitap istiyor. Torunu annesiz fare yavruları bulmuş. Şu ana dek yavru farelere bir şey yedirebilmeyi başaramamışlar. Bayan Winterbourne, kadını kaynak kitapların olduğu bölüme yönlendirirken ben de kayıt odasına sızıyorum gizlice. Doğum belgeleri pencerenin olduğu köşede. 1986 yılına ait olanlar alt çekmecelerden birinde. İki kez kontrol etmeme rağmen "Eccles" adına kayıtlı bir belge göremiyorum. "Khalil" adına kayıtlı bir belge var mı diye bakıyorum sonra. O isme kayıtlı bir belge de yok. Nefesimi tutup Kakkezai adına kayıtlı belgelerin olabileceği taraftaki belgeleri karıştırıyorum ama o isme ait bir kayıt da yok. Crawford kasabası kayıtlarına göre Irenie Eccles diye biri hiç doğmamış.

Bayan Winterbourne'un yaşlı kadınla işi bitip geri döndüğünde ben W ile başlayan kitapların olduğu raflardayım. Edith Wharton'a ait bir kitabın tozunu alıyorum. "İğrenç bir şey," diye homurdanıyor. "Çocukları saçmalık derecesinde şımartıp beş sene sonra tekrar geliyorlar. Sanki çocuklarının neden kontrolden çıktığını bilmezlermiş gibi gençler arasında artan şiddetin sebeplerini anlatan kitapların peşine düşüyorlar," diyor.

W ile başlayan tozlu kitapların arasında kıs kıs gülmeden edemiyorum. Bayan Winterbourne, her yaştaki ve her boydaki çocuktan nefret ediyor. Resimli kitaplara çikolata bulaştırıp hikâye saati bittikten sonra da kitap raflarının arasında yakalamaca oynuyorlar. Annem olmadan ilk gelişimde beni masasının bir köşesine oturtup kitap okutmuştu. Ne kadar yalvarıp yakarsam da kitabın zarar görmeden iade edileceği garantisi verebilecek bir yetişkin olmadan tek bir kitabı dahi dışarı çıkarmama izin vermezdi. Aradan bir yıl geçtikten sonra bana alıştı. Ardan bir yıl daha geçtikten sonra da bana ara ara kitap tavsiye etmeye başladı. Okuduğum kitabın güzel bir yerindeysem kapanış saatinden sonra da kütüphanede kalmama izin vermeye başladı. Kitapların nasıl dizildiğini gösterip onun ayağının altında dolaşmadan nasıl bir kitabı yerine koyup başka bir tanesini alabileceğimi öğretti. On iki yaşına geldiğimde nihayet kendi kendime kitap ödünç alabilmeme izin verdi ama o zamana kadar öğleden sonralarımı kütüphanede geçirmeye o kadar çok alışmıştım ki sadece ona yardım etmek için gelmeye başladım. Yardım amaçlı gelişlerimden memnun olup olmadığını hiç belli etmezdi. Bir öğleden sonra bana dünyanın en kısa talimatını verip elime bir bez tutuşturdu. Önceleri yaptığım tek şey toz almaktı ama artık kendisinin yapmak istemediği her şeyi yapmama izin veriyor. Kayıt odasındaki dosyalama işleri hariç ama. Ona sorsam mı? Biliyor mudur acaba? Yüksek bir rafı ona verip arkasında birikmiş tozları alıyorum.

"Bence bugün erken kapatabiliriz. Sen ne dersin Irenie?" diye soruyor tozu güzelce alınmış bir kitabı bana uzatırken. "Böyle bir günde bu saatten sonra kimse gelmez artık."

"Bence de artık gelen olmaz," diyorum ama eve erken gidesim yok aslında. Eve gitmek için o niye acele ediyor onu da bilmiyorum. Böyle şeyleri konuşmuyoruz pek. O yüzden çıkmak için toparlanıyorum. Birbirimize duygularımızdan, planlarımızdan ya da o gün ne yediğimizden bahsetmeyiz.

Dışarı çıkarken sessizce "Bayan Winterbourne?" diyorum. "Bütün doğum belgeleri burada mı saklanıyor?"

Sert sert bana bakıyor. Sanki aklımdan geçenleri biliyormuş gibi geliyor bana. "Gözlerin babanın gözlerinin tıpatıp aynısı," deyip sert rüzgârın içine atıyor kendini.

9

Bana eğer birini seviyorsan bazen onun gitmesine izin vermelisin dediğini hatırlıyor musun? Bu söz tıpkı fırlatılıp atılıveren bir dilek parası gibi çıkıverdi ağzından. O yıllarda ağzımı açıp tek bir laf etmedim. Yıllardır dilden dile dolaşan o aptal sözün düzeltilmesine engel oldum ve şimdi yapayalnızım.

James'in hiç hoşuna gitmedi bu fikir. Yasmeen yıllarca gözünün önünden ayırmak istemediği kızları Irenie'yi şimdi neden durup dururken başka bir kızla Florida'ya yolluyordu ki?

Kararını sorguladığında Yasmeen ona "Görmüyor musun bu seyahat onu ne kadar da heyecanlandırdı," demişti. "İlk kez gerçekten hoşlandığı bir arkadaşı var."

Kızı bu kızdan gerçekten hoşlanıyor muydu? Akşam yemeğinde Celeste o gün okulda başından geçenleri anlatarak onları eğlendirirken Irenie sesini çıkartmadan oturmuştu. Celeste üst kata çıkarken tek laf etmeden arkasından gitmişti. Onun arkadaş edinmesini çok ama çok isteyen Yasmeen'i memnun etmek için oyun mu oynuyordu?

"Evden bu kadar uzakta olmak onu korkutmaz mı sence?" dedi James. Aslında senden bu kadar uzakta olmak demek istemişti. Irenie'nin ne hissedeceğini umursuyor muydu gerçekten? Irenie'nin hisleri onun için fon gürültüsünden başka bir şey olmayalı çok olmuştu. Çığlık atarak uyandığı gecelerde sadece karısını istemişti. Küçük başarıları için onaylanmayı da asla ondan beklememişti.

"Babana Bayan Green'in kompozisyonun için ne dediğini anlatsana," diyerek Irenie'yi onunla konuşturmaya çalışırdı Yasmeen.

Irenie sanki kendisiyle gurur duyan ve bütün dünyaya başardığı şeyi anlatmak için can atan bir çocuğun annesiymiş gibi iç çekip "Yaşıtlarımın üç yıl ilerisinde bir kompozisyon yazdığımı söyledi," derdi görevini yerine getiren bir insanın tekdüzeliğiyle. Onun tuhaf ve sessiz kızını kimse tavırlarından dolayı suçlayamazdı tabii ki.

"Bu harika bir şey," diye kekelerdi James. Yasmeen Irenie'den kompozisyonunu okumasını rica etmesinin daha samimi bir tepki olacağı konusunda onu azarlayana kadar fark etmezdi kabalığını. İyi de üçüncü sınıfa giden yazarının okumasını istemediği bir kompozisyondan ne öğrenebilirdi ki? Yasmeen'in bütün itirazlarına rağmen kızının onunla zerre kadar ilgilenmediği doğruydu. Onun ofisini görmek istemiyordu. Ayakkabılarını nasıl bağlayacağını da ondan öğrenmek istemiyordu. Bir şeye üzüldüğünde babasının haberi olsun istemiyordu. Yasmeen, ona Irenie'nin okulda yaşadığı güzel ya da üzücü şeylerden bahsederdi. James bazen Yasmeen'in bütün bunları uydurup uydurmadığını merak ediyordu. James etraftayken Irenie son derece metânetli ve soğuk tavırlar sergilerdi. James onun sessizliğini bir şekilde ezici bulsa da onu gördüğünde kucağına atlayan, heceleme sınavlarından aldığı yüksek puanlar için övgü bekleyen ya da kanayan dizine öpücük isteyen neşeli bir çocuğu olsa çok daha şaşkın bir baba olacağını bilirdi.

Irenie, Florida'da evini özlese bundan asla haberi olmayacaktı. Asla onu arayıp telefonda ağlayıp sızlamayacak, onu eve götürmesi için yalvarmayacaktı. Kızını ağlarken hayal etmekte bile zorlanıyordu. Yıllar sonra onu rahatsız eden şeyin Irenie'nin evden gitmesi değil de Yasmeen'in onun gitmesine izin vermesi olduğunu düşünecekti.

Yasmeen iç çekip gözlerini devirmişti o zaman. "Sanırım onu biraz özgür bırakmalıyız. Hem ipleri biraz gevşetmem gerektiğini söyleyip duran sen değil misin?"

Tek anlaşmazlıklarıydı bu. James, Irenie ve Yasmeen'in birbirlerine olan bağlılığını doğal bulmuyordu. Hangi kız çocuğu oyun oynamak için dışarı çıkmak yerine annesiyle köri sosu karıştırmayı tercih ederdi ki? Ve hangi anne kafeinli gerçek içecekler içebilecek kadar yetişkin arkadaşlarıyla öğle yemeğine çıkmak yerine üzeri oyuncaklarla dolu bir masada oturup hayali bir çayı içmeyi tercih ederdi? Çok daha kötü bir tartışma esnasında James, Yasmeen'i tüm mutluluğunu küçük kızlarına bağlamakla suçlamıştı. Kıskançlık kokan bir tespitti ama bu doğru olmadığı anlamına da gelmiyordu. Küçük bir çocuğun bu kadar ağır bir yükü omuzlaması haksızlıktı.

"Ona bu kadar umut bağlamamalısın. O sadece küçük bir kız," diyerek ikaz etmek zorunda kalmıştı Yasmeen'i James ara ara. Irenie arabada uyuyakaldığında James onu yatağına taşırdı. Ne kadar hafif olduğuna şaşırıp kalırdı.

Yine Irenie'nin sadece küçük bir çocuk olduğunu hatırlattığı bir gün Yasmeen pat diye "Küçük kızlara umut bağlayarak konuşmalısın," demişti. Onu masanın üstüne eğilmiş buldukları günden sonraki geceydi. Irenie'nin birdenbire bodrumdan çıkıverdiği, Yasmeen'in çığlık atmaya başladığı günden sonraki gece. James onu yeni yatırmıştı. Ağzına giren saç tutamını çekerken karanlıkta örümcek gibi görünen elinin gölgesi tüm yüzünü kaplamıştı. Nazikçe avucunu yüzünün üstünde gezdirdiğinde parmaklarının neredeyse tüm kafatasını çevrelediğini fark etmişti James.

O gece gerçekten çılgına döndüğünü düşündüğü karısına "Hadi seni yatırayım artık," demişti. Yapması gereken bir şey varsa o da daha çok umut bağlamasıydı. James'in Yasmeen'in aslında kızlarını kastetmediğini anlaması için uzun yıllar geçmesi gerekmedi.

10

Neden gidilmesi gereken yollardan kimse geçmez? Neden bazı yollar kaçınılmaz bir şekilde tercih edilmez? Belki daha düzgündürler? Belki daha aydınlıktırlar? İnsan neden adımlarını yeniden gözden geçirip farklı bir yönde ilerleyemez? Hayatımı değerli kılan tek şey sen iken ben neden hâlâ sensizim?

Yeni spor salonu ekim sarısı gibi parlıyor. Oysa bahar gelmek üzere. Gün ışığında bina sadece cam ve çelikten ibaret. Geceleri ise tekerlekli sandalyeleriyle gezinen deneklerin sergilendiği steril bir laboratuvar gibi görünüyor ama alacakaranlıkta hem içeriden hem dışarıdan aydınlatılmış bir peri şatosuna benziyor. Parlak turuncu kapıların ardında terleyip bağrışan sıradan insanların olduğu bir yer olamayacak kadar el değmemiş görünüyor. Oysa saçlarında çiçekler olan sivri kulaklı cinler oyun alanlarında âyin yaparken tülden yapılmış kanatları olan ritmik jimnastikçilerin gün ışığından ve yenilebilir elmas tozundan yapılmış konfetileri saçıyor olması lâzım. Üzerlerinde bir örnek eşofmanları ve palmiye görünümlü atkuyruklarıyla bir grup sporcu kız bağıra çağıra dışarı çıkıyorlar. Ben salonun önünden geçerken güneş biraz daha alçalıyor ve içeridekilerin de dışarı çıkanlardan bir farkının olmadığını görüyorum.

Bu yıl babamın saat altı ila dokuz arası akşam dersleri var. Akşam yemeğini haber vermeyi sürekli unuttuğu on beş dakikalık arada yemeyi seviyor. Saat yedide, geldiğimde, bazen beni beklerken buluyorum; bazen de evdeki mikrodalga fırının yanında yakalıyorum onu. Celeste, babam ne yediğini bu kadar umursamazken benim ona yemek götürme zahmetine katlanmama bir anlam veremiyor. Sabahları eline akşamdan kalanları koyduğun bir yemek kabı tutuşturuver gitsin diyor bana.

Oysa ben ona yemek götürmeyi seviyorum. Annemin yaptığı her şeyi yapabilirsem belki de annem hâlâ bizimleymiş gibi yaşayabiliriz. Annem her salı sıcak ve taze yemeklerle dolu bir tabakla giderdi babamın yanına. Geri dönmeyeceğini artık biliyor olsam bile onu hayal kırıklığına uğratmak istemiyorum. Hava kararırken kampüsün bir başından diğer tarafına yürürken kendimi çok hayati bir görevi yerine getiriyormuşum gibi hissediyorum. Basketbol oynayan oğlanlar beni görmüyorlar. Parfüme bulanmış kızlar da sanki orada değilmişim gibi bana çarpıp geçiyorlar. Birkaç dönüm araziden ibaret olan dünyaları çok küçük ve ben o dünyanın bir parçası değilim. O arazinin ötesinde bir şeylerin olduğunu bilseler dahi çok da umarsamıyor gibiler. Bleaker Hall'daki iki fıçı bira partisi onlar için büyük haber; travma dedikleri şey de kalbi kırılmış bir kızın henüz yapmaya başlamadığı on sayfalık bir ödev. Akşam yemeğinde patates köftesi varsa haber çabucak yayılır ve herkes yemekhaneye akın eder. Şeritlerinden marka fışkıran eşofman altlarını giyip bisikletleriyle gelirler. Çocukluğa geri dönülebilen bu küçük tuhaf dünyada sanki bir yarıştaymış gibi toplanırlar. Patates kızartması yine heyecan vericidir ve frizbi yeniden revaçtadır. Sınavdan düşük not aldığınızda kütüphaneden dışarı çıkıp ağlamanız yadırganmaz. Benim için buraya gelmek, görünmeyeceğimden emin olduğum bir kar küresine girmek gibi bir şey. Bu saçma kampüs alanına sızmak annemin bana çocukken almadığı oyun evleriyle oynamaktan bile daha eğlenceli.

Burada beni sadece Doris ve Charles Faber görüyor. Profesör Faber, babamın hem sıkı rakibi hem de tek arkadaşı. Her gördüğünde durup bana filiz veren çiçeğini ya da oyun kâğıdı hilelerini gösterir. Doris ise bölüm sekreteri. Kendimi bildim bileli bana küçük hediyeler alır. Doris ve Profesör Faber benim kibar ve bencillikten uzak bir kız olduğumu düşünürler. Onları fakülte partilerinde herkese Profesör Eccles'ın ne tatlı bir kızı olduğunu ve babasına ne kadar düşkün olduğunu anlatırlarken hayal edebiliyorum. Yıllardır görmediğim bu gölge insanların benim problemli bir çocuk olduğumu düşünmelerini hiç istemezdim. Kıyıda köşede "Zavallı James" demelerini de. Ben etrafta olduğum sürece "Zavallı James" diye bir şey söz konusu olamaz. Acınmayı hak etmiyor ve gördüğüm kadarıyla da kimse ona acımıyor. Bu akşam tavuklu büryan pilavı, nohut yemeği ve cacıkla idare edecek.

Orchard Hall karanlık ve sessiz. Binlerce yıldır ölü olan hiçbir şeyin gece kuşlarına ihtiyacı yoktur. Beşeri Bilimler Fakültesi'nde bir tek babam geç saatlere kadar çalışır. Bende olmaması gerektiğini sık sık hatırlattığı anahtarı kullanarak arka kapıdan girerim. Bende anahtar olduğunu iş arkadaşları bilse kızarlar mıydı emin değilim. Buradaki en değerli şeyler muhtemelen dinlenme odasındaki poşet çaylardır. Duvarlardaki resimler bile Güzel Sanatlar Fakültesi'nin bir kenara attığı resimler.

Orchard Hall koridoru, bir koridordan ziyade ofislere dönüştürülmüş yarı gotik bir binaya benziyor. Babamın ofisi bir zamanlar tavan arası ya da annemin deyişiyle sundurma olan yerde. Babamın o ofisi almasının bir ayrıcalık olduğunu iddia ederdi çünkü binanın sadece dördüncü katı manzaralıydı. Bana sorarsanız, babamın ofisi gıcırdayan bir merdivenden ve ona bölümün geri kalanına orada değilmiş gibi davranma mazereti vermekten başka bir şey sunmuyordu.

Babamın masasının üzerindeki ıvır zıvır yığını son geldiğimden bu yana çoğalmıştı. Kâğıtlar her yere dağılmış. Neredeyse yarım düzine karton bardak da çöp kutusu yerine yere atılmış. Bir sürü kitap dolabı ve düzenleriyle ünlü bir sürü dosya dolabı olmasına rağmen babamın ofisi her zaman dağınıktır.

Yemeği görebileceği başka bir yer olmadığını düşündüğüm için sandalyesine koyuyorum. Babamın küçük bir ihtimal de olsa kaza ile yemeğin üstüne oturması ümidini beslediğim için gurur duyuyorum kendimle. Sonra da durduk yere, elimde olmayarak da olsa, babamın kötülüğünü istediğim için fena halde suçlu hissediyorum. Getirdiğim bütün akşam yemeklerine, kolaladığım bütün gömlek yakalarına rağmen babama gerçekten iyi davranmıyorum. Ona bir şans daha vermem konusunda beni cesaretlendirirken annemin kastettiği şeyler bunlar değildi. Birkaç karton bardağı yerden alıp çöp kutusuna atıyorum. Bilgisayarın yanındaki bezle ekranın tozunu alıyorum. Babamın titiz raf düzeninde kitaplar yazarlarına, çevirmenlerine, yayınevine ve yayın tarihine göre sıralanmış görünüyor ama ben de son beş yılımı Bayan Winterbourne'un yanında boşuna geçirmiş değilim. Ofisi benden istenmeden ve önceden planlanmadan toplamayı düşünüyorum. Bu bir kız evladın yapacağı güzel bir şey değil mi?

Babamın kitaplarını nasıl düzenlediğini anlamamla birlikte kitaplar hızla uçuşup yeri boyluyorlar. Aslına bakılırsa, raflarında kalsalar çok daha mantıklı olurdu. İlk olarak bunun babamı küplere bindireceğini umuyorum, derken bozuk çalacağından kuşkulanıyor, sadece ne yapacağını bilemez herhalde diye düşünüyorum. Pek beceremediğimiz o konuşmalardan birini daha yaparken bana yardım etmeye çalışıp ayağıma dolanır. Tek başıma çalışmayı yeğliyorum. İşim bitince de gecenin karanlığında gözden kaybolmayı.

Dosya dolaplarında beni bir sürpriz bekliyor: Dosyaların çoğunun üstünde annemin el yazısı var. Bu beni neden bu kadar şaşırtıyor bilmiyorum. Evdeki her şeyi düzenlerdi. Neden burayı da düzenlemiş olmasın ki? Sanırım hep babamın hayatının benimkinden bağımsız olduğunu düşündüğüm için anneminkinden de bağımsız olduğunu düşündüm. Belki haftanın her günü babama öğle yemeği getiriyordu. Belki de babam çok gergin olduğunu söylediğinde bu sandalyenin arkasına geçip onun tutulmuş omuzlarını ovuyordu. Titiz annem için bu dağınıklıktan bir anlam çıkarmak müthiş bir oyuna dönüşmüş olsa gerek. Onun dosyaları düzenlerken dudaklarını ısırışını, babamın dersten gelmesini bekleyişini hayal ediyorum. Babam baharda onun için çiçek toplar mıydı? Doris'in kristal kâselere koyduğu renkli folyolara sarılmış şekerlerden aşırıp verir miydi ona? Beni öpmek için yaptığı gibi onu öpmek için de koşar mıydı ona?

Arkalara atılmış bir dosyanın üzerinde "Yasmeen ve Ahmed" yazıyor. Annemin el yazısı değil. Bu benim doğum belgem olabilir mi? Köklerimle ilgili gerçek bu dosyada olabilir mi? Dosyayı açmak istiyorum ama bana verilmiş bir şey değil ve benim görebileceğim bir yere konulmamış. Her şeyi yerli yerine koyarsam bu dosyayı alabilirim mantığını yürütüyorum. Saat dokuzdan önce çıkmam gerekiyorsa bu işi bitirmem pek mümkün görünmüyor.

Talep edilmeden yapılmış hizmetler karşılığında sunulmadan alınan bahşiş acayip motive ediyormuş insanı. Ödevlerimi de bu kadar hızlı yapabilsem bir yerlerde kar küresine yerleştirilmiş bir öğrenci olabilirim. Saat dokuza çeyrek kala ofis öyle temiz ki yere iğne düşse iki metre öteden görülebilir. Rafların tozunu alıp masayı nemli kâğıt havluyla bile siliyorum. O dosyayı bulmam istenmese ofisi temizleme işini bu kadar çabuk bitiremezdim diyorum kendi kendime. Bulmam istenmiyorduysa da babama dün akşamdan kalan yemeği yedirirdim. Yemeğini üstüne oturabileceği bir yere memnuniyetle bırakıp arkama bakmadan çıkardım ofisten. Belki de düşünceli olmamın karşılığıdır bu: Teşekkür yerine bir dosya. Ama karşılık bekleyerek bir şey yapmak hoş değil, özellikle de size sunulmamış ve sizin için hazırlanmamış bir karşılık bekleyerek.

Kimi kandırıyorum ki? Düşünceli falan değilim ben. Düşünceli tek bir şey yapmadım ki. Tek yaptığım burada olmadığı halde annemin bende hâlâ yaratabildiği suçluluk duygusunu hafifletmek.

Dosya çok ince, neredeyse boş gibi. İçinde doğum belgem ya da bana ait başka bir belge yok. Beş yıl öncesine ait sararmaya başlamış üç tane gazete kupürü var. 8 Nisan, 13 Nisan ve 27 Nisan tarihli bu kupürler. Birincisinde *Kime ait olduğu bilinmeyen bir araç Dover Uçurumu'ndan aşağı yuvarlandı* yazıyor. İkincisinde *Araçtaki yolcuların ailelerinin yerleri tespit edildi* diyor. Sonuncusunda da *Dover Uçurumu kurbanlarını arama ve kurtarma çalışmaları ailelerin talebi üzerine sona erdirildi* başlığı var. Saat neredeyse dokuz olmak üzere. Kupürlere hızlıca göz attığımda "kötü hava koşulları", "aşırı hız", "karşı yönden gelen araca çarpmamak için aniden direksiyon kırma", "biri erkek diğeri kadın iki yetişkin", "New York'un Crawford kasabasından Bayan Yasmeen Eccles ve Londra'dan Ahmed Kakkezai" tespitlerini okuyorum.

***

Önemli bir yerlere giden, daha doğrusu onlar için önemli bir yerlere giden öğrenci gruplarının arasından geçerek kampüsün bir ucundan diğerine koşuyorum. Hiçbir şey görmeden, yanlarında biriken abartılı boş teneke kutu yığınları yüzünden alay konusu olan entelektüellerin takıldığı büyük bulvardan aşağı doğru son sürat ilerliyorum. Çarşamba akşamlarının vazgeçilmez aksesuarları olan kırmızı plastik bardakları tutan transparan giysili kollara çarpıyorum. Üniversiteye burada devam ediyorsanız perşembe, cuma ve hatta pazartesi akşamlarının da olmazsa olmazıdır bu kırmızı plastik bardaklar. Ama yere düşürdüklerimi toplamak için durmuyorum.

"Dikkat etsene salak" diye bağırıyor arkamdan birileri, ben Crawford'un gece vakti boş sakin sokaklarına ulaşabilmek için onlardan uzaklaşırken.

Mayburn Caddesi'nden aşağı doğru ilerleyip sola Smith Caddesi'ne dönüyorum sanki bir rüyadaymışım gibi koşarak. Ne ciğerlerimdeki yanmayı ne de kaburga kemiklerimin isyanını fark ediyorum. Ayaklarımın altındaki yer bu gece esniyor; üzerinde yaylanıp çok daha hızlı ilerliyorum. Duyduğum tek ses lastik pabuçlarımın çıkardığı ses. Gördüğüm tek şey hız ve karanlık yüzünden hayal meyal hiçliğin içinde bulanıklaşıyor. Yağmur yağıyor olmalı, sanırım. Kavşakta dizlerimin üstüne düşüp soğuk ve umursamaz gökyüzüne *hayır* ya da *nasıl* ya da *neden* diye avaz avaz bağırırken ıslak saç tutamlarım başımdan aşağı sarkmış olmalı. Ama bu gece kuru bir gece.

Birdenbire önümde bir araba beliriyor. Arabanın sıcak kaputunu ellerimin altında hissediyorum. Sonrasında bir korna çalıyor. Ölüm perisinin çığlığı gibi öylesine yüksek tonda ve öylesine uzun çalıyor ki kulak zarlarım patlayacak zannediyorum.

Birilerinin arkamdan "Manyak mısın kızım?" diye bağırdığını duyuyorum kendi sokağıma ilerlerken.

Sokak kapısı bıraktığım gibi, kilitli değil, telefon hâlâ mutfak duvarında. Ben koşarken her şey harabeye dönmüş gibi. Zevkli bir şekilde görüntülenmiş hızlı çekim sahnelerinde sinematik olarak berraklaşan farkındalık anı: Saniyeler içinde solan çiçekler, hızla duvardan soyulan duvar kâğıtları, büyükbabadan kalma duvar saatinin bulutlar, güneşler ve aylar bazen çıplak bazen de filizlenmiş ağaç dallarıyla çevrelenmiş gökyüzünde yarışırlarken belirsizliğe tik taklayan akrep ve yelkovanı.

Çalan telefon ürkütüyor beni ama telefonu açtığımda karşıdaki konuşmuyor. Nefes alışını duyuyorum. Belki de uzak mesafe araması olduğu için gelen cızırtıdır. Belki de olmayan şeyleri varmış gibi hayal ediyorumdur. "Bunu bize neden yapıyorsun?" diye bağırıp telefonu çarparcasına kapatıyorum.

11

Anladım ki umut tuhaf bir yâren. Oyun oynamayı seviyor. Fırtınalarda parlayarak yanıp gün ışığında uysal bir kora dönüşüyor. Seni oraya buraya ve her yere yönlendirip sonra da karanlığın içinde yapayalnız bırakıyor. Ona en çok ihtiyaç duyduğun zaman seni terk ediyor sanki. Ruhun dönekliği. Ama oynadığı oyunların içinde en zalim olanı seni hiçbir zaman gerçekten terk etmemesi.

Bildiğiniz sırlar paspastaki tozlar gibidir: Siz varlıklarını bile fark etmeden sessizce birikirler ama bir kez orada olduklarını bildikten sonra sürekli rahatsız ederler sizi.

Babamın sırları hiçbir zaman beni ilgilendirmemişti. Sümüğe bulanmış olsalar da ceplerine kullanılmış mendil koyduğunu ya da annem gittikten sonra üç kısa ilişkisi olduğunu biliyorum. Ara sıra içiyormuş süsü vermek için azaldıkça doldurduğu Gven Livet şişesine boşalttığı markasız viskiyi alt kattaki dolabında sakladığını biliyorum. Sevdiği için değil de kabızlığını gidermek için kuru erik hoşafı içtiğini biliyorum. Her sene Doris'in benim için seçtiği yılbaşı hediyelerini nerede sakladığını da biliyorum. Bilmediğim şey, babamın benden gerçekten de merâkımı uyandırabileceğini düşündüğüm sırlar saklıyor olması. Kendine ait sırları değil de anneme ait olan sırları.

Üzerinden dört gün geçtikten sonra "Ofisimi temizlemişsin ha Irenie?" diyor. Banyodan çıkmak üzereyim ve havluya sarılmış vaziyetteyim. Bunu konuşmanın hiç sırası değil yani.

"Çok dağınıktı," diyorum annemin en tatlı haşinliğini taklit ederek. Bir şeylerden şüphelendiğini sanmıyorum ama babamın yüzüne bakarak ne hissettiğini anlamak mümkün değildir zaten. Benim babam olsa da olmasa da boş bakışlarımın onunkiyle aynı olduğunu biliyorum.

Ses tonum onu gafil avlıyor. Belki de odasının gerçekten de çok dağınık olduğunun farkına varmasındandır. "Evet," diye onaylıyor yavaşça. "Evet, sanırım epey dağınıktı. Teşekkür ederim. Belki buradaki çalışma kâğıtlarımı da sana toplatmalıyım."

Babam espri yeteneği olan biri olsa şaka yaptığını düşünebilirim ama bu vakte kadar böyle bir özelliğini görmediğimden söylediklerini samimiyetsiz bir rica olarak algılıyorum ve memnuniyetle kabul ediyorum.

***

Annem ortadan kaybolunca ışık takıntım başlıyor. Annemin ansızın gittiği nisan ayı oldukça yağmurlu geçiyor ve gün ışığı evimizin karanlık köşelerini yeterince aydınlatmayı başaramıyor bir türlü. Okuldan eve dönünce oda oda gezip bütün ışıkları yakıyorum. Yine de ev çok karanlık görünüyor gözüme. Loş ışık beklenmedik köşelerden sızıp siz daha farkına bile varamadan odayı ele geçirebiliyor. Evi yakmamam bir mucize. Babamın çalışma odasında yemek için beklerken hava kararmadan tek bir ışık dahi yakmadığım için kendimle gurur duyuyorum. Garip bir diş tedavisine ihtiyacı varmış. Bu yüzden cumartesi gününü ilaçların etkisi geçene kadar hastanede geçirecek. Hafta boyunca bu tedaviyi kendine dert edince beraber gitmeyi önerdim ama kibarca reddetti önerimi. Muntazam parlak beyaz dişlerle dönüp dönmeyeceğini merak ediyorum. Öğrenebilecek miyim onu da merak ediyorum. Yoksa yıllar sonra nadiren gösterdiği gülümsemesini banyo lavabosunun yanındaki meyve suyu bardağında yüzerken mi göreceğim acaba?

Bir süredir çalışma odasına gizlice girip çıkıyorum ama geri dönmeyeceğinden asla emin olamadığım için doğru düzgün kurcalayamıyorum odadakileri. Doğum belgem ortalıkta görünmüyor. En önemli olanı hariç, hayatımın her aşaması kayıt altında tutulmuş gibi görünüyor. Kaçırdığım *bir şeyler* olmalı. Celeste bana yardım etmeyi öneriyor. Kuyruğu Dionysius ile beraber geliyor. Bir şişenin içinde gemi yapıyor ve yelkenlerde bocalamış. Dikiş dikmeyi bilmiyor galiba. Onun yardımına karşılık yelkenlerin üzerine işleme yapma işine gönüllü oluyorum. Çapraz dikişim kusursuzdur.

Araştırmamızı yaparken bir taraftan da tatlı tatlı sohbet ediyoruz. Kendimi Celeste'in Dionysius ile olan ilişkisinin kısa sürmemesi için dua ederken buluyorum. Dionysius gelecek eylül ayında Brown'a gidecek ama belki de ilişkilerini sürdürmeyi başarırlar. Yüksek raflardaki şeyleri ortalığı dağıtmadan alıp sonra tekrar geri koyma konusunda yardımcı oluyor bize. Celeste de gözden kaçırılmaması gereken şeyleri yakalama konusunda oldukça iyi. Babamın çalışma odasının iki duvarı boydan boya kitaplıklarla kaplı. Dolapların üzerinden tavana kadar uzanıyor kitaplıklar. Kitaplar ve çalışma kâğıtları raflara rastgele tıkıştırılmış, ofisindekilerden daha beter durumdalar. Belki içlerinde bir şeyler saklanmıştır diye her birini silkelemeyi planlamıştım ama akabinde öyle yaparsam buradaki işimin bir yıldan önce bitemeyeceğini fark ettim. Dionysius ve ben kitaplarla ilgileniyoruz. Celeste de dosya dolaplarına el atmış durumda. Yetmişli yıllardan kalma öğrenci ödevleri, yirmi yıllık düğün davetiyeleri ve başlangıç seviyesindekiler için Çin dominosu el kitabı gibi şeyler buluyoruz ama annemle alakalı hiçbir şey yok. Celeste bir yerlerden annemin Crawford diplomasını bulup çıkarıyor ama bu üniversitede okumuş olmasının bir haber değeri yok.

Dionysius bana bir okul yıllığı uzatıp "Bundan bir şey çıkar mı?" diye soruyor. Amherst 1981. Annem ikinci sınıfta olmalı. Annemin iki fotoğrafı var. Biri samimi bir fotoğraf. Bir sanat gösterisinde henüz ön plana çıkamayacak kadar sönük genç bir adamla hararetli bir tartışma esnasında çekilmiş. Ahmed olsa gerek diye düşünüyorum. Annemin gözleri aşktan ışıl ışıl parlıyor ama fotoğrafın altında bir tek annemin ismi yazılı. Diğer fotoğrafta annem kolunu gösterişsiz, kestane rengi saçları olan bir kıza dolayarak poz vermiş. Bal kabağı oyma yarışması birincileri: Yasmeen Khalil ve Claire Benson.

Dionysius yıllığı yerine koymak üzereyken beyaz bir kart yere süzülüyor. Bu bir düğün davetiyesi. Claire Benson'un düğün davetiyesi. Şimdiki soyadı Seck.

Sararmış davetiyeyi güvelerin delik deşik ettiği hırkamın cebine sokuşturup Celeste ve Dionysius'a artık araştırma işine son versek iyi olur diyorum. Dolaplarda bronzlaşmış bir çift bebek patiği buluyorum. Öyle tozlanmışlar ki babamın patikleri olmalılar diye düşünüyorum. Babamın anne ve babasının gençlik zamanına ait fotoğraflarıyla dolu bir fotoğraf albümü buluyorum. Büyükbabam uzun boylu. Askeri üniformasının içinde çok gururlu görünüyor. Büyükannem fotoğraf makinesine bir gülü koklarken yakalanmış. Gülüyor. Başka bir fotoğrafta ikisi de düğün kıyafetleri içinde gülümsüyor. Sonraki fotoğrafta bir teknedeler. Ciddi görünüyorlar. Bir diğerinde sarı saçlı iki çocukla çekilmiş bir portreleri var. Pantolonlu olan ağlıyor. Elbiseli çocuk gülümsüyor. Irene. Hamakta yan yana otururken, çimlerin üzerinde emeklerken, bisiklete binerlerken, dönme dolapta iken ve ata binerken çekilmiş fotoğrafları var iki kardeşin. Okuldaki ilk gün fotoğrafları var. Kız olanın saçları örgülü, oğlan olan pantolonlu. Doğum günü pastalarının ve yaz kamplarının fotoğrafları var. Bazı fotoğraflarda ikisini birbirinden ayırmak zor. Albümdeki son fotoğraflar ikizlerin okul fotoğrafları. Son derece profesyonelce çekilmiş fotoğraflar. İkizler çok güzel pozlar vermişler. Babam papyonu ve yeleğiyle pek bir ciddi görünüyor. Irene öyle gülmüş ki yüzü ağzının kenarlarından yırtılacakmış gibi görünüyor. Dişlerinden biri yok. Irene'in, babamla dokuz yaşına girdikleri sene boğulduğunu biliyorum. O zaman bu fotoğraf üçüncü sınıfa geçtikleri sene çekilmiş olsa gerek. Kendi okul fotoğrafımı hatırlamaya çalışıyorum. Dudaklarımı, yarısı çıkmış ön dişlerimi kapatacak şekilde sıkarak gülümsüyorum ve sanki acı çekiyormuşum gibi görünüyorum: İsmini aldığım hayat dolu çocuğa, asık suratlı ve iç karartıcı ikizine benzediğimden çok daha az benziyorum.

Celeste "Sanırım bir şey buldum!" diye bağırıyor bir deste kâğıdı hızlıca çevirerek. "Annenin mektupları."

Sadece birkaç düzine mektup var. Ahmed'in mektupları gibi tarihlerine göre sıralanmışlar. Annemle babam çok az ayrı kalmışlardı birbirlerinden. Hepsinin üzerinde İslamabad damgası var. İlk yazılanlardan biri 1987 yazında gönderilmiş. Ahmed'in bir davetinden bahsediyor. "Geçen sefer olanları" düşünerek cevap bile vermeyeceğini yazmış annem. Babamın cevaplarını bulamadığımız için, anneme bu konuda ne dediğini bilmiyorum. Onun dışında, mektuplar ilginç olmaktan uzak ve şaşırtıcı bir şekilde kibar bir dille yazılmış. Annemin ayrı geçirdikleri o yaz boyunca babamı çok özlediğinden başka bir şey öğrenemiyorum mektuplardan. Mektuplara göz atmayı bitirdikten sonra Dionysius Celeste'yi kendine çekip başından öpüyor. Celeste her zaman yaptığı gibi onu itip kendinden uzaklaştırmak yerine nazikçe elini sıkıyor bu kez. Aşkın doğası hiçbir zaman anlayamayacağım bir şey olabilir.

12

Gençliğimde geçmişi ziyaret etmemi sağlayacak bir zaman makinesinin icat edilmesi için yanıp tutuşurdum. Sana baskın yapmayı ve belki de seni çıplakken seyretmeyi düşünürdüm. Her bir okşayışımı sayıp, her son öpücük için saygı duruşunda bulunurdum. Gelecek nesiller için dudaklarından dökülen her bir heceyi kaydederdim. O zamanlar zihnin süzgeçten çok da farklı olmadığını düşünüp üzülürdüm. Artık yaşım gereği bunun doğru olmadığını görüyorum. Uzun süreli yokluğuna rağmen, attığım her adım bir şekilde seninle bağlantılı.

James'in doğum günleriyle arası hiçbir zaman iyi olmamıştı. Yasmeen ile birlikte geçirdiği ilk doğum günü, Yasmeen'in yirmi beşinci doğum günüydü. O zaman onun doğum günü olduğunu bilmiyordu. Yasmeen de bu konuda tek kelime etmemişti. James'in başarısız yemek pişirme denemesine gülmüş, dört dolarlık Yeung Ching Spesiyal Noodle'ı güle oynaya yemişti. Göletin üstünde paten yapanları seyretmiş, hava iyice soğuyana kadar da şehir meydanında dolaşmışlardı. Sonrasında Yasmeen, James'i apartman dairesine davet edip ona kakule çayı yapmış ve neredeyse görev duygusuyla yatmıştı onunla. James çok zevk aldığı için biraz utanmıştı ama Yasmeen de onun kadar zevk almışa benziyordu. Ertesi sabah ona sahanda soğanlı yumurta pişirip sırf onun için hazır kahve almaya dışarı fırlayana kadar sesini çıkarmamış, ancak o zaman "Dün benim doğum günümdü. Yirmi beş yaşına girdim," demişti.

Şimdi ona ne kadar da genç bir yaş gibi görünüyordu. Kızlarının şimdiki yaşından sadece on yaş büyüktü. Irenie'nin kısa bir zaman sonra erkeklerle çıkıp onlara arzu ettikleri şeyi, tıpkı bir zamanlar annesinin yaptığı gibi içgüdüsel olarak verebileceği düşüncesi James'i umulmadık derecede rahatsız etti. Birden, keşke ona hoşlanmayacağını bile bile bir sürü para vererek bahçıvanlık hakkındaki kitabı almak yerine, Doris'in önerdiği süveteri alsaydım diye geçirdi aklından. Bu duyguya alışmıştı artık, hediye seçimi konusunda hata yaptığı duygusuna. Onca yıl önce Yasmeen ona o günün doğum günü olduğunu söylememiş olsa bile kendisinin bunu bir şekilde biliyor olması gerektiğini hissetti. O öğleden sonra sokağa fırlayıp ona verdiği ilk hediyeyi satın almıştı: Paslanmaz çelikten yapılmış köpüklü kahve yapan havalı bir kahve makinesi. Bundan ancak sekiz sene sonra, bir öğleden sonra, Yasmeen'i mutfakta kahve içerken görüp inanılmaz derecede şaşırmıştı. Şaşırmıştı çünkü onu tanıdığı onca yıl boyunca Yasmeen çaydan başka bir şey içmemişti.

Ama kahve makinesi hâlâ çalışıyordu ve artık mutfaktaydı. Ve bahçıvanlık hakkındaki kitap bir klasikti; Irenie bu kitaba yıllar sonra bile olsa ihtiyaç duyabilirdi.

Kapıya vurup "Hazır mısın Irenie?" dedi. Onun "Sana söyledim işte. Hiçbir yerde bulamıyorum," diyerek birine fısıldadığını duydu. Kulağına kıkırdama ve ayakkabı arama sesleri geldi. Sonra gülmekten kıpkırmızı kesilmiş Celeste de yanında Irenie kapıyı açtı. James evrak dosyasından aldığı hediyeyi çıkarmaya çalışırken dirseği birinin burnuna çarptı.

Olur diyeceğini bile "Celeste de bizimle gelebilir mi?" diye sordu kızı. Annesiz geçirilecek bir doğum günü daha. Böyle bir durumda onu arkadaşından nasıl mahrum edebilirdi ki?

***

Kızları, Irenie'yi her sene götürdüğü Il Bello Canario restoranına götürdü. Kızı her zamanki gibi yaşlı restoran sahibinin restorana kanaryasının adını verme hikâyesine çok güldü. Kanaryanın adını vermeyi tercih etmişti çünkü karısı otobüslerin arkasına benziyordu. Çocuklarının da ondan pek bir farkı yoktu. James de çok güldü. Artık bu hikâyenin doğru olması durumunda restoran sahibinin gerçekten kaba bir adam olduğu gerçeğine takılmıyordu.

Kızlar bir porsiyon dana pikatayı paylaşmaya karar verdiler. Başlangıç olarak da mista salatası ve midye dolması istediler. James, Irenie'nin yumuşakçalardan hoşlandığını bilmiyordu; Celeste'yi etkilemek için istediğini düşündü midye dolmalarını. James de ıstakozlu mantı ve bir kadeh restorana özel beyaz şaraptan istedi.

Celeste, James'e nedense işveli gelen bir ses tonuyla "Biz de şarap içebilir miyiz?" diye sordu.

"Neden olmasın?"

Irenie'nin gözleri fal taşı gibi açıldı. Irenie daha erken davranıp da bir kadeh şarap isteseydi, James'in aklının ucundan bu isteği geri çevirmek geçmezdi. İrenie'nin biraz olsun gevşemesini sağlasın da ister bir kadeh şarap olsun, isterse de Celeste'in varlığı olsun onu memnun ederdi.

James, Celeste'in onlarla olmasının her sene yerine getirdikleri bu ritüeli her zamankinden daha tuhaf bir hale dönüştüreceğini zannetmişti ama düşündüğünün tam aksine, Celeste'in varlığı her şeyin daha iyi olmasını sağlamıştı. James, kızların yemek boyunca birbirlerine onun duyamadığı şeyler fısıldayıp kıkırdayacaklarını düşünmüştü ama Celeste her zamanki gibi son derece nazikti. Yemek, günlük hayata dair yapmacık konuşmalarla başladı. Kızı, onun okuluyla ilgili sorularını görev bilinciyle cevapladı. Yine görev bilinciyle o da babasının okuldaki derslerine dair sorular sordu. Ama bu yıl yanlarında Celeste vardı ve araya girip okulun en hassas yangın alarmının altında osuruk tutuşturan oğlanın hikâyesi gibi komik hikâyeler anlatıyordu. Celeste, James'e Mrs. Jansen diye birinin Irenie'nin seramik heykelciklerinin gelecek vadettiğini söylediğinden bahsetti. Okul takımını desteklemek için bir araya geldiklerinde Crawford'un maskotu olan yengecin tam da George Washington maçı 72 sayı önde götürürken ve maçın son basketini atmak üzereyken yere dökülmüş soda birikintisine basıp nasıl kaydığını ve yengeç başlığının nasıl kafasından fırladığını anlattı. Sonra da James'in dersleriyle ilgili anlattıklarını dikkatle dinleyip ona Truva atının lojistiğiyle ilgili sorular sordu. Kitabıyla ilgili sorular bile sordu. Celeste'in konuşkanlığı, Irenie'ye de bulaşmış gibiydi. Yıllardır onu bu kadar neşeli görmemişti. James kendisinin de eğleniyor olmasına epey şaşırdı.

Irenie tuvalete gitmek için masadan kalktığında, Celeste James'e "Doğum günü pastası işini ne yapıyoruz?" diye sordu fısıldayarak.

Eccles ailesi doğum günlerini pasta ile kutlamıyordu. Ya da en azından Yasmeen gittiğinden beri öyle kutlamıyordu. Yasmeen hamur işleri konusunda pek becerikli olmadığı için komşu kasabadaki bir Fransız pasanesine ısmarlıyordu pastaları. O gittikten sonra kimse pastaneyi zamanında arayıp nasıl bir pasta istediklerini ayrıntılı bir şekilde anlatarak pasta siparişi vermemişti. Irenie, babasının bu ihmalini gündeme getirmemişti hiç. Çıkılan akşam yemekleri doğum gününü unuttuğu o yıl yüzünden babasından intikam alma hırsından vazgeçirmeye yetiyordu. Ama şimdi Celeste vardı ve pastasız bir doğum günü kutlaması olamayacağını düşünüyordu. Tabii ki pasta olmadan olmaz diye düşündü James. Onun doğum günlerinde her zaman tatlı bir şeyler olurdu masada. Şimdilerde pasta yemiyorlardı ama annesi bir tepsi ekmek tatlısı yapıyordu. Irenie de mumlarla kaplıyordu ekmek tatlısının üstünü. Ne de olsa babasının doğum günü organizasyonlarından o sorumluydu artık. Hatta annesinin pişirdiği lifli biftek etinden yapılan pazar rostosundan bile pişiriyordu. Onun doğum günü, akşam yemeği için batıya özgü yemeklerin pişirildiği tek gün oluyordu, tıpkı Yasmeen'in gitmeden önce onun her doğum gününde yaptığı gibi. Oysa James kızının doğum günü için bir pasta bile almamıştı.

"Üzülmeyin," dedi Celeste onun sıkıntısını anlayarak. Birkaç dakikalığına ortalıktan kaybolduktan sonra göz kırparak geri döndü. Tabaklar masadan toplandıktan sonra restoran sahibi elinde kocaman bir tiramisu tabağıyla masaya geldi. Garsonlara ve birkaç cana yakın patrona "İyi ki doğduuuun..." ile başlayan doğum günü şarkısını söyletti. Irenie utangaç utangaç gülümsedi. Sonra da tek bir üflemeyle bütün mumları söndürdü. Mumların kısa süreli ışığı yüzüne vurduğunda çok eskilere ait bir fotoğrafa benzemişti.

Hediyesini uzatarak "Doğum günün kutlu olsun," dedi James. Restorandaki herkes hiç şüphesiz "Ne hoş bir aile," diye düşünerek alkışladı onları. Kızını doğum gününde dışarı çıkaran ne hoş bir baba. Doğum günü pastası olmayan tatlının üzerinden gözleri parlayarak babasına bakan kız da ne kadar hoş. James ilk defa kızının ne kadar güzel bir kız olduğunu fark etti. Annesinin menekşe rengi ipek elbisesini giymişti. Saçlarını güzel bir tokayla başının arkasında toplamıştı. Gözlüklerini de takmamıştı. James, kızının gülümsediğini çok nadir gördüğü için o gülümsemenin nasıl bir etki yarattığını fark etmemişti bu zamana kadar: Gülümsediği zaman Yasmeen'e benziyordu Irenie. Yüz hatları teksir makinesi ile çoğaltılmış gibi orijinal kopyanın bire bir aynısı değildi elbette, ama gülümsemesinin yüzüne verdiği parlaklık bir zamanlar annesinin de ışıldamasını sağlayan parlaklığın aynısıydı. James başını başka tarafa çevirme ihtiyacı hissetti. Irenie'nin gözleri parlayarak baktığı kişi Celeste idi ama o bunu fark etmiş gibi görünmüyordu.

Kahve makinesine kahve eklerken "Beğendin mi?" diye sordu. Yasmeen'in kahve makinesi diye geçirdi aklından. Celeste kitabın sayfalarını karıştırıyordu.

"Bu harika bir hediye Bay E. Irenie'nin her zaman işine yarayabilecek bir kitap," dedi Celeste.

Celeste kadar istekli olmasa da Irenie de "Bence de harika," dedi.

James boğazını temizleyip "Bu kitaptan annemde de vardı. İncil haricinde okuğu tek kitap buydu. Özel siparişle getirttim," dedi.

"Çok incesin," dedi ve babasına çabasını takdir ettiğini belli ederek baktı Irenie. Babasının söylediklerinin doğru olup olmadığını merak ediyor muydu? James onun mimiklerini her zaman çok belirsiz, anlaşılması imkânsız buluyordu. Karısının mimiklerine çok benziyordu ama. Peki Yasmeen'in mimiklerinden ne düşündüğünü anlayabiliyor muydu? Kendince evet ama çok da emin değildi doğrusu.

"Beğenmediysen değiştirebiliriz," dedi yarım ağızla.

"Beğendim," dedi Irenie. Gerçekten beğenmiş miydi yoksa kibarlıktan mı öyle söylüyordu bilemedi James. "Bizim Celeste ile yatmamız lazım artık."

James, Yasmeen'in kahvesiyle baş başa kaldı.

***

Kızının her doğumgününde bir öncekinden daha kötü şeyler yapıyordu. Gözlükleri olmadan doğru düzgün göremediğini unutup kızına dürbün aldığı olmuştu. Bir keresinde de ona dört beden büyük bir parti elbisesi almıştı. Bir diğerinde kızının doğum günü olduğunu tamamen unutmuştu. Tabii ki kızının onun bu unutkanlığını affedip etmeyeceğinden emin değildi. Yıllar geçtikçe Yasmeen'e hediye seçme konusunda epey ustalaşmıştı ama iş çocuklara hediye almaya geldiğinde çuvallıyordu. Kendisi çocukken, hediye almasını gerektiren doğum günü, kiliseye üye olma, diploma alma ya da yılbaşı gibi kutlamalarda Cornelius Crinkle'ın Kitapçı Dükkânı'na ait hediye çekleri verirlerdi ona. Oyuncak askerleri ve pelüş ayıları ya da gecenin bir vakti oyun ipi ile beyzbol topunun, şekerleme ile naneli sakızın değiş tokuş edildiği zamanları belli belirsiz hatırlıyordu. Ama Irene öldükten sonra oyuncak mağazasında zaman geçirmek annesini çok üzmeye başlamıştı. Her yılbaşı gecesi Irene'siz geçen bilmem kaçıncı yılbaşı gecesi oluyordu onlar için. Her doğum günü de öyle. Ekimin altısı onların Ölüler Günü olmuştu. James, ölmeden önce yaptığı gülünç şeylerin anılmasından, parlak kadife çiçeklerinden ve kafatası şeklindeki şekerlemelerden keyif alırdı Irene diye düşündü ama ellili yılların o insanı boğan havasında doğum günleri sessiz matemlere dönüşmüştü. Irene'in ölümü anne ve babasını o zamana kadar üstesinden geldikleri onca zorluktan çok daha fazla yıpratmıştı. Sanki birliktelikleri onlara yığılıp darmadağın olma özgürlüğünü veriyormuş gibiydi. Oysa yalnız olduklarında dayanabiliyorlardı bu acıya.

Irene'i kaybetmeden önce anne ve babasının güzel bir evliliği vardı. Babasının, annesinin İrlanda aksanını taklit edişini, annesinin de her seferinde buna kahkahalarla gülüşünü hatırlıyordu James. Gezmeye gittikleri, piknik yaptıkları ya da plajda eğlendikleri zamanları hatırlıyordu. Onların çocukluğu anne ve babalarının yaşayamadığı her şeyi telafi etmek üzerine inşa edilmiş bir çocukluktu. O zamanlar, Irene'in ikizlerin iyi olanı olması, yaptıkları her şeyde daha başarılı olması pek umurunda değildi. Ancak Irene'in boğulmasına seyirci kaldıktan ve anne ve babasının "Neden sen değil de o?" diye soran gözlerine baktıktan sonra onun için soruna dönüşmüştü böyle şeyler.

O soru gözlerinde belirdiğinde, annesi Grace temizlik yaparken söylediği şarkıyı keser, bir kulağı işitmeyen babası Christopher da annesinin şarkı söylemeyi kesip kesmediğini anlama zahmetine bile girmezdi artık. O zamana kadar dükkânında jant kapağı satan babasının işleri iyi gitmişti hep, ama babasının yaptığı iş en nihayetinde onun sonunu getirmişti: James ve Irene on üç yaşına girmeden hemen önce tekerleklerden birinden fırlayan bir conta babasının başına denk gelmişti. Christopher'ın ölümünden sonra evleri iyice sessizliğe gömülmüştü. James'i tersleyen, ona bir erkek gibi davranması gerektiğini söyleyen, *sen neden Irene değilsin?* anlamına gelecek eleştiriler savuran kimse yoktu artık.

Doğal olarak doğum günleri çok daha acı verici olmaya başlamıştı artık. James'in olmasını istedikleri gibi bir çocuk olamadığı için çok daha fazla suçluluk duygusu hissettiği günlerdi doğum günleri. Artık doğum günü kendi doğum günü olmadığı halde ve Christopher öleli neredeyse elli yıl, Grace öleli de on yıl geçtiği halde James, annesi ve babası için tam bir hayal kırıklığı olduğu fikrini bugün bile bir türlü aklından çıkaramıyordu.

Üç tane içmiş olmasına rağmen kendine yarım fincan kahve daha doldurdu. Üç fincan kahve uykusuz bir geceyi zaten garantiledikten sonra yarım fincan daha içse ne fark ederdi ki? James azıcık krema koyduğu kahvesini sert içmeyi seviyordu ama sanki kahveyi Yasmeen için hazırlıyormuş gibi yarım fincan kahveye iki kaşık dolusu şeker koyarken buldu kendini. Sürekli kusmasına sebep olsa da son zamanlarda kahvesini böyle yaparken buluyordu kendini. Tıpkı karşılaştıkları gün Yasmeen'in içtiği gibi. James en azından bunu içebilirdi. Yasmeen'in kirpiklerine sahip olan, onun yaptığı yemekleri yapan, yüzü Yasmeen'e hem çok benzeyen hem de o kadar çok benzemeyen kızını düşündü. O da Yasmeen'in kahveyi çok şekerli içtiğini biliyor muydu? Muhtemelen biliyordu. Hatta kahve içmeye başlamış olsa muhtemelen annesinin içtiği gibi içerdi. James iç çekip kahvesini lavaboya dökmek için ayağa kalktı. Sıcak içeceklerin bu kadar çok şekerli içilmesi ne kadar anlamsız bir şeydi.

"Hey, Bay E, atacaksanız ben içebilir miyim o kahveyi?" dedi Celeste. Irenie'nin yıllar once giydiği geceliği giymiş. Irenie'den çok daha uzun olan Celeste'in üstünde tişört bile olmayacak kadar kısa görünüyor.

Kupayı ona verdi. Bu akşam hârikaydı. Düşündüğüm gibi asi ya da kaba tavırlar sergilemedi. Aslında Celeste daha bir çocuktu, belki de ona böyle şüpheci yaklaşmamalıydı. Kalçalarına dek yükselerek iç çamaşırını gözler önüne seren kısacık geceliğiyle umarsız minik bir çocuk gibi nasıl da geriniyor. Her şeye rağmen belki de kızını yoldan çıkarmaz.

"Hem şekerli hem de aroması çok hoş. Tam sevdiğim gibi," dedi Celeste gülümseyerek.

Kim bilir, belki de çıkarırdı.

James izin isteyip yatmaya gitti.

13

Yokluğun içimde bir boşluk yarattı. Tarifi mümkün olmayan derin bir yara. Hayatı anlamsız kılan. Güneşi perdeleyen. Her gün senin hasretinle kavruluyorum; tenimin her zerresi dokunuşların için yanıp tutuşuyor. Sensiz yaşayamıyorum. Seni çok özlüyorum.

James'in kadınlarla arası iyi olmuştu hep. Daha kreşteyken başlamıştı kadınların ilgisi: Kendi çocuklarını almaya gelen diğer anneler "Şuna baksana sapsarı. Ne kadar da uysal," diye övgüye boğup kıvırcık saçlarını okşarlardı. "Minik bir melek gibi. Kanatsız bir melek."

"Benim!" diye avazı çıktığı kadar bağırırdı Irene, onları James'in saçlarını okşarken yakaladığında. "Aptal bir oyuncak ayıymışsın gibi oranı buranı ellemelerine nasıl izin *verebilirsin*?"

Ama Irene de onu mıncıklardı. Hiç umurunda olmazdı James'in. Defile oyunu oynadıklarında Irene onun kıyafetlerini seçerdi. Çimenlerde oynarken de annesinin kullanmadığı rujlarla onun yüzüne çizgiler çizerdi. Yazın James'i yüzme havuzuna itti, dudaklarını kırmızıya boyadığında James'in de neredeyse ağzının tamamını buzlu dondurmaya buladı Irene. Eski bir bebek arabasına oturttuğu James'i bir aşağı bir yukarı sürerek, saçma sapan sevgi sözleriyle bir kumru gibi kuğurarak, yanaklarını sıkıştırarak sevgi gösterilerinde bulununduğu Edepsiz Teyzecik oyunu Irene'in en gözde oyunuydu. En sonunda, James pat diye fırlayıp Irene'in eteğine "kaka" yaparak oyunu bitirirdi. Kaka, Irene'in hep onunla paylaştığı Hershey's Kisses çikolatısıydı.

Irene'in bütün yakın arkadaşları James'in de yakın arkadaşıydı. Onlarla oynadıkları oyunlarda James ya yavru ayı ya ormanda kaybolmuş son peri ya da kötü üvey annesinin elinden kurtarılması gereken küçük prens olurdu. Kurtarılması gereken hep James olurdu, asla kızlardan biri değil. O zamanlar mantıklıydı bu: Irene ondan dört buçuk santim uzundu ve her zaman sınıfın en kısa iki öğrencisi olurlardı. Irene öldükten, James'in de boyu okulun en uzun boylu oğlanı olana kadar uzadıkça uzadıktan sonra bile kızlar hep ona göz kulak olma isterlerdi. Oyun alanında kravatını düzeltmek, karmakarışık saçlarına çeki düzen vermek isterlerdi. Irene uzun zamandır aralarında olmadığı halde James'i yardıma en muhtaç oyun arkadaşları olarak görmekten vazgeçmemişlerdi. Belki de bebek oyunları oynamayı bırakalı çok olduğu halde, Irene artık aralarında olmadığına ve onu koruyamayacağına göre, James'i büyülü zindanlarda farelere yem olmaktan kim kurtaracak düşüncesiydi onlara bunu yaptıran.

Yaşıtı olan diğer oğlanlar genellikle onu rahat bırakırlardı. Yaşadıkları trajediden sonra Eccles ailesinin fertlerine karşı nazik olmaları gerektiği konusunda iyice tembihlenmişlerdi.

İçlerinden bazıları "nonoş, oğlan!" diye bağırırdı arkasından bazen ama James oralı olmazdı. Hepsinden daha uzun boyluydu.

Birkaç yıl geçip de delikanlılık çağına geldiğinde "hovarda, kadın avcısı" diyerek takılıyorlardı artık ona. Beden eğitimi dersinden sonra soyunma odasına gittiklerinde, ona hayran olan sınıf arkadaşlarından biri bazen yanına gelip "Bunu nasıl yapıyorsun?" diye sorardı fısıltıyla. James bir şey diyemezdi. Yedinci sınıfa başladıklarında etrafındaki kızların tamamı onun kız arkadaşı olmak istemişti. Okul kantininde ona kurabiyelerini ikram edip otobüste onun yanına oturmak için kavga ederlerdi. Bazen birbirlerinin saçını çeker, kurdelelerini çözerlerdi ama kimse James'e kaba bir laf etmezdi. Onun için üç yaşındaki Lucy, Miranda, Mildred ve Jeanine ile on üç yaşındaki Lucy, Miranda, Mildred ve Jeanine arasında bir fark yoktu. Lise yıllarında daha cesur kızlar tarafından tribünlerin altına çekilip alelacele öpüldüğü zamanlar da oldu ama bu hiçbir şeyi değiştirmedi. Her kıza aynı şekilde davranmaya devam etti.

Yale'de de, o zaman kadar nasılsa öyle sürdü kızlarla ilişkleri. İçten içe, sadece erkeklerin olduğu bir üniversitede kızların sürekli ilgisinden kurtulacağını umut etmişti, ama burada lisedekinden çok daha fazla genç kadın oldu James'in hayatında. Futbol maçlarını izlemeye, dans partilerine, dönem sonlarındaki çılgın partilere ya da Vassar, Smith, Mount Holyoke, Wellesley hatta Sarah Lawrence gibi okullardan protestolara katılmaya geliyorlardı. James onlarla dans ediyor, buz tutmuş tribünlerde elma şarabı yudumluyor ya da şehir merkezinde sabahlıyordu. Ama onların yüzüne her baktığında Irene ölmemiş ve onunla bu yaşa gelmiş olsa nasıl görünüyor olabileceğini hayal ediyordu. Ancak kendisinden yaşça bir hayli büyük olan ev sahibesi ile ilk kez karşılaşıp yüzüne baktığında kız kardeşinin yüzü belirmedi gözünün önünde.

Irenie'nin on beşinci doğum gününü kutladıkları geceye kadar James Eccles'ın pişmanlıklarla dolu bir adam olduğunu söylemek yanlış olmazdı. Belki de şaşırtıcı olmayan şey, pişmanlıklarının çoğunun hayatındaki kadınlarla doğrudan alakalı olmasıydı. Liseden mezun olduğu gün Emma Wilson'ın göreceğini bile bile Violet

Sinclair'in onu öpmesine izin verdiğine pişmandı. Yirmi üç yaşında kendini vurup intihar mektubunda ısrarla asla başka bir adamı sevmediğini yazan Emma'yı sık sık bisikletinin gidonuna oturtup evine bıraktığı için pişmandı. Caroline Fisher'ı ve diğer nice güzel sayılabilecek kızı yatağına sokmadığı için pişmandı.

Pittsburgh'daki ev sahibesini vedalaşmadan terk ettiğine pişmandı. Sonrasında hayatına giren ilk kıza onu bir not bırakarak terk ettiğinden bahsetmiş, hayatına giren kadınların sayısını ve onun için zaman kaybından başka bir şey olmayan kadınların sayısını tek tek söylemişti. Yasmeen'e ihanet ettiği için pişmandı. Onun anısına sadık kalmadığı için, sürekli kendisine kızı olduğunu hatırlatmak zorunda kaldığı ve kızından kopuk olduğu için pişmandı. Ama neredeyse tüm hayatı boyunca yaşadığı en büyük pişmanlık, kız kardeşinin ölmesini engelleyememekti. Neredeyse yarım asır sonra pişmanlık listesindeki birinci sırayı, Yasmeen ikinci kez ortadan kaybolduğunda polisi aramamış olması aldı.

Celeste'in annesi Selene, kızlar Florida'ya gittikten birkaç gün sonra, kız çocukları olmadan yaşamlarının nasıl olacağını James'in karısıyla –James bundan hiç de pişman olmazdı– görüşmek üzere uğramıştı.

James, onun evde olmadığını söylediğinde "Nerede?" diye sormuştu. James de ona Yasmeen'in nerede olduğunu bilmediğini söylemişti. Bu konuda bir fikrinin olmadığı doğruydu ama tahmin ettiği şeyin gayet mümkün olduğundan emindi.

Seleste, karısı evden kaçtığı için utanacak kadar gururlu bir eş olduğunu düşünüp "Polisi arasan iyi olur," demişti. "Burada olmadığı her saniye başına korkunç bir şey gelebilir."

Ama James öyle olduğunu düşünmemişti. Onun Ahmed'e veda edip Irenie daha onun yokluğunu fark etmeden geri döneceğini zannetmişti. Bu yüzden de polisi aramamamıştı. Kayboldugunu haber vermemiş ya da yetkililerden Atlantik Okyanusu'nu izlemelerini istememişti. Yasmeen'e onu aramasını, onu sevdiğini, eve dönmesi için yalvardığını ileten mesajlar bile bırakmamıştı. Oysa bu mesajları bırakabileceği birkaç yer tahmin edebiliyordu. Sadece onun geri dönmesini beklemişti. Onu gümrükten geçerken, bir hastanede ya da bir kiralama servisinde bulabilirdi ama o telefonu aldığı güne kadar gözünü takvime dikerek çalışma odasında oturmayı tercih etmişti. Bunun için kendini asla affetmeyecekti.

***

Kızlarının dönmesinden birkaç gün önce Selene St Claire ikinci kez uğramıştı.

"Yasmeen'den bir haber var mı?" diye sormuştu.

James kapıyı ardına kadar açık bırakıp onu mutfağa kadar izlemesine izin vermişti. O sabah erken bir saatte uçurumdan aşağı yuvarlanan aracın Yasmeen adına kayıtlı kiralık bir araç olduğunu öğrenmişti. Cesetlerin aranmasına son verilmesi için iki hafta daha geçmesi gerekmişti bunun üzerinden. Onlara ait tek bir ipucu bulunamamış olsa da James karısının asla geri dönmeyeceğini biliyordu.

Onların mutfağına alışık olduğu her halinde n belli olan Selene "Kahve?" diye sordu.

James evet anlamında başını salladı.

Selene, James'e göre ondan pek beklenmeyecek bir sükûnet içinde hazırladı kahveyi. Tezgâha dökülen kahveyi silmek için lavabonun yanındaki buruşuk kurulama bezini kullandığında James bağırmamak için dilini ısırmıştı. Evi terk ettiği sabah Yasmeen ona veda öpücüğü verirken oraya atıvermişti kurulama bezini. Lavabonun içine koyduğu yumurtalığa dokunulmamıştı. Hâlâ orada duruyordu.

"Hâlâ bir haber yok ha?" diye sormuştu Selene James'in yanına bir kupa bırakarak. İlk içişte kahvesinin yanık ve hafif bir tadı vardı. Selene, James'e sormadan kendisine de bir fincan kahve doldurup onun karşısına oturdu. O, şu anda özellikle görmek istediği biri değildi. Pek yakında epey can yakacak kızı kadar olmasa da güzel bir kadındı. Asıl mesele James'in o sırada kadın yüzü görecek durumda olmamasıydı. Selene St Claire muhtemelen yirmi altı yaşından büyük olmayan genç bir kadındı ama sabah güneşi onu yaşlı gösteriyordu. Sanki çok yıpranmış gibi yaşlı ve bezgin. James'e göre de öyle olsa gerekti.

James "Gitti," dedi ona boş gözlerle bakarak. "Bu sabah telefon ettiler."

James o an, karısının ona yeni komşularıyla ilgili neler söylediğini hatırladı. Yasmeen onun için, çok kırılgan ve sağı solu belli olmayan biri olduğunu söylemişti. Neyin her an bir sinir krizi geçirmesine sebep olabileceğini tahmin etmek zordu. Bu tuhaf kadın birdenbire deliriverse ne yapacağından pek emin değildi James. Ama Selene delirmedi. Sanki asıl aklını kaçırmış oymuş gibi James'in yüzüne baktı.

Bu durumda ona aldığı telefondan bahsetmekten başka seçeneği yoktu. Ona arabadan, uçurumdan, kiminle olduğunu bilmese de eşinin nerede olduğundan bahsetti. Komşusu ince ayrıntıları bilmek istiyormuş gibi görünmedi gözüne. İlginç bir şekilde, Selene kazaya dair ayrıntıları da merak etmiyordu. Mesela Yasmeen'in İngiltere'de ne yaptığını ya da onun dönmeyeceğinden neden bu kadar emin olduğunu sormadı.

Ağzından çıkan tek şey "Bir anma töreni düzenlemeliyiz," cümlesi oldu.

Anma törenini o cumartesi günü, gündüzün yavaş yavaş yerini geceye bıraktığı bir akşam saati, belli belirsiz pembe ışıklar altında yaptılar. Her şeyi Selene organize etti. James'in yaptığı tek şey törene katılmak oldu. Yakın arkadaşlarını törene davet etmek için Selene, ondan Yasmeen'in adres defterini istedi ama James bunu reddetti. Davetliler yerine arka bahçenin her yerine serpiştirilmiş binlerce sümbül olacaktı törende. James yıllar sonra bile Selene'nin törendeki aklı başında haline hayret edecekti. Sabahları işe gitmek için evden sık sık çorapla çıkan bu kadın nasıl olmuştu da böylesine aklı başında olabilmişti o törende? Bunun da karısının insanlar üzerinde sık sık yarattığı küçük mucizelerden biri olduğuna yordu.

Selene'nin tanıdığı bir rahip, birkaç şey söyledi. Sonra da James'in neden törenin tek davetlisi olduğunu bir türlü anlayamadığı Faber uzun uzun konuştu. Bir defa adamın çok laf etmesi insanı canından bezdiren türden değildi. James onun yasını bu kadar şairane sözlerle anlatmasına neredeyse gıpta etmişti. Sıra kendisine geldiğinde ağzını açıp tek bir laf edemedi. Sadece, çiçeklerin içinde öylece dikilip orada olsa, komşularının çimenlerin üzerinde yarattığı bu büyülü atmosferi Yasmeen'in ne kadar çok beğeneceğini geçirdi aklından. Tören bittikten sonra pizza ısmarlayıp yıldızların altında piknik yaptılar. Piknik için oldukça soğuk bir akşamdı ama kimse Selene'nin onca zahmete girip yarattığı bu güzelliği terk etmeye hazır değildi. Bu tür törenlerde hep yapıldığı gibi Yasmeen'e dair anılarını anlatmadılar. Sessizlik içinde yediler pizzalarını. Herkes kendi düşüncelerine daldı. Bir süre sonra, kızının patronu olacak olan ağzı var dili yok Bayan Winterbourne çıkagelmese bütün geceyi orada geçirebilirlerdi. Belki mum ışıkları belki de bir hayaletin iç çekişi onu arka bahçedeki hüzünlü topluluğun yanına yönlendirmişti. Onları gördüğünde korkmamış, hatta şaşırmamıştı bile.

Adının ne olduğu konusunda James'in hiçbir fikrinin olmadığı bir kitap gösterip "Geldi," demişti. Geldiği söylenen şeyin ne olduğunu James bilmek *istemiyordu* nedense. O an, karısının ölmeden kısa bir süre önce okumak istediği kitabı, öldüğünde hangi edebi akımı takip ediyor ya da etmiyor olduğunu görmemesi çok önemliydi James için. Bayan Winterbourne bunu fark etmiş olacak ki kitabı büyük çantasına geri koydu. Faber ona bir dilim pizza ikram etmek istedi. Böyle şeyleri yemekten hoşlanan biri olmadığını söyleyip çok kısa bir süreliğine de olsa doğrudan James'e baktı dik dik. O bakış sonsuza dek sürecekmiş gibi geldi James'e. Başını başka yöne çevirdiğinde kadının her şeyi anladığını ve her şeyi *bildiğini* hissetti James. Bu küçücük arada, Faber aslında ikram edilecek pizza kalmadığını fark etti. Bayan Winterbourne giderken James ve Selene çöpleri toplamaya başladı. Bahçeyi toparlama işinin mekanikliğine öyle kaptırmışlardı ki kendilerini, James Bayan Winterbourne'un arkasına dönüp işitilmeyecek kadar alçak bir sesle herkese bir şey söylediğini neredeyse fark etmeyecekti.

Daha sonra Faber, Bayan Winterbourne'un "Onu çok özleyeceğiz," gibi bir şeyler dediğini söyleyecekti ona.

14

Sana olan aşkım kiraz şarabı gibi. Camembert olanından, Brie değil. Pazar sabahının ışıltısı ve Claire'in hazırladığı karahindiba çayı. Sana olan aşkım yıldızların aydınlattığı havuzlar, İftiqar ve Shireen ile yaptığımız araba gezileri. Seninle hiçbir şey yapmadan baş başa geçirdiğimiz öğleden sonraları. Muson yağmurları, mangolar ve mayıs aylarında kampüsün yemyeşil çimleri. Sana olan aşkım Murree şehri ve Trail Three. Sana âşık olduğumda on beş yaşındaydım; doksan üç yaşında da aşkım sen olacaksın.

Doktor Faber, nihayet geldiğini hissettiğimiz baharın ilk gününde ölüyor. Kalbinin gayet iyi olduğunu öğrendikten sonra hastaneden çıkıp yola adımını attığı anda bir otobüs eziyor onu. Babam cenaze töreninin yapılacağı sabaha kadar bana onun ölümünden bahsetmeyi uygun bulmuyor.

Kızarmış ekmeğimi yerken mutfağın içinde dört dönen babama "Nereye gidiyorsun?" diye soruyorum. Kravatını kahvenin içine sokmuş. Gömleğinin her yerinde kahverengi lekeler var. "Sirke miydi, yoksa tuz mu?" diye mırıldanarak ıslattığı tutacakla lekeleri çıkarmaya çalışıyor.

Üzerindekileri değiştirmesi gerekiyor ama ben yine de "Sirke," diyorum. Tutacaktan kırmızımsı bir şeyler bulaşmış gömleğine.

Şaşırıp başını kaldırıyor ve "Teşekkürler," diyor.

Telefon ikinci kez çaldığında ahizeye sarılıp "Ne var?" diyor arayanın yine esrarengiz telefon sapığımız olduğundan emin bir şekilde. Zavallı Doris'den defalarca özür dileyip ona elbette orada olacağını söylüyor. *Nerede* olacak ki?

"Bu sabah biraz telaşlıyım," diyor. Ayağındaki çorapların birbirinden farklı olduğunu fark ediyorum ama bir şey söylemiyorum.

"O adama hiçbir zaman ısınamadım ama ne olursa olsun insan yine de şoke oluyor. Hele böyle hiç beklenmedik bir anda olunca."

Neden bahsettiğine dair en ufak bir fikrim yok. Sadece başımı sallayıp kitabımdan bir sayfa çeviriyorum.

"Hangi kitabı okuyorsun Irenie?" diye soruyor sanki olup biten her şeyin de bir kitap sayfası çevrilerek bertaraf edilmesinin mümkün olmasını dilermiş gibi.

Kapağını görmesi için kitabı yan yatırıyorum. *Beowulf.* "Okul için."

"Beğendin mi peki?"

Şüpheyle bakıyorum ona. Bırakın ne düşündüğümü, ne okuduğumu bile asla sormaz babam.

"Pek beğendim diyemem," diyorum ona.

Gülerek beni daha fazla şaşırtıyor. "Ben de çok hoşlanmamıştım o kitaptan. Faber severdi ama. Çevirilerin kitabı nasıl mahvettiğinden bahsederdi hep. İyi çevirilerin bile. Tabii kendisi çevirmeyi denemezdi bile."

Tedirgin tedirgin bakıyorum babama. Cumartesi sabahının yedisinde ne diye bana Faber'in *Beowulf* hakkında ne düşündüğünü anlatıyor ki? Edebiyat klasikleri profesörü tek arkadaşı olmasına rağmen babamın ondan hoşlanmıyormuş gibi yaptığını biliyorum. Ayrıca, neden takım elbise giymiş ki? Parçaları birleştirebilecek kadar ayılmamışım daha.

"Doktor Faber'i severim," diyorum nesnel bir şekilde. Gerçekten de severim. Onunla tamamen aynı fikirde olmasam da tıpkı anneme benzediğimi söyler bana hep. Ne zaman karşılaşsak nasıl olduğumu, okulu sevip sevmediğimi, en sevdiğim derslerin hangileri olduğunu sorar. Daha küçükken, yazları beni yüzme havuzlarında yüzmeye davet ederdi. Torunları benimle yaşıttı. Onu ziyarete geldiklerinde nasıl oyalayacağını bilemezdi onları.

Gömleğindeki lekeleri çıkarma mücadelesinden vazgeçen babam "Sever miydin?" diye soruyor dalgın dalgın. "Doğru söylüyorsun. Severdin sen onu. Sanırım annene benzediğini düşündüğü için sana zaafı vardı."

Belki de doğru söylüyor ama yine de Doktor Faber'in anneme benzediğim için benden hoşlandığını söylemesine sinirleniyorum.

Kravatını çözerken "Öldüğünü biliyorsun değil mi?" diyor bana.

"Ne? Ne zaman? Nereden bilebilirim ki?"

"Sana söyledim sanıyordum." Gözlerimden ateş püskürerek bakıyorum ona. "Belki de söylemedim. Gelmek istersen cenaze töreni yarım saat sonra."

Bana söylemeyi unutmasına hiç şaşırmadım. Sıradan bir şeymiş gibi ve benim için bir önemi yokmuş gibi "O öldü, sanırım unuttum, cenaze töreni yarım saat sonra," demesine de hiç şaşırmadım. Öfkeden burnumdan soluyorum.

Evde kalıp evdeki araştırmama tekrar başlamayı düşünüyorum önce ama bu dört duvar arasında bulunacak başka bir şey olmadığına karar verip anneme vekâleten katılıyorum cenaze törenine. Doktor Faber ondan her zaman çok etkilenirdi. Bu yaşlı, sevimli adamın anneme yaltaklanmasını şirin bulurdum. Annemin siyah krepe elbisesini giyip Celeste'in marketlerdeki oyuncak makinelerinden bir yolunu bulup ele geçirdiği sahte tek sıra inci kolyeyi takıyorum. Sonra kendimi bilmiş biri gibi görünmeye çalışan bir kız çocuğuna benzetip baklava desenli hırkamın peşine düşüyorum. Nihayet, okul süveterlerimin arasında buluyorum. Giyinmem babamın kendisine yeni bir gömlek bulmasından kısa sürüyor ama arabaya bindiğimizde geç kalmamızın sorumlusu ben oluyorum yine de. Bir şey söylemesine gerek yok aslında; suratını asışından anlıyorum zaten.

Cenaze törenine giderken evde mi kalsaydım acaba diye geçiriyorum içimden. Annemi düşünmeme sebep olabilir. Neredeyse hiç tanımadığım bir adamın cenaze töreninde kontrolsüz bir şekilde ağlamam küçük düşürücü bir şey olur. Ama annem için cenaze töreni yapılmadığına göre böyle bir şey yaşamam mümkün değil mantığını yürütüyorum. Sonradan böyle bir günde Eccles ailesini utandıracak kişinin ben değil de bir başkası olduğu çıkıyor ortaya.

"Cenaze" kelimesi bende kötü kokulu tütsülerin yandığı, kedere boğulmuş orta yaşlı kadınların elleriyle göğüslerini dövdüğü, İncil'in kuzuların kanlarından bahsedilen sıkıcı kısımlarının okunduğu ya da söyleyecek kibar sözler bulmaya çalışan samimiyetsiz akrabalarla dolu havasız bir kiliseyi çağrıştırıyor. Sonra da et ve mayoneze bulanmış salata ve hatta tatlı ikramının yapıldığı yemek büfesi.

Doktor Faber'in cenazesinin kafamdakilerle alakası yok. Aslına bakarsanız, bu törene cenaze töreni denilebilir mi ondan emin değilim. Bir defa herkesin çok şaşırdığı ve iğrendiği bir durum var. Doktor Faber kendisini mumyalattırmış. Öyle cenaze evlerinde normalde yapıldığı gibi değil, Mısır firavunu Tutankhamun'a yapılan türden. Anladığımız kadarıyla Doktor Faber'in bedeni kat kat keten kumaşlara sarılıp altın sarısına boyanmış. Yüzünün bulunduğunu yalnızca tahmin edebileceğimiz yere fena görünmeyen bir portresi konulmuş, gövdesinden ayrılmış ellerine yaldızlı bir kitap, tuhaf görünümlü bir tür astronomi aleti ve bir profesör kepi tutuşturulmuş. Görünen o ki Doktor Faber normal ölüler gibi tabuta ya da en azından bir sandukaya değil de salonun orta yerinde kadife çiçekleriyle bezenmiş bir odun yığınının üzerine yerleştirilmeyi vasiyet etmiş. Babamla beraber iyice yaklaştığımızda,bu ucubeliğin etrafında sersem gibi dönüp duran bir grup yaşlı akedemisyene rastlıyoruz. Cenaze töreni ya da adını siz koyun her ne ise, Crawford'un eski bir mahallesi olan South Field'de yapılıyor. Herkes bileklerine kadar gelen karahindiba otlarının içinde yavaş yavaş ayaklarının altındaki çamura batıyor. Gelenlerin bazıları şaşkın görünüyorken geri kalan çoğunluk oldukça sinirli. Fizik bölümünden Profesör Williams'ı görüyorum, büyük bir ciddiyet içerisinde piposunu tüttürüyor. Hâlâ güzel sanatlar dersleri verdiğini zanneden Millicent Steinerwald'ı görüyorum sonra, kimseye çaktırmadan gümüş renkli bir termostan bir şeyler içiyor. İnsanlar bir ara dağılıp, bara gidip tekrar ılık beyaz şarap doldurdukları plastik martini bardaklarıyla geri dönüp yeniden toplanıyorlar.

Bazı insanların "Burada ne oluyor?" dediklerini duyuyorum.

"Şimdi ne yapmamız gerekiyor?"

Tören başladıktan bir saat sonra, saat dokuz buçukta tepeden tırnağa siyah kadifelere bürünmüş bir kadın odun yığınının üstüne çıkıyor. Aman Tanrım, *sati*[4] olamaz diye geçiriyorum aklımdan ama kadının tek istediği konuşma yapmak. Bize doğru dönüp sevgili Charles'ın öldükten sonra sevdiklerinin arkasından yas tutmasını değil yaşadığı hayatı kutlamalarını arzu ettiğini belirtiyor. Belli ki bir içki alemi yapılacağını tahayyül etmiş kafasında. Ağaçların arasından yüzlerce öğrenci beliriyor, birçoğu egzotik kıyafetler giymişler. Harmanilere bürünmüşler, fraklılar, melek kanatlılar var, hatta rahibe kılığına girmiş biri gözüme ilişiyor. Odun yığınının yanına iki

4 Sati, Hinduizm inancında dulun, ölen kocası ile beraber yakılması ritüeli.

tane şarap çeşmesi konulmuş. Alanın uzak bir noktasında kurulmuş olan küçük bar en az dört katı kadar daha uzuyor. Elektronik aletli oda orkestrasıyla yarışan opera sanatçıları ya da en azından müzik alanında uzmanlaşmış insanlar var. Daha önceki kalabalık, alandaki bir saatlik belirsizlik boyunca çoktan çakırkeyif olmuş bir vaziyette dağılıyor. Odun yığınının bir kenarında oluşturulan dans pistinde vals yapan birkaç çift var. Az sonra Faber'in torunları olduğunu öğreneceğim çocuklar heavy metalci gibi kafalarını öne arkaya sallayarak müziğe eşlik ediyorlar. Geldiğimizden beri neredeyse sürekli olarak "Aman Tanrım" diyerek homurdanan babam beşinci kadehi de bir kerede deviriyor ve beni Menander'in[5] komedi dehası hakkında tartışmak üzere İspanyolca konuşan gece bekçisiyle baş başa bırakıyor. Gözümün önündeki tuhaf manzarayı izliyorum.

Hiç tanımadığım birkaç öğrenci yanıma sokulup beni hiç almadığım bir dersten tanıdıklarını iddia ediyor. Bana asit gibi bir içecek ikram ettiklerinde reddedince bozuluyorlar. Onun yerine kendime bir kadeh pembe şampanya alıyorum ve soran herkese hayata dair planlarımı yarı uyur yarı uyanık bir biçimde anlatıyorum. Alman bir profesöre çello eğitimi almak üzere Julliard Konsevatuarına gitmeyi düşündüğümü söylüyorum, servis arabalarından yiyecek araklayan birine hep bir tank kullanmak istediğimden bahsediyorum, derken Noel Baba kılığına girmiş bir çocuğa bir cin olmak istediğimi söylüyorum. Öğlen olduğunda herkes körkütük sarhoş.

Tabii ki Doktor Faber'i ateşe vermekten ibaret olan büyük final esnasında, üzerinde havai fişekler bulunduğu ve "kefeninin" katları arasına yanlış uzuvlarının sarılmış olduğu gerçeği ortaya çıkıyor. Crawford Eyalet Polisi Birimi'nden gürültüyü incelemek üzere polisler geliyor. Polis şefinin gürültüyü sona erdirmek üzere alana adım atmasıyla Doktor Faber'in kafası olduğunu düşündüğümüz uzvunun havaya uçması, yanan plastik bir kulağın da yüzüne çarpması

5 Ç.N.: Atina Yeni Komedyasının en önemli temsilcilerinden olan Yunan oyun yazarı.

bir oluyor. Neyse ki katliamın olduğu yerin eriminde bir ara yol bulunuyor da mevtanın parçaları üzerimize yağmıyor. O gün yüzden fazla kanunun çiğnendiği bir gün oluyor. İnsanlar kaçışmaya başlıyor. İngiliz Edebiyatı Bölümü onursal profesörlerinden Maxwell Boatwright'ı bir ağacın arkasında marihuana torbasını boşaltırken görüyorum. Müzik profesörü Joan McClintock'u eteğini neredeyse poposuna kadar kaldırıp son sürat arabasına koşarken görüyorum. Fakültenin yaramaz çocuğu Irenie Eccles süveterini çalıların arasına yayıp üstüne kıvrılıyor. Bir süre sonra kalçasına bir şeylerin battığını hissedip eliyle yoklayınca kırış kırış olmuş düğün davetiyesini çıkarıyor cebinden. *Claire Seck* geliyor aklına. Eve gider gitmez onu bulmalıyım diyor içinden. Ayrıcalıklı Yunan Dili ve Edebiyatı profesörü James Eccles ortalıkta görünmüyor. Uyumaya gittiği Stop & Shop mağazasının park yerinden kızına sesleniyor nihayet. Eve vardığımızda, hâlâ sümbüllerden ve baharın ölümün gizli mevsimi olduğuyla ilgili birtakım saçmalıklardan bahsederek homurdanıyor hâlâ. Ona bir Bloody Mary[6] hazırlayıp başı için de bir buz torbası verirken gülümsüyorum.

6 Ç.N.: Votka, domates suyu ve çeşitli baharatlar ile hazırlanan klasik bir kokteyl.

15

Fıkra anlattığımda hâlâ gülmeni bekliyorum. Patates kızartması ısmarladığımda yarısını senin yemeni bekliyorum. Akşamları hava soğuduğunda senin eline uzatıyorum elimi. Yola sensiz devam etmem gerektiğini biliyorum ama bunu kalbime anlatamıyorum.

James cenazeyi ya da cenazeye zemin hazırlayan günleri hatırlamıyordu. Bilek kısımları iple büzülmüş kırmızı bir çift tek parmaklı eldiveni hatırlıyordu. Onun patenlerinin pembe ponponları olduğunu, kendisininkilerin ise beyaz sıradan patenler olduğunu hatırlıyordu. Anneleri, Irene'ye bir kız çocuğu olduğunu hatırlatmak için elinden geleni yapmıştı ama başlarına geçirdikleri berelerin bir örnek olması ve göletin kenarındaki yükseltinin ponponların görünmesine engel olması ikisinin de aynı görünmesine sebep oluyordu. Irene'i seyrederken James bazen onun buza eğilerek kaydığında oluşturduğu yansımanın kendi yansıması olduğunu düşünürdü. Onun kendisi olmadığını hissettiren tek şey Irene'in çok güzel kayması, kendisinin de sık sık düşmesiydi. Oysa o gün her zamankinden farklıydı James; Irene gibi incelikle kayıyordu.

Kayarak gölün etrafında iki tur attıktan sonra "Irene, bana bak. Bana bak," diye seslenmişti ona. Oysa Irene o seslenmeden önce onu seyretmeye başlamıştı bile. O gün bir şeylerin her zamankinden farklı olduğunu biliyordu, çünkü James onun elini tutma ihtiyacı hissetmemişti. O güne kadar, Irene ona kolundan tutma sözü vermeden paten yapmaya gitmeyi kabul etmemişti James. Irene'in onun düşmesine izin vermeyeceğini, onun da Irene'i kendisiyle birlikte yere düşürmeyeceğini bildiğinde kendini daha güvende hissediyordu.

Irene "Hadi ama uyuşuk," diye seslenmişti ona aslında onunla ne kadar gurur duyduğunu belli etmeden. Irene'in yanakları kızarmıştı. Neredeyse eve gittiklerinde annelerinin hazırlayacağı sıcak çikolatanın tadını hissediyordu damağında. James bunun farkındaydı çünkü onun damağında da sıcak çikolatanın tadı vardı. Irene'in o gidelim diyene kadar durup onu seyredeceğini de biliyordu.

Irene'in yanından uçarak geçerken "Beş dakika daha," dedi titrek bir sesle.

Irene, sol ayağındaki pateni sabırsız sabırsız yere vuruyordu göletin tam kenarında, topuk, burun, topuk, burun. Erkek kardeşinin soğuktan kıpkırmızı olmuş yanaklarındaki ışıltıyı görünce başını sağa sola sallayıp buzlu alanda kendi istediği tarafa kaymaya başladı. New England'da kışın vücudu sıcak tutabilmek için yapılacak tek şey sürekli hareket halinde olmaktı. O sonbahar, her şeye rağmen hayatta kalmayı başaran insanların macera dolu hikâyelerine bayılmışlardı: Iditarod'da yapılan uzun mesafeli kızak yarışında yarışan bir kızakçıya kurtların saldırmasını ve onun kırık kolu ve bacağıyla iki yüz mil yürümesini anlatan hikâyeyi dinlemişlerdi, arkadaşları giysi getirip onu ölmekten kurtarana kadar buzda dans eden kutup kâşifinin hikâyesini de dinlemişlerdi. Irene bir kar yığınından korkacak değildi ya.

Önce bir beş dakika geçti. Sonra bir on dakika daha. Çocuklar zamanı bir kenara bıraktılar. Gece, karlı gökyüzünü biraz daha kararttı ve kar taneleri el örgüsü berelerini kaplamaya başladı. James'in beresinin üst kısmında sökük bir yer vardı ama Irene'in beresinin hiçbir yeri sökük değildi; ne de olsa bir kız çocuğunun güzel giydirilmesi daha önemliydi. Hızla azalan ışıkta ikizlerden hangisinin hangisi olduğunu söylemek mümkün değildi. Birbirlerinden ayrılıp karanlığın içine doğru hızla süzülüyor, sonra tekrar birbirlerine doğru kayıyorlardı. Daha önce hiç oynamadıkları, oynamayı hiç planlamadıkları bir oyunun içinde, göletin tam ortasında sol patenleri birkaç saniyeliğine birbirine değdi. James sağdaki patenci mi yoksa soldaki patenci mi olduğunu, düşen patenci mi yoksa düşmeyen patenci mi olduğunu bilemedi bir an. Buzda yansıması olan Irene oydu ve o da Irene idi. Hareketin bulanık göründüğü bir fotoğrafın içindeydiler. Uzay macerası anlatan bir çizgi romanda aynı anda iki yerde birden olabilen uzaylının görüntülendiği karedeydiler. Hangisinin hangisi olduğundan emin olamayan James, hiç bu kadar mutlu hissetmemişti. Sonradan paten izlerinin birbirine çok ama çok yakın olduğu ve onları çarpışmaktan ancak bir mucizenin kurtarabileceği söylenmişti.

***

Irene'in birine çarpması söz konusu olamazdı. Bir kez olsun düşmemişti bile. Paten yapmayı dizini bile kanatmadan öğrenmişti. Gidonu tutmadan bisiklet sürebiliyordu. Her zaman olduğu gibi o gün çarpan da James'di. Son sürat kız kardeşine doğru uçmak güzel bir rüya gibiyse de gittikçe koyulaşan karanlığı yararak ilerlemek tam tersiydi. Ormandaki gölgeler uzadıkça James kız kardeşinden her uzaklaştığında nefesini tutmaya başladı. Göletin ortasına doğru kaymak için yeterince hızlı dönemiyordu. Kız kardeşinin beklenmedik her dönüşün kolayca üstesinden gelmesine, hatta tek ayağı üzerinde dönebilmesine rağmen yönünü değiştirmek istediğinde James'in yapabildiği en iyi şey yay çizmekti. Kurumuş yapraksız bir çalıyı üzerine atlamaya hazırlanan vahşi bir hayvan zannederek kız kardeşinin çevik hareketlerinden birini yapmaya kalkışınca uçarak tepe üstü yere çakıldı.

James yüzü kara saplanmış vaziyette kıpırdamadan Irene'in gelip onu ayağa kaldırmasını bekledi.

"Boyundan büyük işlere kalkışan beyefendi," diye onu kızdıracaktı yine. "Düz kaymayı öğrendin diye her aklına esen hareketi yapabileceğini mi sanıyorsun?"

Dışarı çıkmadan önce annelerinin giydirdiği kat kat pamuklu ve yünlü giysilerin altında bile dirseklerinin kanadığını hissedebiliyordu. Yutkununca ağzına kan tadı geldi. Epeydir korkudan çekip çıkaramadığı dişi yarısı kara saplanmış bir şekilde biraz ötede duruyordu. Irene dilini sallanan dişine götürüp durmaktan sıkıldığında, o dişi bir iple banyo kapısının koluna bağlar, sonra da James'i tüm gücüyle kapıyı kapatmaya zorlardı. Sallanan dişi yüzünden günlerdir James'i kızdırıp duruyordu. O dişi hızlıca çekmesine izin vermesi için yalvarıyordu. Güldüklerinde ikisinin de ağızlarında aynı boşluk olacaktı o zaman.

"Alttan yeni dişim geliyor. Birkaç gün sonra gülümsemelerimiz bir daha aynı olmayacak," diye ikaz etmişti onu.

Yüzü uyuşmuştu. Beresindeki karlar eriyip soğuk çizgiler halinde boynundan aşağı akıyordu. Irene *neredeydi*? Pes ettiği için, karda uyuyakalan seyyahlar gibi olduğu için onu cezalandırıyor muydu? James birkaç dakika daha kıpırdamadan bekledi. Öldüğümü zannedip delirmeyi hak ediyor diye geçirdi içinden. Gerçekten de yaralanmıştı ama aklına pusuda bekleyen orman yaratıkları gelince zar zor da olsa ayağa kalktı.

Irene gölette görünmüyordu. Botlarını bıraktıkları yerde bağcıklarla da boğuşmuyor ya da yerdeki kan birikintisinin yanına çömelmiş onun çıkan dişini de aramıyordu.

"Irene!" diye seslendi nerede olduğunu bilemeden. Şaka yapıyor olabilir miydi? Ses çıkmayınca "Ireeene!" diye bağırdı tekrar. Irene'in kaydığı tarafa doğru gidip "Irene!" diye yine avazı çıktığı kadar bağırdı. Gece canavarlarının onu duyup duymadığı zerre kadar umurunda değildi artık. O da düşmüş olamazdı değil mi? Yoksa düşmüş müydü? Kanayan dirsekleriyle karda yüzükoyun yatıyor ve elini uzatması için onu bekliyor olamazdı değil mi? Eli ayağına dolaşmış bir şekilde sendeleyerek kayarken "Irene!" diye acı acı bağırdı boşluğa doğru.

***

James'i bulduklarında onun da öldüğünü zannettiler. Dirseğinin üzerindeki yamalardan kan sızıyordu. Her yerde kırmızı kan lekeleri vardı. Gecenin sabaha ermek üzere olduğu o anlarda yüzü kana ve sümüğe bulanmış olmasına rağmen tuhaf bir şekilde güzel görünüyordu. Gözlerinden yanağına doğru süzülen gözyaşları donmuştu. Elmas taneleri gibi görünüyorlardı. Gözleri ıstıraptan kapkara olmuştu. Karnının üzerine yatıp vücudunun yarısına kadar deliğe eğilmiş vaziyetteydi. Karanlık suyun üstünde yüzen birbirine dolanmış iki atkıya sımsıkı yapışmış ellerine vuran buzlu suyun farkında değildi. Biri kendisinin diğeri Irene'in atkısıydı.

16

Geceleri, kör karanlıkta binebileceğim kanatlı bir atım olsun isterdim. Onunla zamanda yolculuk yapabilmek. Geçmişe geri dönmek. Seni benden alan ve aklıma geldikçe hâlâ içimi acıtacak olan yol ayrımının üzerinden geçen onca yıldan sonra nerede olabileceğini görmek kolay. "Beni geri al," diye yalvarırdım sana. Ne düzenbazlıklar yapardım bunun için ama bir işe yaramazdı. Hiçbir şeyi değiştirmezdi.

James kapıdan içeri adımını atar atmaz "Fırında tavuk yaptım! Sos da yaptım! Ayrıca da brokoli!"diye bağırdı Irenie. "Buharda pişirdim!" Bunu söylerken yüzünü biraz buruşturdu. Annesi gibi buharda pişirme işinden ya da haşlamadan pek hoşlanmıyordu o da. Soslanmamış ya da baharatla lezzetlendirilmemiş herhangi bir sebzeyi insanların önüne koymaktan da. Yine annesi gibi James'in çocukken sevdiği yumuşak, lezzetsiz yan yemeklerden bir türlü vazgeçemediğini de biliyordu.

"Bugün benim doğum günüm falan mı?" diye sordu James kızına

gülümseyerek. Mutfak sıcaktı. Kızının yanakları al al olmuştu. Yine Yasmeen'in kıyafetleri vardı üzerinde. Bu sefer annesinin canlı renkli çiçekli elbisesini giymişti.

Irenie omzunu silkerek sırıttı. "Bir kez de farklı bir şey deneyeyim dedim. Aç mısın? Yemekler hazır."

James'in karnı aç değildi. Sebebini izah edemiyordu ama Faber'in cenazesinden beri açlık hissetmiyordu. Ama o akşam üç porsiyon birden yedi. Irenie yemeğine neredeyse dokunmadı bile. Daha önce hiç yapmadığı bir şey yaptı. Susmaksızın Celeste'den, okuldan ve tatilden bahsetti. James iki kelimeyi araya zor sıkıştırıyordu. Onun için sorun değildi bu. Kızının büründüğü bu yeni kişilik onun için kafa karıştırıcıydı. Haftalarca gayet asık bir yüzle dolaşmıştı oysa. Sabahları ona gülümsüyor, çay suyunun kaynamasını beklerken havadan sudan bahsediyordu. Banyodayken şarkı söylediğini duymuştu birkaç kez. Okuldan çıkıp başka bir yere uğramadan eve geldiği birkaç öğleden sonra yüzünden mutluluk okunduğunu fark etmişti. Geçen hafta o istemeden pandispanya bile yapmıştı ve Irenie pandispanyadan oldum olası *nefret ederdi.*

"Sen ne diyorsun peki?" diye sordu Irenie, nihayet nefesini toplamak için sustuğu esnada. James o an kızının söylediklerini dinlemediğini fark etti. Pişirdiği yemeklerin, ona eşlik etmesinin ve ses tonunun tadını çıkarıyordu o sırada. Kızının en az on dakikadır anlattığı şeyi dinlememişti.

"Hangi konuda ne diyorum?"

Tanıdık öfkeli bakışlar fışkırdı kızının gözlerinden. "Paskalya tatilinde Florida'ya gitmeme ne diyorsun?"

Hiç düşünmeden "Hayır," dedi. Irenie'nin coşkusu bir anda buhar olup uçtu. Dokunsan ağlayacakmış gibi görünüyordu.

"Ah," diyerek homurdandı Irenie.

"Neden gidemesin ki?" diye düşündü sonra. Irenie'nin Florida'ya gitmesine itirazı içgüdüsel bir tepkiydi: Geçen seferkinde Yasmeen de gitmişti ama Yasmeen yoktu artık. Irenie'nin gitmesinin ya da kalmasının bu gerçeği değiştirmesi mümkün değildi. Gitme ihtimali kızcağızı ne kadar da heyecanlandırmıştı. James düşünmeden konuşup bütün hevesini kursağında bırakmıştı.

"Aslında gidebilirsin," dedi. "Git ve eğlenmene bak. Neden kendin için bir çek yazmıyorsun?"

Irenie "Teşekkür ederim," dedi içtenlikten yoksun bir tonda.

James kızını bir kez daha hayal kırıklığına uğrattığını hissederek kalktı masadan. Aslına bakılacak olursa, düşündükten sonra cevap vermekle hemen cevap vermek aynı şey değildi. Gecenin ilerleyen saatlerinden birinde yatakta kendine uygun bir uyku pozisyonu bulmaya çalışırken daha önce de sık sık hissettiği gibi, olması gereken kişi olmadığı düşüncesi rahatsız etti onu.

***

"Yakala Jamie, yakala," diye tuttururdu babası başına bir top atıp. James çok yavaş kaldığında Irene zıplayıp yakalardı topu.

Pembe bisikletini ustaca kullanmayı öğrendikten sonra ona mavi bisikletini kullanmayı öğretirken "Devam et Jamie, devam et," diyerek yüreklendirirdi onu.

Yürümeyi ilk öğrenen de ilk konuşan da Irene olmuş. Ondan 120 gram daha ağırmış doğduğunda. Saçlı doğmuş. Ama yaptıkları her şeyde, durup James'in ona yetişmesini beklerdi. James beyzbol topunu ıskaladığında o da topa vurmazdı. James karanlıktan korktuğunda o da gece lambasının açık kalması konusunda ısrar ederdi. Irene nereye gitse James de onun peşinden gider, her dediğini yapardı. Anneleri, Irene'in nakış işlemeyi öğrenmesi konusunda ısrar ederdi. James mendillere nakış işleme işini Irene'den devraldığında onun nakış işlediği yerler kanattığı parmaklarının kanıyla boyanırdı. Irene'in oyuncak bebekleri erkenden kel kalırdı, çünkü saçlarını James'in fırçalaması için ısrar ederdi. Her birinin ayağında bir paten, el ele tutuşarak kendi kendilerine öğrendiler patenle kaymayı. Bahçede çarşaftan yapma bir çadırın altında kamp yaptılar beraber yaz gecelerinde. Kızı yeterince büyüdüğünde James de pekâlâ onunla yapabilirdi bütün bunları. Nasıl yapacaklarını, kızının ismini aldığı kızdan öğrenmişti zaten.

Bu yüzden, kızının bebeklik dönemini annesine emanet etti. Büyüdüğü zaman vakit geçirecekti onunla.

James kızının bütün ilklerini kaçırdı: İlk adımını, ilk kelimesini. O daha kızının bir şeyler söylediğini duymadan aylar önce Yasmeen sevinçten nutku tutulmuş bir şekilde aramıştı onu iş yerinden. "Çorap dedi." Repertuvara her gün yeni kelimeler eklenmişti: "Anne", "salak", "ayı", "hayır," ama o hiçbirini kızının ağzından duymamıştı. James evdeyken sessiz, kocaman gözlü bir bebek olan Irenie yattığı yerden uzun uzun onu süzerdi.

"Baba de, babacığım de," diye konuşturmaya çalışırdı annesi onu, ama o sadece gözlerini kırpıştırırdı. Irenie'nin üçüncü doğum gününe çok az bir zaman kala, James onun gerçekten konuşup konuşmadığını merak etmeye başladı. Üç yaş ondan beklenmeden konuşması için yeterince büyük bir yaş değil miydi? Karısı kızlarının bu doğal olmayan sessizliğini telafi etmek için onun konuştuğunu hayal ediyor olabilir miydi?

Yasmeen menenjite yakalanıp alnında soğuk bir havluyla bir hafta boyunca yatak odasına kapanmak zorunda kalmasaydı kızının ağzından çıkacak tek bir kelimeyi bile duymasına izin vermeyeceğinden şüphe etmişti.

Alışkanlıkları olan bir minik olarak saat tam beş buçukta ona doğru yürümüş ve "Meyve suyu," demişti. "Lütfen," diye eklemişti biraz düşündükten sonra da.

Büyümüş olduğunun ispatını gördükten sonra James kızıyla ilgilenmeye başlamıştı. Onunla sohbet etmeye ve ona zar zor hatırladığı çocukluk oyunlarını öğretmeye çalışıyordu.

Ama çok geç kalmıştı.

James odaya girdiğinde, Irenie annesinin arkasına saklanıyordu. James ne zaman onun bir şey hakkında bıcır bıcır konuştuğunu duysa Irenie onun kulak misafiri olduğunu fark eder etmez susuyordu. Bir meslektaşının oğlunu eğlendirmek için yaptığında gördüğü gibi onu kucağına alıp havaya uçurmaya kalktığında çabuk kuruyan yapıştırıcılar gibi kaskatı kesiliyordu.

Bir akşam Irenie'yi karşısına alıp birlikte oyuncak bebeklerle oynama girişimi kızının gözlerinden yaşlar gelerek ağlamasıyla sonuçlanınca suratını asıp "Irenie beni sevmiyor," diye sızlandı Yasmeen'e.

"Tabii ki seni seviyor," diyerek cevap verdi Yasmeen çok da umursamadan. "Bütün küçük kızlar babalarını sever. Irenie çekingen bir kız sadece; tıpkı senin gibi."

James, "Tıpkı benim gibi çekingen," diyerek düşünceye daldı. Bir zamanlar benim ondan usanmış olmam gibi o da benden usanmıştır belki de diye geçirdi içinden. Sonra da birlikte bir ittifak kurmuş olabileceklerini düşündü; dünyadan çekinen ikili. Kız kardeşi nasıl James'in Irene'si olduysa o da Irenie'nin James'i olacaktı ama Irenie başkalarından çekindiğinden daha çok çekiniyordu James'den. James'in her an yanlış bir şeyler yapmasını beklemekten usanmış gibi bir hali vardı Irenie'nin daima. Onu beşiğinden düşürdüğünü ya da fazla sıcak suyla yıkadığını hatırlıyor olmasının mümkün olamayacağını biliyordu ama ona bazen hatırlıyormuş gibi geliyordu. Sanki hırsızlık yapan bir müşteriye gözlerini diken mevsimlik bir güvenlik görevlisi gibi izliyordu onu. En sonunda Irenie'nin ondan çekinmediğini, ondan şüphelendiğini fark etti. Yasmeen ile beraberlerken sanki onu alıp apar topar bir yerlere götürecekmiş ve oradan geri dönmesine asla izin vermeyecekmiş gibi izliyordu.

"Irenie için zor bir şey. Bütün günü benimle geçiriyor. Sonra sen geliyorsun ve birdenbire onun hiç anlamadığı şeylerden konuşmaya başlıyoruz," diyerek izah etmeye çalışmıştı durumu Yasmeen.

"Benim için de çok zor," demek istiyordu bazen James. Sanki hep birilerinden ayrı bırakılmışım gibi geliyor bana. Önce Irene'den, şimdi de senden." "James ve Irene: Daima ve sonsuza kadar" diye yazmışlardı yeni yapılmış bir kaldırıma çimento daha kurumadan bir keresinde. Şu ekstra "i" harfi her şeyi tepetaklak etmişti.

17

Bir gün oturup sohbet ettim hayatla ve ona şunu sordum: Neden beni aşkımdan uzaklara sürükledin, neden aşkımla birlikteliğimiz devam edemiyor? Senden başka hiçbir şey istemediğimi söylüyorum ona. Bana hiçbir şey vermiyor. Seni de vermiyor. Korkarım ki ömrümün sonuna kadar kavga edeceğim onunla.

Otobüsün camları film kaplı. İçerideki ışıklar yanmıyor. Hangi trafiğin gerçek, hangisinin yansıma olduğunu ayırt edemiyorum. Birkaç kez küçük görünmez bir aracı ezdiğimizi zannedip ayağa fırlıyorum oturduğum koltuktan. Geleceğin dünyasına düşmüş gibi hissediyorum kendimi. Kıyamet Günü sonrası yaşanan kaosun tam ortasına. Suni ışıklar haricinde her şey kapkara. Dünyayı robotlar yönetiyor bu gece. Yörüngeleri etkin. Sürekli sohbet ediyorlar. Soğuk ve karanlık bir geceyi yararak bilinmeyen sonlara doğru hızla ilerliyorlar.

Bugün Paskalya'dan önceki cuma. Saat sabahın üçü. Philadelphia'nın dışında bir yerlerdeyim. Gecenin en ölü zamanı, senenin en uğursuz günü. Uyuyan yabancılarla dolu bir otobüste daha önce hiç gitmediğim kadar batıya doğru yol alıyorum. On saat sonra tanımadığım bir kadının kollarında alacağım soluğu. Buraya gelmek zor değildi ama neden gelmek istediğimi anlamakta zorlanıyorum şu anda.

Tanımadığınız bir kadını nasıl selamlarsınız? Sizi sadece okul fotoğraflarınızdan ve bir hafta önceki telefon konuşmanızdan tanıyan bir kadını? Deli gibi bulmaya çalıştığın, birkaç ay öncesine kadar aklının ucundan bile geçirmediğin annenin diğer yarısını bilen bir kadını.

O beni görmeden ben onu görüyorum. Papağan başlı bir şemsiye ve kahverengimsi yünlü bir mantoya benzeyen bir şey var elinde. Saçları hâlâ ateş kırmızısı ama mezuniyet senesi çektirdiği vesikalık fotoğraftakinden çok daha kısa şimdi. Neredeyse erkek saçı gibi kısa kestirmiş. Yüzü de daha bir erkeksi olmuş. Orta yaş çizgileri ve kıvrımları var ama yine de tanıyorum onu. Şimdiki soyadı Seck olan Claire Benson ortaya çıkardığım ilk sır.

***

Görüşmek için aradığımda Claire çok şaşırmış gibi görünmüyordu. Yalnız mı yoksa babamla mı geleceğimi sormadı. Paskalya bayramında gelmemi, sorularım varsa da eğer, bunun bir sakıncası olmadığını belirtti. Beni Greyhound terminalinden alacağını ve yanında istediğim kadar kalabileceğimi söyledi. Ve işte şimdi Orta Amerika'dayım ya da Celeste hariç herkese göre Florida'dayım ve neredeyse arkamı dönüp gitmek istiyorum.

"Irenie?" diyor. Artık o da beni gördü. Buradayım. Mektuptaki annemi gerçeğe dönüştürdüm.

"Claire Seck?" diye soruyorum. El sıkışıyoruz.

"Yolculuk iyi geçti mi?" diye soruyor.

"İyiydi. Uzun bir yolculuk oldu ama. Belki de uçakla gelmeliydim."

Claire buna gülüyor. Daha nazik ve daha hoş görünüyor. Sanki arada bir eğlenebilen biri gibi. "Sen annesinin kızısın değil mi? Yasmeen de uçmak zorunda olmadıkça uçmazdı. Her zaman bitmek tükenmek bilmez otobüs yolculuklarına çıkardı."

Otobüsle geldim çünkü uçakla gelmek annemle Yasmeen Khalil'in bölünmüşlüğüne çok aykırı geldi bana. Yol boyunca izlediğimiz rota benim için Hansel ve Gratel'in arkalarında bıraktıkları ekmek kırıntıları ya da Ariadne'nin ipliği[7] gibi eve dönüş yolumu gösteren ipucuydu, ama bunu Claire Seck'e, Doktor Claire Seck'e söylemek çok aptalca olurdu. "Manzarayı izleyerek gelmek istedim," diyorum ben de. "New York'un batısına daha önce hiç geçmemiştim."

"New York'un batısına hiç geçmedin mi? Nasıl yani?" diyor şaşırmaktan ziyade sanki biri gıdıklamış gibi bir ses tonuyla.

***

Claire'in arabası sanki kişiliğine uysun diye özellikle seçilmiş gibi. Uzun, sağlam görünüşlü, bej rengi bir araba. Zenginlerin alacağı türden ama yaşlı zenginlerin. Yürüteçlerin ya da tekerlekli sandalyelerin kolaylıkla sığacağı, hele benim küçük bavulumun üstünde kaybolacağı kadar büyük bir arka koltuğu var.

"Bagaj, eşimin numuneleriyle dolu," diye açıklama yapıyor bavulumu şoför koltuğunun arkasına yerleştirirken. Onun da doktor olup olmadığını merak ediyorum. "Geceyi Odessa'da geçirecek."

"Öyle mi?" diyorum kibarca.

"Çocuklar da yok. Büyükannelerine gittiler. Yani sadece sen ve

7 Ariadne: Girit kralı Minos'un kızı. Minos'un Daedalus'a yaptırmış olduğu labirente Minotauros'u öldürmek için Ariane'nin ipliğiyle iner Theseus. Daha sonra birlikte kaçarlar, ama sonra Ariadne'yi Naksos adasında bir başına bırakarak gider Theseus.

ben varız gibi görünüyor."

Kısa yolculuğun geri kalanını sessizlik içinde geçiriyoruz. Araba gibi Claire'in evi de kişiliğine uygun: Odaları değişik seviyelerde olan kirli beyaz bir ev. Önünde de oldukça bakımlı bir çimenlik var. Evle ilgili sıra dışı olan tek şey, kapının yanına asılmış olan altın rengi kabartmalı tabela. Üzerinde Fransızca "Ayak Hastalıkları Uzmanı" yazıyor. Demek uzmanlık alanı bu diye düşünüyorum. Peki neden Fransızcasını yazmışlar ki?

Claire tabelaya baktığımı görünce "Eşimin muzipliği işte," diyerek izah ediyor durumu. "Kendisi bir kelebekbilimci. Bu tabelanın muhteşem olduğunu düşünüyor. Allah'tan hastalarını evde görmüyorum."

"Profesyonel bir kelebekbilimci mi? Bu yüzyılda böyle bir mesleğin olduğunu bilmiyordum."

"Gerçekten de var."

Claire beni merdivenlerden aşağı indiriyor. Tertemiz bir oturma odasının içinden geçiyoruz. Sonra da misafir odası olduğunu söylediği çalışma odasının önünden geçiyoruz.

"Banyosu da var. Bir duş alıp kendine gelebilirsin. Sonra da öğle yemeği yeriz. Yorgun musun? Biraz uyumayı mı tercih edersin?"

"Ben iyiyim," diyorum. Uyuyabileceğimi sanmıyorum. Yasmeen'in gençliği burada, bu kadının zihninde şu anda. Ahmed de burada. İlk kez mektuplarda olduğundan fazlasıyla burada.

Bir duş alıp çıksam diyorum ama Claire Seck büyükanneninkinden çok daha zengin bir banyo malzemeleri koleksiyonuna sahip. E benim de hepsini tek tek denemem lazım tabii. Fırçalar, yüz maskeleri ve şampuanlar var. Kütikül kremleri, göz altı kremleri ve sadece dirsekler için kullanılan losyonlar var. Havlular çok gösterişli. Hepsi de marka. Saç kurutma makinesi bilim kurgu filmlerinden fırlamış gibi görünüyor.

Sanki jürinin karşısına çıkacakmışım gibi ne giyeceğime epey kafa yoruyorum. Yanıma annemin giysilerini, kendi giysilerimi ve hatta dramatik bir hava yaratmak için tunik şalvar bile almıştım. Sonunda Claire'in dramatik şeylerle işinin olmayacağını düşünüp buraya gelirken yaptığım gibi, bir etek ve süveter geçiriyorum üstüme.

Üst kata tekrar çıktığımda ev boşmuş gibi geliyor bana. Claire'in dışarı çıkıp çıkmadığını merak ediyorum. Belki de fazla oyalandım. Dalgın dalgın koridordaki fotoğraflara göz atıyorum. Dikkatimi çeken ilk fotoğraf çok hoş koyu renk tenli bir adamın fotoğrafı. Yüz hatları öyle güzel ki fotoğraf değil de baskı zannediyorum. Sonra aynı adamın yanında Claire'in olduğu başka bir fotoğraf görüyorum. Sonra da kahve tenli dört çocukla çekilmiş fotoğraflarını görüyorum ikisinin.

"Görüyorum ki aile ile tanışmışsın," diyor Claire beni korkutarak.

"Çok güzeller."

"Sanırım öyleler. Etienne'in her zaman bir güzellik tutkusu olmuştur. Gel. Acıkmış olmalısın."

"Nasıl tanıştınız?" diye soruyorum onun peşinden pırıl pırıl tertemiz bir mutfağa girerken. Adını tahmin bile edemeyeceğim yeşilliklerden yapılmış salatamızı yerken anlatıyor bana.

Etienne Seck ve Claire Benson tıp fakültesindeyken tanışmışlar. Aynı kadavrayı paylaşmışlar. Etienne, "Dante Vigilante" adını vermiş kadavraya. Genç bir adammış. Claire, Etienne'nin ceset hakkında uydurduğu abartılı hikâyeleri duymazdan gelerek aylarca pratik yapmış kadavrayı kesip biçerek. Nihayetinde de geçmişi olan insanları kesip biçmek zorunda kalmamak için ayak hastalıkları alanında uzmanlaşmaya karar vermiş. Etienne de kelebekler üzerinde çalışmak için okulu bırakmış.

Claire ihtisasını yaparken tekrar karşılaşmışlar. Etienne'in ayak liflerinden biri kopmuş. Claire de o gece hastanede nöbetçiymiş. Eski günlerden ve Dante Vigilante'den konuşmuşlar. Etienne, Claire'i nöbeti bitince kahvaltıya davet etmiş. Claire, birkaç ay sonra Columbus'ta doktorluk yapan amcasının işini devralma teklifini kabul etmiş. Etienne de oraya taşınmış. Doğu Sahili'nden sıkılmışmış. En azından öyle söylemiş Claire'e. Claire günlerini ayakları iyileştirerek geçirirken Etienne de Orta Batı'ya özgü kelebeklerin peşinde koşarmış. Claire, onun bir gün bir rüzgâra kapılıp bir daha asla geri dönmeyeceğinden eminmiş ama öyle olmamış. Tüm kanatlı böceklerin dönüp dolaşıp gidebilecekleri sabit bir yere ihtiyacı vardır. Etienne'in yeri de Claire Benson'ın yanıymış.

"İşte bizim hikâyemiz," diyerek bitirdi anlatmayı Claire tabakları yıkamaya yardım etme teklifimi el hareketiyle reddederek. "Senin annenle babanın tanışma hikâyesinin zarafetiyle kıyaslandığında bizimkisi pek de etkileyici bir hikâye sayılmaz tabii ama yine de mutluyuz."

"Annemle babamın mı?"

"James, Yasi'ye mendilini verip onda kalmasını istemiş. Çok hoş bir jest değil mi?"

Babamın mendillerinin cebinde haftalarca kaldıktan sonraki hallerini ilk elden gören biri olarak bu konuda yorum yapmamayı tercih ediyorum. "Peki ya Ahmed? Onunla nasıl tanışmışlar? Siz biliyor musunuz?"

"Ahmed'den haberin var demek. Ziyaretinin bu konuyla bir ilgisinin olup olmadığını merak etmedim dersem yalan olur."

"Birkaç ay öncesine kadar adını bile duymamıştım. Birbirlerine yazdıkları mektupları buldum."

Claire bir kaşını kaldırıyor. "O mektupları okumanın hiç de keyifli bir şey olduğunu sanmıyorum." Bunu nereden bildiğini merak edip kulak kesiliyorum. "Birbirlerine çılgınca âşıktılar ama daha üniversitedeyken bile kavgaları hiç eksik olmazdı. Kavga ettikleri zaman da birbirlerine karşı çok acımasız olurlardı."

"Evet," diyerek onaylıyorum huzursuz bir şekilde. Henüz bu konunun üzerine gitmeye hazır değilim çünkü. Bu konuyu Celeste ile tartışmak yeterince kötüydü zaten. "İyi de nasıl tanışmışlar?"

Claire beni şaşırtarak gülüyor. "Gerçekten çok komik bir hikâye. Büyükbabanla büyükannenin, kız kardeşi göz kulak olabilsin diye Yasi'nin Londra'daki bir üniversiteye gitmesini istediklerini biliyorsundur." Başımı hayır anlamında sallıyorum. "Neyse. Öyle istediler. Ama bir nedenden dolayı Yasi Amerika'da okumak niyetindeydi. Şikago Üniversitesi'ne gitmek istiyordu. Onun yerine Massachusetts'deki Amherst Üniversitesi'ne girince vazgeçmek istemedi. Anne ve babası da en sonunda kabul etmek zorunda kaldı, çünkü erkek kardeşinin eş tarafından bir akrabasının oğlu da o üniversiteye gidecekti. Kızlarına o göz kulak olur diye düşündüler.

Tabii ki Yasi sinirden küplere bindi. Onun deyişiyle, attığı her adımı takip edecek bir gerzeğe ihtiyacı yoktu. Birinci dönem birkaç kez bizim odaya uğrayıp Yasi'ye kahve ısmarlamak istedi ama her seferinde Yasi bana bahaneler uydurttu. Bana, "Yasmeen nasıl biri? Nelerden hoşlanır?" gibi bir sürü soru soruyordu. İtiraf etmeliyim ki ben de o soruları cevaplıyordum çünkü çok hoş bir çocuktu. Annene onunla buluşması gerektiğini söyledim ama senin annen inatçı keçinin tekiydi.

O kış, Yasmeen tatilini benimle ve ailemle Englewood Cliffs'de geçirdi. Tek çocuk olduğum için kendimi hep kandırılmış hissetmiştim o zamana kadar. O kış bir kız kardeşim olmuş gibiydi. Annelerim onu çok seviyorlardı. Yılbaşı kutlamalarına katılmak için New York'a gitmemize bile izin verdiler. Catherine annem şehrin tiyatroların olduğu kısmında çalışıyordu. Öyleyken bile gece kendi başıma şehre inmeme bir kere bile izin vermemişlerdi. Bu izni Yasi'nin sayesinde koparmıştık onlardan."

Claire bana yaptıkları alışverişlerden, giysilerinden ve saç modellerinden bahsediyor. Annemin onlardan başka kimse görmeyeceği halde ayak tırnaklarımıza oje sürelim diye nasıl tutturduğundan bahsediyor. Daha önce kendi yaşıtlarının olduğu bir yılbaşı partisine hiç katılmamış. Şehrin Yukarı Doğu Yakası'ndaymış parti. Partiye gelenlerin çoğunun birinci sınıf öğrencisi olmasına ve ev sahibinin anne ve babasına ait gereğinden fazla ısıtılmış apartman dairesinde arka arkaya punch[8] yuvarlamalarına rağmen annem partiye bayılmış. Krakerlerin tadını çıkarıyormuş. Başına da püsküllü bir parti şapkası geçirmiş. Sonra, gece yarısından hemen önce, birini görüp donakalmış. "Kim bu çocuk?" diye fısıldamış Claire'e yerinden kıpırdamadan. Claire de ona sürekli kahve ısmarlamaya çalışan çocuk olduğunu söylemiş. Çocuğun gözleri annemin gözleriyle buluşmuş ve birbirlerine doğru ilerlemişler. Claire, onları saatler sonra buz gibi balkonda birer kollarını Ahmed'in paltosunun kollarına geçirip birbirlerine sokulmuş vaziyette bulmuş.

Trenle eve dönerlerken anneme "Onunla daha önce tanışmış mıydın?" diye sormuş.

"Rüyamda ya da onun gibi bir şeyde tanışmış olabilirim," diye cevap vermiş annem.

"O günden sonra neredeyse hiç ayrılmadılar birbirlerinden," diyor Claire. "Ahmed sadece bir haftalığına New York'a gelmiş ama o okula döner dönmez birbirlerini buldular. Birlikte ders çalışıp birlikte yemek yiyorlardı. O yaşlarda izlememiz gerektiğini düşündüğümüz sanatsal filmleri beraber izlerken uyuyakalıyorlardı. Eğitimini aldıkları alanlarda tartışabilmek için birbirlerinin ders kitaplarını bile okuyorlardı ve inan bana bunu yapmak onca ders yükünün arasında hiç de kolay bir şey değildi."

"Ahmed başını Yasi'nin göğsüne yaslardı. Yasi de kitabı tutardı.

8 Ç.N.: Çay, şeker, tarçın, limon karışımına rom veya kanyak gibi damıtılmış bir alkollü içki katılarak yapılan ve bu içkinin buharlaşan alkolü yakıldıktan sonra içilen içki.

Bu şekilde saatlerce kitap okurlardı. Bazen aynı cümleyi çok beğenip aynı anda yüksek sesle okumaya başlarlardı. Böyle anlarda onları seyretmek muhteşem bir şeydi. Sanki zihinleri mükemmel bir şekilde bütünleşmiş gibi."

"Kendini dışlanmış hissetmedin mi?" diye soruyorum Claire'den çok kendimi düşünerek.

"Hayır," diyor gülümseyerek. "Aslına bakarsan, başlarda biraz öyle hissetmiş olabilirim. Anneni çok özlüyordum ama beni de aralarına almak için özel çaba sarf ediyorlardı. Yıllarca Ahmed'in en yakın arkadaşı Mustapha ile aramı yapmaya çalıştılar."

"Mustapha'yı tanıyor musun yani?"

"Oldukça iyi tanıyorum onu. Cornell'de idi o zaman. Hafta sonları gelirdi sık sık. Çok fazla arkadaşının olduğunu sanmıyorum. Hoş bir gençti. Sadece fazla çekingendi. Annene âşık olduğu her halinden belli olmasa onunla çıkardım muhtemelen."

"Ahmed ile ayrılmalarının sebebi bu mu?"

"Tabii ki değil," deyip gülüyor. "Yasi'nin hiçbir şeyden haberi yoktu ki. Babanın da -pardon Ahmed'in de- haberi yoktu. Tam aksine, annen Mustapha'nın ondan nefret ettiğini düşünürdü. Annenle neredeyse hiç konuşmazdı. Göz göze bile gelmezdi. Bu da onun kendini koruma yöntemiydi. Annenle Ahmed ayrıldıktan sonra Ahmed Mustapha'yı kontrol amaçlı annene gönderene kadar da konuşup konuşmadıklarını bilmiyorum. Mustapha Yale Üniversitesi'nde hukuk okuyordu o zaman. Yani Crawford'dan çok uzakta yaşamıyordu. Ahmed tabii ki Londra'da idi. Birbirlerini sevmekten hiç vazgeçmediklerini düşünüyorum. Pakistan'da iken aralarında ters giden her ne ise bedelini karşı tarafa ödetmek için ellerinden geleni yaptıkları izlenimine kapılmıştım ama."

"Sen ne olduğunu bilmiyor musun?"

"Hayır. Annenin, Ahmed'in onu yanına almadan Avrupa'ya gitmesine çok kızdığını biliyorum sadece. Başka da bir şey bilmiyorum. O konudan hiç bahsetmediler."

"Peki öyleyse neden?" derken birden bir aydınlanma yaşıyorum. "Annem Ahmed'e geri dönebilmek için neden Mustapha'yı kullandı?"

Clarie bu söylediğime şaşırıyor. "Annenin aklından böyle bir şey geçtiğini sanmıyorum. İtiraf etmeliyim ki ayrıntıları bilmiyorum. Annen bana olup biteni anlattığında evliydi ve sana hamileydi. Görünüşe göre, o ve Mustapha üniversite yıllarında yakınlaşmışlardı. Annen kötü zamanlar geçiriyordu. Ahmed ile birlikteyken yapmadığı hataları bile telafi etmek için didinir haldeydi ve Mustapha orada, onun yanındaydı. Önceleri Ahmed'den haber alabilmek için Mustapha'nın peşinden ayrılmıyordu ama onu tanıdıkça ondan hoşlanmaya başladı. Sanırım Mustapha'nın varlığı ona önceden nasıl bir hayatı olduğunu hatırlatıyordu. Onun ziyaretlerini beklemeye başladı. Mustapha da zaten dünden razıydı. Yasi'ye abayı çoktan yakmıştı. Bir süre birbirlerini mutlu ediyor gibiydiler. Sonra bir gün, Ahmed'in mektuplarını karıştırırken gördü annen onu." Bir süre durup ekleme yapma ihtiyacı duyuyor. "Hani şu kafanda bir sürü soruyla dolaşmana sebep olan rengârenk metal kutuda sakladığı mektupları."

Başımı evet anlamında sallıyorum. "Peki ama nasıl?"

"Anlaşılan o ki kutunun kilidini kırmış. En başından beri kontrol edilemez bir kıskançlık azabı çektiği anlaşıldı o olaydan sonra. Bütün her şey bir, bilemedin iki hafta içinde olup bitti."

"Sonra ne oldu peki?" diye soruyorum Mustapha için biraz üzülerek.

"Anne ve babasının seçtiği bir kızla evlendi. Birleşik Arap Emirlikleri'ne yerleştiler sanırım."

"Annem, Ahmed'i de onu da bir daha görmedi mi o zaman?"

Claire buzlu çay öneriyor. Kabalık etmemek için "İçerim," diyorum. Buzdolabındaki yiyecek ve içecekler yüksekliklerine, türlerine ve boyutlarına göre yerleştirilmiş. "Hayır. İkisini de bir daha görmedi," diyor başı içeceklerin içinde kaybolmuş bir vaziyette. Bunu söylerken vücudunun biraz gergin görünmesi bende bundan pek de emin olmadığı hissini uyandırıyor.

***

Hafta sonunu Seck ailesi ile geçiriyorum. Etienne fotoğraflarda göründüğünden çok daha yakışıklı. Paskalya kutlamalarının yapıldığı pazar günü beni kiliseye götürüyorlar. Herkes bizi süzüyor ama kimse fark etmiyor. Bu zamana kadar alışmış olsalar gerek. Akşamları iskambil oynuyoruz ya da oturup televizyon izliyoruz. Birbirlerine âşık olduklarını düşündüğüm tek evli çift onlar. Böyle düşünmemin sebebi sürekli öpüşüp koklaşmaları değil, birbirlerine yaptıkları küçük jestler: Etienne'nin yemek masasına otururken Claire'in sandalyesini çekme şekli ya da Claire'in ondan tuzu uzatmasını isterkenki ses tonu gibi. Annemle Ahmed'in birlikte nasıl kitap okuduklarından bahsederken Claire'in aslında ne anlatmak istediğini şimdi daha iyi anlıyorum.

Bütün bir hafta sonu annemle ilgili anılarını anlatıyor bana. Cumartesi akşamı mektupların sarılı olduğu çarşafı getiriyorum sürükleyerek süklüm püklüm ama hatırlamıyor o çarşafı. Bizimkilere hiç uymadığını da göremiyor. Sohbetlerimizde sürekli geçmişten bahsediyoruz. Lafı annemle Ahmed'in son buluşmalarına getirdiğimde bu konuda hiçbir şey bilmediğini iddia ediyor. Annemin ortadan kayboluşundan bahsetmiyoruz hiç. Hâlbuki bildiğinden hiç şüphem yok. Nerelerde olabileceğine dair kafa da yormuyoruz. Ne Claire'in ne de Etienne'nin ziyaretime şaşırdıklarına dair bir emare yok. Claire, beni Sun Valley solaryumuna bile götürüyor, babama Celeste ile Florida'da olduğumu söylediğimi öğrenince.

Claire Ahmed'den bahsederken sık sık "baban" diyor. Her şeyin planlandığı gibi gittiği paralel bir evrendeymişim gibi hissediyorum.

Nihayet "Babam o mu?" diye soruyorum fısıltıyla solaryumda uzanırken.

Claire bir süre sessiz kalıyor. Beni duyup duymadığını merak ediyorum. "Sanmam," diyor ama sessizliğinin uzun sürmesi benim çözemeyeceğim bir anlam içeriyor. Pazartesi sabahı oradan ayrılmak istemediğimi hissediyorum.

Greyhound otobüs terminalinden beni uğurlarlarken ikisi de "Ne zaman istersen bekleriz," diyor. Bunu söylerken samimi olduklarını biliyorum. Ziyaret sonrası günlerce şirin sarı evimize korkuyla yaklaşıyorum. Sessizlik her zamankinden daha çok yankı yapıyor ve bütün ev hayaletlerle sarılmış gibi geliyor bana.

18

Bugün parkta çiçek açmış ağaçların arasında bir saat geçirdim. Çiçeklerin renklerini bile fark etmedim çünkü sadece seni düşündüm. Bu ay iki bin sayfaya yakın kitap okudum ama kitapların yazarlarını sıralayamam. Sadece seni düşündüm. Hayatımı gündüzden gündüze yaşıyorum. Gecenin bir vakti uyumak için yatağa uzandığımda sadece seni düşünüyorum.

Yasmeen James'e hamile olduğunu söylediğinde ilk işi bir emlakçıyı aramak oldu. Ona daha sonra eve gittiklerinde söylemeyi planlıyordu ama kibar bir hemşire eline telefonu uzattığında istemeyerek de olsa bu fırsattan yararlandı. Yirmi yıl önce üniversite tarafından James'e tahsis edilen kasvetli briket dublekse sızlanmadan taşınmış olmasına rağmen James bile o evin aile kurmak için uygun bir ev olmadığını biliyordu. Biltmore Callahan için çalışan güler yüzlü bir emlakçı olan Kerry Williams'ı buldu James. Yasmeen de James'in yeni durumlarından dolayı birdenbire ev sahibi olma arzusunu dile getirmesinin sabahında önceden tasarlamadıkları halde birkaç ev görmek için randevu ayarlama işini keyifle yaptı. Hele bir de James uzunca bir süredir çok fazla olmasa da kendisine miras yoluyla kalan hisselerin kâr paylarıyla geçindiği, bu yüzden de maaşına dokunmayıp bankaya yatırdığı, bankadaki paranın da faiz getirisiyle arttığı sırrını onunla paylaşınca Yasmeen kendini daha bir sorumlu hissetti.

Üç oğlan annesi temkinli Bayan Williams, James aradıktan bir saat sonra sağından solundan gıcırtılar gelen steyşın vagon arabasıyla ofisin önüne geliyor. Arka koltuktaki dağınıklığı gösterip Volvo'nun eşinde olduğunu söylüyor özür diler bir havada. James her tarafa saçılmış meyve suyu kutularına, kullanılmış mendillere ve PTA marketine ait broşürlere dikkatle bakıp ön koltuğa yerleşiyor. Yasmeen'in çocuk sahibi olmak istediğini biliyordu ama evlendiklerinde bunun için daha çok zaman varmış gibi gelmişti ona. Henüz bir bebek sahibi olma planı yapmamışlar, buna dair konuşmamışlardı bile. Bunu gündeme getirmek için birkaç yıl beklemeleri gerektiği konusunda sözcüklere dökülmemiş bir anlaşma vardı aralarında. Onun nüfuzu ve Yasmeen'in cazibesi, Yasmeen'e üniversitede yarı zamanlı yazma dersi okutmanlığı yapma imkânı vermişti ve plan yapmadan önce bu durumun onlara ne getireceğini görme konusunda dile getirilmemiş bir anlaşma vardı aralarında. Yasmeen belki de öğretmenliği çok sevecek ve yüksek lisansa başvuracaktı. Belki de başka bir iş bulacaktı. İlk dönemin yarısına bile gelmemişlerdi daha ve şimdi her şey altüst olmuştu.

Bayan Williams, ona ilk bebekleri doğduğunda şehirden taşındıklarını söyledi. Ortada bir bebek varken yerleşik bir hayat sürüyor olmak önemliydi, değil mi? Önemlidir herhalde diye düşündü James. Bayan Williams'ın ilk gösterdiği ev, şehrin uzağında bulunan yenilenmiş tek katlı bir evdi. Arabası var mıydı? Kışın kampüse gidip gelmek için bir arabaya ihtiyacı olabilirdi. Bebek için iyi bir tercih olabilirdi: Düşebileceği bir merdiven yoktu. Bu James'in hoşuna gitti. Bayan Williams dikkatli bir sürücüydü. Boş kavşaklarda ve yanıp sönen trafik ışıklarında durup bekliyordu. Araba benzin yerine onun bitmek bilmez gevezeliğiyle çalışıyor gibiydi. James'in onun söylediklerine cevap verebilmesi için sustuğunda araba sarsılıp yalpalıyordu. Cilalı orta yaş ayakkabılarıyla yükleniyordu debriyaja. Yasmeen aslâ böyle ayakkabılar giymezdi diye düşündü hüzünlü hüzünlü.

Ev ferah ve soğuktu. Hastane beyazına boyanmış duvarları beğendi James ama Yasmeen'in gri renkteki duvardan duvara halıdan ve her odanın kare şeklinde olmasından hiç ama hiç hoşlanmayacağını biliyordu. Bu sıradanlık onu boğardı. James bu evi gezerken sessiz kalmıştı. Her tarafı dökülen dik çatılı evi gezerken de hiçbir özelliği olmayan sömürge dönemine ait evi gezerken de ağzını açmadı. Neredeyse öğle yemeği vakti olmuştu ama James'in suskunluğunun Bayan Williams'ı yıldıracağı yoktu anlaşılan. Üçüncü evden çıktıklarında arka koltuktaki dağınık dosyalara hızlıca bir göz attı. Bir profesyonel edasıyla birtakım sayfaları karıştırdı. Kalın parmakları ve ağır yüzükleri hâkim olduğu dünyayı ne hikmetse zarif bir şekilde zapturapt altında tutuyordu. Yemekten önce bir eve daha bakacaklarını söyledi James'e. Programı biraz sıkışıktı ama perşembe gününü boşaltıp birkaç ev daha gösterebilirdi.

Üniversiteye dönüş yolunda James'e evle ilgili bilgi verdi Bayan Williams. 19. yüzyıl Viktorya dönemine ait restore edilmiş bir evdi. "Restore edilmiş" tanımlamasıydı önemli olan. Önceki sahibi kitapları hiç basılmamış uçuk kaçık bir yazarmış. Bayan Williams'ın patronu bir ara evi orijinal haline getirmeyi düşünmüş ama yakın bir zamanda da masrafları azaltıp evi ucuza satmaya karar vermiş. Kampüsün yanı başındaymış. James belki de evi görmeye değer bulurmuş. Yumurta sarısına boyanmış tümsekten geçmeden önce araba stop eder gibi olunca hafiften gülümsüyor Bayan Williams.

James evin yıkık dökük bir şey olduğunu ve uzun süreli bir tadilat gerektireceğini düşündü ama badana gıcır gıcırdı ve evi çevreleyen krem rengi veranda da gayet sağlam görünüyordu. Üst kata çıkarlarken eğrilmiş merdiven basamakları gıcırtıyla selamladı onları. İşlenmiş demirden özenle yapılmış parmaklıklardan içeri güneş ışığı sızıyordu. "Evin önceki sahibi üçüncü romanı da basılmayınca kaynak yapmaya merak salmış," dedi James'e Bayan Williams. Bu onun son projesiymiş. Dar verandanın üst kısmındaki işlemeler belki de daha önceleri gizlenmiş gölgeleri ortaya çıkarıyordu ve bütün evi hoş bir ışıltıyla dolduruyordu. James işlemelerden içeri sızan hoş tatlı ışığa hayret etti. Hayal kırıklığına uğrayan yazarın hiç vakit kaybetmeden ellerini bu kez sanat için kullandığını düşündü. James'in bakışlarını kaygıya yoran Bayan Williams, evin çok sağlam olduğuna ikna etmeye çalıştı onu. Evi çok sevdiği ama problemli olduğu için sürekli savunma ihtiyacı duyduğu bir çocuk gibi görüyordu sanki. James yapılan tuhaf değişikliklerin şu ana dek evin satışını zorlaştırmasına rağmen Bayan Williams'ın evi bu kadar çok seviyor olmasına memnun oldu. Onun için engelli ama çok sevilen bir evlat gibi olan bu evi ona göstermeyi tercih etmiş olması gururunu okşadı.

James "İçeri girebilir miyiz?" diye sorduğunda grileşen iş kıyafetinin kamufle ettiği genç ve mutlu kadın gülümsedi. James onun mükemmel bir anne olduğunu düşündü. Her zaman çocuklarını hizaya sokabilen ama aynı zamanda onun gibi bir adamın muhtemelen es geçeceği çocuksu zevklere de ayak uydurabilen bir anne. Çantasından kocaman şıngırdayan bir anahtarlık çıkarıp bir sürü anahtarın içinden doğru olanı seçerken iç çekerek, artık gerçekten çift odaklı bir gözlük edinme vaktinin geldiğini ama o kadar yaşlanmış olduğu fikrine bir türlü alışamadığını söyledi.

Sol taraftaki tarihe karışmış aslan başlı kapı tokmağı hâriç ilk katın ön kapısı tamamen modern cam panellerle kaplanmıştı. Ön kapı evin ön kısmını tamamen gören ferah aydınlık bir odaya açılıyordu. Yasmeen tekrar resim yapmaya başlarsa onun stüdyosu olur bu oda diye geçirdi içinden James. Odanın arka tarafındaki duvar boyunca uzanan devasa bir şömine vardı. Şöminenin üstündeki raf o kadar yüksekti ki neredeyse James'in burun hizasındaydı. Genişçe bir kemerin altından mutfağa geçiliyordu. James kemerin bu zamana kadar hiç ellenmemiş olduğunu fark etti. Evin uzunluğu genişliğinden fazlaydı. Bulunduğu yerden baktığında mutfak neredeyse ön taraftaki oda ile aynı büyüklükte görünüyordu. Bayan Williams, James'in pek ilgisini çekeceğini düşünmediği halde gururla mutfağın sol tarafında bulunan geniş kileri gösterdi. Kaygılı görünüyordu. Hatta çamaşır odası olarak da kullanılabilmesi için mutfağın nasıl elden geçirilip büyütüldüğünü, hem çamaşır makinesi hem de kurutucu için gerekli bağlantıların yapıldığını anlatırken biraz huzursuz görünüyordu. James, Bayan Williams'ın nedense ona üst katı göstermekten imtina etmeye çalıştığı izlenimine kapıldı. Dehşet içinde izbe karanlık odaları ve tamir edilmesi imkânsız su tesisatlarını getirdi gözünün önüne.

Bayan Williams çocuk bezlerinden bahsedip çamaşır makinesinin bu kadar el altında olmasının rahatlığını anlatmaktan nihayet helak olunca James'e isteksiz isteksiz yukarıyı da görmek isteyip istemediğini sordu. Ve işte mutfağın sağ ön köşesindeki muhteşem döner merdiven.

Bayan Williams'ın yaptığı işi yapanların dalavere konusunda son derece iyi olduklarını tahmin ettiği halde nasıl olup da mutfaktan kilere geçerken bu merdiveni gözden kaçırdığını anlayamadı pek. Yine de mutfağın neredeyse beşte birini kaplayan bu gösterişli şeyi görmeden yanından geçip gitmiş olması onu telaşlandırdı.

"Emlak satışlarının birinden almış onu," dedi Bayan Williams memnuniyetsizce. "Alan geniş olduğu için ayak altında değil ama o sütunlu heybetiyle buzdolabının üzerinden yukarı çıkıyor olması fena halde sırıtıyor." Bayan Williams'ın mutfağa uysunlar diye İtalya'dan getirtildiklerini söylediği mavi ve beyaz fayansların döşendiği zemin nedense ona merdivenin başlangıç noktası olmak için en uygun yermiş gibi geldi. Yukarıdaki yatak odalarını ve bir zamanlar kule olan yere monte edilmiş yuvarlak banyoyu beğendi. Yasmeen'in yere pençe şeklinde monte edilmiş küvette keyif yapması ve henüz doğmamış çocuklarının tırabzanlardan kayarak inmesi fikri hoşuna gitti. Evi sarıdan başka bir renge boyar ve sanki sadece onlar için yapılmış bir evde başlayabilirlerdi yeni hayatlarına.

O gün James, Bayan Williams'ı ileride Irenie'yi her doğum gününde götüreceği Il Bello Canario restoranına öğle yemeğine götürdü. Bayan Williams, ada çaylı şehriye ve domuz pastırması yedi ve ev yapımı makarnanın tazeliğine bayılmadan edemedi. James, Bayan Williams'ın onun için rutin olan bir şeyden bu kadar keyif almasına şaşırdı. Çocukları doğduğundan beri eşiyle sandviç ve iki ısırık atılıp kenara bırakılmış tavuk butu ya da yeterince soslu olmadığı için yenmeyen spagetti gibi çocuklardan kalan yemeklerle idare ettikleri sırrını paylaştı onunla. James biraz sarardı ve orta sertlikte pişirilmiş düdük makarnasını daha önce hiç yapmadığı kadar keyifle yedi.

Evin fiyatı konusundaki pazarlıklar bir aydan kısa bir sürede tamamlandı. James, Yasmeen'i evi görmeye ilk kez götürdüğünde hamile olduğu henüz belli olmuyordu. Evin bütün acayipliklerine bayıldı. Merdivenlerden kaydı. Ön odayı gökkuşağına boğacak bir prizma buldu. James'i bir Holllywood yıldızı gibi öpüp soğuk burnunda kırmızı rujdan öpücük izi bıraktı. Bayan Williams onları tebrik etmek için uğradığında Yasmeen'in bu kadar genç olmasına şaşırdı. Her yere giysiler, tabak çanaklar ve çatal-kaşık takımları saçılmıştı. İki odanın da kenarlarına yarısı alfabetik sıraya dizilmiş her an yıkılacak gibi duran kitap kuleleri sıralanmıştı. Merdivenlerin altındaki gramofonda Bach çalıyordu. James'in genç eşi Bach'a kepçeyle eşlik ederek sulu bir Hint yemeği pişiriyordu. Çocuk kazağı gibi görünen ekoseli bir kazak vardı üzerinde. Karnı öne doğru çıkıyordu ve kemerden taşıyordu. James onu tanıtmak için ellerini omzuna götürünce yüzü öyle bir kızardı ki Bayan Williams onun neredeyse James'in kızı olacak yaşta olduğunu düşündü. Neyse ki şaşkınlığını belli etmemeyi başardı. Hayat dolu genç kadın çay içerlerken evi başka bir renge boyamayacaklarını söyleyene kadar sakinliğini gayet güzel korudu. Sokağın gri ve uçuk mavi renklerine tezat oluşturacak şekilde canlı sarı kalacaktı evleri. Ev Sahipleri Birliği'ni hüsrana uğratacak bir karardı.

"Mutlu olunabilecek bir eve benziyor," demişti Bayan Eccles. Bayan Williams onların evinin önünden her geçtiğinde gerçekten de mutlu olup olmadığını merak ediyordu.

***

İlk birkaç yıl evin acayiplikleri Yasmeen'i çok mutlu etti. Eviyle hava atmak için partiler düzenledi. Akşam yemeği davetleri verdi. Evlerinin önünden geçen arabalardakiler evi daha iyi görebilmek için yavaşladığında yaptığı sanat eseriyle hava atan bir çocuk gibi şenleniyordu. Bazen insanlar sadece eve bakmak için duruyorlardı. Onları fotoğraf çekmeleri için eve çağırıyor, zararsız birilerine benziyorlarsa çay bile ikram ediyordu. James, Yasmeen'i tanımadığı kadınlara parmaklıkları ya da arka bahçenin manzarasını ne kadar sevdiğini anlatırken gördüğünde şaşırıyordu hep. Suskun kızı bu yabancı insanlara güler, onlara bisküvi kutusunu uzatırdı. Bir keresinde eve geldiğinde, öğrencilerinden birinin kolunu dirseğine kadar fırına sokmuş bir vaziyette, Irenie'ye gözlerini yeterince kısarak bakarsa eğer, kurabiyelerin altın renkli şeker serpildiğinde tıpkı bir yıldız gibi göründüklerini anlatırken bulmuştu. James'i görünce, Yasmeen'in en sevdiği mutfak önlüğünün üzerindeki unları silkeleyerek doğrulmuştu hemen.

Kız, "Burada yaşadığınızı bilmiyordum Profesör," demişti ona kuşkuyla bakarak evden çıkarken. James, "Şaşırırsın tabii," diye geçirmişti aklından. "Ruhsuz profesörün neşeli ailesi ve sıra dışı evi şaşırtmıştır seni tabii." Sık sık geliyordu kız. Üniversiteden mezun olup da gidince üzülmüştü Yasmeen. Karısının evlerinin içinden geçen sıkıcı kadınlarla saman alevi gibi kısa süren arkadaşlıkları James'in afallamasına neden oluyordu. Geyik muhabbetlerine ekleyecek konu kalmayana dek laflayıp gülüyorlardı. Sonra yüzleri ve adları olmayan başka kadınlar alıyordu onların yerini.

James, ona nasıl oluyor da bu eve bunca insan girip çıkıyor diye sorduğunda Yasmeen "Evin büyüsü bu," diyordu. Ama o bunun evden ziyade Yasmeen'in büyüsü olduğunu düşünüyordu kendi kendine. Bu Yasmeen'in büyüsü değildi de neydi? Sarı duvarlardan ve çardaktan önce bile insanlar eve akın akın doluşup sonra da ortalıktan kaybolmuşlardı. Möbius şeridi[9] gibi onlardan yakasını sıyırmayı beceriyordu. Möbius şeridinin başlangıç ya da bitiş noktasına o insanlardan daha yakın olmadığım ne malum diyerek şüpheleniyordu kendi kendine. O zaman o da kendisini şeridin ortalarında bir yere zımbalar, hayatı boyunca orada asılı kalırdı. On dakikalık arkadaşlar sahneden çekilip sadece kendisi kaldığı zamanlarda mutlu olurdu hep. Yasmeen ona şüpheyle, tuhaf fikirlerle dolu onca akademisyenin nasıl olup da bomboş durduğu onca zaman boyunca bu evi kapmamış olduklarını sorduğunda da mutlu olmuştu. Aslında üniversiteden akşam yemeğine davet ettikleri misafirler de eve merakla karışık bir saygı duymuşlardı. Teslimatçılar kapıdan içeriyi

9 Ç.N.: Möbius şeridi, geometrik olarak uzunca bir şeridin bir ucunu 180 derece bükerek diğer ucu ile birleştirilmesiyle elde edilen şerittir. İlk olarak 1861'de Johann Benedict Listing tarafından tanımlanmıştır.

gözetliyor, gazete dağıtan çocuklar da verandaya kadar gelip öyle bırakıyorlardı gazeteleri. Onun için ideal erkek olmasa da James bir süreliğine de olsa ona en mükemmel evi satın aldığını düşündü.

437 Chestnut Hill Lane adresindeki bu evle o vakte kadar neden hiç kimsenin ilgilenmemiş olduğunu nihayet anlaması için çok zaman geçmedi: Üst katta birileri ayaklarını yere sert basarak yürüdüğünde tavandan kar gibi alçı yağıyordu. Basamaklar da pek sağlam değildi. Kimse cilalamayınca çardak griye döndü ve devasa yuvarlak banyo da çözülmesi imkânsız bir labirent gibiydi. Bir zamanlar çok beğendiği küvet, geceleri tuvalete kalkma işini kâbusa çeviriyordu. Klozetten lavaboya geçiş yapmak için küvetin etrefında bir tur dönmeniz, ellerinizi yıkadıktan sonra banyodan çıkabilmek için de yine bir tur daha atmanız gerekiyordu. Dışarı bakan tarafı boydan boya cam panellerle kaplı ön oda, yaz aylarında insana sıcaktan nefes aldırmıyor, kışın da buz gibi oluyordu. Yine de ilk zamanlarda bunların hiçbiri Yasmeen'i rahatsız etmiyordu. James sızlandığında ona yaşlı başlı, eski kafalı, antika amca gibi lakaplar takıp gülüyordu. Banyo yapmanın duş almaktan daha iyi olduğunu düşünüyor ve batılıların evin sıcaklığını yıl boyunca sabit tutma takıntısını saçma bulup burun kıvırıyordu. Onun bildiği kadarıyla, New York için ancak yaz ortasında ön odayı seraya dönüştürdüğünde yazlıkları kaldıracak kadar sıcak oluyordu. Evlenmeden önce fakirlere yardım sağlayan bir kuruluş olan Salvation Army'nin ucuzluk tezgâhından lime lime olmak üzereyken satın aldığı mink kürkü ortaya çıkarıp "kürk giymek eşittir cinayet" fikri yaygınlaşmadan önceki sarışın Frances Farmer'ın[10] esmer versiyonu olarak evin içinde şov yapma fırsatını kaçırmamıştı. İnkâr edilemeyecek bir şey varsa o da Yasmeen'in evin tüm sinir bozucu özelliklerinin ona sağladığı tuhaflıkların tadını çıkarıyor olmasıydı. James, Archibald Crowe ortaya çıkana kadar Yasmeen'in evi ondan daha çok seviyor olabileceğinden endişelenmişti.

10 Ç.N.: 1970 yılında ölen Amerikalı tiyatro ve sinema oyuncusu.

19

Sensiz o kadar yalnızım ki. Öyle boş hissediyorum ki. Zihnim bomboş. Vücudum ağır. Ruhum çoktan kaybolup gitmiş. Bazen gözümü açtığımda yaşayıp yaşamadığımı, birilerinin bunu bana söyleyip söylemeyeceğini, bunu benim nasıl anlayacağımı merak ediyorum. Peki ölmediğimi, hayatta olduğumu anlasam bir şey fark edecek mi? Hiç sanmıyorum.

Hayaletlerle dolu bir evde yaşadığımı ne zaman keşfettiğimden emin değilim ama buna çok fazla kafa yormayacak kadar küçük bir yaşta keşfetmiş olsam gerek. Birileri kafamda buna bir yer açmış olmalı. Belki de Cadılar Bayramı'ndadır. Evimizin parlak sarı rengine rağmen çocuklar annemin çardaktan sarkıttığı örümcek şeklindeki şekerlemelerden çok korkarlardı. Kendi hayaletimizi yaratmak fikrinden çok hoşlandığımı ve Bay Crowe'u bulmak umuduyla bodrum katını ziyaret edişimi hatırlıyorum. Annem bodrum katından nefret ederdi. Bence kendisi de zaten tekin biri değildi ama ancak şimdi fark ediyorum ki bunun sebebi hayaletler değildi.

Yedi yaşına girmeme az bir zaman kala eve geldiğimde annemi sık sık elinde içindekinin hiç de çay gibi kokmadığı bir kupayla boş boş mutfak duvarına bakarken bulurdum. Önceleri günümün nasıl geçtiğini anlatarak onu neşelendirmeye, dikkatini dağıtmaya çalışırdım. "Git ve oyna," derdi bana eliyle belli belirsiz bir şeyler yaparak. O zamana kadar hiç sahip olmadığım bir özgürlüktü benim için bu. Bodrum katında saatler geçirirdim. Eve ne çok yakın ne de çok uzak hissederdim. Archibald Crowe zamanından kalan eşyaların üzerinde parmaklarımı gezdirir, su ısıtıcısını davul yapardım. Bütün bunlar annemin dikkatini çekmeyince, onun hâlâ orada olduğundan emin olmak için bodrum katı merdivenlerinin en üst basamağına tünemeye başladım. Sigarasının izmaritinin yanmaya başladığından bihaber mutfak masasında oturuşunu izlerdim. Banyoya gittiğinde, arkasında Turkish Gold[11] ibaresi bulunan sigarasının ardında bıraktığı nefes kesici solucanların kıvrılarak süzülüşüne bakardım hayranlıkla. Bir zaman onları biriktirmeye çalıştım ama dokunduğum an dağılıp yok oluyorlardı.

Annemin eski mektuplarını okuyana kadar o günler aklıma gelmemişti hiç. Anılar annemin bütün grilerine ve kahverengilerine tüm parlaklığıyla yeniden dokundu. Mektuplarda birdenbire yoğun bir şekilde hastanelerden, tahlillerden ve Ahmed'in sağlığı için duyulan endişelerden bahsediliyor. Adı konmayan bir şeyler var mektuplarda. Adlı adınca bahsedilmesi çok kötü olacağı için geçiştirilen bir şeyler. Mektuplardaki dil zorlama bir dile dönüşüyor o aşamada. Sanki beceriyle tasvir edilen hayatların birer aldatmaca olduğu ortaya çıkarılmış gibi. Unuttukları çok perdeli oyun gerçek değilmiş gibi. Annem yüzüne sahte bir gülümseme oturtup sabahlığını astığında onun oyun yeteneğinin gerçeğin yerine geçmesine izin verdim. Pek rahatsız olmuyordu bundan. Gerçi sabahları babamın fark edeceği kadar çok içtiğinde öğleden sonraya kadar topluyordu

11 Ç.N.: Kaliteli Türk tütünü.

kendini.

Yakınında olmama rağmen "Irenie" diye seslenirdi bana. "Hadi hazırlanalım. Çarşıya gidiyoruz."

Küveti kaynar suyla doldurur, su yeterince soğuyana kadar da her şey yolundaymış gibi davranmaya hazır olurdu. Ayılmaya çalışırken giysilerini genellikle bana seçtirirdi. Elbiselerini yayıp sımsıkı katlanmış çoraplarındaki kırışıklıkları düzeltirken bana çok ama çok güvendiğini hayal ederdim. Düşer de etekleri açılırsa diye seçtiğim çorapların elbisesiyle uyumlu olmasına çok dikkat ederdim. Ayağımda onun ayakkabılarıyla takır tukur yürürken her şeyin birbirine uyduğundan emin olmak için seçenekleri ayna karşısında göğsüme kadar kaldırıp bakardım. Nasıl göründüğünü umursamazmış gibi gelmiyordu bana. Bazen üniversite partilerine katıldığı yıllardan kalma volanlı ve fırfırlı elbiselerinden seçtiğimde iç çekerdi ama yine de giyerdi onları. Sonra da yola koyulurduk. Marketteki insanlar onu süzdüğünde ona hayatları boyunca gördükleri en güzel kadın olduğu için baktıklarından emin hissederdim kendimi. Diğer küçük kızların kendi annelerinin de tıpkı benim annem gibi yoğurt almaya giderken bile prensesler gibi giyinmesini çok istedikleri için bana gıpta ederek baktıklarını fark ederdim.

Bu market ziyaretleri hep telaş içinde yapılırdı. Akşam için meşakkatli yemekler pişirmek annemin en çok başvurduğu kendini cezalandırma yöntemiydi. Babam gelene kadar her şeyi rahatça tamamlamış olmak için asla yeterince zamanı olmazdı.

Külüstür market arabasını peşimizden tangur tungur sürükleyerek süpermarkete koşarken "Ne pişirelim Irenie?" diye sorardı. En iyi zamanlarında bile annem öyle kötü bir sürücüydü ki sırf araba kullanmamak için kış ortasında bile markete kilometrelerce yürümeyi göze alırdı. Markete varınca alışveriş arabasının önüne bir güzel kurulur, rafların arasında dolaşırken parmağımla alma ihtimalimiz olan şeyleri gösterirdim anneme.

"Hamburger malzemesi? Kutulu fırında makarna ve peynir sosu? Soslu kutu mantı?"

Annemin bunların hiçbirini almayacağını bilirdim. Sadece Nani'nin üniversitedeyken ona verdiği tarif defterindeki Pakistan yemeklerini pişirirdi. Annem nihayet yemek pişirmeye başladığında büyükannemin çok sevindiğini söylemişti Claire bana. Annemin yemek pişirme merakının Ahmed'le aynı evde yaşamaya başladıktan sonra başladığını bilseydi eğer, sevinmekten başka bir şey hissedebilirdi. Annemin buharda pirinç pilavı ve daal[12] yemeğinin tariflerini istedikten birkaç ay sonra tarif defteri gelmişti. Tarifler öyle ayrıntılı verilmişti ki her birini olması gerektiği gibi pişirmeye uğraşırken Nani'nin aslında karmaşık elektronik aletlerin kullanım kılavuzlarını yazmak için yaratıldığını düşünmüştüm. Ben imdadına yetişene kadar tarif defterindeki her yemeği azami özenle pişirmiş olmasına rağmen annemin yemek pişirmekle arası iyi olmamıştı hiçbir zaman. Eğer tarif defterinin sarı sayfalarını karıştırıp rastgele bir şey seçtiyse düzgün bir yemek yeme şansınız olmazdı. Ara ara Batı yemeklerini pişirme denemeleri ise özellikle felaketle sonuçlanırdı. Babamın doğum günleri için pişirdiği rostoların ya da yılbaşı yemeklerinin her zaman dışları kömür gibi olur içleriyse çiğ kalırdı. Patates püresi masaya tuhaf bir renkte gelirdi. İçinde de çiğ parçacıklar olurdu. Ara sıra almaya ikna ettiğim hazır peynirli makarna yağda yüzer, domates, sarımsak ve soğan makarnanın o çok hoşuma giden esnekliğini mahvederdi.

Öğleden sonraları yaptığımız hızlı alışverişlerde hazır peynirli makarna gibi şeyler önerdiğimde "Biraz ciddi olur musun canım," diyerek çıkışırdı bana.

Ben de o zaman "Yoğurtlu tavuk sosu," diyerek emir verirdim. "Baharatlı karnabahar, patates ve bezelyeli pilav. Kırmızı mercimek

12 Ç.N.: Bir çeşit Pakistan yemeği.

yemeği. Cacık. Mango soslu çoban salatası," diye arka arkaya yemek isimleri sıralardım sebze reyonunda gezinirken. "Kavurma için zencefile ihtiyacımız var. Bu kadar domates yetmez."

Tarif defteri benim en sevdiğim çocuk şarkıları, öğrendiğim ilk peri masallarıydı. Daha ocağa dokunmadan bile her bir yemeğin nasıl pişirileceğini biliyordum. Gözümden tek yaş gelmeden soğan doğrarken annem hayranlıkla izlerdi beni. Kafası karışık olduğu zamanlarda baharatların yanmak üzere olduğunu anlayıp tavayı ocaktan tam zamanında aldığımda minnettar olurdu bana. Babam kapıdan içeri adım attığında kendi yaptığımız yemekleri sergilediğimiz büfemiz hazır olurdu mutfak tezgâhında. Babam şefi övdüğünde annemin gözleri parlar, övgüyü hak edenin ben olduğumu söylerdi. Babam iltifatlar yağdırarak beni neşelendirirdi. Benim sadece seyretmekten biraz daha fazlasını yaptığımı düşündüğünü bilmek sinir ederdi beni. Sanırım artık durumun hiç de öyle olmadığını fark etmiştir ama bunun bir önemi yok artık. Bundan böyle yemekler sadece ikimiz için yapılıyor. Bu yüzden yemeklerden keyif almak gibi bir derdimiz yok. Annem pişirdiğimiz yemeklerden nadiren yerdi ama biz yerken seyretmeye bayılırdı. Kendine buzlu bir kadeh viski soda hazırlar, biz midemizi doldururken sigarasından çıkan duman bulutunun içinden gülümserdi bize. Annem öğleden sonralarını hayallere dalarak geçirebilsin diye günlerce kalan yemeklerle doyururduk karnımızı. Mikrodalgada üç dakikalık ısıtma işlemi babamı her şeyin yolunda olduğuna ikna etmek için yeterliydi.

Annem için endişelenebildiğim, endişemi kendime itiraf edebildiğim tek yer zifirî karanlık bodrum katıydı. Parlak gün ışığında annemin mükemmel biri olduğu dışında bir şey düşünmek benim ona hakaret etmemle aynı şeydi. Ona derdinin ne olduğunu hiç sormazdım ya da ısrarla göremediği şeyi söylemezdim babama. Bunun yerine onu üzmemek adına dikkatli bir şekilde her şeyi dengede tutardım. İşler kontrolden çıkmaya başladığında canım sıkıldı diye mızmızlanırdım. Annem de bu yeme hemen atlardı. Alışverişe giderdik beraber. O bana seslenene kadar kendi haline bırakırdım onu ama bir gün babamı önündeki dört günlük yemeğin üzerinden başını kaldırmış annemi dikkatle izlerken görünce duruma el koyma zamanının geldiğini anladım. Baharın başlarına kadar böyle sürdü durum. Çiçekleri görme aşkı kabarmamış olsaydı belki de her şey böyle devam edecekti.

Annem mahalledeki çocuk parkını hiç sevmezdi: Asıldığım demir çubuktan tepetaklak düşüp dişimden olduğum park; yaz gecelerini Celeste ile kelime türetme oyununun taşlarını, Pepsi kapaklarını ve Ouija tahtasını[13] kullanarak ruh çağırmak için debelenerek geçirdiğimiz park; benim de bir anahtarımın olması gerektiği ya babamın ya da benim aklıma gelene kadar sık sık bütün bir öğleden sonrayı bekleyerek geçirdiğim park. Annem o parkın fazla gösterişli ve bayağı bir park olduğunu düşünüyordu. Parlak aşınmış metalden yayılan enfeksiyonlar ve yaralanma garantisi veren acımasız asfalt demekti onun için o park. Olurunu aldığımda, beni bebeklerin çimenlerin üzerinde emeklediği ve ancak en tepesinden atlayarak eğlenebileceğiniz kaymayan kaydırakların olduğu Town Square'deki parka götürmeyi tercih ederdi. Bu parkta ona evini hatırlatan çiçek bahçeleri vardı. Baharda binbir renkte binbir çeşit çiçekle dolardı bu bahçeler.

"Buradaki toprak çok verimli," diye iç geçirirdi annem. "Ama neredeyse hiç kimse zaman ayırmıyor bu işe."

Önlerinden yürürken annem kendi kırpma makasıyla yanlarına yanaştığında pembe güller korkup geri çekiliyormuş gibi gelirdi. Bitkilerimizi büyük beklentilerle boğardı. Yıldız çiçeklerini gördüğünde sevinç çığlığı atar, heyecanlı heyecanlı papatyalardan bahseder, şevki onları soldurmasın diye yanlarına fazla yaklaşmazdı

13 Ç.N.: Üzerinde alfabedeki harflerin bulunduğu ve doğaüstü varlıklar ile iletişime geçip ne dediklerini anlamak için kullanıldığı iddia edilen tahta.

parkta.. Bahar aylarında çiçekleri ve beni seyretmeyi severdi. Bazı zamanlar ben eve gelmeden önce giderdi çieklere bakmaya. Bu ziyaretler gizlice yapılan ziyaretlerdi. Bu benim için sorun değildi ama böyle şeyleri bensiz yaptığı için suçluluk duygusu hissettiğini tahmin ediyorum. Eteğinin arkasında onu ele veren çimen lekelerini gördüğümde, beni sevmediği parka götürme sözünü koparmak çok daha kolay oluyordu.

Annemin Town Square'deki parkla ilgili sevmediği tek şey, Archibald Crowe'un tasarlayıp hayata geçirmiş olduğu kameriyeydi. O kulübeyi gördüğümde bir akrabalık sayesinde meşhur biriymişim gibi hissederdim çünkü o kameriye, bizim bahçedeki çardağın kuzeni gibi görünürdü bana. Kameriyenin kenar demirlerini şefkatle okşarken "Bizim evin bahçesinde de bunun aynısından var," derdim bazen diğer çocuklara. Tabii ki hiç arkadaşım yoktu. Annemin kendini ele verdiği gün diğer bahar günleri gibi bir gündü: Hava rüzgârlı, gökyüzü parlak ve her yerde çiçekler açmıştı.

En sonunda kendine ihanet etti. Annem tamamen raydan çıkmamış olsaydı her şey yolunda gidiyormuş gibi davranabilirdim sonsuza dek. Bir perşembe günü olmalıydı, çünkü olaylar başladığında ben evde yoktum. Annem beni perşembe günleri tenis dersine gitmem konusunda ikna etmişti. Babam da her perşembe eve dönerken Crawford spor salonundan alıyordu beni. O gün sık sık yaptığı gibi geç kaldı yine. O gün kötü hissettiğim bir gündü çünkü tenis öğretmenim iki tane sol ayağım olmakla suçlamıştı beni. Babam buna anlayış göstermek yerine uzun uzun kendi tenis zaferlerinden bahsetti bana. Sesimi çıkarmadan ağır adımlarla eve yürüdüm. Eve vardığımızda daha fazla üzülecek halim kalmamıştı.

Babam kapıyı açtığı an günümün daha da kötüye gideceğini anladım. Annemin verandada hıçkıra hıçkıra ağladığını duyduk. Annemin ağladığına daha önce de şahit olmuştum ama bu seferki başkaydı. Sanki içinden son birkaç ayın anlamsızlığı boşalıyordu bu ağlama kriziyle. Verandaya ulaştığımızda ağlamaktan gözyaşları tükenmişti ama sanki çalışmaya kararlı eski bir motor gibi hıçkırığa boğulmuştu. Avuçlarıyla gözlerinin üstüne öyle bir bastırıyordu ki babam yanına gidene kadar eve geldiğimizi fark etmedi. Bir süre kaçmak isteyen bir suçlu gibi durdu. İçimden "Ağlama, ağlama, ağlama," diye yalvardım. "Sadece gidip bir banyo yap." Başka bir gün yanına gidip bunu bağırarak fısıldamış olabilirim ama çok mutsuz ve yenilmiş hissediyordum. Benim sessiz yalvarmalarımı duymuyordu. Orada olduğumun farkındaymış gibi bile değildi. Başını masaya koyup ağlamaya devam etti. Aslında artık onun yüzünü görmediğime memnundum. Öyle çok ağlıyordu ki dudakları şişmiş, gözleri şişkinlikten kapanmıştı. Annem gibi görünmüyordu. Bir çocuğun oyun hamurundan yaptığı bir mankene ya da yanlışlıkla şöminenin dibine yatırdığım kauçuk oyuncak bebeklerimden birine benziyordu. Babamın mutfaktan çıkmamı söylemesi bir on dakikasını aldı. Çıkmamı söylemesine sevindim, çünkü kendi isteğimle çıkamazdım oradan.

Mutfaktan çıktığımda babam odama gittiğimi zannetti sanırım. Sırtı bana dönüktü ve basamaklar onun sağında, biraz uzak bir mesafedeydi. Odama tek başıma gitmek istemedim. Odama gitmek yerine Archibald Crowe'a ait izler aramak üzere bodrum katına geçtim. Zifiri karanlıktı, ama mutfak kadar korkutucu değildi. Annemin ağlama sesleri kesilince tekrar en üst basamağa çıktım. Kimseye görünmeden dışarı çıkarım diye düşünüyordum. Annemle babamın hâlâ masada oturuyor olabilecekleri aklıma gelmemişti. Annemin "Ölüm her yerde," dediğini hatırlıyor gibiyim. "Beni burada da rahat bırakmadı." Belki de ne demek istediğini anladığımı düşündüğüm için hatırlıyorum çünkü çocukken bana anlamlı gelmişti. Çardağın altındaki levhada ne yazdığını okumuştu nihayet. Okula giden her çocuğun bildiği bir şeyi öğrenmişti: Archibald Crowe son nefesini bizim evimizin bodrum katında vermişti. Merdivenlerin altındaki kirişlere asmıştı kendini.

20

Anılarını yeniden düzenleyebilsen ne yapardın? Tatsız olayları çıkarır mıydın? Seni sen yapan tüm acıları siler miydin? Beni unutmayı seçer miydin? Beni tekrar tekrar mühürler miydin?

James evliliği boyunca karısından başka beş kadınla yatmıştı. İlki, evliliğinin ardından nihayet uslandığı yolundaki söylentiler kulağına çalındığında şaşkınlıktan ağzı açık kalan, ofisine uğrayan eski bir kız arkadaşıydı. Ivana'dan pek hoşlanmıyordu aslında ama "Hayır" demek için bir gerekçesi olmasına henüz alışık değildi. Bu yüzden de Ivana kapıyı kilitleyip eskiden yaptığı gibi onu sandalyesinde sert kalçalarının arasına sıkıştırdığında ona engel olmamıştı. Sonrasında Ivana, James'in başının kel kısmını okşayıp tek kelime etmeden gitmişti. O günden beri konuşmamışlardı.

İkinci ihaneti de ilki gibi kısa, çok kısa sürdü. Boston'daki orta kaliteli bir otelde yapılan Sappho[14] konulu konferanstan sonra Yasmeen'i çok özlediğini fark edip içkiyi fazla kaçırmıştı. Kızıl saçlı, dolgun göğüslü bir kadın, konuşması boyunca gözünü ondan ayır-

14 Ç.N.: Eski Yunan edebiyatının en büyük kadın lirik şairlerinden biri.

mamış, sonra da onu barda bir köşeye sıkıştırmıştı. California'daki üniversitelerden birinde stajyer doktordu. O sene konferansta tartışılan konularda oldukça bilgili görünüyordu. James'in alyansını gördüyse bile onu kravatından tutarak barın arka girişinden çıkarırken ve körkütük sarhoş olmasına rağmen onu oldukça becerikli bir şekilde duvara dayarken hiçbir şey söylemedi. Çürüyen zambaklarla dolu bir araziye canlı canlı gömüldüğünü gördüğü rüyalardan sıyrılarak uyanmıştı hayatının en kötü ikinci akşamdan kalmalığına. Kadının adını sormadığını birkaç sene önce fark etti.

Üçüncü küçük kaçamağı diğerlerinden çok daha karmaşıktı. Kadın ona deli gibi âşık bir öğrenciydi. Birbirlerini tanıdıkları ilk üç yıl boyunca James'e karşı olan hislerini çok iyi saklamıştı. Crawford Üniversitesi'nde çok nadir rastlanacak türden bir öğrenciydi. Eğitime benzeyen herhangi bir şeyden mezun olmayı gerçekten önemsiyordu. Üç yıl boyunca çok zor olan isim çekimleri üzerinde çalıştılar. Üçüncü yılı başarıyla tamamladığında James onun sadece mükemmel bir gramer bilgisiyle mezun olmaktan daha fazlasını hak ettiğini hissetti ve ona bağımsız bir çalışma önerdi. Mezuniyet projesi için *Odysseia*'yı arka arkaya gelen karmaşık dil bilgisi yapılarını bölüp çözümlemek amacıyla değil, sadece hikâyesine odaklanarak okuyacaktı. Karşısına çıkan bu fırsata balıklama daldı tabii. Bu çalışmayı onaylayana kadar ilgisiz dekanın başının etini yiyip aldığı ders kredilerini bütün bir yıl sadece Yunanca çalışabileceği şekilde yeniden ayarladı.

Başlarda, James onu beşeri bilimler derslerinden de alması için cesaretlendirdi. Kahramanlık kültü üzerine verdiği derse ilgi duyması için ileri düzeyde olacak şekilde hazırlamaya çalıştı. Hatta yıllardır Faber tarafından verilen, zinde görünen birinci sınıf öğrencilerinde bile dersi tekrar ediyorlarmış hissi yaratan Aristotelesçi Poetikalar adlı derse kayıt yaptırmasını önerdi. İkisini de istemedi. Crawford'daki beşeri bilimler alanında ders alanlar uyuşturucu müptelaları ve kaytarıkçı öğrencilerdi. Onları bu derslere çeken önemsiz dersler oluşları ve James ne kadar saklamaya çalışırsa çalışsın finallerden önce elden ele gezen teksir makinesinde çoğaltılmış cevap anahtarlarıydı. İsim çekimlerini robot gibi yapıyor, onlar için resim derslerindeki soyut çalışmalardan bir farkı olmayan şaşırtıcı metinlerden keyif alıyorlardı. Okunması imkânsız, çikolataya bulanmış ve eğreti çizgilerle süslenmiş ödev kâğıtları teslim ediyorlardı. Tartışmalar, ki çok nadiren oluyordu, kısa sürede "Homeros dönemindeki ahbaplar amma da iyiymiş," gibi yorumlarla sulandırılıyordu. Ciddi bir akademisyene hitap eden bir yer değildi.

Durum böyle olunca, James de onun bu dersleri bırakmasına izin verdi. Kimsenin gelmeyeceğini bildiği için ofis saatlerini iptal edip tüm öğleden sonralarını onun eğitimine adadı. Bu tür bir öğrenme isteğiyle karşılaşmayalı çok olmuştu. Öğrenmeye hevesliydi ve çok çabuk öğreniyordu; James'in susuzluktan ölmüş olan beyni sanki yeniden canlanmıştı. Öğrencisinin çalışmalarına odaklanabilmek için kitabı üzerinde çalışmayı tamamen bıraktı. Sesini bir ton alçalttığında kızın boyun kaslarının gerilişini ve bu yüzden öne doğru eğilmek zorunda kalışını seyretmeyi seviyordu. Birden bir şeyi anladığı anda yüzünün ışıl ışıl aydınlandığını görmek hoşuna gidiyordu - sanki o olmasa asla öğrenemeyecekmiş gibi ona bakışı bir de.

Öğrencinin kaydettiği ilerleme etkileyici, hatta tedirgin ediciydi. İkinci dönem geldiğinde artık James'in yardımına ihtiyacı yoktu ama yine de geliyordu. Her gün öğle yemeğinden sonra elinde iki kahve ve cevaplarını zaten bildiğinden James'in emin olduğu sorularla geliyordu kapısına. Onun projesinden başka bir konu hakkında konuşmuyorlardı. James'e kendinden bahsetmiyor ya da ona özel hayatına dair sorular sormuyordu. James onun son keşfini okurken, kız ona doğru eğildiğinde saçları James'in yanaklarına değiyor, elini sevecen bir şekilde adamın omzuna koyuyordu. Çok güzel bir kız değildi ama onun hoş görünmesini sağlayan bir şeyler vardı. En sevdiğiniz kuş tüyü yorgan gibi yumuşak ve bejdi. Bu özellikleri James'in aklında çok yer etmedi, çünkü kızın zekâsı onu her geçen gün biraz daha fazla etkiledi. Ve bir gün kız onu öptü.

Sonraları, bunu planlamamış olduğunu söyledi ona; öylesine oluvermişti işte. Haftalardır başına bela olan metni nihayet çözümlediği için heyecanlanmıştı ve James'in gözlerinde kendi gözlerinin parıltısının yansımasını görünce kendine hâkim olmamıştı. O ilk seferde elindeki kâğıtlar sağa sola saçılırken bir ergen gibi alelacele gitmişti. Ama tekrar geldi. Bir karısı ve kızı olduğunu biliyordu ama onu yine öptü. Öğleden sonralarını kızın kampüs dışındaki küçük dairesinde geçirmeye başladılar. James'le çok yumuşak sevişiyordu, sanki genç, hassas ve kolayca incinebilecek olan James'miş gibi. James'in yardımına nadiren ihtiyacı oluyordu artık ama yardıma ihtiyacı olduğunda tartışmalarını yatakta yapıyorlardı. Her yerde defteri vardı. Ne zaman aklına bir fikir gelse defter aramakla zaman kaybedip aklındakini unutma endişesi olmadan hemen not alabiliyordu bu sayede. Kız mezun olduktan yıllar sonra bile James, göğüslerine mırıldadığı bilgileri kızın onun kafasına yerleştirdiği deftere not alırken kalemin kâğıt üzerinde çıkardığı sesi hatırlayacaktı.

Kız Crawford'dan ayrılınca ilişkileri sona erdi. Her ikisi de onun daha büyük ve daha iyi şeylerin peşinden gideceğini biliyordu. Vedalaşırken yaşlı gözlerle James'i sevdiğini söyledi ama James ona âşık değildi. En azından âşık olmadığını düşünüyordu. Klişe duygular gençliğiyle birlikte uçup gitmiş, göğsüyle boğazı arasında dolaşıp duran kocaman bir boşluk bırakmışlardı ardında. Yasmeen bu durumu bir süre kaldırdı ama James'in bu kız öğrencisi bunun varlığını bir süre gizleyebildi ancak. James o yaz kendini uzun zamandır ihmal ettiği çalışmasına verdi tamamen. Sonbaharda da nihayet basılabilecek bir bölüm çıktı ortaya. Yasmeen, somurtkan Irenie kucağında Pakistan'dan dönünce, eşinin bu başarısını kutlamak için bir akşam yemeği daveti verdi. Ön kapakta James'in adının çok küçük harflerle yazılı olduğu dergiyi çerçeveletip oturma odasının duvarına astı. James onu gördüğüne hiç bu kadar sevinmemişti. Bütün yazı soğuk okul kütüphanesinde tek başına geçirmiş ve o yıl Yasmeen'le Pakistan'a gitmediği için neredeyse pişman olmuştu. Neredeyse on yıl sonra kırmızı kalemle işaretlenmiş Hilary Maythorpe imzalı bir makalenin bulunduğu *New England Classical Juornal* dergisinin bir kopyasını masasında gördüğünde bu ismi hatırlaması birkaç dakikasını aldı.

Hilary aklından çok çabuk çıkmış olmasına rağmen, terk edildiğinde James yeni bir hayal kırıklığı yaşamıştı. Can kulağıyla kendisini dinlerken mest olan tek bir öğrenciden sonra bir sürü boş bakışlı insana ders vermek onu rahatsız etmeye başlamıştı. İsimlerini hatırlamıyor, sınav kâğıtlarını yanlış öğrencilere veriyordu. Bütün bir dönem boyunca tek yapmaları gereken tahtaya yazılan isim çekimlerini deftere geçirmek olduğu halde ismin e halini anlamakta hâlâ zorlandıkları için azarlıyordu öğrencileri. Meslek hayatı boyunca ilk kez öğrencilerinin dönem sonu değerlendirmeleri olumsuz oldu. Bir öğrenci "Sorular çok zordu," yazmıştı. "Bize hiç öğretmediği şeyleri bilmemizi bekliyor," diye yazmıştı diğer bir öğrencisi.

O yıl bölüm başkanı seçilen Faber, ona yılbaşı tatilinde iyice dinlenmesini ve eski haline dönüp gelmesini söylemişti.

James'e "Bu bölümde bu geri zekâlılara bir şeyler öğretmeyi başarabilen tek insansın," demişti. "Her yıl tekrar tekrar aynı şeyleri yapmanın ne kadar zor olduğunu biliyorum ama bazen içlerinden biri yaptığını gerçekten umursuyor. Sence buna değmez mi?"

James o zaman, Faber'in Hilary'den haberi olup olmadığını

merak etmişti. Ne kadar saklarsanız saklayın, Faber esrarengiz bir yöntemle ortaya çıkarmayı başarıyordu sırları ama dönemin o son gününde sadece yorgun ve yaşlı görünüyordu. James onu akşam yemeğine davet ederek kendini bile şaşırttı. Faber Yasmeen'in ras malai[15] tatlısını yedikten sonra James'e "Hepsine B eksi ver gitsin. Bu öğrencilerin hiçbirinin başarılı olmak için eğitime ihtiyacı varmış gibi görünmüyor sonuçta," demişti.

Bu tavsiye James'in moralini daha da bozmuş, bir sonraki dönem kendini derslere adayabilmek için büyük mücadeleler vermesine sebep olmuştu. Bazen eve geldiğinde Yasmeen'i gözleri parlamış ya da yemeklerle donatılmış mutfakta oradan oraya koşarken bulduğunda bunu huysuzluğuna yorardı. Irenie'nin onlara birtakım planlar yaparak baktığını gördüğünde de bunu onun normalde çocuklara özgü olmayan tarafsızlığına verirdi. Bazen Irenie'nin onun içini görebildiğinden, sanki her biri bir kelimeymiş gibi kemiklerini okuyabildiğinden şüphe ederdi. Aynı soğuk, teşhis koyan bakışlarla olmasa da annesini de okuduğunu biliyordu. Belki de ona neler gördüğünü sormalıydı. Belki de o onları böylesine yakından izlediğinde gerçekten de olup biten bir şeyler vardı ama Irenie tenis dersinden sonra James'in söylediği hiçbir şeyi umursamadan peşinden yürürken tipik bir hırçın çocuk gibi görünmüştü gözüne. Yasmeen'i mutfakta bulduklarında James açıkçası ne yapacağını bilmiyordu.

Bundan yıllar önce yaptıkları ilk okyanusaşırı seyahatte birbirlerine kendileriyle ilgili her şeyi anlattıklarında, Yasmeen ona Ahmed'e olan aşkından bahsetmiş, sonrasında da nadiren onun adını anmıştı. James birbirleriyle mektuplaştıklarını, arada bir telefonlaştıklarını biliyordu. Ahmed evlendikten sonra görüşüp görüşmediklerini bilmiyordu. Yasmeen her yaz Pakistan'a gittiğinde Ahmed'in de orada olup olmadığını bilmiyordu. Bilmek de istemiyordu. Yasmeen de ona bir şey söylemiyordu. Yasmeen'e ait olmayan kalçaları

15 Ç.N.: Şurupta kaynatılmış taze peynir toplarının tekrar süt içinde saatlerce kaynatılarak koyu bir kıvama gelen sütten soğuduktan sonra çıkartılıp üzerine şam fıstığı serpilerek servis edilen tatlı.

okşadığında, boyunları ısırdığında, kulakları öptüğünde onun da aynı şeyleri yapabileceğini hiç düşünmemişti. Yasmeen'in farklı bir haysiyet anlayışı vardı. Aldatmak bayağı bir şeydi onun için. James, karısının gazetede okuduğu haftalık köşe yazısı gibi görmeye başlamıştı Ahmed'i. İlgisini çeken ama onunla alakası olmayan bir şey. James onların hikâyesini, onun Ivana ya da Agnes'le ya da ona bir keresinde şekerli çörek yapan banka memuruyla yaşadığı gibi, geçici bir romantizme indirgemişti. James'e göre Yasmeen ile karşılaşmalarından önce mâzîde kalmış bir hikâyeydi. O zaman bile Ahmed'i aklına getirmemeyi tercih etmişti. Oysa o gün mutfaktayken onu aklına getirmek zorunda kalacağını anlamıştı.

Yasmeen'i sakinleştirmesi bir saatten uzun sürmüştü. Tekinsiz biri olduğunu, ölümü parkta bile bulduğunu söyleyerek dövünmüş, sonra da James ona "Neyin var?" diye sorduğunda gözyaşlarına boğulmuştu. Söylediği her şey onun daha fazla ağlamasına sebep oluyordu. En sonunda sakinleşip nefesini toplayana kadar masadaki elini tuttu sadece. Sarhoştu ama ağlaması konuşabilecek kadar azaldığında sarhoşluğu onu hiç olmadığı kadar şeffaf bir insana dönüştürdü.

Söylediği tek şey "Ahmed ölüyor," oldu. James o an Ahmed'in en başından beri aralarında olduğunu anladı. Evlilikleri, onun üzerine ya da enkazın üzerine değil ama Yasmeen için somut ve gerçek olan pırıl pırıl bir hayalet üzerine kurulmuştu. Ahmed, Yasmeen için en az James kadar, belki de daha fazla somuttu. Yasmeen'in onun adını anmadığı yıllar boyunca önemini yitirmemişti. Ara ara yaşadığı melankoli nöbetleri şüphesiz onun yüzündendi. Arada bir yaşadığı mutluluklar, Ahmed'in söylediği bir şey yüzünden olmalıydı. Ve şimdi o ölüyordu.

James bir anlık bir mutluluk yaşadı. Ahmed öldüğünde belki de Yasmeen sadece ona ait olabilirdi. Sonra Yasmeen'in gözlerinin altındaki halkaları, zayıflıktan sayılan kemiklerini gördü. Boynu başını taşıyamayacak kadar ince görünüyordu. Alt dudağının çok sıcak bir sürü sigara değen kısmı su toplamıştı. Saçları matlaşmış, gözleri saçlarından daha fazla matlaşmıştı. Masanın öbür ucundan, Yasmeen'in elindeki külü silkmek istediğinde eliyle dokunduğu şeyin kuru bir deri parçası olduğunu fark ederek irkildi. Karısı parçalarını gözyaşlarının bir arada tuttuğu küle dönmüş oyuncak bir bebekti.

O an Ahmed'in ölmek üzere olmadığını, bir yanlış anlama olduğunu ve Yasmeen'in ayakta kalmasını sağlayabileceğini ümit etti. Sanki her şeyi bilmek işleri yoluna koyacakmış gibi, onu ayrıntılardan bahsetmeye zorladı.

"Nesi var? Ne zamandır bu durumda? İkinci bir doktora görünmüş mü? Ya da üçüncüye?"

Yasmeen anlatmaya başladı: Ahmed lenf kanseriydi, aylar olmuştu teşhis edileli. İyileşme ihtimali düşüktü. O sabah doktorları, o zamana kadar yaşasa da kışı atlatabileceğinden şüphe ettiklerini söylemişti. Çok acı çekiyordu. Artık yataktan kalkamıyordu. Saçları dökülmüş ve radyasyon yüzünden vücudunun her yerinde kırmızı lekeler oluşmuştu.

"Akupunktur tedavisini denedi mi? Ya da organik gıdalarla beslenmeyi? Çok nadir de olsa insanlar bazen kurtulabiliyor böyle hastalıklardan. Bir gün can çekişirken ertesi gün ayağa kalkabiliyorlar."

Fazla ümit vermediği için doktoru azarlayan kaygılı bir hasta yakını gibi başının etini yedi Yasmeen'in -sanki doktorun sözel imtiyazı hastanın ömrünü uzatacakmış gibi. Ahmed'in hâlâ iyileşme şansı olduğuna inansın istiyordu Yasmeen. Yeniden mektupları görmezden gelmeyi, aralarındaki küçük mesafe her ne ise onu o mesafeden sevmeye devam etmeyi istedi James. Yasmeen, Ahmed hastayken bu halde ise o öldüğünde bir hiç olacaktı. Belki bir hiçliğin içine kıvrılıp sert bir rüzgârla mutfak masasından uçup gidecekti. Ona manasız sorular sorarken Yasmeen'in ifadesiz bir yüzle oturuşunu seyretmek James için dayanılır gibi değildi. Daha fazla söyleyecek bir şey bulamıyor, çaresizce kendini kurtarmaya çabalıyordu. İçten gelen konuşmalar yapmak hiçbir zaman onun en iyi yaptığı şeylerden biri olmamıştı. İnsanları rahatlatmaya çalışmak onu inanılmaz derecede huzursuz ediyordu. Kızıyla yakınlaşamamasının sebeplerinden biri de buydu muhtemelen: Çocukların samimiyetin her türlüsüne ihtiyacı vardı ve James bu konuda berbattı. Çocuklar, onları izlemenizi, dinlemenizi, durduk yere öpmenizi, onları harika bulduğunuzu söylemenizi isterlerdi. Paslı bir tel örgüye tutunup ellerini kesmemeleri için, uçup uçamadıklarını anlamak için, yüksek bir ağaçtan aşağı atlamamaları için her zaman dikkat kesilmek zorundaydınız. Onları sürekli olarak görünmez kazalardan korumak zorundaydınız. Gelin görün ki o gece Irenie, James'i kurtarmıştı.

21

Bana göre sen mükemmelsin. Dünyamı tamamlıyorsun. Sabah aklıma ilk gelensin. Gece son iç çekişimsin. Her rüyamın yıldızı, her dileğimin ta kendisisin. Son bir öpücük için bu evrende feda edemeyeceğim tek bir şey yok. Güneş sistemimin güneşi, gelgitlerimin ayısın. Gel gör ki hayatıma bir şekilde sensiz yön vermek zorundayım. Karanlığın içinde tek başıma ilerlemek zorundayım.

Çok sıkılsam bile uzun süre ses çıkarmadan oturma konusunda altı yaşında bir kız çocuğuna göre gayet iyiydim. Diş hekiminin muayenehanesinde ya da bankada bekleyen insanlar anneme ne kadar uslu bir çocuk olduğumu söylerlerdi hep. Mükemmel çocuk olma çabalarımın en garantili ve en kolay olanı sessiz kalmayı öğrenmekti. Kendimi eğlendirmek için hikâyeler uydururdum. Nesnelere dokunmama bile gerek yoktu; görmem yeterliydi. Çatallar başlarını başka bir yöne çevirdiğinde, zımba aletleri mavi raptiye yığınlarını elektrikli kalemtıraşlardan ve kaşıklarla uygunsuz bir şekilde rumba dansı yapan bıçaklardan kurtarırdı. Oysa o gece bodrum katına inen merdivenlerde görülecek tek bir şey yoktu. Hapşıracağımı hissettiğimde yapacak bir şey yoktu. Hapşırdım.

Sonrasında ne olduğuna dair farklı hikâyeler var zihnimde. Kutuyu bulmadan önce, çocukken, kapkaranlık merdivenlerde kısılıp kaldığımı hayal meyal hatırlıyordum. Bu senaryo annemin histeri krizi ve bodrum katına dair takip eden korkularımla beraber kalmış hafızamda. Çığlıkların başlamasıyla gözlerimin karardığını ve gözyaşlarına boğulduğumu hatırlıyorum. Beni ısıtıp yatağıma götürenin babam olduğunu hatırlıyorum. Annemin böyle şeyler yapmak için kısa süreli kayboluşlarıma çok sinirlendiğini zannetmiştim hep ama şimdi anlıyorum ki o gün olanların içinde ben sadece bir son sözdüm. Mektupların üzerindeki tarihleri, annemin unuttuğum depresyonlarını ve berbat tenis derslerinin korkunç anılarını birleştirince her şeyi çok daha farklı hatırladım. Sözgelimi annemin ben bodrum katında bulunmadan önce ağlamaya başladığını unutmuştum. Orada kısılıp kalmadığımı, oraya saklandığımı unutmuştum. Neden saklandığımı bile unutmuştum.

Her şeyi hatırlamaya başladığım için annemin çığlıklarının sebebini de hatırlamaya başladım. Babam beni merdivenlerin tepesine tünemiş vaziyette bulduğunda boğazıma dolanmış bir ip vardı. Anladığınız üzere Archibald Crowe araştırmamı yaparken bir ip bulmuş, daha sonra kullanabilirim düşüncesiyle de boynuma asmıştım. Sinirleri bozuk annem için bu tüyler ürpertici bir sahne olmuştu doğal olarak. Ölümün ondan her şeyi çalacağını söyleyerek ağlayıp dövünmeye başladı. Bana öyle sıkı sarılmıştı ki kemiklerim kırılacak sandım. Tüm bu olup bitenler onun yeniden ağlamaya başlamasına sebep oldu ve günlerce susmadı. Bodrum katına inmeyi bıraktım ama çok fark yaratmadı. Annem artık sabahlığını çıkarma gereği bile duymuyor, canım sıkıldı dediğimde boş boş bana bakıyordu. Ağzını açıp bir şey söylemeden önce yutkunmakta öyle çok zorlanıyordu ki onunla konuşmaktan vazgeçtim çok kısa bir süre sonra. Sadece karşısına geçip sigarasından çıkan dumanı seyrederek oturuyordum. Ara ara yanağından bir gözyaşı süzülüyordu ama çoğunlukla oturuyordu. Babam eve geldiğinde kupası ve yılan küllüğüyle hâlâ masada oturuyor oluyordu. Babam bize yemek yapmak için eve daha erken gelmeye başladı ama artık tek bir lokmayı bile zor yiyordum. Babamın pişirmeyi bildiği tek şey yumurtaydı. Öyle olunca babam yemeğini yerken annemle ben çukurlaşmış gözlerimizle masada oturuyorduk. Annemle konuşmaya çalışmaması gerektiğini biliyordu da benimle konuşmaya çalışmamasının yeterli olmadığını bilmiyordu. Neyi nasıl söyleyeceğini asla bilmiyordu. Ben de nasıl cevap vereceğimi.

Annem her geceki o basit konuşmalardan muaftı artık. Akşam yemeği ile bulaşık yıkama saati arasında bir yerlerde alkol tamamen damarlarına işlediğinde ağlamaya başlıyordu. Ben mutfağı toparlama işini tamamlarken babam onu üst kata çıkarıp küvete götürüyordu. Bazen orada bir şeyler mırıldandıklarını duyuyordum ama aslâ içeri girmiyordum. Babamın bana içeri giremeyeceğimi söylemesine gerek bile yoktu. Orada neler olup bittiğini öğrenmeyi her şeyden çok istiyordum ama onu küvette bulduğum günden sonra hiç öğrenmemiş olmayı diledim.

22

Sensiz her şey boş.

Yasmeen intihara teşebbüs etmeden kısa bir zaman önce James arabaların içinde tartışan çiftleri fark etmeye başladı. Ne zaman arabayla bir yere gitse trafik ışıklarında ya da trafik levhalarının önünde durur, her yeri sıkı sıkı kapalı araçların içindeki küfürleşmeleri ve el kol hareketlerini izlerdi. Bazen ne hakkında tartıştıklarını bile algıladığı zamanlar olurdu. Ona göre bu konuların hiçbiri tartışmaya değecek şeyler değildi.

23

Hata yapmak neden bu kadar kolay? Hatalar uyumaktan kolay, nefes almaktan daha doğal. "Böyle olsun istememiştim," sözleri ağzımızdan en çok çıkan sözler olmalı. Sen ve ben, sevdiğim, aşk ve rastlantı zenginiyiz.

James, Irenie'nin telefondaki cırtlak sesini duyduğunda kötü bir şey olduğunu anladı. Kızı kreşte bileğini incittiğinde ve annesi de Claire'in düğünündeyken bile onu asla telefonla aramamıştı işten. Yasmeen resim kursundaki arkadaşlarıyla yediği öğlen yemeğinden sonra onu almaya üç saat geç gittiğinde, daha öğlen bile olmamışken kim bilir kaçıncı kadehini içtikten sonra kendinden geçip bıçaklarla ve sıcak fırınla tehlikeli şeyler yaparken de aramamıştı James'i. James kızıyla telefonda. James kızıyla telefonda ilk kez konuşuyordu; onun telefon kullanabilecek kadar büyüdüğünün bile farkında değildi.

Onu küvete eğilmiş vaziyette tir tir titrerken buldu. Annesinin ıslak siyah saçlarına yapışmıştı elleriyle. Durmadan "Özür dilerim," diyordu kısık bir sesle, "hepsi benim suçum." Kızının sürekli bir şeyleri nakarat gibi tekrarladığını anlayabildiği o birkaç saniye içinde Yasi'nin başını suyun üstünde tutan tek şeyin, kızının onun saçlarına sımsıkı kenetlenmiş elleri olduğunu fark etti. Sağlık ekibi gelmiş, onu küvetten çıkarmıştı. Irenie telefonla ne zaman kimin aranacağını biliyordu sonuçta. Sonrasında bir sürü form doldurulup bir sürü kâğıt imzalandı. Olayın üzerinden beş saat geçtikten sonra kapıdan dışarı çıkarken kızını düşündü. O sırada hemşire bekleme odasındaki bir sandalyede uyuyakalmış, saç örgüleri bozulmuş, minik gözlüğü göğsünün üstüne düşmüş Irenie'yi gösterdi ona.

"Onu, bütün gece, burada tek başına mı bırakacaktınız?" diye sordu kızgın kızgın. James'in yüzü kızardı. Muhtemelen öyle yapacaktı.

Yasmeen'in sık sık yaptığı gibi onu kucağına almaya çalıştı ama ona dokunduğu an Irenie gözlerini açtı. "Böyle olsun istemedim. Anneme ondan özür dilediğimi söyle," diye fısıldadı babasına. James onu nazikçe sakinleştirdi. Onu, olup bitenlerin onun hatası olmadığına ikna etmekten daha fazlasını yapamayacak kadar yorgundu.

James, hastaneye giderken Irenie'ye muhtemelen bütün gün bekleme odasındaki sandalyede pineklemek zorunda kalacağını söylese de Irenie onu da yanında götürmesi için ısrar etti. Irenie'nin umurunda değildi. Bütün gün bekleme odasının duvarındaki Belize posterine bakıp durdu, annesinin minyatürüne. James ona yemek yedirmeyi unuttu ama Irenie bunu dert etmiş görünmüyordu. En sonunda James, Doktor Zimmerman'ı bulup eşinin doktoru olmasını istedi. Diğerlerinden farklı olarak, Yasmeen için zor geçen birkaç ayın dışında bir sorun olmadığına inanmaya istekli görünüyordu Doktor Zimmerman. Irenie ile tanışmasının önemli olduğunu düşünüyordu. O yüzden konuşmalarının sonuna doğru Irenie'yi getirdiler.

James, Irenie'nin Doktor Zimmerman'ın söylediklerinin ne kadarını anladığından emin değildi. Doktor konuşurken durmadan yüzüne baktı, sanki söylediği her kelimeyi ezberleyip hepsini doğru düzgün anlayabileceği yaşa geldiğinde elinin altında bulundurmak istiyormuş gibiydi. Konuşma boyunca sadece iki kez bir şeyler söyledi: İlkinde Doktor Zimmerman ona ne zaman üzgün hissederse gelip onu görebileceğini söylediğinde "Hayır, teşekkürler," dedi. İkincisinde de vedalaşırlarken doktor ona birkaç hafta içerisinde annesine kavuşacağını söylediğinde.

"Özür dilerim," diye feryat etti. "Hepsi benim hatam." Onu tam tersine ikna etme çabalarının işe yarayıp yaramadığından emin olmak zordu. Irenie tek kelime etmedi; sadece annesini neden götüreceklerini bilmek istedi. Çok kısa bir süreliğine götüreceklerdi. Sadece içki içtiği için. Sonra Yasmeen eve dönecekti tekrar. Ama Irenie'nin yüzü kaskatıydı.

Arabayla eve dönerken James Irenie'ye dikiz aynasından bakıp "Dondurma yemeye ne dersin?" dedi. Bütün çocuklar dondurmayı severdi değil mi?

Boş gözlerle baktı babasına aynadan. James, Irenie'nin annesinin siyah kirpikleriyle çevrili gözlerinin kendi soğuk gri bakışlarına benzediğini fark etti.

Yıllar önce, Yasmeen'in hâlâ onu kolundan tutup oraya buraya sürüklediği zamanlarda gittikleri bir partide ara ara o kirpikleri küçümseyen yorumlara kulak misafiri oluşunu hatırladı. "Takma kirpik onlar." "Evet evet, öyle olmalı." "Bu devirde takma kirpik kullanan kaldı mı ki?" "Stüdyo 54'te falan olduğunu mu sanıyor acaba?" Tabii ki takma kirpik değildi o kirpikler. Gerçekti. Uzun ve siyah, yukarı ve yanlara doğru öyle güzel kıvrılıyorlardı ki o kirpiklerin altından size baktığında odada başka hiç kimse yokmuş gibi hissediyordunuz. Barmenler eline bedava içki tutuşturuyor, hostesler kendilerine o kirpiklerin altından bakıldığında onu birinci sınıf mevkiideki koltuklardan birine oturtuyorlardı.

Kızı önüne bakıp birdenbire "Ahududulu olsun," dedi. "Badem de olsun."

Annesinin en sevdiği dondurma. Irenie fındık, fıstık, badem gibi şeylerden nefret ederdi.

***

James ilk ihanetine paldır küldür daldığında uzun zamandır dişlerini ihmal ettiği için bir kerede sekiz kanal tedavisi olmak zorunda kalacağını öğrenen bezgin bir hasta gibi bekledi suçluluk duygusunu. Ama hiç gelmedi o duygu. Tekrar ihanet etti ve tekrar. Sonra da soluğu Hilary Maythrope'da aldı. O zaman bile belli belirsiz bir pişmanlıktan başka bir şey hissetmedi. Bazen Yasmeen onun bu kaçamaklarını anlamadığı için sinir olurdu. O yasak aşk yaşasa hemen anlardı oysa. Başka biriyle beraber olsa anlardı. Kıskanır, öfkeden köpürür, incinirdi. Ama Yasmeen bir şeyler anlasa bile ağzını açmazdı. Ondan itiraf ya da kefaret isteyen olmayınca da normalde hissetmesi gereken suçluluk duygusu öfke olarak gösterdi yüzünü. Nadiren ortaya çıkan zararsız bir öfkeydi ve asla Yasmeen'e yönelik değildi ama orada bir yerlerde pusuda bekliyordu işte. Yasmeen'in evde olmadığı günler boyunca Irenie'nin ona sabitlediği bakışlar, Katolik bir ailede büyümüş olmasının ya da kısa kaçamaklarının hissettirmesi gereken suçluluk duygusundan çok daha fazlasını hissettirdi ona.

Bu da komik bir şekilde onu dördüncü yasak ilişkisine itti.

Bir gün kendisini kollarında ağlarken bulacağı aklının ucundan geçmezken "spor delisi Jo Anne" lakabını taktığı kadın, Crawford Üniversitesi'ndeki maddi destek biriminin başkan yardımcısıydı.

Bağışlarla neredeyse seçkin bir eğitim kurumu olmuş bir üniversitenin maddi destek biriminin başkan yardımcısı olarak Jo Anne'in çok fazla bir meşgalesi yoktu. Bazen yardım talep eden dilekçeleri müdüre gönderiyordu ama çoğunlukla ofisinde oturup küçük siyah beyaz televizyonunda spor programları izliyordu. Sonbaharda futbol; kışın basketbol ya da buz hokeyi; baharda beyzbol izlerdi. Ara mevsimlerde tekrarlar, güreş müsabakaları hatta olimpiyatların yapıldığı yıllarda erkek yüzme müsabakaları bile oluyordu. Onun gününü planlayan NFL (Ulusal Futbol Ligi), NBA (Ulusal Basketbol Birliği), MLB (Ulusal Beyzbol Ligi) ve NHL (Ulusal Hokey Ligi), BSc (Fen Fakültesi Diploması), BA (Sosyal Bilimler Lisans Derecesi) ve MBA (İşletme Yüksek Lisans Programı) gibi kısaltmalara aşina olan müdür için anlaşılması güç bilim dallarında yapılan özenli araştırmaları temsil ettiğine inanılan kısaltmalardı. Jo Anne, öğrenciler ve yeni mezunlar için çoğunlukla Crawford destekli bağış toplama konusunda çok ustaydı. Bu bağışlar uyanık parlak çocukları Sognamalin Gjovik ya da İzlanda'nın güneyindeki volkanik bir ada olan Surtsey'de yaşayan ötücü kuğular üzerinde çalışmaya teşvik ediyordu. Bazen de gerçek hayata adım attıklarında onları diğer insanlardan farklı kılacak anlaşılması güç alanlarda eğitim almalarını sağlıyordu. Parlak çocuklarla kalın kafalılar ve akademisyenlikle sosyallik oranlandığında bu Jo Anne'in on bir saatini alan bir uğraştı. Geriye spor programlarını rahat rahat izlemesini mümkün kılan sekiz bin yedi yüz elli beş saati kalıyordu.

James, Yasmeen ile evlendikten kısa bir süre sonra verdiği hizmet karşılığında bedava eğitim aldığından emin olduğu halde yüklü bir borcu olduğunu tebliğ eden bir belge aldığında Jo Anne ile tanışmıştı. O gün Jo Anne'nin televizyonu bozuktu. Bir yerlerden transistorlu bir radyo bulmuştu.

"Koşsanıza salaklar. Koşsanıza," diyordu bağırmamak için kendini zor tutarak. Bölünmekten rahatsız olunca meseleyi saniyeler içinde çözmüştü. Etkili çalışmasına minnettar olmasına rağmen James üniversite etkinliklerinde onunla karşılaşmaktan kaçınmıştı. Fazla tutkulu oluşu onu korkutmuştu; spor gibi önemsiz bir şeye kendini bu kadar adamış olması onu tedirgin etmiş hatta kızdırmıştı. James yedi yıl sonra onun becerikliliğine tekrar ihtiyaç duyacaktı.

***

Irenie arka koltukta uyuyakalmış, hiç dokunmadığı dondurması eriyip önüne akmıştı. Son birkaç gün ikisi için de çok çetin geçmişti. James, Bay Frip'in Donmuş Lezzetler dükkânı ile ev arasındaki beş trafik ışığından birinde biraz şekerleme yapmak isterdi ama yapamadı tabii. Eve gittikten sonra bile rüyasız bir uykunun kayıtsızlığına hemen dalamamıştı. Irenie uyuyabilirdi ama uyumadı. James onun üstünü başını temizlemek istediğinde karşı koydu, dişlerini fırçalamasına yardım etmek istediğinde onu azarladı.

"Gelme!" diye ciyakladı klozetin üstünde uyanınca. James'in ellerinde mahvolmuştu elbisesi.

James onu yarısına kadar doldurulmuş küvetin içinde uyurken buldu tekrar, mesajları dinlemek için aşağı kata inip Yasmeen'in ortadan kaybolduğunu öğrendikten iki saat sonra. Görevlilerden birini onu oradan çıkarmaya ikna edip zaman kaybetmeden ön kapıdan çıkmıştı. Doktor Zimmerman defalarca özür diledi; hastaların kaçması sık rastladıkları bir şey değildi. James'in Yasmeen'in yarım bıraktığı işi tamamlayacağını düşünüp düşünmediğini merak ediyordu. James böyle bir şey yapacağını düşünmüyordu. Yasmeen ikinci kez girişimde bulunacak biri değildi. Eşinin ölmüş olabileceğinden endişelenmiyordu. Geri dönmeyeceği endişesi de yoktu. Evet kızının bir gece önce onun için hazırladığı bavulu, James'in kendi elleriyle onun odasına koyduğu bavulu almıştı. İçinde pasaportunun olduğunu bildiği el çantasını, cüzdanını ve kredi kartlarını almıştı. Bir gece önce bankadan kredi kartıyla okyanusaşırı bir uçuş için bilet alındığı raporunu almak için sabahı bile beklemesi gerekmemişti. Ama James onun geri döneceğini biliyordu.

Doktor Zimmerman'a "Geri dönecek," dedi döneceğinden emin bir şekilde.

"Ama ne zaman?" diye geçirdi aklından. Kızını küvetin soğuk suyunda oynarken seyredip bir yandan da panik olmanın ilk işaretlerini hissetmeye başladı. Deney tüpünde gelişimini yarı tamamlamış bir fetüs misali acayip bir yaratık bakıyormuş gibi baktı James'e. İncecik kol ve bacakları suyun üstündeydi. Hayalet grisiydi teninin rengi. Kimsenin dokunmak istemeyeceği kadar soğuk ve cansız. Saçları deniz yosunu gibi ya da küvette yiyecek arayan küçük balıklar gibi görünüyordu. Ertesi sabah o saçları taramanın tam bir işkence olacağını biliyordu James. Karısı hangi akla hizmet böylesine küçük bir kızın saçlarını bu kadar uzatmasına izin vermişti ki?

Varlığının kızını uyandıracağını ümit edip küvetin kenarına oturdu. Uyandırmadı. Birkaç saniye daha James kızının bulanık sudaki vücuduna baktı. Çözülen ayakkabı bağcıklarından birini bağlamak için eğilince eli kızının çıplak omzuna değdi. Soğuktu. Buz gibi soğuktu. Elini şoke olmuş gibi çekince dengesini kaybedip yere düştü. Bu da Irenie'yi uyandırmadı. Oysa Yasmeen'in teni hâlâ sıcaktı. Yanakları pembe pembeydi. Ölmek istemiş olmasına rağmen, ki kızlarının böyle bir niyeti yoktu, daha canlı görünmüştü ona.

Doğrulup elini tekrar Irenie'nin omzuna koydu. Kışın New England ayazında donan su pompaları gibi soğuktu. Babanızın ölümünden sonra masasında bulunan antika tabanca gibi soğuktu. James ona dokunmak istemedi. Onu kucaklayıp havluya sarmak istemedi ama onun bütün gece tek başına küvette uyumasına izin veremezdi?

Verebilir miydi?

"Böyle olsun istemezdim," diye sızlanarak bilinçsizce James'e tutundu Irenie. Minicik olduğu zamanlardan beri ilk kez onu kucaklasın diye kollarını kaldırdı. "Hoppa," diyerek içini çekti. James onun tam uyanmadığını fark etti. Kızını küvetten çıkarıp olabildiğince nazik bir şekilde yatağına yatırdı. Onu daha yatağına yatırmadan evvel karısı yokken onunla ilgilenecek başka birini bulmaya karar vermişti.

Bu işi yapmak için en uygun aday Yasmeen'in nadiren de olsa bakıcıya ihtiyaç duyduklarında çağırmak için listelediği aklı bir karış havada kız öğrencilerden biriydi: Tırnak törpüsüz yapamayan Cindy Marlowe ya da yanında bir sürü kitap getirip hiç birini okumayan Abigail Comte. Ama sezgileri James'e o tür kızların ona bu konuda yardımcı olamayacağını söylüyordu. Irenie'nin olgun, işinin ehli birine, onun önümüzdeki bir ayı suratını asarak geçirmesine izin vermeyecek birine ihtiyacı vardı. Mary Poppins[16] ya da Dadı Matilda[17] gibi onunla baş edebilecek birine. Belki de spor delisi bir Jo Anne'e.

Maddi yardım kurumunun başkan yardımcılığını yaptığı süre boyunca en az bir kez dadılık yapmadığı şımarık bir akademisyen çocuğu kalmamıştı. Eğer resim dersleriyle ilgilenen biri olsaydı şüphesiz Yasmeen gitmeden çok önce Irenie'ye de bakıcılık yapmış olurdu. Ama Jo Anne'in sanatla işi olmazdı ve Yasmeen de tanımadığı bir kadına asla bakıcılık yaptırmazdı. Jo Anne'in çok tavsiye edilen bir bakıcı olması ya da kalp masajı yapma yetkisi veren belgeye sahip olması bir şeyi değiştirmezdi: Yasmeen Eccles, kızını sadece ve sadece tanıdığı kadınlara emanet ederdi. Gelin görün ki James onun tanıdığı kadınların hiçbirini tanımıyordu.

Profesör Eccles'in kızına okuldan geldikten sonra bakacak birini aradığı haberi yayılınca Jo Anne önerilen ilk adaylardan biri

16 Ç.N.: Mary Poppins adlı filmdeki sıra dışı dadı.
17 Ç.N.: Dadı Mcphee adlı kitaptaki sıra dışı dadı.

oldu. James'in duyduğuna göre Patel'lerin ikizlerini akşam 8'den önce yatırmayı başarmış ve Candace Folcroft'u herkesin içinde hayali arkadaşına küfürler yağdırma huyundan vazgeçirmişti. Faber'in en küçük torununa üç yaşında okumayı öğretmiş ve küçük McClintock'u banyo yapmaya ikna etmişti. Jo Anne çocukları, sadece kendi derdinde olan insanların bağımlılıkları olarak gören bir kadındı. Tıpkı porselenler ve İran halıları gibi çok dikkatle ve özenle ilgilenilmeleri gerekiyordu. Porselenler ve İran halıları gibi aile yadigârlarından farkları büyüdükçe sizi takdir edecekleri inancının tartışılır olmasıydı. Dolayısıyla çocuklara iyi bir köpek eğitmeninin nezaketsiz özeniyle yaklaşıyordu. Bu da çocukların, özellikle de en çok şımartılan ve en çok pohpohlanan çocukların olumlu tepkiler verdiği bir yaklaşımdı. Çocukların tepkileri öyle olumluydu ki anne babalar yarı zamanlı işini tamamen bırakıp bir kreş açmasını öneriyordu ona. Oysa çocuk bakımı onun için sadece bir ek işti. Minnesotalı fakir bir ailenin kızı olarak büyüyen Jo Anne, hırslı gençlerin hayallerini gerçekleştirmelerine yardım etmeyi seviyordu. Sağlık sigortasını ve görevlerini de seviyordu, çünkü televizyonda önemli bir maç varken onu bölmemeleri gerektiğini anlıyorlardı. Çocuk bakıcılığı kârlı bir iş olmasına rağmen Jo Anne'nin faal olarak aradığı bir iş değildi.

Böyle olunca da James iki öğleden sonrasının tamamını öfke içinde pes edene kadar öğrencilerle iş görüşmesi yaptıktan sonra kızıyla ilgilenerek geçirdi. İş görüşmesi yaptığı son kız beşeri bilimler öğrencisiydi. Oldukça fingirdek bir kızdı ve sınavlardan A almak için yapamayacağı şey yoktu. James'in yapmak istemediğinden emin olduğu tek şey, tekrar kötü yola sapmaktı. Küçük bir kaçamak olarak görmek isteyeceği tek şey, güzel bir kızın işten sonra ona kahve koyarken yaptığı saçma şakalarla birkaç dakikalığına eğlenmekti. Bu yüzden de onu câzibesiyle günaha teşvik etmeyecek birini işe almaya kararlıydı. Kızının arabadayken ona ateş püsküren gözlerle bakışı bunu hak ettiğini hatırlattığı için istediği bir şey değildi.

Jo Anne hafta içi okuldan sonra Irenie ile ilgilenmeyi kabul etti. James'in birdenbire neden bir bakıcıya ihtiyaç duyduğunu öğrenince, onun evde olmaya tahammül edemediği zamanlarda Irenie ile hafta sonları da ilgilenmeyi de kabul etti. Irenie'yi konuşturacağına, onun kendi kabuğuna çekilmesine izin vermeyeceğine söz verdi.

James, Irenie'nin Jo Anne'den hoşlanmayacağını düşünmüştü. Öfke nöbetleri ve surat asmalar beklemişti. Yasmeen ile dışarı çıktıklarında, annesinin bulduğu ve ona oje sürmeleri talimatını verdiği aptal kızları sevmişti Irenie. Hiç ummadığı bir şey oldu. Jo Anne ve Irenie gayet iyi anlaştılar. Irenie sık sık babası eve geldikten sonra da onunla ilgilenmesi için yalvarıyordu Jo Anne'e. Çok şükür Irenie her şeyin onun hatası olduğuna dair tek bir şey söylememişti bir daha. Yasmeen'in evden kaçışının sorumlusunun James olduğuna dair de bir şey söylememişti. Irenie'nin gözlerindeki suçlamayı görmezden gelmek onun için kolaydı.

James'in fikrini sormadan bütün gün kaynatarak hazırladığı fasulye çorbası ve hazır pilav gibi yemekleri yerlerken onlara eşlik etmeye başladı Jo Anne. Bu yemeklerin hiçbiri Yasmeen evdeyken yenilen akşam yemekleri gibi şatafatlı değildi. Jo Anne, genellikle Irenie yatana kadar kalıyordu. James'in tahmin ettiği gibi, karısını kaçtıktan birkaç gün sonra bulduklarında rehabilitasyon merkezine çocukların giremediğini öğrenince kızlarını teselli eden Jo Anne oldu. Sokakta gürültülü patırtılı oyunlar oynayıp yatma vakti geldiğinde Irenie'nin annesinin uzun süren yokluğunu düşünemeyecek kadar yorgun olmasını sağlama görevini de ekledi görevlerine. Onu parka, kütüphaneye ya da kampüse götürüyordu. En önemlisi de Irenie'nin susup sessizliğe gömülmesine asla fırsat vermiyordu. Yüzünün asık olduğu günlerde görmezden geliyor, üzgün olduğunda onu muhakkak dışarı çıkarıyordu. James'e göre bu kadın tanrının bir lütfuydu onlara.

Bazen Irenie'yi yatırdıktan sonra Jo Anne, James'in her yere beraberinde götürdüğünü kısa sürede öğrendiği taşınabilir televizyonunda herhangi bir spor dalı ile ilgili bir programı izlerken bulaşıkları yıkıyordu. Spor programları James'i Jo Anne gibi sarmıyordu ama mutfaktaki tıkırtıları duymak onu rahatlatıyordu. Birlikte geç saatlere kadar oturup beyzbol seyrediyor, bazen de mısır patlatıyorlardı. James'in ona o aralar sık sık kendini suçlu hissettiğini itiraf etmesi uzun sürmedi. Jo Anne, Irenie'nin mükemmel davranışlar sergilediğini düşünse de Irenie, James'e düşmanca bakışlar fırlatmaktan başka bir amaçla bakmıyordu.

Kendine acır bir tonda "Kızım benden kelimenin tam anlamıyla *nefret ediyor*," diyordu açık açık. Jo Anne, Yasmeen'in yaptığı gibi, James'i öyle olmadığına ikna etmeye çalışmadı hiç. Sadece ona kendini bir an evvel toplamasını söyledi; kızının ikisi de tamamen darmadağın olmuş ebeveynlere ihtiyacı yoktu. Jo Anne, James'den on yaş, belki de daha fazla küçük olmasına rağmen James sık sık onun ablası olduğu hissine kapılıyordu. Her konuda bilgili ve becerikli bir kadındı. Spor müsabakaları dışında her şeye karşı son derece soğukkanlı bir yaklaşımı vardı ve bu son derece güven vericiydi. Mutfak masasında oturuşunda muhteşem bir sakinleştiricilik vardı. Sırtınızı dayayabileceğiniz ölümsüz bir kaya gibiydi. Bazen insandan çok, sonsuza dek dayanabilecek bir canlı türüne benziyordu. Sadece diğer insanların o varken her şeyin yolunda gideceğine inanmalarını sağlayan tükenmek bilmez kapasitesi insanlara özgü bir özelliğe benziyordu. Yalnız olması şaşılacak bir şey değildi. Televizyonda izlediği sporcuların geniş omuzlarından ve seksi popolarından hoşlandığını gizlemese de yıllardır spor meraklısı olması günlük hayatında karşılaştığı sıradan erkeklerin onu bir türlü aşamadığı bir hayal kırıklığına uğratmasına sebep oluyordu. Hiç evlenmemişti. Evlenmek istememişti de. Av köpeklerinin koşmasından başka bir şeyden keyif almayan cinsiyetsiz İngiliz kadın sporcularının tarzını benimsemiş olmasa, onun bir zamanlar çekici bir kadın olabileceğini düşündü James. Kısa kesilmiş saçları ve kaslı kalçalarıyla Jo Anne izlemeye bayıldığı iri yarı sporculardan birinden daha çekici değildi artık James için. James sadece geç saatlere kadar kalmayı tercih ettiği akşamlarda ona can yoldaşı olmasından keyif alıyordu.

***

Yasmeen rehabilitasyon merkezinden çıkarılmadan birkaç gün önce Doktor Zimmerman'a o gün küvette gerçekten de kendini öldürmeye çalıştığını itiraf etti. O zamana kadar kaza olduğu konusunda ısrar etmişti. Çok fazla içince bir avuç dolusu ağrı kesici içmişti, çünkü bir tanesi baş ağrısını yarım saatte geçiriyorsa eğer, yirmi tanesi bir dakikadan biraz fazla bir sürede geçirir diye düşünmüştü. Doktor Zimmerman, Yasmeen'in itirafını fevkalade önemli bir gelişme olarak değerlendirdi. James'e her şey tamamen yoluna gIrene kadar Yasmeen'in iki hafta daha hastalara gösterilen ilgiye ihtiyacı olduğunu söyledi. James çökmüş vaziyetteydi, Kızı ondan da kötü durumdaydı. Irenie'yi kendisinin de Yasmeen'in onlardan daha fazla ayrı kalmasını istemediğine ikna etmeye çalıştığında Irenie "En azından hastaneye gidip onu görmeliydin," diyerek suçladı onu. Irenie'yi sakinleştirenin Jo Anne olması şaşırtıcı bir şey değildi. "Bir insanı neşelendirmekten daha güzel bir şey yok," dedi James'e sonrasında. O salı Yankiler, Sarı Asma Kuşları ile oynuyordu. Kendi evlerinde oynayacaklardı. Jo Anne o günü kendine ayırmıştı bile. Diğer ikisi de o günü kendilerine ayıramazlar mıydı? Irenie, sporla babası kadar ilgilenmiyorsa da okuldan kaytaracağı bir gün ve yiyebileceği sosisli sandviçler onun için cezbedici olabilirdi.

Maçı onlara ait bir locadan izleyecek olmak James'i şaşırttı. Jo Anne evli bir oyuncuyla cilveleşmek suretiyle kapmıştı locayı. İkisinin de yüzü kızardı. James onu genç kız gibi davranırken görmemişti hiç.

Jo Anne'in tahmin ettiği gibi, kalabalığın enerjisi onlara da bulaşmıştı. Kamera öpüşen çiftlere odaklandığında James kendini aptal gibi sırıtırken buldu. Topa vuran oyuncu birinci base'e bile ulaşamadığı halde Irenie yerinden zıplayıp tezahürat yaptı. Fazla heyacandan ve fazla sosisli sandviç yemekten beşinci vuruşta kustu. Yedinci vuruş başlamak üzereyken de uyuyakaldı. O sırada James de kendini yorgun hissediyordu biraz. Henüz iki takım da sayı yapamamıştı ve iki takım da bütün gece tek sayı yapmamaya kararlı gibiydi. Yankiler nihayet bir sayı yaptığında James uyuklamak üzereydi. Maçı kazanmışlardı. Locanın epey altında oturan kalabalık deli gibi tezahürat yapmaya başladı. Coşkularından yer sarsılıyordu. James bir ara gürültüyü yaklaşan bir trenin çıkardığı gürültü sandı. Jo Anne sevinçten çocuk gibi zıplayıp duruyordu. Büyük göğüsleri öyle sallanıyordu ki küçük bir çocuğa çarpsalar yere devirebilirlerdi. Yanaklarından yaşlar akarken tıpkı bir erkeğin yapabileceği gibi James'i göğsüne doğru çekip sırtına vurdu. Hoş James sarılmaya meraklı bir erkek tanıyor muydu onu da bilmiyordu ya. Bir an spor müsabakalarını takip etmeye başlamayı geçirdi aklından.

437 Chestnut Hill Lane'deki evlerine döndüklerinde Jo Anne'nin televizyonunda maçın tekrarını izlediler. Jo Anne o kadar sık onlarla vakit geçiriyordu ki televizyonunu onların mutfak tezgâhına yerleştirmişti, işte olduğu zamanlar transistorlu radyosuyla idare ediyordu. James'in spor aşkı aniden geldiği gibi aniden sönmüştü ama gösterişsiz Jo Anne'i neredeyse güzelleştiren o heyecanı, o coşkuyu, o çocuksu neşeyi yeniden yaşamak istiyordu. Hiç beklenmedik bir

şekilde gece maçlarını anlatan spiker son maçını anlattığında hayal kırıklığına uğradığını fark etti. Sanki sihirli bir gardırobun içinden geçmiş ya da gaddarca çıkarılacağı bir tavşan yuvasına düşmüş gibiydi. Irene öldüğünden beri yapmadığı bir şeyi yaptı. Hüngür hüngür ağlamaya başladı.

"Ben ne yapacağım?" diye bağırdı kendi kendine. Bir aydır dillendirmek bir tarafa aklından geçirmekte bile zorlandığı bir soruydu bu. Ne yapacaktı? Bilmiyordu. Kendisine birilerinin bakmasına alışmış bir adamdı o. Irene'den sonra hayatına giren kızlar ilgilenmişti onunla. Kızlardan sonra da hayatına giren kadınlar ve onlardan sonra da Yasmeen. Kendi kendine bakabilme sanatı konusunda öğrenmesi gereken çok şey vardı daha; daha kendine bakamazken iki insanın sorumluluğunu üstlenmek anlaşılır gibi değildi onun için.

O gece James kendini ikinci kez iri göğüslere yaslanırken buldu. Jo Anne daha önce yapmadığı bir şey yaptı. James'in kendine acımasını dışa vurmasına izin verdi. James daha müstehzi bir adam olsaydı kadınların kalbine giden yolun ağlamak olduğunu yıllar önce anlayabilirdi. Yıkılmış halinin yarattığı onunla ilgilenme arzusu her an alenen cinselliğe dönüşebilecek bir şeydi. Ama James müstehzi bir adam değildi. Yani tam olarak değildi. O gece Jo Anne'nin ona sarılmak için orada olmasına minnettardı. Onu ağzından öptüğünde geri çekilmediği için minnettardı. O gece onunla yatmadı. Ondan sonraki gece de. Öpüşmelerinden üç gece sonra oldu yatmaları. O akşam eve geldiğinde Jo Anne'i mor bisikletçi taytının dikiş yerlerini yırtarcasına kaslı bacaklarını germiş vaziyette ayak parmaklarına oje sürerken buldu. O dikişler uzun zaman önce belli olmuş bir kaçınılmazlığı dışa vuryormuş gibi geldi ona. Hoş bir kaçınılmazlıktı yine de.

Irenie annesinin eve dönmesinden birkaç gün önce onları kanepede yakalamasaydı eğer, aralarında olup biten James'in diğer aşk maceraları gibi hayal meyal hatırlanan bir anı olarak kalabilirdi hayatlarında.

Annemin neden gittiğini şimdi anlıyorum diyen suçlayıcı gözlerle baktı onlara merdivenlerden. James'in bu suçlamaya itiraz edecek gücü yoktu.

Jo Anne neden durduğunu sorduğunda "Yok bir şey," dedi ona. Başını kaldırıp merdivenlere tekrar baktığında Irenie gitmişti. Ancak iki gün sonra Fairview Centre'a Yasmeen'i almaya giderlerken kendinde bu konuda konuşacak gücü buldu James.

"Annene Jo Anne'den bahsetme olur mu?" dedi arka koltukta zıplayan Irenie'nin gözlerine dikiz aynasından bakarak. Irenie ağzını açıp bir şey söylemedi ama gözlerindeki vahşilik James'in onun ne demek istediğini bildiğini anlaması için yeterliydi. James yine de Yasmeen'in Jo Anne'le ne haltlar karıştırdığını çok geçmeden öğreneceğini düşünmüştü. Irenie'nin annesini incitmemek adına çok ileri gitmeyeceği fikrine güvenmiyordu. Bazen Irenie'nin ona söyleyip söylemediğini, Yasmeen'in umursayıp umursamadığını merak ediyordu ama karısının önceki hayatlarına dönme çabasını görünce haberi olmadığından emin oldu. James'in yapacağı şey şuydu artık: Hep yaptığı gibi her şeyi Yasmeen'e bırakmak. Yıllar sonra Yasmeen'in mucizevi iyileşmesinin Ahmed'in mucizevi iyileşmesiyle aynı zamana denk geldiğini öğrenecekti ama o sırada Yasmeen'in onun için olmasa da yokluğunda helak olan kızlarının iyiliği için hayatlarına eskisi gibi devam etme arzusunu takdir etmişti.

James hiç zaman kaybetmeden üniversite etkinliklerinde Jo Anne'i görmezden gelen tavırlarına geri döndü. O da James'le konuşma hamlesi yapmadı ve sadece ondan rica edildiği zamanlarda bakıcılık görevini üstlenmeye devam etti. Irenie *hiçbir* bakıcıyla yalnız kalmak istemiyordu; Jo Anne'in adını bir kere bile anmamıştı. James ara sıra onun gördüklerini unuttuğunu ümît ediyordu - sonuçta o yaştaki çocuklar kolay unuturdu değil mi? Ama sonra Irenie'yi görmediğini sanıp kendisini izlerken yakalar, açık açık *Ben bu oyunu biliyorum* diyen bakışlarını fark ederdi. Birkaç sene sonra Jo Anne, Michigan'a taşındı. James veda etmek için uğramadı ona. Bildiği kadarıyla kızı da. O sırada bilmiyor olsa da annesini ikinci kez ayağa kaldırmakla meşguldü kızı.

24

Hunza'da balığa gittiğimiz zamanı hatırlıyor musun? Yakalayıp sonra da kaybettiğim alabalığı? Elimden kayıp tekrar suya düşmeden saniyeler önce elimden kaçıracağımı biliyordum. Tutmama rağmen ellerimden kayacağını hissetmiştim. Sonra da sen üzerindeki kalın giysilere aldırmadan balıklama suya atlayıp suyun derinliklerinden çıkarmıştın onu. Bazen hayatımı o balığınkine benzetiyorum. Bir tek farkla, beni derinliklerden çıkaracak kimse yok.

Nasıl olduğunu anlamadan okulun son günleri geliyor. Claire'i ziyaret edişimden sonra geçmişe öyle bir hapsolup kaldım ki zaman mefhumunu yitirdim. Mektupların her birini ikişer kere daha okudum ve her seferinde söylenmemiş sözlerden daha fazla anlam çıkardım. Claire ve Bayan Winterbourne ne söylerse söylesin, Ahmed Kakkezai'nin gerçek babam olduğundan eminim. Yazma şekli benimkinden farklı değil, P harflerimiz tıpatıp aynı. Portakalı severmiş. Ben de severim. Hâlâ bir fotoğrafını bulamadım ama gözlük kullandığı ve saçının tıpkı benimki gibi kıvırcık olduğu sonucuna varıyorum. Profesör Faber'in cenazesinden beri babamı çok az gördüm. Adamdan hiçbir zaman hoşlanmadığı konusunda ısrar etse de ölümünden inanılmaz derecede etkilenmiş görünüyor. Onu görebildiğim zamanlarda yüzünü inceleyip kendi yüzümle benzerlikler bulmaya çalışıyorum. Şu âna kadar görebildiğim tek bir benzerlik yok.

Okulların kapandığı güne kadar ortaya çıkardığım gerçekle ne yapacağıma dair kesinleşmiş bir fikrim yok. Babam zannettiğim insanla yüzleşmeli miyim? Nani'ye işin aslını sormalı mıyım? Derken bir gün, bahçeden eve giden yol üzerindeki gülleri budarken koşarak uzaklaşmaya çalışan Dionysius neredeyse beni eziyor. Kaçınılmaz olarak bu felaketin sebebi Celeste tabii ki.

Ben daha ne olduğunu sormadan "Beni terk ediyor," diyor bana Dionysius. Ağladı ağlayacak durumda. Gözlerini siliyor bastırarak. Celeste'in kalçasını kıran büyükanneye bakmak üzere yıldırım hızıyla Florida'ya postalanacağını öğreniyorum. Gitmeden önce Dionysius ile olan ilişkisini sona erdirmeye karar vermiş, çünkü o Florida'dan döndüğünde Dionysius üniversite eğitimi için çoktan gitmiş olacakmış zaten. Onu rahatlatmak için elimden geleni yapıyorum ama korkarım insanları teselli etmek benim hiç beceremediğim bir şey.

Elime bir şişe tutuşturup "Al bunu," diyor. Şişenin içinde gemi var. Nihayet yelkenleri kendi başına yapmayı bir şekilde başarmış. Biraz eğri görünüyorlar ve bir tanesinin üzerinde kandamlası lekesi gibi bir şey var. Yine de fena olmamış. Yardım etmediğim için çok kötü hissediyorum.

"Ben bunu alamam," diyerek karşı çıkıyorum. "Bunu yapmak için çok uğraştın."

Omuz silkiyor. "Ben bunu Celeste için yapmıştım. Bana "Gemiler denizde yüzer raflarda değil. Bu benim gördüğüm en iç karartıcı şey," dedi.

Geminin gideceği hiçbir yer olmayınca almayı kabul ediyorum. Gemiyle birlikte Celeste'ye gidip "Sen ne yapmaya çalışıyorsun?" dediğimde omuz silkiyor. "Bunu onun iyiliği için yaptım," diyor bana. "Onu azat ettim." Gemiyi elimden kapıp masasına fırlatıyor. Şişe paramparça oluyor. "Al," deyip küçük gemiyi elime tutuşturuyor. "Şimdi bir geminin olması gerektiği gibi oldu."

Bir an içimden ona vurmak geliyor. O gemiyi şişenin içine yerleştirmek için harcanan onca emeği bir saniyede heba etti. Ona vurmak yerine ağlamaya başlıyorum. "Ona yardım etmeliydim," diyerek hıçkırıklara boğuluyorum. "Yardım edeceğime söz vermiştim." Tuhaf tuhaf bakıyor yüzüme. Tam o anda onca aydır bastırdığım düşünceyi itiraf ediyorum: James Eccles benim öz babam değil.

Celeste ne gülüyor ne de duyduğunu sorguluyor. Bana sımsıkı sarılıp gemilerin denizlere yelken açmak için yapıldığını söylüyor.

***

Sonraki birkaç günü evde bunalım takılarak geçiriyorum. Kütüphanede o kadar asık suratlı çalışıyorum ki Bayan Winterbourne beni eve gönderiyor. Yöneticilerin moralini bozduğumu söylüyor. Cuma günü geldiğinde her hafta beni annemin gençlik anılarına boğan Nani ile konuşacağım için heyecanlanmıyorum bile. Şu anda duymak isteyeceğim en son şey o anılar. Ahmed'in adı hiç geçmiyor. Lafı annemin anlattığı aşk masallarına getiriyorum: Sassi ve Pannu'nun trajik hikâyesi, Sohni ve Mahiwal'ın hikâyesi, Tristan ve Isolde'nin hikâyesi gibi sonu ayrılıkla, ölümle biten hikâyelerden. Hatta annemi bu tür efsanelere çeken şeyin ne olabileceğini soracak kadar ileri gidiyorum ama Nani iç çekip kızının her zaman hüzünlü şeylere meyilli bir romantik olduğunu söylüyor. Konuşmalarımızın sonlarına doğru, her zaman yaptığı gibi, bana onu ne zaman ziyaret edeceğimi soruyor.

"En kısa zamanda Nani," diyorum. "Umarım çok yakında."

"İnşallah," diyor.

***

Harekete geçmeden önce planlarımı babama anlatmam sanırım benim lehime oluyor. Ona akşam yemeğinde son derece lezzetsiz fırında kuzu ve naneli bezelye servis ediyorum. Yemekler öyle tatsız tutsuzlar ki sadece verdikleri bıkkınlıkla bile bir yatalağın ölümünü çabuklaştırabilirler ama babam bir çırpıda bitiriyor tabağındakileri. O üçüncü tabağını yerken, ben birkaç lokmayı bile mango turşusunun imdada yetişmesiyle zar zor yutmayı başardıktan sonra Nani'nin beni her hafta davet ettiğinden bahsediyorum ona.

"Sence de geleceğim diye söz verip sonra da sözünü tutmamak biraz ayıp değil mi?" Yalnız yemek yemediği zamanlarda inanılmaz derecede kusursuz bir masa âdâbı sergileyen babam son derece zarif hareketlerle siliyor ağzını peçeteyle. "Anlayacaktır," diyor tabağını lavaboya götürürken. Buzdolabını açıp uzun uzun bakıyor. "Dondurma aşağıda mı?"

"Ben getiririm," diye bağırıp merdivenlere koşuyorum. İstediğim en son şey babamın derin dondurucuyu açıp düzenli olarak hazırladığım ve itina ile etiketlenmiş yemek paketlerini görmesi. "Çikolatalı mı, cevizli mi?" Merdivenlerin altından sesleniyorum. Birkaç yıl önce Profesör Faber kaynak yapmaktan hoşlanacağını düşünmüş, babam da onun bizim bodrum katını kullanmasına izin vermişti. Sonra kaynak yapma işinden hiç hoşlanmadığını keşfetmişti, ama Allah'tan bu keşfi bodrum katındaki ışıklandırmayı yeniledikten sonra yapmıştı. Artık karanlık köşeler yok. Hayaletler ya da hayal ürünü yaratıklar kaçıp gitmişti.

Çikolatalıyı seçiyor ama ben çok sabırsızlanmıştım. "Şey diyorum, belki de bu yaz gitmeliyim..."

Dondurmasından başını kaldırmıyor. "Bunun iyi bir fikir olduğunu sanmıyorum Irenie."

Protesto ediyorum. Gerekçesini soruyorum ama nuh diyor peygamber demiyor. Neden itiraz ettiğini bilmesem yalnız kalmak istemediğini düşünürdüm. Ama Paskalya tatilinde Florida'ya gitmek istediğim zaman verdiği ilk tepkiyi hesaba katıp sağlam bir B planı yapmıştım. Bayan Winterbourne çok istemeden de olsa belgelerimi düzenlememe yardım etmeyi kabul etti. Yaz sonunda emekli olacak. Bunun ondan bana bir vedâ hediyesi olduğunu söylüyor. Nani de isteksiz bir şekilde babama haber vermeden benim için gerekli ayarlamaları yapmayı kabul ediyor. İkisini de bürokratik işleri hallettiğimi bilirse babamın bir dahaki denememde yola geleceğine dair ikna ediyorum. Umarım bu bir yalan değildir.

Temmuzun ilk haftasına kadar plan tıkır tıkır işliyor. Buzdolabı ağzına kadar yiyecekle dolduruldu ve götürülecek hediyeler alındı. Büyükannemle büyükbabama ayın 8'inde sabah saat beşte orada olacağımı söylemek için arıyorum. Telefonun ikinci çalışında Shamim açıyor telefonu.

"Sen misin?" diyor kuzenim sanki iki sokak öteden arıyormuşum gibi. "Merhaba Irenie." Gerçekten de doğduğumuz günden beri Shamim benden hiç hazzetmemiştir. Beklenenden geç doğmuş olmasına rağmen paylaşmak zorunda kaldığımız doğum günlerinin suçunu benim erken doğmama atar. Büyükannemle büyükbabam onun dünyaya gelmiş olması gereken birkaç saati annem beni kıtalarca uzakta doğurmaya çalışırken telefonun başında babamla konuşup durum tâkîbi yaparak geçirmişler. Önce Shamim doğmuş ama ilk konuşan ben olmuşum. İlk yürüyen o, ilk gülümseyen ben olmuşum. Hayatlarımız telefon üzerinden koşulan tazı yarışması olmuştur hep. Bahse giren sadece Shamim olur. "Sanırım Nani ile konuşmak istiyorsun."

"Evet lütfen."

"Korkarım burada değil."

Bir mesajım varsa iletebileceğini söylemese de iletileceğini ümît ederek bir mesaj bırakıyorum. Sonra da ne olur ne olmaz diye Naaz'a e-posta gönderiyorum. Telefonu kapattığımda bodrum katından gelen bir gürültüyle irkiliyorum. Bir an "Archibald," diye geçiyor aklımdan. Tabii ki o değil. Lavabonun üzerindeki raf, temizlik malzemelerinin içine düşmüş. Raf büyük, yüksek ve derin. Hiçbir zaman bize ait olmamış buz patenlerinin ve model uçakların da yere düştüğünü görüyorum. Yılbaşı ışıkları, kırık camlar ve küçük bir kutuda saklanmış bebek dişleri görüyorum yerde. Yerleri süpürüp babamın muhafaza etmek isteyebileceği şeyleri bir kenara koyuyorum. Yılbaşı süsü olarak kullanılmış çelenklerden birinin altında üzerinde "Irenie" yazan karton bir kutu buluyorum. Babamın el yazısı. Üzerindeki bandı sıyırıp açtığımda daha önce görmediğim bir sürü bebek fotoğrafları görüyorum. Fotoğraf çektirmekten hep çekinen annem tek bir fotoğrafta arkası dönük görünüyor. Benim üzerime eğilmiş vaziyette. Üç bebeğin yan yana oturtulduğu bir dizi fotoğraf var. Ben şaşkın şaşkın bakıyorum. Naaz'ın ağzında bir bisküvi var ve Shamim de o zaman bile çatık olan kaşlarının altından ters ters bakıyor. Birinci yaş günümde kartopu yerken çekilmiş bir fotoğrafım var. Bir diğerinde küvette sularla oynuyorum. Babam fotoğrafların hepsini etiketleyip üzerlerine tarih yazmış. Kutunun en altında fotoğraf albümleri var. Fotoğrafları annem yerleştirmiş olmalı diye düşünüyorum. Fotoğraflar ilk birkaç sayfaya çok güzel yerleştirilmiş. Yanlarında kalemle çizilmiş resimler ve küçük notlar var. İkinci albüm boş. Doğum sertifikamı üçüncü albümün ilk sayfasında buluyorum. Irenie Eccles. Üç kilo yüz seksen gram. Doğum tarihi 8 Nisan 1986. Anne adı Yasmeen Eccles. Baba adı James Eccles. Doğum yeri Crawford, New York. Uzun bir süre yerimden kıpırdamıyorum. Onca zaman delilleri yok etmek için birilerinin o belgeyi imha ettiğinden emindim. Hâlbuki yanı başımda bodrum katındaymış. Aileye ait dosyaların muhafaza edildiği bir kutuda unutulmuş.

Belgeye eğilip bakıyorum tekrar. Belgede James Eccles yazıyor. Gerçek babam Ahmed *olsa* bile annem tabii ki kocası başındayken doğum belgesine Ahmed'in adının yazılmasını isteyemezdi. Belge çok yıpranmış. Kasıtlı olarak yapılmışa benziyor mu? Bilemiyorum. Söylemek zor. Peki, belgede yazan şey doğru mu? Belgeyi dikkatli bir şekilde albümden çıkarıp eteğimin bel kısmından içeri doğru sıkıştırıyorum. Fotoğraf kutusunu ne yapacağımı bilemeyip muhafaza edilecek eşyaların arasına koyuyorum. Diğer ailelere ait tüm döküntüleri de dondurucunun yanındaki yığının içine tıkıştırıveriyorum.

Üstüm başım toz, saçlarım sim içinde mutfağa girdiğimde ayakta dikilen babamı görünce irkiliyorum. Masanın orada. Telefonun yanında. Elinde de benim uçak biletim. Çok ama çok ağır bir şekilde başını kaldırıp bana bakıyor. "Bu ne?"

Omuz silkip elimi uzatarak yanına gidiyorum. Sanki bilete atlayacakmışım gibi, sanki mutfağın öbür ucundan onu yakalayabilecekmişim gibi elimi itiyor.

"Bu bir İslamabad biletine benziyor Irenie."

"Evet diyorum," mutfağın orta yerinde durarak. "Biz bu konuyu konuşmuştuk."

"Biz bu konuyu konuşmadık. Sen bu konuyu konuşmayı reddettin. Öylece oturup söylediğim hiçbir şeyi dinlemeden başını sağa ve sola sallayarak itiraz ettin."

Bir elini kaldırıp "Lütfen Irenie," diyor. "Orası güvenli bir yer değil. Gitmene izin veremem."

"Her yaz gidiyordum ama. Annemi paylaşmak istemediğin için anneme yakın olmamı istemiyorsun sen. Ona ait tüm hâtıraları kendine saklamak istiyorsun. Tıpkı onun tek fotoğrafını kendi masanda koyup kendine sakladığın gibi. Hani şu karda çekilmiş fotoğrafı."

"Alabilirsin o fotoğrafı. Senin olsun. Hemen şimdi veriyorum o fotoğrafı sana Irenie. Ama hiçbir yere gidemezsin."

"Gidebilirim ve gidiyorum. Artık eski bir fotoğraftan fazlasını istiyorum."

"Bana başka bir seçenek bırakmıyorsun." Üzerine atlıyorum ama çok geç. Babam benden çok uzun.

"Ne yaptın sen?" diye bağırıyorum. "Bütün paramı o bilete harcadım ben!" Yani annemin bütün parasını. Başka da param yok. "Bir bilet daha alamam. Bunu bana nasıl yaparsın?" Dizlerimin üzerine çöküp yerdeki bilet parçalarını toplamaya başlıyorum. Daha da kötüsü, ağlamaya başlıyorum.

Elini omzuma koymak üzere eğilip "Irenie," diyor sakin bir ses tonuyla. "Çok üzgünüm Irenie ama bunu yapmana izin veremem." Gözlerindeki paniği görüyorum. Ağlamak istiyormuş ama benim umurumda değilmiş gibi. Annemi benden hep çaldı.

"Benden uzak dur," diye bağırıyorum elini iterek. "Senden *nefret ediyorum*."

"Sana ne oldu böyle? Annen bizimleyken hiç böyle davranmazdın..."

"Annem burada olsaydı belki de böyle davranıyor olmayacaktım."

"Bu ne demek oluyor şimdi?" diye bağırıyor daha önce hiç duymadığım kadar yüksek bir sesle.

"Gitmesine izin vermemiş olsaydın belki de hâlâ bizimle olurdu."

"Gitmesine ben izin vermedim," diye bağırıyor. "O gitti. Hiçbir şey söylemeden çekip gitti."

"Burada olsaydım gitmesine asla izin vermezdim," diyerek ben de ona bağırıyorum avazım çıktığı kadar.

"O bir yetişkindi, yetişkin bir kadın, onu duruduramazdım."

"Ben durdururdum." Şimdi ikimiz de birbirimizin söylediklerini dinlemeden kimin hatası olduğu hakkında bağrışıp duruyoruz.

"O seni de terk etti Irenie," diye avazı çıktığı kadar bağırıyor kapıyı çarpıp çıkarken.

İkinci Bölüm

İslamabad, Pakistan, 2001

Khalil'in Soyağacı

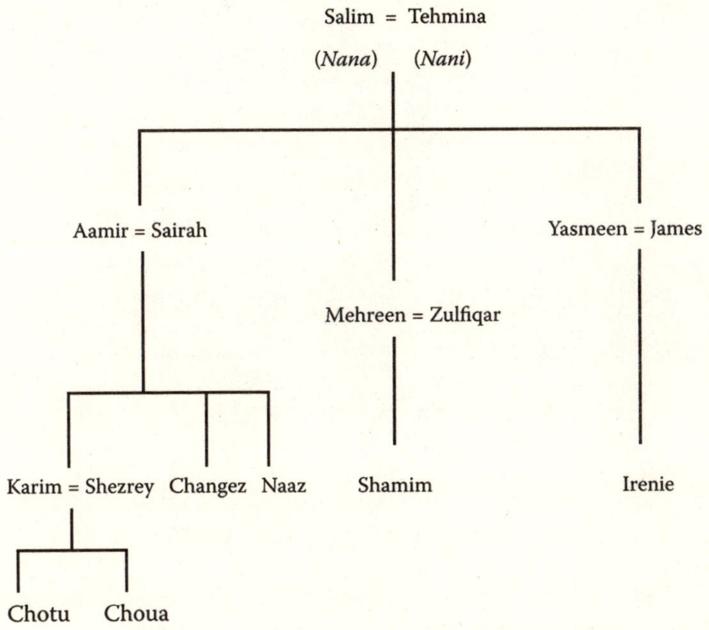

1

Aylarımı, belki de yıllarımı havaalanlarında, otobüs terminallerinde ya da tren istasyonlarında geçirdim. Bazen yolculuğum sana doğru oluyor, bazen senden uzağa ama kalben hep seninle. Nasıl oluyor da katettiğim bütün yüz binlerce kilometre yola rağmen hâlâ ayrıyız? Nasıl oluyor da onca seyahate rağmen hâlâ sana kavuşamıyorum?

Daha açgözlü olanların camda bıraktığı lekelere dikkat kesildikten sonra gözlerimi kısıp parlak manzarayı belli belirsiz bir kül rengine boyayan ufka bakıyorum. Bazen gözlerim dünyaya tamamen kapanıp yerine benim zevkime uymayacak kadar kırmızı bir kâğıt yerleştiriyorum. Bu aralar favori renklerim yumuşatılmış renksizlik. Sadece renklendirilmek, nakışla işlenmek ve boyanmak için var olan tonlar; ilkokul öğretmenlerinin resimlerinde boyamadan bıraktıkları yerler için öğrencileri cezalandırdıkları boşluk renkleri. Kilitlenmiş bir kutuya sararmak üzere konulmuş mektupların renkleri. Belki de bir daha hiç göremeyeceğim mektupların. Nana'nın

Mont Blanc marka pikabı, Sairah Mumani'nin trüf mantarları, benim kırmızı kadife pantolonum ve tişörtlerim gibi kayboldu o mektuplar da. Küçük bavulum uçaktan çıkmadı.

Işıklar gözlerimi acıtıyor ama açık tutmak için zorluyorum kendimi. Annemin araba kullanırken en sevdiği kısımdı bu. Ondan bahsedecekler mi merak ediyorum. Ya da ben bahsetmek zorunda kalacak mıyım? BİRLİK, İNANÇ, DİSİPLİN diye beyaz harflerle bağırıyor sabah ışığında yamaç. Hatırladığım kadarıyla havaalanı yolu boyunca rastlayacağınız tek kent simgesi bu. Ara ara bir çadırın ya da bir keçinin yanından geçiyoruz ama arada kalmış bu yarı evcilleştirilmiş arazide yaşayanlar olduğuna dair çok az emâre var. Ağaçlar rastgele çıkıyor. Çalılar belli bir düzenleri olmadan parlak renkli çiçekler açıyor. Siyah beyaz işaretlerle kaplanmış refüj bütün bunların ortasında korkunç derecede silik kalıyor. Güller cesurca çoktan artmaya başlamış sıcaklıkta yeşil otların savaşında ve haddini aşıp kenarlardan yayılan kahverengi açıklıkta mücadele ediyorlar. Hurdası çıkmış taksiler fosforlu renklere boyanmış kamyonların altında kalmama mücadelesi veriyor trafikte. Ara ara gereğinden fazla yüklü kamyonetler geçiyor yanımızdan. Rengârenk boyanmamış ama arka camına yapıştırılmış çıkartmada bir kadın gözü plastik güneşlikten baştan çıkarıcı bakışlar fırlatıyor etrafa. Bu yoldan geçerken annem camları açardı hep. Kol dayanağındaki plastik bir düğmeyle oynuyorum ama Nana yeni arabasının klimasıyla o kadar gurur duyuyor ki havalandırma deliklerinin yönlerini değiştirip duruyor. Serin hava arka koltuğa Naaz'a ve bana kadar geliyor. Üşüdüğümü söylemeye cesaret edemiyorum.

Tombul kuzenim elimi sıkıca tutuyor ve hiç durmadan ciddi ciddi konuşuyor. Nana'nın yanaklarının şeklinden ara ara gülümsediğini anlıyorum. Naaz'ın sorularına cevap vermek için elimden geleni yapıyorum ama korkarım halsizlikten onu hayal kırıklığına uğratıyorum. Blue Area'dan duble yola döndüğümüzde gururla Saudi Pak Kulesi'ni, başbakanın evini ve banka olduğunu düşündüğü yeni yapılmış gösterişli bir gökdeleni gösteriyor bana. Gözlerimi kapatıp tüm bunları gerçekten hatırlıyor muyum yoksa sadece aynı yolda uzun zaman önce yapılmış araba seyahatlerinin belli belirsiz anımsanmalarına neden olan aşinalık mı bana öyle düşündürtüyor diye merak ediyorum.

***

Her şeyi yoluna koyan Nani olmuştu en sonunda. Shamim benim kaçta havaalanında olacağımı unutunca bizi aramış. Telefonu babam açmış. Ben tavan arasındaydım o sıra. Yalıtım malzemesinin içine ağlıyordum. Telefonu duymadım bile. Ertesi gün babam kapımın altından bir bilet attı. Nasıl yaptıysa Nani havayolu şirketini bileti yeniden kesmeye ikna etmiş. Gidene kadar babamla karşılaşmamak için elimden geleni yaptım. Taksi şoförü bagajı kapattığında verandadan bana sanki "Özür diliyorum," dediğini gördüm gibi geldi ağzının hareketlerinden, ama emin olmak için arkama dönüp bakmadım.

Yemek odasında Nani ve Naaz'ın annesi yumurta kabukları ve kızarmış ekmek kırıntılarıyla oyalanıyor. Ayağa fırlayıp bana sarılıyorlar. Yüzüm göğüslere bastırılıyor, yanakların arasında sıkıştırılıyor, kırmızı ruja bulanıyor ve sonra da çimdiklenip temizleniyor. Bana ne yapıp edip bavulumu bulduracaklarını, havaalanını her gün arayacaklarını söylüyorlar. Nana sertçe başımı okşayarak bu tantanaya son noktayı koyuyor nihayet.

"Gel otur. Kahvaltı et. Bir deri bir kemik kalmışsın," diyor Nani. Kendisi de oldukça zayıf oysa. Kanıtı da hâlâ tabağında duran yarım dilim kızarmış ekmek.

"Ne yemek istersin bakalım?" diye soruyor teyzem. Kendisi kahvaltıda sadece çay içiyor.

"Yumurta yer misin?" diye soruyor Nani. "Nasıl istersen öyle pişirtiriz Makarram Khan'a." Bana sürekli yumurta yedirmeye çalışıyor. Eskiden annemin arkasına saklanır utangaç utangaç bakardım. Şüpheci Nani'ye her yıl bıkmadan usanmadan yumurtayı sevmediğimi anlatmaya çalışırdı.

"Çok saçma!" diye bağırırdı Nani. "Yumurtayı herkes sever. Fareler bile yumurtayı sever. Salim, sen söyle Allah aşkına yumurtayı sevmeyen var mıdır?"

"Irenie?" derdi büyükbabam gazeteyi karıştırırken. Benimle çok ilgilenmezdi ama aslında yumurtayı sevmemenin gayet mümkün olduğu konusundaki açıklamaları yüzünden onu severdim yine de.

Ama bu yıl tek başımayım. "Katı olabilir mi?" diyorum pek de emin olmayarak. Hiç değilse sarısını çıkarırım.

"Nani, Irenie yumurtayı sevmiyor," diye çıkışıyor ona kuzenim. Bunu hâlâ hatırladığına şaşırıp ona minnetle bakıyorum. "Yine de bir omlet yiyeceğim." Ümitle gülüyor.

"Omlet mi dedin?" diyor annesi kahkaha atarak. "Tamam, tamam. Kızarmış kepekli ekmek yiyip çay içebilirsin."

"Evet," diye iç çekiyor Nani. "Kusura bakma canım. Senin için börek yapalım mı? Şöyle sıcak bir patatesli börek. Hep beraber yeriz."

Rahatlamış bir şekilde "Kepekli kızarmış ekmek ve çay alayım ben," diyorum.

"Mehreen teyzen ofise gitmek zorunda kaldı," diyor bana. "Tabii ki önce seni karşılamak istiyordu ama sonra uçuşun ertelenip bavul işi de uzayınca bekleyemedi bizi."

Sairah Mumani, Nani'nin elini tutup "Sabah görecek ya onu," diye teselli ediyor. "Aamir'e de akşam yemeğinden önce gelmesini söyledim ama onunlayken bir şey söyleme."

"Aamir gelmiyor mu?" diye soruyor Nani üzülerek.

Nana ona "Gelmesini söylemiş ya Tehmina," diyor. "Gelip gelmeyeceğini bekleyip göreceğiz artık."

"Gelip gelmeyeceğini bekleyip göreceğiz mi dedin? Kendi oğlumun gelip gelmeyeceğini bekleyip mi göreceğim? Telefonu ver bana. Hemen şimdi arayacağım onu!"

"Hayır hayır, sen dur," diyor Sairah Mumani, tahminimce işteyken annesini ondan uzak tutması için kocası tarafından defalarca uyarılmış. "Ben gelmesini sağlarım onun."

Nani birdenbire "E Shamim nerede?" diye soruyor. Naaz onu uyandırmaya çalıştığına dair bir şeyler geveliyor. Annesi fark edip doğru düzgün yemesini söyleyene kadar bir kavanoz marmelatın yarısını üzerine boşalttığı kızarmış ekmeği ağzına sığdırmaya uğraşıyor.

Annesi sigarasını yakarken "Gerçekten de Naazie, kuzenini hep zor duruma düşürüyorsun. Büyük kabalık," diyor ona.

Naaz gözlerini devirip bana bakıyor, ben de ona gülümsüyorum. Kızı sürekli muzipliklere elebaşılık yapıyormuş gibi davranmak Sairah Mumani'nin en tuhaf aile içi politikalarından biri.

"Önemli değil," diyorum. "Uyuyabilir. Beni rahatsız etmiyor."

Nani benim sözlerimi duymazdan gelip "Ah ne tembel bir kızdır o," diyerek iç çekiyor. "Ona birazdan tepesinde olacağımı söyle. Nasıl olur da yataktan kalkıp kuzenini görme zahmetine girmez?"

Hafifçe gülümsüyorum. Naaz sanki kazdığı mezarın kendi mezarı olduğu söylenmiş bir mezar kazıcısı gibi görünüyor ama Shamim'i uyandırmaya gidiyor yine de. Kızarmış ekmeğimi bitirince, Nana bana okulumun nasıl gittiğini ve ne okuduğumu soruyor. Nani, babamı ve mutfakta neler pişirdiğimi soruyor. Sairah Mumani liselerle ilgili bir şeyler sorup Amerikalı meşhur tasarımcıların son zamanlarda neler yaptığını öğrenmek istiyor. Benden daha büyük bir yaşa gelene kadar Amerika'da yaşadığını hep unutuyorum. Sanki elinde bir sigara, üzerinde bir sari, başında da yasemin çiçekleriyle bezenmiş bir saç bandıyla doğmuş gibi bir hali var. Sürekli aklımızda olan bir konu dışında onunla her konuda konuşabiliyoruz.

Nani, Sairah Mumani'nin masadaki mentollü sigara paketine uzanırken "Bana da versene bir tane," diyor. Sigara içmediğini iddia ediyor ama birbirinin üzerine yığılmış ruj izli izmaritler kendisini ele veriyor. Nana ona onaylamayan gözlerle bakıyor ama Nani görmezden geliyor. Büyükbabam kadınların ulu orta sigara içmesine karşı. Sırf ağız dalaşına daha karşı olduğu için gelininin sigara içmesine katlanıyor. Annemle, Mehreen teyzeyle, Mumani yengeyle ve Nani ile başka insanların banyolarında geçirilen bir sürü akşam çayı partisi hatırlıyorum. Su akmaz da külleri yok edemezler diye sigaralarını pembe tuvalet kâğıdı parçalarının üzerine doğru tüttürürlerdi. Sonra da gözlerinde duman, buram buram parfüm kokarak küçük adımlarla kırıta kırıta aşina olmadıkları misafir odalarına geri dönerlerdi. Belki ciklet verirler diye onlarla giderdim ben de.

Naaz asık suratlı Shamim'le geri dönüyor. Shamim bana formalite icâbı sarılıp masanın en uzak köşesine yığılır gibi oturuyor. Shamim benden daha uzun ve ince olmasına rağmen herkes onunla ikiz kardeş gibi göründüğümüzü söylüyor. Saçları da daha kısa ve kıvırcık. Ayrıca gözlüğü benimkinden çok daha havalı. Buddy Holly marka çerçeveli bir gözlükle nasıl görüneceğimi merak ediyorum bir an.

Nana boğazını temizleyip gazeteyi katlıyor. Mumani yenge boş çay bardağını ters çeviriyor. Naaz, Shamim'in kızarmış ekmekten yaptığı askerleri birilerinin yumurta kabına yerleştirişini, Nani'nin de ödünç aldığı sigarayı istasyonda doğru trenin gelmesini beklemekten vazgeçmiş bir kadın edasıyla tüttürüşünü izliyor.

Mutfaktan tabak çanak tıngırtıları geliyor. İki kedi biraz uzağa bırakılmış ödüllerini kapma kavgası yapıyor. Yemek odasında sessizlik hâkim oluyor. Bütün akrabalara hâl hatır sorulmuş, kahvaltı faslı bitmiş ve çay bardaklarının dibi bulunmuştu. Artık daha önce dile getirilmeyen soruların havada uçuşma zamanıydı. Neden daha önce gelmedim? Neden şimdi geldim? Son peri masalı yemeğimizin ufalanan tablosu gibi sonsuza dek burada mı oturacağız diye merak ediyorum.

Uçakta neler söyleyeceğimi planlamıştım ama zihnim o kadar yorgun ki her şey aklımdan uçup gitmiş, uçakta verilen yemeklerin artığı gibi imha edilmiş sanki. Ben de gerçeği ağzımdan kaçırıveriyorum. Annemin öldüğünü biliyorum. Onlara artık geri dönmesini beklemekten vazgeçtiğimizi söylememe gerek yok. Zaten biliyorlar. Onlar beklemeyi bırakalı çok oldu.

"Huzur içinde yatsın," diyor kareli terlikleriyle bir anda eski bir denizciye benzemiş olan Nana dili varmayarak. Sairah yenge çabucak şalını ve kızını alıp yan eve gidiyor. Shamin ilk kez bir şeyle ilgilenmiş görünüyor o gün ama Nani ona öyle sert bakıyor ki ortamdan tüyüyor hemen. Kahvaltı masasında konuşulmayacak kadar uygunsuz bir konuyu gündeme getirdiğimi düşünüyorum.

Nani, Sairah yengenin ürettiği duman halkası içinde gelip yanıma oturuyor. Büyükkannelerin o pek de işe yaramayan kibar uyarılarından birini yapmasını bekliyorum ama sadece elini elimin üzerine koyuyor. İkimiz de bir süre sesimizi çıkarmadan ellerimize bakıyoruz. Belki de bir cevap için üst üste konulmuş cansız donuk eller: Onun eli yüzüklerin altındaki kadife kaplı kemikler gibi; benimkisi daha hafif ama pütür pütür, rengârenk boyanmış tırnaklarıyla bir geyşanın yelpazesini salladığı gibi gelişigüzel sallıyor parmaklarını.

"James'e sana söylemesi gerektiğini defalarca söyledik," diyor sonunda. "Onun için çok zordu biliyorsun." Büyükbabamın önünde bu konuyu bir daha açmayacağıma söz verdiğim takdirde öğrenmek istediğim her şeyi anlatmak için elinden geleni yapacağını söylüyor bana. Büyükbabam annemin adını ağzına almıyor. Annemin öldüğü gün onun da içinde bir şeyler ölmüş. Nani'nin yanağından bir damla yaş süzülüyor. İlk kez biri bana annemin öldüğünü söylüyor. Onun öldüğünü aylardır biliyor, yıllardır şüphe ediyorum ama bugüne kadar kimse bunu bana yüksek sesle söylemedi.

"Annem öldü," diyorum tekrar. İlk kez bu cümlenin aslında bir soru cümlesi olduğunu fark ediyorum. Bir daha öyle olmayacak.

2

Keşke olanları değiştirebilsem. Ruhum için endişeleniyorum. Öldüğümde geride kederli ve huzursuz bir hayalet bırakacağım. Aşkımızı kurtarabilmeyi ne çok isterdim. Keşke gururumu ayaklar altına alsaydım. Dileklerin gerçekleşmediğini bile bile hâlâ aynı dilekleri tutuyorum.

Irenie, Pakistan'a gitmek için evden ayrıldıktan sonra James'e tuhaf bir şeyler olmuştu: İsimsiz arayıcılarına karşı bir acıma hissi duymaya başlamıştı. Irenie'siz geçirdiği ilk birkaç gün İslamabad'daki evi aramak için sayısız defa telefona sarılmış olmalıydı. Ama arama cesaretini bulamıyordu kendinde. Ne söylemeyi umuyordu ki? Öyle uzun bir süredir hata yapıyordu ki "Özür dilerim," tuhaf ve etkisiz bir yatıştırıcı olacaktı, bıçakla açılmış bir yaraya bir parça kâğıt mendil sokuşturmak misali.

Babalık James'in doğasında olan bir şey değildi. Sonradan öğrenmişti. Hiçbir zaman çocukları olsun istememişti. Karısı hamileyken kendini onun heyecanına kaptırmıştı kaptırmasına da bir an bile durup bu hamileliğin neler getireceğini düşünmemişti. Sonra 8 Nisan'da saatler sabaha karşı 02.30'u gösterdiğinde gülen bir hemşire kucağına bir bebek bırakıvermişti. Sümüksü bir sıvıya bulanmış kırmızı ıslak bir şey. Ciyak ciyak ağlaması kulaklarını ağrıtmıştı. Yasmeen'in son zamanlarda sevmeye başladığı karnı, tuhaf bir yaratık çıkarmıştı içinden.

Ne kadar güzel değil mi?" demişti karısı.

Ellerini belli etmeden pantolonuna silerken "Evet güzel," demişti.

Karısı parmağını bebeğin eline uzatıp tutmasını beklerken "Ne kadar minik. Ne kadar mükemmel," demişti iç çekerek. "Bak bak, parmakları ne kadar minik. Bana doğru uzatıyor. Tanıyor beni!"

Minik parmaklar gerçekten de Yasmeen'e uzanıyor gibiydi. Onu kucağına alır almaz ağlaması kesilmişti. Birileri bebeğin yüzünü temizlemişti. Az önceki gibi kırmızı değildi. *Sesi çıkmadığında o kadar da kötü değil* diye düşünüp ümitlenmişti James. İlk şoku atlatınca ben de severim onu belki.

Ama o şok geçmek bilmedi. Onu düşürecek ya da boğacak, Yasmeen de onu aslâ affetmeyecek diye ödü patlıyordu. Bebeğe banyo yaptırma sırası ondayken havluyu almak için döndüğünde bebeği suya gömülmüş bulurdu. Yasmeen ondan bebeği giydirmesini istediğinde Irenie'nin kolları giysilerin küçük kol oyuklarına takılır, geçmek bilmezdi bir türlü. Giydirmeye çalıştığı hiçbir süveterden geçmezdi başı. Ne zaman Irenie'ye bakma sırası onda olsa minik tırnaklarıyla yüzünü kanatırdı. Eğer altını James bağladıysa standart bebek bezleri bile çıkar ya da sızdırırdı. Ona hep Irenie'nin adaşı Irene ile kâğıttan bebek kestikleri zamanları hatırlatırdı bu sakarlıkları: Ne kadar uğraşırsa uğraşsın James bu hassas işte onun istediği kadar iyi olamazdı. Küçük kızının saçına dolaşan inatçı tokaları çıkarmaya çalışırken bu ikinci Irene'in de tıpkı bir zamanlar ikiz kız kardeşinin yaptığı gibi ondan çok fazla şey beklediği hissine kapılırdı.

Önceleri küçük kızı bu sakarlılarını vurdumduymaz bir iyi niyetle karşıladı ama çok geçmeden James'in onun canını yakacağını, annesinin de ona yardım edeceğini öğrendi. James sevmek için çabaladıkça onu inciteceğinden daha fazla korkmaya başladı. Ona ne zaman dokunmaya çalışsa paniğe kapılıyordu. Kucağından kayıyor ya da başını sivri bir köşeye vuruyordu. Onun küçük yumuşak tırnaklarını keserken Irenie'nin elleri titrer, o da tırnak makasını kaydırıp etini keserdi. Bir yaşına geldiğinde onu her kucağına alışında susturulması imkânsız bir ağlama krizine girerdi.

"Ağlıyor çünkü onu patlayıcıyla doldurulmuş bir gübre torbası gibi tutuyorsun," diye azarlamıştı onu Yasmeen konuyu açtığında.

Ama patlayıcı dolu bir gübre torbası *değil miydi* zaten?

Biraz daha büyüdüğünde daha iyi olacağım diye teselli ederdi kendini. Bu kadar narin olmayacak o zaman. Çok eğleneceğiz onunla. Irene ile kızağa bindikleri, köpeklerini kovaladıkları günleri geçirdi aklından. Irene çocukken kendisinin ne yapması gerektiğini biliyordu o zamanlar. Nasıl olduysa aklından çıkmıştı ama o da bir zamanlar çocuktu.

Irenie beş yaşına geldiğinde onu *Evde Tek Başına 2*'yi izlemeye götürdü. Irenie haftalarca bu film yüzünden kâbuslar gördü. Altı yaşına geldiğinde bir gün karşılıklı oynarız diye tenis derslerine başlattı onu ama Irenie tenisten nefret etti. Sekizinci yaş gününde satıcının her kız çocuğunun beğeneceğine garanti verdiği pembe bir bisiklet alarak geldi eve. Pembe şeritli, pembe destek tekerlekli ve üzerinde pembe çiçeklerin olduğu pembe sepetli bir bisiklet. Irenie bisiklete dehşet içinde bakmıştı ama James onu bisiklete binmeyi öğrenmenin zor olmadığına iknâ etti onu. James işten gelince evin sokağa açıldığı yolda pratik yaptılar haftalarca. Bir gün bahçedeki kulübede önünde hasırdan yapılmış bir sepet olan parlak kırmızı bir bisikletin üzerine branda örterken rastladı Yasmeen'e. "Seni hayal kırıklığına uğratmak istemedik," dedi Yasmeen suçlu suçlu. Çok geçmeden Irenie ile Celeste'yi Macon's Hill sokağından aşağı doğru bisikletleriyle uçarak giderken gördü, kızı kırmızı, Celeste pembe bisikletteydi. Öyle görünüyordu ki Irenie için ne yaparsa yapsın yanlış yapıyordu.

Bileti bulduğunda yırtmak istememişti. "Ne bekliyordun ki?" diye geçirmişti aklından. Kızı ona ne istediğini anlatmaya çalışmıştı ama onun konuşmasına bile izin vermemişti.

Onu o gün merdivenlerin tepesinde gördüğünde onun evden gitmesi fikrini kaldıramamıştı. *Lütfen sen de herkes gibi beni terk etme. Her şeyi düzelteceğim bir gün. Biliyorum bir gün düzelteceğim* demek istemişti ama bunu yapmak yerine bileti yırtıp Yasmeen'in onu da terk ettiğini söylemişti. Ve kızı gitmişti işte. Dönüp dönmeyeceğini kim bilebilirdi?

3

Niagara Şelalesi'ne yaptığımız geziyi hatırlıyor musun? Yapmam gereken bir ödevim olduğunu hatırlayınca nasıl yarı yoldan geri döndüğümüzü? "Hayat devam ediyor," demiştin bana o zaman. Sensiz geçirdiğim yıllarda bunu kendime kaç defa söylediysem de bazen hâlâ doğru olduğuna inanmakta zorlanıyorum.

Araştırma yapma niyetime rağmen mektuplarla birlikte odaklanma becerim de kaybolmuş gibi. Geçtiğimiz hafta boyunca havaalanını her gün aramamıza rağmen bavulumdan bir haber yok. Temiz kıyafetlerim tükenmek üzere. Burada belli bir rutine girmek çok kolay oldu. Nani sıkı patron, yemekler askeri düzende yeniliyor. Kahvaltı saatinde uyumamıza izin var ama öğle yemekleri illе de yenecek. Annesi izin verdiği zamanlarda Naaz geceyi bizde geçiriyor. Güneş doğana kadar uyumuyoruz. Nana'yı her sabah uyandıran horozların uyumsuz ötüşleriyle uyuyakalıyoruz. Büyükler klimanın serinlettiği huzurlu odalarına kapanırken biz salonda sinemada kamera ile çekildiğinden ekrandaki görüntünün kırmızılaşması yüzünden bir şey kaçırmamak için gözlerimizi kısarak yaş sınırlaması olan filmler izliyoruz. Ara ara bir kafa silüeti ortaya çıkıp tüm ekranı kaplıyor. Ertesi gün Shamim'in bunun hıncını bizden çıkaracağını biliyoruz.

Bu videoları izlemek günlük hayatın ritüellerinden biri sadece. Yeni bir çiftin şehirde geçirdiği bir gecede biraz gergin içilen ilk içkiler ve vazgeçilmez şakalar. Şafak vaktine doğru gezimize filmlerle başlayıp sohbetle devam ediyoruz. İlk birkaç dakika hiçbir şey göremediğimizden yakınarak geçiyor ama bu sıkıntı geçtiğinde sohbet bambaşka bir konuya dönüyor. Burada denendiğimi biliyorum. Naaz tarafından değilse de Shamim tarafından. Sallana sallana polka dansı yapıyoruz karanlığın içinde. Gece damda uzanırken yanlış tek bir adımın beni aşağı yuvarlamasından korkuyorum. Buraya kuzenimin çevirdiği dolaplara dâhil olmak ya da onların güvenini kazanmak için gelmedim ama yaşımız beni aralarına almalarını kaçınılmaz kılıyor. Bütün yazı benimle geçirmek zorunda oldukları için en havadan sudan olan şeyleri bile açığa çıkarmayacağıma dair somut güvence istiyorlar. Sairah yengeye Naaz'ın onun her bir mentollü sigara paketinden iki sigara aşırdığını aslâ söylemeyeceğime rağmen kuzenlerim de artık bundan eminler, çünkü onlara babamı gizli gizli izlerken sigara içtiğimi söyledim. Shamim'in geçen sene bir anlık bir hevesle göbeğini deldirdiğini ağzımdan kaçırdığımı hayal bile edemiyorum. Böyle bir şeyi ağzımdan kaçırırsam eğer, o da Celeste ile konyağı keşfedip sonra da neden bir taneden fazla içilmemesi gerektiğini anladığımız geceden bahseder onlara.

Annemi orada en iyi arkadaşı Shireen ile hatta ciddi Mehreen ile hayal ediyorum. Ara sıra kuzenlerime annemi hatırlayıp hatırlamadıklarını, duymamaları gereken herhangi bir şey duyup duymadıklarını soruyorum. Naaz'ın gözleri fal taşı gibi açılıyor. "Ne gibi şeyler yani?" diye soruyor bana ama Shamim tamamen ilgisiz davranıyor.

Günler geçtikçe Shamim benden daha az şüphelenir oluyor. Bunaltıcı saatleri uyuşuk bir sessizlik içinde kitap okuyarak geçiriyoruz. Naaz, Shamim'in odasındaki bilgisayarın karşısında geçiriyor zamanını. Ne yaptığını bilmiyorum ama ona getirdiğim plaklarla ilgili bir şeyler yapıyor olabilir. The Corrugated Roofs gibi, The Lycanthropic gibi grupların plaklarını getirmiştim ona. O plaklara bir servet harcayarak dövmeli tezgâhtarın saygısını kazanmıştım.

Beraberimde getirdiğim ve küçük bir dükkânı doldurabilecek sayıdaki kitabımı tüketince Shamim bana Nana'nın çalışma odasından bir kitap getirmeyi öneriyor. On yaşına girdiğinden beri istediği kadar kitap ödünç alabilme ayrıcalığı var. Nana'nın büyük E ile yazılan Edebiyata katı bir inancı var. Pazar günleri ikinci el kitap satan dükkânları dolaşıp hâkimlik yaptığı yıllar boyunca okuma fırsatı bulamadığı klasiklerin avına çıkıyor.

İngiltere'nin sömürgesi oldukları yıllara dair silik anıları olan her erkek gibi Nana'nın da geçmiş yüzyıllardaki Batı entelektüelliğine sarsılmaz bir inancı var. İlerleyen yaşının verdiği cesaretle çağdaş edebiyat denilen saçmalıklara verip veriştiriyor. Akşam yemeklerinde monoton bir ses tonuyla sık sık saçma maceraların tüm dünyadaki entelektüel yozlaşma eğiliminin kaynağı ve belirtisi olduğunu anlatıyor. Emekli olduğundan bu yana Geoffrey Chance adını kullanarak birkaç gizemli roman yazmış. Bu tür romanların hüküm süren ahlaksızlığın sonunu getireceğine inanıyor. Yazdığı romanlar Alistair Farouq isimli Yarı Hintli yarı İngiliz bir dedektifin çevrilen dolapları ve sinsi planları ortaya çıkarmak amacıyla 1850'li yılların üst kademe yetkililerinin arasına sızma hikâyelerini anlatıyor. Romanlar karmaşık bir şekilde kurgulanmış olmalarına ve tarihi olaylarla paralel olmalarına rağmen ahlâki mesajlar veren üslubu ve Nana'nın kendi okuduğu romanlardan esinlendiği modası geçmiş roman yazma taktikleri yüzünden eleştirmenler arasında kafa karıştırıcı bir beğeni yaratmaktan öteye geçmemiş.

Eleştirmenlerin romanlarındaki ince alayı kaçırdıklarına yemin ediyor. Gerçi ben yedi yüz sayfalık destansı karmaşık olaylar silsilelerini baştan sona okumayı başaramadım ama yine de söylediğinde doğruluk payı olabilir.

"Ben de hiçbirini baştan sona okuyamadım," diye itiraf ediyor Shamim bir gece damda. "Sadece *Northridge Papazı*'nın yarısına kadar gelebildim neredeyse ama otuz üçüncü bölümün ilk paragrafı her seferinde uyuttu beni."

Doğrusunu söylemek gerekirse etkileniyorum. "Ben *Ayağa Kalk Alistair!* romanının dokuzuncu bölümüne kadar gelebildim," diyorum ona. "Teçhizatların tasvir edildiği kısım hikâyeden kopmama sebep oldu ama."

"O kitabın kime ithaf edildiğini biliyorum ben!" diyerek lafa karışıyor Naaz. "Benim aileme ithaf edildiğini biliyor muydun?"

Shamim küçümser gözlerle bakıyor ona. "Nana benim büyük eserleri okumamı tercih ediyor. Onlardan ilham almış o da."

"Anlıyorum," diyorum Naaz'a. "Shamim seni kıskanıyor, çünkü bizim adımızın geçtiği bir kitap yok."

Shamim burnunu çekip böyle şeylerin önemi yok gibi bir şeyler geveliyor ağzında, ama Naaz elini omzuma koyup sonsuza dek orada kalmamı istiyor.

***

Shamim'in hırslı bir okuyucu olduğu çıkıyor ortaya. Ben Dante'nin *Cehennem*'ini isteyince o da John Milton'ın *Kayıp Cennet*'ini okumaya başlıyor. Ben Samuel Beckett'in *Oyun Sonu* oyununu okuma girişiminde bulununca o da Sartre'ın *Çıkış Yok* adlı oyununu okumaya başlıyor. Kitaplarını okurken kaşları şekilden şekle giriyor ve dikkatini çeken yerleri not alıyor. Komodininin üzerinde duran 1954 yılı basımı *Oxford İngilizce Sözlük*'ü sık sık karıştırıyor. Sadece bilmediği kelimelerin anlamlarını öğrenmek için değil, anlamından tam olarak emin olamadığı kelimelere de bakmak için kullanıyor o sözlüğü.

Ara sıra okuduğu kitaptan başını kaldırıp "Anfractuous (eğri büğrü) ne demek?" ya da "Ushanka (kalpak) nedir?" diye soruyor. Bilmediğimi söylediğim zaman tıpkı keşfedilmemiş derinliklerden sıradan bir keyif aldığımı ima ederek aşağılayan bir akademisyen edasıyla sert tepkiler veriyor. Benden cevap aldığı zamanlarda hakkımı veriyor ama. O daha Dostoyevski'nin *Budala*'sını bitirmeden *Suç ve Ceza*'sını bitirmek gibi bir hata yapıyorum. Yeni bir kitaba başlamak için beni bile bile günlerce bekletiyor. Bahanesi de karakter isimlerini ve o karakterlerin özelliklerini yazdığı listeyi tekrar tekrar kontrol etmesi. Geoffrey Chaucer'ın *Canterbury Hikâyeleri*'ni arka arkaya okuyoruz. Koca bir öğleden sonranın yarısını başını atlasa gömüp hacıların rotasını çizerek geçiriyor. Sonra da benimle paylaşmayı reddediyor. Ondan *Savaş ve Barış*'ı istediğimde nerede olduğunu bilmediğini söylüyor. T.S. Eliot'un *Çorak Ülke*'sini okuduktan sonra bana vermiyor. Ben gelmeden önce kitap okumaya bu kadar meraklı mıydı merak ediyorum. Okumaktan aldığı keyif kanlı bir fetihten alınan bir keyif gibi ama izleyicisi yoksa zafer kazanmanın ne anlamı var?

Mehreen teyze işten gelince ikimiz de kitaplarımızı bırakıp çay saati için aşağıya inmek zorunda bırakılıyoruz. Genellikle misafirler oluyor ve bu misafirlerin çoğu annemi tanıyor. Keyifle geçen bu anlarda sorularımı ustalıkla dile getirirsem eğer, birtakım hikâyeler dinleyebiliyorum.

Nani geçmişi konuşmaktan kaçınıyor ama Sairah yenge ve Mehreen teyze yardım etmeye hazır. Uzun süre baskılanmış bir açık yüreklilikle anlatıyorlar anılarını. Nana'nın annemle ilgili konuşmayı ötelemesi tüm aile fertlerini zannettiklerinden daha fazla etkilemiş.

"O, babamın küçük prensesiydi," diyor Mehreen teyze bir sabah alışveriş için dışarı çıktığımızda. "Ona göre annen hata yapması mümkün olmayan biriydi." Ölüp hepimize yanıldığımızı gösterene kadar.

Mehreen teyze, annemin doğduğu günden îtibâren mutsuz olduğunu söylüyor bana. Nani'nin benim duymamı istemeyeceği bir sürü şeyden biri bu. Bebekken sebepsiz yere ağlayıp dururmuş. Ağlamaları Nana'yı delirtirmiş. Evden uzak durmak için elinden geleni yaparmış. Evdeyken de küçük kızlarıyla nadiren vakit geçirirmiş. Mehreen teyze sessiz sakin bir çocukmuş. Onun ayağının altında dolaşmazmış hiç, ama Yasmeen büyüyünce sevgi dolu bir çocuk olmuş ve katı babasının mesafeli tavrını hiç takmamış. Çalışırken kucağına tırmanıp bıyıklarını çeker ya da kulaklarıyla oynarmış. Babamın öğle yemeği için eve geldiği nadir zamanlarda tabağındaki en güzel yemekleri babasının tabağına koyarmış. Zaman geçtikçe Nana ilk iki çocuğu için yapmadığı bir şey yapıp kızının bu şirinliklerine teslim olmuş. Aamir dayı üniversiteye gitme yaşı geldiğinde İngiltere'ye Aitchison Üniversitesi'ne gönderilmiş. Mehreen teyze de okulda olduğu zamanların dışında her şeyiyle ilgilenilmek üzere annesine emanet edilmiş. Yasmeen üç yaşına geldiğinde hâkim işten eve koşa koşa gelip "Nerede benim Yasimasim?" diye seslenir, karısının itirazlarına rağmen onu kucağına alıp havalara uçururmuş. Mehreen'e de aynı ilgi ve alâkayı göstermeye çalışsa da Mehreen ondan çekinirmiş. Yaşamının ilk altı yılını nasıl görünmez olacağını öğrenerek geçirmiş olan Mehreen, rahat bırakılmayı tercih edermiş.

Kızlar büyüdükçe Mehreen kaderin her zaman Yasmeen'den yana olduğundan şüphelenmeye başlamış. Kız kardeşi pazara gittiğinde pamuk helvacı ona hazırda olanlardan vermek yerine yenisini yaparmış; Yasmeen mutfaktaki farelere acıyınca tuzaklardan kurtulmanın gizli bir yolunu bulmuşlar; Yasmeen yağmur yağmasını istediğinde dağların ardından yağmur bulutları beliriverirmiş. Mehreen çok çalışıp dönem sonunda en yüksek notları aldığında, Yasmeen bütün yıl ödevlerden kaytarıp sonra da aya gitmeye karar verince fen dersinden yüz almış. Gittikleri her yerde insanlar "Ne kadar şirin. Ne kadar akıllı," diyerek Yasmeen'in başına üşüşmüş. Mehreen gözlerini sürekli kıstığı için kalın camlı gözlük takmak zorunda kaldığında, Yasmeen daha saçlarını kendi kendine tarayamadan kuaförlerin hayran kaldığı uzun, parlak, dalgalı saçlara sahip olmuş. Mehreen, Yasmeen'i o kadar kıskanırmış ki kız ona son bonbon şekerini ikram ettiğinde ya da bölme işlemi yaparken yardım etmesi için ona yalvardığında onu çimdiklemek gelirmiş içinden. Yasmeen değil de Mehreen olduğu için şükrettiği zamanlar da olurmuş ama.

"Neden?" diye soruyorum. Kendimi hikâyeye öyle kaptırmışım ki bunun ne kadar kaba bir soru olduğunu fark etmiyorum. Bu soru Mehreen teyzeyi mutlu ediyor ama.

"Sen Yasmeen olmak ister miydin?" diye soruyor.

"Tabii ki isterdim," diyorum hiç düşünmeden. Arabayı durduruyor ama aşağı inmiyor. Ben yanında oturuyorum ve verdiğim cevabın doğru olup olmadığına karar vermeye çalışıyorum. Annem olmak istemediğimi söylemek ona ihanet etmek gibi görünse de artık gerçekten o olmak isteyip istemediğimden emin değilim.

"Yasmeen olmadığıma seviniyordum çünkü sürekli mutsuz olma eğilimi vardı," diyor sonunda Mehreen camını indirirken.

Yeni doğduğunda annemin sürekli ağlamasına sebep olan şey her ne idiyse büyüdüğünde de bırakmamış yakasını. Bu duyguyu kontrol altında tutmak için çok çabalamış ama ara ara hortlamış hep. Mehreen bu anların yaklaştığını sezinlemeyi çok önceden öğrenmiş. Kız kardeşi sessizliğe bürünür, sanki suyun altından bakıyormuş gibi bakarmış onlara. Gözlerinin feri gidermiş. Gözlerine baktığınızda sanki karanlık dipsiz bir kuyuya bakıyormuş gibi hissedermişsiniz. İştahı kesilir, gülmeye gayret ettiğinde sanki birileri onun gülümsemesini bıçakla kazıyormuş gibi göz kenarları kırışırmış. Ufacık bir şeyde deli gibi ağlamaya başlarmış. Üzüntüsü hiçbir şekilde engellenemezmiş. Ona susması için yalvardıklarında "Yapamıyorum," demekte bile zorlanırmış nefessiz kalıp. Gözyaşları tükendikten sonra bile onu teselli etmek mümkün olmazmış. Derin ve boş bir uykuya dalana kadar iç çekişleri evin her yerinden duyulurmuş.

"Gel Irenie. Çok sıcak olmadı mı?" diyor Mehreen teyze. İsteme-ye istemeye arabadan çıkıp küçük pazara doğru gidiyorum peşinden. Alışverişe dalıp konuyu kapatacağını zannederken kendisine bir kola alıp yudumlarının ve uçuşan kumaşların arasında devam ediyor anlatmaya. Beğendiğim renkleri gösterdiğimde burun kıvırıp Nani'nin bile böyle soluk renkli şeyler giymediğini söylüyor.

Annemin çok küçükken yolda ölmüş bir köpek gördüğü için ya da okuldaki kızlardan biri saç örgüsünü mürekkebe batırdığı için mutsuz olduğunu görebildiğini söylüyor bana. Altı ya da yedi yaşına geldiğinde "Bilmiyorum," demeye başlamış. Bir keresinde Mehreen'e, o yıllardaki mutsuzluğunun sebebinin Ahmed'i özlemesi olduğunu söylemiş. Her zaman pratik zekâlı olan Mehreen teyze ona saçmaladığını, bir insanın henüz tanışmadığı bir insanı özlemesinin mümkün olmadığını söylemiş. Yine de çocuk Yasmeen'in çölde aşkını arayan masal kahramanı Prenses Sassi gibi ağladığı söylenir sık sık. O kalbi sökülecekmiş gibi her ağladığında, Nana da kalbi yerinden sökülüyormuş gibi hissedermiş. Yasmeen'i bir sürü uzmana göstermiş. Hiçbiri Yasmeen'in ağlamalarına bir gerekçe bulamamış. Güvenilir ve saygın olduğu şüpheli bir pediyatristin adresini bulmuş bir yerlerden ama Yasmeen'in bir daha ağlamayacağına dair verdiği sözlere inanmayı tercih etmiş. Yasmeen de kederini bastırmayı öğrenmiş. Ne zaman kederlenip ağlama krizine gireceğini hissetse küveti sıcak suyla doldurup kafasını suya gömerek ağlamış. Mehreen bunu hep biliyormuş ama bu sırrı kendine saklamış. Görünürdeki mükemmelliğine karşın Yasmeen'in inişli çıkışlı ruh hali, Mehreen'in özenli davranışları sayesinde kusurlarına rağmen bir şekilde dengeleniyormuş Yasmeen. Bu keskin çizginin iki farklı tarafında büyümüşler, birbirlerinden nefret etmeden ama asla birbirlerini doğru düzgün tanımayarak.

"Bazen onun hayatının bir masala benzediğini düşünürdüm," diyor Mehreen teyze seçtiğimiz kumaşın parasını verirken saçlarının birkaç tutamını geri atarak. "Babasının gülümsemesi için yapmayacağı şey olmayan güzel ve kederli prenses. Onun bütün kederini dağıtan cesur prens. Babamın bir krallığı olsaydı eminim Yasmeen için hiç düşünmeden vazgeçerdi o krallıktan."

Oysa bu masalda prens ve prenses sonsuza dek mutlu yaşamadı. "Ne oldu sonra?" diye soruyorum Suzuki marka arabasıyla Naval Colony mahallesinin giriş kapılarından hızla geçerken. Mehreen teyze camını biraz daha indirip sorumu duymazlıktan geliyor.

4

Seninle son görüştüğümüzden bu yana geçen yıllarda tuhaf bir yalnızlıkla yakın arkadaş oldum. Beni partilerde ve kalabalık caddelerde şaşkına çeviriyor. Sabah ve akşam telaşındaki kalabalıkların gürültüsünü bastırıyor ve bana uykumda bile eşlik ediyor.

James aynadaki yansımasına "Sen aklını kaçırıyorsun,"diyor. "Ve aynı zamanda saçlarının büyük bir kısmını kaybediyorsun." Birinin kıs kıs güldüğünü duyar gibi oluyor ama banyoda ondan başka kimse yok. Hayaletlerin onu her yerde takip ettiğini düşünüyor.

Ölen karısı son birkaç yıldır rahat bırakmıyor onu. Tek başına otururken bazen onun Chanel marka parfümünün kokusunu alıyor; yıllardır bu evde olmamasına rağmen evde sigarasının kokusu var. Sakin gecelerde kafasında onun sevdiği şarkılar çalıyor ve boş odalarda onun sevdiği şiirlerden okunan kıtaların yankılandığına yemin ediyor. Çoğu zaman kızına onun da bu hayaleti görüp görmediğini sormak istiyor ama Irenie daha annesinin öldüğünü bilmiyorken bunu ona nasıl sorabilir ki?

Amacı onu kandırmak değildi ama ona gerçeği söylemeye dayanamazdı. Yasmeen en son ortadan kaybolduğunda tek başına göğüslemişti endişesini. Irenie'nin Florida'dan dönmesinden bir gün öncesine kadar ondan hiçbir haber alamamıştı. Bronzlaşmış teni, yüzündeki gülümsemesi ve elinde annesine vermek için getirdiği deniz kabuklarıyla verandada göründüğünde bunu ona nasıl söyleyeceğini bilememişti.

İçeri girer girmez "Annem nerede?" diye sormuştu.

Kafasından bir sürü cevap ihtimali geçmişti. "Annen öldü. Yasmeen. Korkarım artık bizimle olmayacak." Bunların hiçbirini kendine bile söyleyememişken Irenie'ye söylemek çok acımasız gelmişti ona.

"Gitti," demişti yavaşça boğazını temizleyerek ve aslında ne demek istediğini anlamasını umarak. Anlamamıştı. Bu olay gerçekleştiğinde Irenie daha on yaşındaydı. Yasmeen'in nereye gittiğini ve ne zaman döneceğini sormuştu. O an James'in söylemeyi akıl ettiği tek şey "Bilmiyorum," oldu.

Birkaç gün sonra çaresizlik içinde "Geri dönmesini sağla," diye yalvarmıştı ona Irenie. Irenie'nin o güne kadar ondan istediği tek şey, ona muhtaç olduğu tek andı bu. Söyleyebildiği tek şey "Yapamam," olmuştu.

***

Sonrasında Irenie kendini odasına kapatmış, iki korkunç yıl boyunca suskunluğunu korumuştu. Onu sadece akşam yemeği için mutfak masasına tabak bıraktığında görüyordu. Annesinden çok daha özenli bir aşçıydı, buzdolabına inanılmaz detaylı alınacaklar listesi iliştiriyordu: 500 gram kemiksiz rostoluk et, üç kilo patates, on dört santimetre boyunda hurma salkımı. Sessiz sedasız yeniden düzenlediği mutfak dolaplarının yeni hali fark edilmedi bile. Yemeklerine iltifat etmeye çalıştığında sadece yere bakıp nezâket icabı bir şeyler mırıldanıyordu. James hayatımızda oluşan bu ani boşlukla kızımdan daha iyi mi baş ediyorum acaba diye düşündü. Aslâ dile getirilmeyen yokluk evin her yerindeydi ve onları her şekilde boğuyordu. Ta ki Yasmeen bir gün kokusu ve çıkardığı seslerle tekrar hayatlarına gIrene kadar.

Sonrasında her şey yoluna girdi. Banyolar ılıktı ve ergen kızının odasındaki rafları dolduran oje şişeleri soluk ve renksiz bir bütünlüğe kavuştu. Çay, içmek isteyecek kişiyi soğuk ya da sıcak içmeyi tercih etme zahmetinden kurtarmak için her zaman ılıktı ve akşam yemeğinde ne yeneceği kimsenin umurunda değildi. Belirgin bir mutsuzluk yoktu ama mutluluk da yoktu. Her şeye genel bir melankoli havasının sindiğini söylemek mümkündü.

Artık ona söylemek için çok geç kalmıştı ama gerçeği nasıl söyleyeceğini bulana kadar yalanın sürmesine izin verecekti. Yasmeen onu bu yüzden rahat bırakmıyordu. Bundan oldukça emindi. Hayaleti sadece evde gezindiğinde o kadar da kötü olmuyordu ama işler kontrolden çıkmaya başlamıştı. Irenie Pakistan'a gittikten kısa bir süre sonra eve Yasmeen'in okumaktan keyif aldığı seyahat broşürleri gelmeye başladı. Üzerlerinde gönderici adresi yoktu; bu konuda postane görevlileriyle hararetli bir tarışmaya girdiyse de broşürler gelmeye devam etti. Bu durum iş yerinde dikkatini dağıtıyor, hayatını çekilmez hale getiriyordu. Bunun kızıyla bir ilgisinin olduğunu, ondan özür dilemesiyle bir ilgisi olduğunu biliyordu. İslamabad'ı üç kere aramıştı şu âna kadar ama her seferinde de Irenie evde değildi.

5

Geçen gece rüyamda buluştum seninle, derenin yanındaki ormanda. Kanatlanıp ormandan yükselerek dünyanın bir ucundan diğerine uçtuk sonra. Beni Samanyolu'nun içinden geçirip ayda dans ettin. Sonra bir başıma uyandım kış ışığıyla ve sadece ölmüş olmayı diledim. Bu gece yine gel bana gece yarısı Macellan'ım. Gel ki her şey yoluna girsin.

Mehreen teyzeyle konuştuktan birkaç gün sonra ilginç bir şeyi hatırlıyorum: Claire bana Ahmed'in dayımın eşinin akrabası olduğunu söylemişti. Bunun ne anlama geldiğini fark edince kendimi tekmelemek istiyorum. Ahmed, Sairah yengenin akrabası! Annemle aralarında geçenleri biliyor olmalı. Nasıl olup da annem yerine Mehrunissa denen kadınla evlendiğini mesela. Belki onunla tanışmıştır bile! Naaz'a onları hatırlayıp hatırlamadığını soruyorum ama berbat bir hafızası olduğunu söylüyor bana. Ailenin Şikago'da yaşamış olanlarını düğünler ve cenazeler dışında nadiren görüyorlarmış. *Ulysses*'i okuyormuş gibi yapan Shamim, başını kaldırıp düşünceli düşünceli bakıyor.

"Bahsettiğiniz kişi Mehrunissa Shabaz olabilir mi?"

"Sanırım o."

"Hani şu iki çocuğu olan mı?"

"*Sen* onu tanıyor musun?"

Shamim kendisiyle gurur duyuyormuş gibi bakıyor. Naaz'ın kafası karışık. "Hayır, ama Nani'yi telefonda Shireen teyzeye ondan bahsederken duymuştum. Biliyorsun Shireen teyze annenin en yakın arkadaşıymış çocukken."

"Biliyorum," diyorum sabırsızlanarak. "Önümüzdeki hafta sonu onunla konuşmaya gideceğim. Bu ara kızının düğün hazırlıklarıyla meşgul. O zamana kadar benimle görüşemez."

"Dinleyecek misin dinlemeyecek misin?" diye soruyor kitabını okumaya dönüyormuş gibi yaparak.

"Tabii ki dinleyeceğim. Özür dilerim," deyip elindeki kitabı aşağı doğru itiyorum. Shamim pek seviniyor buna.

"Nani ve Shireen teyze tartışıyordu. Anladığım kadarıyla, Mehrunissa'nın Shireen teyzenin kocasıyla bir akrabalığı var. O da oğullarıyla burada olunca Shireen teyze onları Shezzie'nin düğününe davet etmek zorunda kalmış. Nani de nasıl istersen öyle yap ama o kadın düğüne gelecekse biz gelmiyoruz dedi. Sanırım Shireen teyze onu düğüne gelmeye ikna etmeye çalışıyordu."

"O *burada* mı? Mehrunissa *burada* mı?"

Shamim zayıf omuzlarını silkiyor. "Çok heveslenme. Onunla görüşemeyeceksin. Görüşsen bile ona ne diyeceksin ki? 'Merhaba ben Irenie; annem senin yüzünden öldü,' mü diyeceksin?"

"Bu hiç hoş değil Shamim," diyor Naaz.

"Onun yüzünden mi? Nasıl yani?" diye soruyorum.

Shamim omuzlarını silkiyor yine. "Öyle değil ama herkes öyle olduğuna inanmak istiyor. Diyorlar ki, eğer annenin Ahmed'le vedalaşmasına izin verseydi birlikte kaçmayacaklardı. Yasi teyze de ölmeyecekti." Yüzümdeki ifadeyi görünce beni ayağıyla dürtüyor. "Onun suçu *değil* Irenie. Hayatını 'Ya öyleyse'lerle yaşayamazsın. Nani ve diğerleri yaşlı. Bu yüzden de inanmak istediklerine inanmak iyi geliyor onlara."

Düşüncemden vazgeçmeyerek yüzüne bakıyorum. "Nani onun Ahmed'i annemden çaldığını söyledi. Onu baştan çıkarmış."

"Yapma lütfen. Ahmed onu hamile bıraktıktan sonra ne yapmasını bekliyordun?"

"Shamim!" diye bağırıyor Naaz.

"*Ne yaptıktan* sonra?"

"Sen bilmiyor muydun?"

"Sen bilmiyorsun," diyor Naaz.

"Başınızı kuma gömmekten vazgeçseydiniz siz de gayet iyi anlardınız. Ahmed başka hangi nedenden dolayı onunla evlenmiş olsun ki? Mektuplar geri gelirse sana garanti ederim satır aralarında muhakkak bulacaksın bu gerçeği. Bu arada mektuplardan bir haber var mı sahi?"

Başımı hayır anlamında sallıyorum.

"İyi. Bana her şey karmakarışık geliyor. Buna zaman harcamaktan vazgeçmelisin."

"*Shamim!*" diye bağırıyor Naaz yine. "Bence çok romantik," diyor bana dönüp. "Yasi teyze ve Ahmed. Shamim ne söylediğinin farkında değil. Hadi gidip annemi bulalım Irenie. En azından *o* biraz da olsa romantizmden anlar."

***

Sairah yengenin evinde curcuna var. Hizmetçi elinde yeni ütülenmiş, klimayla soğutulmuş odaya rağmen hâlâ buharı tüten bir dizi sariyle[18] bir içeri bir dışarı koşturup duruyor. Farklı renklerdeki altı kombinezon, odanın her yerini kaplıyor. Üzerlerine renkleri uymayan bluzlar yayılmış vaziyette. Mücevher kutuları tuvalet masasının her tarafına devrilmiş. Yarısı dolu parfüm şişeleri komodinin üzerine dizilmiş ve binbir çeşit makyaj malzemesi oraya buraya dağılmış. Yere atılıp unutulmuş kül tablaları ve iç çamaşırları, sivri burunlu ve sivri topuklu ayakkabılarla yürümeyi son derece tehlikeli hale getiriyor. Sairah yenge, bütün bu karmaşanın ortasında ayakta duruyor. Sabahlığı hâlâ üzerinde. Bir gözüne altın rengi far sürülüp kirpikleri de rimellenmiş. Diğer gözünde hiçbir şey yok. Kulak deliklerinin her birine geçirdiği iki farklı küpe arasında kararsız kalmış. Hangisini takacağına karar vermeye çalışıyor.

"Kızlar!" diye bağırıyor o karışıklığın içinde nihayet bizi görünce. "Çabuk buraya gelin. Bana hangisinin daha iyi olacağını söyleyin."

"Yeşil olan, yeşil olan," diyorum telaşla kulak memelerinin yırtılacağından korkarak.

"Ben de öyle düşünüyordum," diyerek gülümsüyor ve küpelerin hiçbirini çıkarmadan komodine doğru ilerliyor. "Maliha'nın evine gidiyoruz," diyor sanki kim olduğunu biliyormuşuz gibi. "O kadın her zaman güzel giyiniyor. Herkese hava atmaya çok meraklı. Ben onun havasını nasıl söndüreceğimi biliyorum da şu adam bir..."

"Aamir," diye bas bas bağırıyor banyonun kapısına vurarak. "Rica etsem çıkar mısın artık oradan. Tuvalette oturmaktan basur olacaksın." "Bir saattir çıkmıyor," diyor bir kulağıma eğilip. "Kesin yine şu lanet olası Reader's Digest'lerden[19] birini okuyor. O börekleri yere koy Naaz." Naaz korkusundan iştah açıcı börekleri halının üzerine düşürüyor.

Tekrar banyo kapısına vurmaya başlayıp "Sana Namoose'un kocasına ne olduğunu anlatmadım mı? O da günde on saat tuvalette oturmayı seviyordu. Basuru öyle azdı ki doktor içine el feneriyle

18 Ç.N.: Hindistan'da ve Pakistan'da kadınların giydiği, ipek ya da pamuktan, belirli boyutlarda dokunmuş, dikiş ya da iğne kullanılmaksızın gövdeye uydurulan, tek parçalı ulusal giysi.
19 Ç.N.: Aylık olarak yayımlanan bir Amerikan dergisi.

bakmak zorunda kaldı. *El feneri* diyorum! Duyuyor musun?"

Aamir dayı bir şeyler söylüyor ama ne dediğini anlamak imkânsız.

"Düzensiz, dağınık bir adamla sakın evlenme," diyor Sairah yenge bana üzüntüyle. "Hiçbir yere vaktinde gidemezsin. Şuraya bak. Neredeyse sekiz buçuk oldu. Çıktığında içerisi öyle kötü kokuyor olacak ki saat dokuza kadar yüzümü falan yıkayamayacağım."

Bu evde dört banyo daha var. Naaz ona misafir banyosunu kullanmasını öneriyor ama iç çekip başıyla reddediyor öneriyi.

"Losyonlarım buradaki banyoda. Kremlerim de. Yüzümü nasıl başka bir yerde yıkayayım?"

"Ne giyeceksin?" diye soruyorum onu biraz neşelendiririm umuduyla.

Neşelendiriyorum da.

"Akşamın sorusu bu işte hayatım," diyor etraftaki karışıklığı gösterip. Bir yastık kılıfına sarılmış iki sari çıkarıyor: Özenli nakışlarla işlenmiş solgun ve bir hayli tanıdık bir yastık kılıfı."Yeşil olan mı açık pembe olan mı? Sen ne dersin?"

"Ne güzel bir yastık kılıfı," diyorum sesimin titremesini saklamak için. "Elde yapılmış gibi duruyor. Nereden aldığını hatırlıyor musun?"

"O mu?" diyor elini önemsiz bir şey anlamında sallayarak. "Dayının tanıdığı bir vermişti galiba. Karısı bizim için işlemiş ama çarşafını verme zahmetine girmemiş. Biz de ona uygun bir çarşaf bulamadık. Söylesene hangisini giyeyim?"

Annem, Sairah'ın çeyizinden niye bir şey aşırmış olabilir ki diye merak ediyorum. "Açık pembe olanı sevdim ben," diyorum ona aklım hâlâ yastık kılıfında. "Ama yeşil olan da küpelerle uyumlu."

"Küpeler!" diye bağırıp kulaklarından çekip çıkarmaya başlıyor. "Ay, ay, ay!" diye sızlanıyor boynunun sağ tarafından ince bir kan akarken. Yerdeki tepsiden bir böreği kaldırıp altındaki katlanmış peçeteyi ona uzatıyorum.

"Sağ ol tatlım," diyerek başladığı cümleyi "Hayır olamaz!" diye feryat ederek kesiyor. "Şimdi de buram buram börek kokuyorum." Bol miktarda çiçek kokulu bir parfüm sıkarak kokuyu bastırmaya çalışıyor.

"Kokuyor muyum?" diye soruyor boynunu Naaz'a koklatarak.

"Çok lezzetli kokuyorsun."

"Seni şımarık. O zaman yeşil sariyi mi giyiyorum? Bluzumu giydim bile. Bak." Sabahlığının önünü açtığında yeşil bluzu görünüyor. "Çok şişman görünüyor muyum? Açık pembe olanı da seviyorum aslında ama açık pembe öğleden sonraları için daha uygun değil mi?"

Kendini zümrüt yeşili metrelerce ipek kumaşa sarıp sarmalıyor ben daha bir şey diyemeden. O yaparken çok kolay görünüyor gözüme. Bir, iki, öne, arkaya... Oysa uzun zaman önceki çarşaf ve banyo havlusu katlama tecrübelerimden bu katlama sarma işinin ne kadar zor olduğunu biliyorum.

"Evet tatlım," diyor her yerinden uçuşan narin kumaş dikkate alındığında son sigarası olabileceğini düşündüğüm sigarayı yakarken. "Bana cumartesi akşamının bu saatinde sadece yaşlı yengeni ziyaret etmek için geldiğini söylemeyeceksin değil mi?"

"Sen yaşlı değilsin ki," diyorum. "Ama haklısın aslında. Sana kuzeninle ilgili bir şeyler sormak istiyorum. Hani şu annem üniversiteye gittiğinde onunla ilgilenmesini istediğiniz kuzeni."

"Ahmed," diyor Naaz ağzındaki böreği umursamadan saf saf.

"Ahmed mi?" diyor Sairah yenge kaşlarını kaldırarak. "Onu çok iyi tanıdığımı söyleyemem. Birinci dereceden kuzen değil. Hoş bir çocuğa benziyordu, ama.."

"Ama?"

"Aman boş ver. Anlaşamadılar. Gençler arasında bazen olur böyle şeyler. Aslında trajik bir hikâye. Birbirlerine çok âşık gibiydiler."

"Peki, neden yürümedi?" diye soruyor Naaz. Ona minnettar bir bakış atıyorum.

"Bunu söylemek bana düşmez tatlım."

"Hiçbir fikrin yok mu?" diye soruyorum çaresizce. "Peki ya Mehrunissa? Hamile kaldığı doğru mu?"

Börek, Naaz'ın boğazına kaçıyor. Annesi şaşırıyor ama inkâr etmiyor. "Üzgünüm Irenie. O kadınla ilgili söyleyecek bir şeyim yok. Bu aileye yaptığı onca şeyden sonra onunla ilgileniyor olmana şaşırdım," diyor banyonun kapısı açılırken. "Çok şükür nihayet çıkabildin Aamir. Bakın benim bir an evvel hazırlanmam lazım."

"Ama neden ayrıldılar?" diye soruyorum yalvarırcasına. "Mehrunissa ile ne yaşandı?"

"Nani onun adını ağzına almıyor," diye ekliyor Naaz. "Ondan sürekli *o kadın* diye bahsediyor."

"Bu benim üzerime vazife değil canlarım," diyor. "Ama yine de bu mevzuyu kurcalayacağız diyorsanız Yaygaracı Bebek'e gitmeniz gerek. Herkes hakkında her şeyi bilir o."

Bunu söyledikten sonra kapıyı yüzümüze kapatıyor.

6

Hayalet gemi gibiyim. Denizde tayfasız ilerliyorum. İsyancılar ve fırsatçılar tarafından soyulup soğana çevrilmiş, yakında batacağını bilen bir gemi. Miço ve güverteci şanslarını içkide denediler ama benim gibi işe yaramazın teki direksiz bir tekne gibi faydasız. Olacakları göremedim. Yapabileceğim ne vardı? Bir şeyler öğrenebileceğim bir geçmişim olmadı, çünkü benim tek geçmişim sendin.

"Böyle işlere neden bulaşıyorum ki?" diye iç çekti James. Saat altıyı geçmişti ama hava hâlâ öğlenmiş gibi aydınlıktı. Misafir akademisyenlerden birinin dersini izlemişti. "Benzerlik ve Metronomlar: İngilizce Gazellerdeki Ölçülü Tekrarlama". Bu dersleri Faber'le beraber izlerlerdi. Şimdi James tek başına yapıyordu bu işi. Irenie gittiğinden beri izlemediği ders kalmamıştı. Kendi alanının dışında olan ve neredeyse hiçbir şey anlamadığı dersleri bile izlemişti. Boş eve dönüp kızının bıraktığı donmuş yemekleri mikrodalgada ısıtma ihtimali bayatlamış sarımsaklı ekmek yemekten bile daha can sıkıcıydı. Irenie onunla hâlâ konuşmuyordu. "Ona biraz zaman ver," demişti insanlar. O da öyle yapmıştı.

Bu gece ders anlatan bir doktora öğrencisi adayıydı. Anlaşılması güç olsa da oldukça hırslı yazılmış bir tezi vardı. Genç adamın içgüdüsel olarak ellerini turuncu saçlarında gezdirişini izlerken kendini yaşlı hissetmişti James. Crawford'a ilk kez misafir akademisyen olarak gelişi 1971 yılında olmuştu. Orta Doğu'da OPEC müzakereleri başlıyordu ve NASDAQ uzaya yeni fırlatılmıştı. Weather Underground[20] örgütü Kongre'nin Washington'daki toplantı yeri Capitol'ü bombalamış, Jim Morrison bu patlamada ölmüş, Attica Hapishanesi'nde isyan çıkmıştı. Apollo 15 dünyadan ayrılıp misyonunu tamamladıktan sonra geri dönmüştü. The Ed Sullivan Show[21] sona ermişti. Rolls Royce devlet kurumuna dönüştürülmüştü. Vietnam Savaşı daha devam ediyordu. Seri katil Charles Manson ölüm cezasına çarptırılmıştı. Uzak diyarlardan birinde on bir yaşındaki Yasmeen, Doğu Pakistan'ın Bangladeş oluşunu görmüş ve bütün dünya onun ülkesini kınamıştı. James'in bundan neredeyse hiç haberi olmamıştı. Beş koca yıl boyunca Pittsburgh'da avuç içi gibi bir bodrum katında deli gibi doktora tezi üzerinde çalışmıştı. Saçları uzamıştı. Tıraş olacak vakti bile olmamıştı çoğu zaman. Bazen boylu boslu gençler anlayışla selamlarlardı onu başlarıyla. Hülyalı bakan kızlar da yanına gelip kolunu okşarlardı. Sonradan hepsinin taşa dönüştüklerinden şüphe ederdi.

Babası öleli neredeyse on yıl olmuş, annesi de İrlanda'ya geri dönmüştü. Annesinin gönderdiği çekleri bozdurup harcar, ona kısa teşekkür mesajları yollardı. Annesinin gönderdiği mendillere hiç itiraz etmezdi. Cereyan yapan bodrum katı sürekli akan bir burundan mustarip olmasına sebep olurdu. İsmini biliyorduysa bile çoktan unuttuğu ev sahibesi pembe sporcu taytından başka bir şey giymezdi. Pembe sporcu taytı üstüne çiçekli bluzlar, pembe sporcu taytı üzerine ölen kocasının süveteri ve pembe sporcu taytı üstü sporcu

20 Ç.N.: Amerika Birleşik Devletleri'nde faaliyet göstermiş sol eğilimli bir örgüt.
21 Ç.N.: Amerikan televizyonunda 1948-1971 yılları arasında yayınlanmış bir program.

atleti. Yazın en sıcak günlerinde bu atleti giyip de gerildiğinde göbeği görünürdü. Bazen onu kütüphaneden dönerken yakalar, biraz laflamak için içeri girmeye ayartırdı. James'e bayat peynir ve ona babasını hatırlatan viski kokteyli ikram ederdi. Kediler hakkında bu kadar çok konuşmayı nasıl başarırdı? Kediler hakkında da değil, kedi heykelcikleri hakkında konuşurdu saatlerce. Kilimlerine bile kedi motifleri işlemişti. Bir keresinde James ona neden canlı kedi edinmediğini sorduğunda ağlamıştı. Son kedisi kocasıyla aynı gün ölmüştü: Kocası merdivenin tepesinden zavallı Zencefil'in üstüne düşüp ezmişti onu. Bu James'in yıllardır yaptığı en anlamlı sohbet olmuştu.

Gecenin geç saatlerinde James bodrum katının kasvetli ortamında gergin oluyordu. Daktilosundan çıkan ses dikkatini dağıtıyor, sallanıp duran tek ampul tıpkı bir teknedeymiş gibi midesini bulandırıyordu. Böyle zamanlarda volta atarak tekrar işine odaklanmaya çalışıyordu. Onun için başka hiçbir şeyin önemi yoktu. Uykusu kaçsın diye hain göz kapakları düşene kadar kahve çekirdeği çiğniyor, bazen de uyanıp bir gece önce beğenerek yazdığı cümlelerin içinde saçma fikirler öne süren cümleler bulup onları çıkarıyordu: *Tufandan önceki belli edimselliklerle ilgili davranışlar her bir diş fırçasının ruhunun ötesindeki etkilere nasıl tepki verdikleri bakımından son derece önemlidir.* James bu tür cümleleri acımasızca yok ediyordu. Ne zaman bir sayfanın tamamlandığını farz etse o sayfayı temize çekiyordu. Bazen bebeğinin on ayak parmağı olduğunu görmüş çiçeği burnunda bir babanın heyecanıyla titriyormuş gibi titreyen parmaklarıyla birkaç kez tekrarlaması gerekiyordu bunu. Yazdığı tez devrim niteliğinde olacaktı; o zaman bundan en ufak bir şüphesi yoktu. Evde yalnız olduğunda da ara ara buna benzer bir bilinç kaybı yaşadığı oluyordu ama artık ne deli gibi odaklandığı ne de ona dünyanın en önemli şeyiymiş gibi gelen herhangi bir şey yoktu. Konuşmadan sonra içki içmek isteyen birileri var mı bir bakarım diye aklından geçirdi. Belki içine yumulduğum geçmişten çıkarır beni.

Doktora öğrencisi adayı metre ile ilgili mıy mıy konuşurken bunu yapması çok zordu. Geçmişinde gezinmeye devam etti. Onca yıl sonra ilk kez ev sahibesinin yüzü geldi gözünün önüne. Dalgınlıkla kafasının arkasındaki çöküntüye dokundu: El yapımı bir bastonu geçirmişti kafasına tez savunmasından döndüğünde saç sakal tıraşı olmuş bir vaziyette. Başlığı *Mahremiyet Kuramı Üzerine Bir Çalışma: İçsel Terminolojilerin Tefsiri* olan tezi yeni bir dâhinin saygısız bir yorumu olarak görülmüştü. Eve ıslık çalarak, hatta neredeyse zıplayarak gelmişti.

Ev sahibesi onu tanıyamamıştı. Ondan özür dilemişti sonra. Başının şişen yerinde bir poşet donmuş bezelye eritmiş, James akşam yemeğine kalmayı kabul edince de tereyağlı bezelye yemeği pişirip ikram etmişti ona. Hazır patates püresinin yanında rulo köfte ve bir gün önceden kalmış vişneli çörek de vardı ayrıca yemekte. James'in yıllardır yediği en güzel akşam yemeğiydi.

O akşam James üst katta doğru düzgün bir banyo yapma teklifini ilk kez kabul etti. Küvet küçük kendisi uzundu ama ona yıllar sürmüş gibi gelen bir süre boyunca küvette kaldı. Sonra da küvetten çıkıp boy aynasından süzülen buharları sadece kendisini görene kadar seyretti. Sakallarının altında geçirdiği yıllarda çenesi yuvarlaklığını kaybetmiş, parlak düz hatlara kavuşmuştu. Yıllarca kürek sporu sayesinde yaptığı ve gurur duyduğu kaslardan eser kalmamıştı. Karnını içine çekmesine gerek kalmadan kaburga kemikleri sayılabiliyordu. Nihayet göğüs çevresi az da olsa kıllanmıştı. Kılların üzerinde elini gezdirdiğinde yumuşaklıklarına şaşırdı. Gözleri bir anlığına cinsel organına takıldı. Utanıp bakışlarını yüzüne çevirdi. Yüzünde çizgiler oluşmuştu. Henüz gülümsediğinde ağzının kenarlarında derin çukurlar oluşmuyordu ama göz kenarlarında kaz ayakları oluşmaya başlamıştı. Aynadaki yansımasında dişlerini kontrol etti. Neyse ki hepsi yerindeydi. Bir zamanlar sarı olan saçları açık kahveye dönmüştü. Saçının boyun sınırında beyazlaşmaya başlamış saç telleri vardı.

James aynada kendini seyretmeye öyle dalmıştı ki ev sahibesinin çıplak bir vaziyette banyoya girdiğini hemen fark etmedi. Sol tarafında kendi vücudunun yarısını kapattığı yansımasını görünceye kadar kadının orada olduğunu anlamadı. Onu ilk defa üzerinde pembe sporcu taytı yokken görüyordu. İlk önce banyosunu fazla meşgul ettiği için kendisine çıkışmaya geldiğini düşündü kadının. Kadın sesini çıkarmayınca James çıplak vücudunu elleriyle mi kapatsın yoksa havluya mı eğilsin bilemedi. Ama kadının onu çırılçıplak görecek kadar uzun bir süredir orada olduğunu düşünüp hareketsiz ve sessiz kaldı. Yutkunmakta zorlanarak gözlerini aynadaki ayaklarından kadının ayaklarına çevirdi. Ayak tırnakları ojesizdi. Pürüzlü ve yamuk olan küçük parmak tırnakları hâriç diğer tırnakları kısa kesilmişti. Topuklarının sert ve çatlak olduğunu görebiliyordu. Beyazlık ayağının iki yanına da uzanıyordu. Kendi sol ayağı kapattığı için kadının sağ ayağını görememek onu tedirgin etti. Ya tamamen farklı idi ise? Uzun tırnaklı ve pembe ojeli mesela. Neden bu zamana kadar kadının ayaklarına bakmak hiç aklına gelmemişti?

Birdenbire kadının her iki ayağının da aynı olması onun için dünyanın en önemli şeyi oldu ama beş uzun yıl James'e disiplinli olmayı öğretmişti. Kadının bacağına oradan da kalçasının kıvrımına baktı çabucak. Beli ince ama yumuşaktı. Karnının başladığı yeri görebiliyordu. Ona davetkâr göründü, insanın başını yaslayabileceği hoş bir yer gibi. Gözünün önündeki ona çok büyük görünen göğüsten bile daha hoş bir yer. Aşağı doğru ağırlık yapan dışa dönük bir göğüstü. Meme aylası geniş ve kahverengiydi. Göğüs ucu bir buzağıyı emzirebilecek kadar büyüktü. James insanın önünde sallanan böyle iki şeyle dolaşıp durmasının rahatsız edici olup olmadığını merak etti. Sütyenin bu konuda işe yaradığını düşündü. Kadının sütyen askılarının omzunun yumuşak teninde oluşturduğu izleri gördü. Kendi vücudunda olsa ovalayarak yok etmek isteyeceği şeyler gibi göründü gözüne ama eli kadının yanında sarkmaya devam etti. Boynuna bakmadan önce biraz durup düşünmek istedi: Küçük, düz, içe doğru eğik. Bir kadının yaşının en çok boynundan anlaşıldığını duymuştu bir yerlerde. O yüzden önce göğsünden alt kısımlara bakmış olduğu için yukarılara bakmakta tereddüt etti ama ev sahibesinin boynu ona gayet iyi göründü. Belki biraz kırışıktı ve kendisininkinden daha fazla çizgiler vardı ama kırk beş yaşında bir kadın için hiç de utanılacak bir durumda değildi. Onu en çok şaşırtan kadının yüzü oldu. Gözlerini kadının vücudunda dolaştırdığı süre boyunca kadın da onun aynadaki yüzünü seyretmişti. Yüzünün içinden kafasının içindeki bir şeylere bakıyor gibiydi.

***

Bodrum katında geçirdiği onca yıldan sonra James gün ışığında uyanmayı yadırgadı. Ev sahibesi yanında sırtüstü yatıyordu. James hayatında ilk kez çıplak bir kadın görüyordu. Başını kadının yumuşak karnına yaslama isteği duydu ama bunu yapmak yerine boynunu okşadı. Parlak gün ışığında kadının batın bölgesinin sağ tarafında daha önce fark etmediği uzun bir yara izi gördü. Bir çocuğu mu olmuştu? Bir evlat mı kaybetmişti? Ona bahsetmediği çok kötü bir şey mi yaşamıştı? James bunu hiçbir zaman bilemeyecekti.

"Sen ne yapıyorsun?" dedi kadın bir gözünü açarak. "Neden buradasın?" Yataktan fırladı kadın. Çarşaflar içinde yaşlanan bir su perisi. "Sana buraya gelmeni kim söyledi?"

James'e göre muhteşem bir kadındı. Duruşu bir Valkyrie'ninkine[22] benziyordu. Teninden güneş ışıkları saçılıyordu. Saçındaki kumral tutamları daha önce fark etmemişti. "Buraya gel," dedi uykulu uykulu kadının kalktığı yerin hâlâ sıcak çarşafına eliyle hafifçe vurarak. Henüz bir kadının onunla işinin ne zaman bittiğini bilmiyordu. Söz konusu olan karısı ve kızı olduğunda bu kabul edebileceği bir şey değildi.

"Çabuk defol!" dedi kadın. "Pılını pırtını topla ve git."

Hâlâ güneş sarhoşu ya da belki de aşk sarhoşu olan James giysilerini topladı. "Kadınlar tuhaf yaratıklar. Belki de sabah ışığında onu çıplak ya da makyajsız görmemi istemedi," diye geçirdi aklından.

***

James bütün bir öğleden sonrayı hiçbir şey yapmadan geçirdi. *Otomatik Portakal* isimli film için kendine bir bilet aldı ama sinemaya girmedi. Karanlık bir salonda oturarak geçirilemeyecek kadar güzel bir gündü. Belki ev sahibesi bir akşam sinemaya gitmek isterdi onunla. Ne tür filmleri seviyordu acaba? James kendisinin de ne tür filmlerden hoşlandığını bilmiyordu.

Hangi nehir olduğunu bilmediğini fark edene kadar bir nehir kenarında yarım mil yürüdü. Bildiği kadarıyla üç nehir vardı ama sadece birinin adını hatırlıyordu: Ohio. Diğerlerinin daha uzun adları vardı. Her gün geçtiği ama asla görmediği sokaklarda yürüdü. Dükkânlarındaki çeri çöpü sokağa süpüren dükkân sahiplerini selamladı. Belki zamanla isimlerini bile öğrenirdi. Belki bütün sokakların isimlerini de öğrenirdi. Irene öldüğünden beri hiçbir şehrin olamadığı kadar onun evi olacaktı Pittsburgh belki de. Ev sahibesini evinin kadını yapacaktı. Şehrin her yerini ezberleyeceklerdi birlikte. Büyüyüp gelişen bu üç nehirli şehri kendi şehirleri yapacaklardı gizli sınırlar çizerek.

22 Ç.N.: İskandinav mitolojisinde savaş alanlarında ölen kahramanları seçip ruhlarını tanrı Odin'in sarayı Valhalla'ya götüren kızlardan biri.

Saat altı buçukta James ölmek üzere olan bir demet karanfile dünyanın parasını vererek eve döndü. Belki ev sahibesi ona yine yemek pişirirdi. Belki onu dışarı çıkarmasına izin verirdi.

Eve vardığında bütün pencereleri karanlıktı. James durmaksızın yumrukladı kapıyı. Tam pes etmek üzereyken perdelerin arkasında kıpırdayan bir şey gördü.

"Aç kapıyı," diye bağırdı bir eliyle çiçekleri sağa sola sallayıp diğer eliyle de çabalarını ikiye katlayarak. "Bütün gün seni düşündüm."

"Toz olsana sen," diye bağırdı tüm bu gürültü patırtının ne olduğunu anlamak için dışarı çıkan bir komşu. "Görmüyor musun? Seninle ilgilenmiyor."

"Ama..." diye kekeledi James. "Ama ilgileniyor. İlgileniyordu yani."

"Git buradan," diye fısıldadı ev sahibesi. Yüzünün çok az bir kısmını görebiliyordu: Tek göz, tek yanak ve çenesinin birazı. James bu olaydan sonra tam olarak göremediği şeyler yüzünden çok mahcup hissedecekti kendini. Bu mahcubiyeti Crawford fakülte balosuna gitmekten inatla kaçınmaktan tutun da son bir kez tüm belgelerin tam olduğunu kontrol edeceği yerde alabileceği burstan ferâgat etmeye kadar birçok konuda bahane olarak kullanacaktı. James'in öğrenmesi gereken gerçek, kısmen gördüğünü bütün zannetmesinin en tehlikeli şey olduğu gerçeğiydi oysa.

Ev sahibesi yılandiliyle "Git başımdan," diye tısladı kapının arkasından o gece.

James de öyle yaptı.

***

O haftanın ilerleyen günlerinde, James üç beş parça eşyasını annesinin eski bir bavuluna koydu ve ev sahibesinin kapısının önüne yine çok para ödediği başka bir çiçek demeti bırakarak Crawford

Üniversitesi'nde misafir akademisyen olarak ders vermek üzere yola koyuldu. Verdiği örnek ders uzun bir iş görüşmesine döndü ve sonra da onun işi oldu. Ona üçüncü katta güneşli bir daire ve yayları bozuk olmayan bir yatak tahsis edildi. Kendine bir kahve demliği, birkaç mutfak eşyası ve onlarla uyumlu havlular edindi. Pittsburgh'a bir daha asla gitmedi.

***

"James?" diye fısıldadı biri kulağına. "Uyuyor musun yoksa?" Gözlerini açtı hemen.

"Teşekkürler Doris," dedi az önce yanına oturan bölüm sekreterine.

Doris gülümsedi. "Başka türlü bir ders hayal ediyordun değil mi?"

Çok kısa bir an Doris'in neden bahsettiğini idrak edemedi James.

Sonra Yasmeen'le ilişkisinin başlamasındaki rolünü hatırlayıp o da hafifçe gülümsedi. Ayrıca, bunun için Doris'e içme teklifinde bulundu James.

***

On altı yıl önce, James verdiği bir dersten sonra tamamen kendinden geçmiş bir şekilde ofise gelip hüngür hüngür ağladı ama bu seferki daha kötüydü. Ocak ayında bir akşamdı. Şimdiki akşamdan çok farklı bir akşamdı. Doris'in saçlarına vuran güneş, başında bir hale oluşturmuştu; odanın her yerinde altın tozu gibi uçuşan tozlar vardı. Dışarıda kar kümeleri oluşmuştu ve kar son derece zarif bir kadının omuzlarında parıldıyordu. Yasmeen gibi bir kadının omuzlarında. James o gün şarkı söyleyerek olmasa da şarkı mırıldanarak geldi.

"İlginç bir ders miydi?" diye sordu Doris şaşkın şaşkın.

"Muhteşemdi," dedi James aslında dinlediği dersin tek kelimesini bile duymadığı halde. Yüksek topuklu ayakkabılar giyen kadın oradaydı. Hemen yanındaki sandalyeye oturmuştu. Yasmeen Khalil: İsmin ahengini mırıldandı. Pek de melodik bir mırıldanma değildi. Aralık ayından beri Yasmeen Khalil'i görmüyordu.

"Doktor Eccles," dedi başıyla hoş bir şekilde selamlayarak.

"James. Lütfen bana James deyin."

O da gülümseyip "Yasmeen," dedi.

James'e bu kadarı yetti. Dinlediği ders boyunca kendi bacağıyla onun bacağı arasındaki iki buçuk üç santimetrelik mesafeden başka hiçbir şey düşünmedi. Parfümünün kokusuna öyle vurulmuştu ki akademisyen adayı daha önce keşfedilmemiş bir Homer destanının varlığından bahsetse James'in umurunda bile olmazdı. Onun yanında geçirdiği kırk beş dakikanın ve sonrasında da asla bitmeyeceğini sandığı soru-cevap işkencesinin ardından hâlâ tek kelime edebilecek durumda değildi.

Yasmeen tam odadan çıkmak üzereyken "Benimle akşam yemeği ye," deyiverdi.

Yasmeen Khalil muhteşem sivri topuklarının birinin üzerinde dönüp düşünceli düşünceli ona baktı. "Olur," dedi sanki onun ağzından çıkan onay sözcüklerinin kendine özgü bir tadı varmış gibi.

***

James, Crawford'da birçok kadınla dışarı çıkmıştı. Sarah Milburn'ü Market Sokağı'ndaki Fabrizio's Bar & Grill'e, Melinda Fischer'ı şehir merkezindeki meyhaneye, Clarice Waldorf'u Hannamayer Creek'in aşağısındaki şehrin ışıksız, marangozhaneden bozma tek galerisindeki resim sergisine götürmüştü. Meydanda Philippa Macintyre ile piknik yapmış, Christine Woo tarafından bovling oynamaya sürüklenmiş ve bir pazar günü Milla Yanowitz ile nehirde yelkenliyle dolaşmışlardı. Şehirde sabahladığı geceler vardı: Mary Jane Ostroeff ile Broadway dışında sergilenen bir dizi saçma sapan müzikale, adını hatırlamadığı kadınlarla televizyondan seks aletlerine kadar hemen hemen her şeyin sergilendiği müzelere gitmiş, yemek yemiş, sinemaya gitmiş, Central Park'ta yürüyüşe çıkmıştı. James, bu buluşmalarda yaptığı şeylerin tamamını hatırlamakta zorlanıyordu ama Yasmeen için özel bir şey yapmak istiyordu, başkasıyla daha önce yapmadığı bir şey. Ne yapacağını bir türlü bulamayınca çaresizlik içinde Doris'e danıştı.

Yedek tonerin nerede olduğunun ya da kahve makinesinin nasıl çalıştırılacağının sorulmasından çok daha fazla tercih edeceği bir şeyin sorulması Doris'i çok mutlu etti doğal olarak.

"Gölette paten yapın," dedi bir anda. Kışları paten alanı küçük süs ışıklarıyla donatılıyor, paten kiralamak da mümkün oluyordu. Sıcak elma şarabı satılan bir büfe kuruluyor ve çiftlerin samimi pozlardaki fotoğraflarını çeken bir fotoğrafçı da oluyordu. Küçük şehir romantizminin zirvesiydi bu. Düşüncesi bile James'in betinin benzinin atmasına, elinin ayağının titremesine yetmişti.

"Aklına gelen başka bir şey var mı?" diye sordu kırmızı bereleri, kırmızı eldivenleri ve birbirine dolanmış kırmızı atkıları hatırlamamaya çalışarak.

"Bir kadına kendisini gerçek bir kraliçe gibi hissettirmek istiyorsanız ona kendi ellerinizle yemek pişirebilirsiniz," diyerek bir öneride daha bulundu Doris.

James yemek pişirme becerisine hiç güvenmemesine rağmen bu planı uygulamaya karar verdi. Farklı ve beklenmedik bir şeydi. Elinde detaylı bir alınacaklar listesiyle marketin yolunu tuttu. Hayatında ilk kez bir kişi için fazlasıyla yeterli olan pembe naylon poşetler yerine alışveriş arabası kullandı. Bir sürü acâyip şeyle doldurdu arabayı: Bütün halinde enginarlar, mantarlar ve güzel bir et olduğunu onun bile anladığı kuzu gerdan. Ama marketten çıktıktan sonra bütün bu malzemeler onun için tuhaf şeylere dönüştü. Enginarlar çok büyüktü. Gerdan eti de koyduğu yerde sabit durmuyordu. Telaşla bir tencere yemeği dibini kazıyarak çöpe döktü. Yasmeen geldiğinde yarı pişmiş hazır elmalı turta ve küflenmek üzere olan bir peynirden arta kalanlar tarafından karşılandı. Yasmeen mutfaktaki kaosu görünce bir Çin lokantasına gitmeyi önerdi.

O gece Yeung Ching'in Noodle Evi'nde James buluşma konusunda hiç tahmin edemeyeceği bir şeyi keşfetti: Size eşlik eden kişi yeterince hoş bir insansa nerede buluştuğunuzun hiçbir önemi yoktu.

Yasmeen Khalil, çekici ve hayat dolu bir kadındı. James'i inanamayacağı kadar çok güldürdü ve anılarını canlandırarak anlatmasını sağladı. James'in gözü bir an camdaki yansımasına takıldığında kendini başka birini seyrediyormuş gibi hissetti. İçlerinde fal olan kurabiyeleri açarlarken Yasmeen kış başındaki taşkınlığı için özür diledi. James onun bunu çoktan unuttuğunu düşünmüştü oysa. O gün çok kötü bir sabah geçirdiğini söyledi. Otobüs durağına giderken bir su birikintisinin içine düşmüştü. Otobüs şoförü de azarlamıştı beklettiği için. Okul çocukları paltosundaki çamurlara bakıp onunla alay etmiş, koridorda yürürken "Ait olduğun yere, Hindistan'a dön," diyerek tıslamıştı ona ergen bir çocuk.

"Seni çok daha güzel günler bekliyor," dedi James, Yasmeen ona şüpheyle baktığında kurabiyeden çıkan falını uzatırken.

"Bunu sadece ümit edebiliriz." James, Yasmeen'in bunu söylerken hüzünlendiğini fark etmedi.

***

İşlek restoranda kurabiyeden çıkan fallarıyla yeterince oyalanmışlardı. James, Main Street'ten aşağı meydana doğru yürümeyi önerdi. Yasmeen'e koluna girmesini teklif etmek istedi ama kullanacağı kelimeler sanki eski zamanlarda Venedikli bir saray mensûbu cariyesine bir taahhütte bulunuyormuş gibi geldi kulağına. Tam o esnada, sanki uzun zamandır inanmaktan vazgeçtiği tanrılar emretmiş gibi, Yasmeen topuklu ayakkabılarıyla buzun üstünde kaydı.

"Yine mi? Hayır ya," diye bağırıp kolunu James'in koluna geçirdi.

Caddeden aşağı doğru havadan sudan konuşarak kol kola yürümüşlerdi. James, Yasmeen'in topuklu ayakkabılarına rağmen kendisinden otuz santim kadar kısa olduğunu fark etti. Oysa onu uzaktan gördüğünde hiç bu kadar ufak tefek görünmemişti gözüne. James bunu onun başının üstünü inceleme fırsatına dönüştürdüğünde saçını topladığı tokaların uçlarından güzel süsler sarkan gösterişli ama eski moda şeyler olduğunu gördü. Bir kadının saçını nasıl topladığını görme şansı olmamıştı daha önce. Yasmeen iki adımda bir kayıp ona daha çok sokuluyordu. Ona sokulduğu zaman başını kaldırıp gülüyordu. Bu anlık bakışmalarda Yasmeen bütün gece göründüğünden çok daha güzel görünüyordu James'e. James bundan daha mutlu olduğu bir zamanı hatırlamıyordu.

Meydana yaklaştıkça James daha fazla gerildiğini hissetti. Diğer çiftleri görünce Yasmeen'in de patenle kaymak isteyeceği aşikârdı.

"Buz pateni yapanlara bakar mısın?" diye bağırdı mutlulukla. James'in kalbi sıkışmaya başladı. "Nasıl yapabildiklerini hiç anlamıyorum. Benim ödüm patlardı."

James, o an Yasmeen'i sevdiğini anladı.

***

İtiraf edemediği aşkının yükünü çekti aylarca. *Seni seviyorum* dedi içinden, konusunu hiç hatırlamadığı filmi izlerken gülüşünü seyrederken. *Seni seviyorum* dedi tuvaletteki aynaya, onu senfoni dinlemeye götürdüğünde. *Seni seviyorum* diye fısıldadı uyuduğundan emin olduğunda saçlarına.

En nihayet bir sabah, Yasmeen kahvesini önüne koyup başından öpütüğünde "Teşekkürler. Seni seviyorum," deyiverdi. Devirdiği kahve fincanı karolara çarpıp paramparça oldu.

James'e tıpkı hapşırmak üzere olan bir yabancıya "Çok yaşa," demeden önceki kararsızlıkla baktı.

"Sanırım kahve lekesini pantolonundan çıkarmanın bir yolunu bulmalıyız," dedi sonunda.

***

Doris, James'i dürttü. "Ders bitti," dedi neşeyle. Yine boşluğa bakıp durduğunu fark etti James.

"Bir içki içmek ister miydin?" diye sordu James.

"İçki?" diye tekrar etti Doris. Şaşırmıştı. "Korkarım içemem. Birkaç kişi beraber meyhaneye gidiyoruz." Biraz uzun sayılabilecek bir süre bekledikten sonra "Sen de bizimle gelmek ister misin?" dedi.

"Gelirim," dedi hem kendini hem de Doris'i şaşırtarak.

Birkaç kadehten sonra eğlendiğini fark edince yine şaşırttı kendini. Gecenin en kötü anı İngilizce bölüm hocalarından birinin Timofey Pavlovich Pnin'e oldukça benzeyen birine söylediklerine kulak misafiri olduğu an oldu. Adama James'in aslında asırlardır Crawford Üniversitesi'nde olduğunu ama karısı onu ve kızını terk edip çocukluk aşkıyla kaçtığından beri pek ortalarda görünmediğini söyledi.

Kel adam "Kızı nasıl biri peki?" diye sordu yusyuvarlak çerçeveli gözlüklerinin üzerinden merakla James'e bakarken.

"Şeker bir kız; biraz ürkütücü ama. Annesi gittiğinden beri aynı kıyafetlerle geziyor."

James kimselerle vedalaşmadan sessizce ayrıldı oradan.

Birkaç gün sonra James, kendini Celeste St Claire gibi giydirilmiş mankenlerle dolu bir mağazada buldu. On beş yaşındaki kızına sürpriz yapmak istediğini söylediğinde neşeli tezgâhtar onun o yaştaki kızların kesinlikle çok seveceğini iddia ettiği giysilere gereğinden çok daha fazla para harcamasına yardımcı oldu.

"Giyilmedikleri takdirde hepsinin iadesi var," dedi ona upuzun alışveriş fişini uzatırken. Tezgâhtarın ısrarla gardıropların olmazsa olmazı olduğunu iddia ettiği yırtık pırtık mini kot eteği Irenie'nin beğenmemesi için tüm kalbiyle dua etti.

7

Bugün yağmur yağdı sevgilim; seni düşündüm. Geçen hafta kar yağdı sevgilim; seni düşündüm. Bir yaprak yeşerdi sevgilim ve ben yine seni düşündüm. Güneş doğduğunda ve sonra battığında seni düşündüm. Ramazan ayında, yılbaşında, Kwanza'da[23] *o ne ise ben de o olduğum için kararsız seni düşündüm.*

Yıllar önce taktırılan klima, eve soğuk bir modernlik havası verdi ama havadaki ağır nostaljinin üstesinden gelemedi. Yıllarca önceki duman ve gece suarelerinin şenlikli havasının ruhu koyu renkli kadife perdelerin kıvrımlarında geziniyor ve yavan cümbüşlerin hayaletleri o cümbüşleri sergileyenler ölmüş ya da çok uzaklara gitmiş olsa da hâlâ etrafta dolaşıyorlar. Heyecanlı gecelerin ve kesme kristal kadehlerin yadigârı olan Yaygaracı Bebek tüm dalkavukları yaşlılığın pençesine düştüğü için tek başına hüküm sürüyor artık.

Bir saraylı zarâfetiyle "Gel canım, otur," diyor. Eliyle hafifçe vurduğu kanepeden yükselip dans eden tozlar gibi hâtıra dalgalanmaları bekliyorum biraz. "Çay?"

23 Ç.N.: 26 Aralık-1 Ocak tarihleri arasında kutlanan bir Afro-Amerikan kültür festivali.

Evet, anlamında başımı sallıyorum.

"Sen gelince nasıl şaşırdığımı anlatamam tatlım. Neredeyse havalara uçacaktım!"

Yaygaracı Bebek'in herhangi bir yere uçması fikrinin bende yarattığı gülme hissini bastırıyorum. En az tik ağacından yapılmış ağır kanepe kadar odanın sabit bir parçası o da. Her ikisi de ipeklere boğulmuş ve her ikisi de neredeyse bir metre genişliğinde. Daha önce bu kadar geniş bir kadınla karşılaştığımı zannetmiyorum. Bize çay koyarken elleri zarafetle telaşa düşüyor. Elleri ve vücuduna inanılmaz derecede ince bir boyunla bağlanan başının yanı sıra vücudunun geri kalan tüm kısımları da bir koltuk kadar hareketsiz görünüyor.

"Tabii ki gelmeni bekliyordum," diyerek devam ediyor. "Ama kimse bana senin büyüyünce annenin kopyası olduğunu söylemedi. Seni son gördüğümde mini minnacık bir şeydin. Üzerinden yıllar geçti hayatım," diyerek beni inandırmaya çalışıyor, onu çıkaramadığıma dair ifadeyi yüzümde görünce. "Beauty ve Bubbly o zaman hâlâ benimle yaşıyorlardı. On iki yıl falan olmuştur. Yok, on üç. Sen kocaman gözleriyle sessiz sessiz etrafındaki her şeye bakan mini minnacık bir bebektin. Bisküvi? İthal bisküvilerden bunlar. İçi marmelatlı, üstü çikolata kaplı olanlardan." Kırık bir tanesini alıyorum içlerinden önce. Israr edince bir tane daha alıyorum. "Artık iyi olanlarını almak için dışarı çıkma bahanem kalmadı gibi bir şey." Teneke kutuya kederle bakıyor. Sonra küçük bir el uzatıyor. Ben de kibarca alıyorum.

Evden çıkmadan önce Nani beni "Çok hassas," diye ikaz etmişti. "Kız kardeşleri öldüğünden beri Shireen'den başka kimseyle görüşmüyor neredeyse." Beauty kalp krizinden öleli on yıldan fazla oldu. Bubbly de ondan üç ay sonra felç geçirip öldü. Birbirlerinden hiç ayrılmamışlardı. Altı yaşındaki Beauty ile dört yaşındaki Bubbly, doğumu annelerinin zayıf kalbinin kaldıramayacağı kadar ağır gelen Bebek'i beraber büyüttüler. Şaşı Beauty ile yarık dudaklı Bubbly'nin koca bulabileceklerine kimse ihtimal vermiyordu zaten. Bebek'in tek kusuru ise aşırı kilolarıydı. Her çocuk gibi o da büyükçe uzadı, ama Bebek tostoparlak oldu gitgide. Ergenliğinin sonlarında 135 kilo olmuştu. O zaman kız kardeşlerinden ayrılmama konusunda kararlı olmasaydı neşe saçan Bebek evlenmiş olabilirdi. Bu üç kardeş bütün geceyi partilerde geçirir, kayınvalide adaylarının çaylarına deterjan dökerlerdi. Masalarda göbek atarlardı. Müstehcen sözleri olan qawwaliler[24] bestelerlerdi. Öyle tuhaf giysiler giydirirler, buldukları tüm yiyecekleri ağzına öyle bir sokuştururlardı ki Bebek mecburen gaz çıkarırdı.

Reddedilen talipler ve aileleri "Amma yaygaracı kardeşler bunlar," diyerek burun kıvırırlardı. Kız kardeşlerin *Yaygaracı* lakabı buradan geliyor.

En küçük kızı da o zamanlar yirmi iki olan evlenme yaşını geçince yaşlı general teslim bayrağını çekip onları evlendirme çabasına son verdi. Üç sene sonra uykusunda sessizce ölünce de kızlarla abileri ilgilenmeye başladı. "Pemboş" diye çağırdıkları Sheryar onlar için başkentte kendi yeni evinin karşısına her odasından tepelerin göründüğü bir ev yaptı. Bahçelerinde yetiştirilmek üzere yurt dışından çiçekler getirtti. Bir tane de çeşme yaptırdı. Lozan'da eğitim görmüş kız kardeşler, karı ve kış geceleri ateşin etrafında oturmayı özleyince abileri Murree de bir ev daha yaptırdı onlar için. Böylece kışları orada geçirebileceklerdi. Pemboş, kız kardeşleri herkes yazı yaşarken kışı, kışı yaşarken de yazı yaşayabilsinler diye iklim düzenleyiciler için bir servet harcamış olsa gerek.

"Yazları neden buraya geliyorsunuz ki?" diye sorardı abileri ara ara.

"Son dedikoduları takip etmek için tabii ki," derlerdi.

24 Ç.N.: Qawwali, Pakistanlı sufilerin geleneksel müziğine verilen isimdir.

Bu üç kız kardeş, İslamabad'da da Lahor'da oldukları kadar meşhur oldular.

Yaygaracı Bebek, bana bu evde verilmiş partilerden, toplantılardan, dans partilerinden, sırlardan ve yaşanmış tutkulardan bahsediyor. Bana sonradan diktatör olan bir adamın nasıl avizeye toslayıp düştüğünü, adını veremeyeceği kadar meşhur bir film yıldızının nasıl bu kanepede Pakistanlı bir playboya âşık olduğunu anlatıyor. Constitution Avenue'daki sarhoş Latin Amerikalılardan, evlerinde tuhaf hayvanlar besleyen insanlara kadar farklı farklı insanların hikâyelerini anlatıyor. Annemin ziyeretlerinin de tıpkı şimdiki gibi olduğunu düşünüyorum: Bebek eski günlerden bahsediyor, annem de dinliyor. Sonra annemde güven duygusu yaratınca annem anlatıyor o dinliyor bu sefer de. Bebek upuzun hayatına girenleri ve çıkanları, bütün entrikaları ve yasak aşkları anlatırken onun diğer insanların kişisel hayatlarının Bayan Winterbourne'dan bile daha açık sözlü bir özetçisi olduğunu fark ediyorum. Annemin Ahmed'le olan ilişkisinin detaylarını bilse bilse o bilir.

"O zaman siz annemle ilk kez annem yatılı okula giderken tanıştınız öyle mi?" diyerek konuşmaya teşvik ediyorum onu.

"Evet. Öyle oldu," deyip bir bisküvi daha alıyor. "Kız kardeşimin torununun en yakın arkadaşıydı. Bana pazar çayına gelmek için özel izinleri vardı. Shireen sessiz bir kızdı ama annen öyle değildi. Onu görür görmez gözlerindeki ateşi fark ettim. "Bu kız hayat dolu" dedim kız kardeşlerime. "Hakikaten de öyleydi ama!" Birbirlerini tanıdıktan kısa bir sonra annem yaygaracı kardeşleri yaptığı haylazlıkları anlatarak neşelendirmeye başlamış. Kız kardeşlerin kendileri de bir zamanlar gittikleri yatılı okulun yaramaz kızlarından oldukları için annemin anlattıklarına bayılırlarmış. Yaygaracı Bebek, bana annemin bir keresinde iğrenç tarih öğretmeninin kabadayı hallerini bütün tebeşirlerini cart pembeye boyayarak nasıl madara ettiğini, yine bir gün spor sahasında St. Mary'nin kesin kaybedeceği bir hokey maçı oynanırken annemin sahaya nasıl bir keçi sürüsü soktuğunu ya da aldıkları düşük notlar yüzünden morali bozulan üst sınıflardaki kızları neşelendirmek için annemin nasıl kreşteki çocukları aynı anda eteklerini kaldırmaya ikna edip üzerinde güzel dilekler yazan bezlerini gösterttiğini anlatıyor.

"Ne âlem kadındı senin şu annen," diyerek dantel kenarlı mendiliyle yaşaran gözlerini siliyor. Bir zamanlar güzel bir kadın olduğu belli. Kulak memeleri çok güzel. Yüz hatları onun yarı kilosunda ve yarı yaşında olan birçok kadının yüz hatlarından daha zarif. Aslında hâlâ kalın ve parlak olmasına rağmen ancak defalarca çitilenen okul gömleklerinde görebileceğiniz kadar beyaz olan saçları yaşını ele veriyor.

Bir noktada Yaygaracı Bebek'in güzel olmamaya, kız kardeşlerinin adlarından birini çalmamaya, yaşları dikkate alındığında aşağı doğru yürümek zorunda kaldıkları patikada onlardan daha önde olmamaya kendisinin karar verdiği düşüncesini geçiriyorum aklımdan. Dış görünüşlerine bakılacak olursa onun eline su dökemezlermiş.

"Benim de yaptığıma bak," diyor. "Nani bana sormak istediğin şeyler olduğunu söyledi. İki saattir ben konuşup duruyorum. Bir şey diyeceğim. Akşam yemeğine kalsana. Koridordaki telefondan evi arayıp izin alabilirsin."

Nani'ye Yaygaracı Bebek'i yormayacağıma dair söz vererek alıyorum izni. "Biliyorsun sağlığı çok iyi değil." diyerek beni ikaz ediyor Nani. "Doktorları yatakta istirahat etmesi gerektiğini ve ziyaretçi sayısının minimumda tutulması gerektiğini söylüyor."

Yaygaracı Bebek'i sadece birkaç saattir tanıyor olmama rağmen onun doktor taleplerine teslim olacak biri olduğunu hayal etmekte zorlanıyorum. Nani'ye de böyle söylüyorum.

"Peki o zaman," diyor. "İyi bir gününde olduğu belli. Sen de hâlâ onunla zaman geçirebiliyorken tadını çıkar bari."

Oturma odasına geri döndüğümde, Yaygaracı Bebek'i sanki uzaktan kumandayla durdurulmuş gibi kanepenin üzerinde hareketsiz otururken buluyorum. İlk kez sadece benim hatırım için özel çaba sarf ettiğini düşünüyorum. Ya da annemin hatırı için. Yasmeen Khalil insanlar üzerinde hep böyle bir etkiye sahip olmuştu.

"Sana Ahmed'in karısıyla ilgili bazı sorular sormak istiyorum," diyerek risk alıyorum. "Bizim ailede onun adını bile anmıyorlar."

"Mehrunissa'dan bahsediyorsun sen," diyerek tekrar hayata dönüyor. "Zavallı Mehrunissa."

Akşam yemeğimiz tepsilerde getiriliyor. Bugüne kadar yediğim en lezzetli büryan pilavı olmasına rağmen Yaygaracı Bebek tabağına dokunmuyor. Ben birinci, ikinci ve zorlanarak da olsa üçüncü tabağı da silip süpürdükten sonra bana annemi öldüren kadın hakkında bildiklerini anlatmaya başlıyor. Mehrunissa İngiltere'de doğup büyümüş ama anne ve babası kızlarını Pakistan'da büyütüyormuş gibi yapmak için ellerinden geleni yapmış. Yaşı ilerlemiş anne babanın tek kızı olunca tuhaf aşırılıklarla büyütülmüş. Mehrunissa ne istediyse elde etmiş. Birçok insan onun hem görünüş hem de zekâsı bakımından sıradan bir çocuk olduğu konusunda hemfikirmiş. Mehrunissa duygularıyla hareket etmeyi seçmeseymiş Ahmed Kakkezai'nin ona yüz verme ihtimali yokmuş pek.

Yaygaracı Bebek'in söylediklerinin çoğunu mektuplardan ve ailenin yaşlı fertlerinin rastgele yaptıkları yorumlardan çıkarabiliyorum. Benim ilgimi çeken onun Ahmed'i engellenmeden sevmiş gibi görünmesi. Evde Ahmed'in adının nadiren anılması rahatsız edici. Bir zamanlar kardeş gibi ya da evlat gibi sevilen birinin çok büyük bir hata yapmış olması. Nana'nın bile bir zamanlar ona karşı duyduğu sevgiyi içinden atamadığını düşünüyorum ama ailem nedense her şeyin Ahmed yüzünden olduğu düşüncesinden sıyrılamıyor. Bazen ismi birilerinin ağzından kaçıyor: "Ahmed bu sebzeyi böyle çiğ yemeyi ne çok severdi; Ahmed burada olsaydı bu söylediğine Goethe'den alıntı yaparak cevap verirdi; Ahmed hep ağustos yağmurlarının en ferahlatıcı yağmurlar olduğu konusunda ısrar ederdi." Sonra da durumu hatırlayıp rahatsız olur, sessizliğe gömülürlerdi.

Ama Yaygaracı Bebek, Ahmed'in ailesini onların tanıdığından daha uzun zamandır tanıyordu. Ahmed'in büyükbabası Yaygaracı Kardeşler'e tavla oynamayı öğretmiş, annesi de Beauty'nin kullanmayı tercih ettiği ve sadece Amerika'da bulunan bir markanın talk pudrasını bulurmuş onun için. Yaygaracı Bebek, Ahmed'den bahsederken kazara iltifat edip sonra da o iltifatı aşağılamalarla hafifletmeye çalışmıyor. Onunla ilgili anılar anlatıp sonra da utanarak susmuyor. Anladığım kadarıyla Ahmed'i de en az annemi sevdiği kadar severmiş. Olayların akışını değiştirmeden devam etmekte zorlandığı için bana Ahmed'in ne kadar akıllı bir çocuk olduğundan, ailesiyle Amerika'ya taşındıktan sonra onun ziyaretlerini ne kadar özlediğinden, kız kardeşlerine ne kadar eğlenceli hikâyeler anlattığından bahsediyor. Çok sevdikleri Yasmeen ile bayıldıkları Ahmed tanışıp birbirlerine âşık olduklarında kader araya girmiş.

"Bir yıldızın doğuşuna şahit olmak gibi bir şeydi," diyor bana. "Parıltısı göz kamaştırıcıydı. Tek sorun Yasmeen ve Ahmed'in de gözlerinin kamaşmış olmasıydı."

"Ne demek istiyorsun yani?"

"Aşklarının gücüne ve büyüklüğüne öyle güveniyorlardı ki ona özen göstermediler."

İlk yazılan mektuplardaki acımasız satırları hatırlayıp ne demek istediğini tam olarak anladığımdan şüphe ediyorum. "Nasıl yani?" diye soruyorum yine de.

"Küçük şeyler aslında. Yasi, Ahmed'e hasta olduğunu söylüyordu. Ahmed de eline bir demek çiçek alıp onu görmeye geldiğinde manikür yaptırmak için Shireen'le kuaföre gittiğini öğreniyordu. O da dosdoğru kuaföre gidip olay çıkarıyordu. Annen de ona 'Seni bugün görmek istemedim sadece,' diyordu huysuz huysuz. Ahmed de ona karşı çok acımasız olabiliyordu. Belki de ondan daha acımasızdı. Yasi'ye hoşlanmayacağı bir şey yaptırmak istediğinde asla doğrudan söylemezdi. Ya ölmek üzere olan bir teyzesi olurdu ya evi terk etmiş bir kuzeni ya da acilen yetiştirilmesi gereken bir şey. Bir tanesini hatırlıyorum mesela. Ahmed annenin onunla Riyad'a teyzelerinden birini görmeye gitmesini istemiş. Duyduklarının tersine Yasi bazen çok çekingen olurdu. İnsanları yakından tanıyana kadar onlara içini açmazdı. Her neyse Ahmed ona teyzesiyle ilgili saçma sapan bir hikâye uydurmuş. Bu arada kadın teyzesi bile değilmiş. İkinci dereceden kuzeni olduğunu öğrendik sonradan. Sistiserkoz[25] hastalığı yüzünden acılar içinde ölmeden önce Ahmed'in müstakbel nişanlısıyla tanışmak istiyormuş. Sistiserkoz, inanabiliyor musun? Böyle bir hastalığı nereden uydurduysa artık. Yasi de görev duygusuyla Ahmed'in hasta teyzesiyle tanışmaya gitmiş. Bir de ne görsün? Kadın sapasağlam. İğrenç kişiliği haricinde hiçbir sorunu yokmuş. Ahmed de ortalarda görünmemiş."

"Ama *neden*? Madem birbirlerini çok seviyorlarmış, neden böyle saçmalıklar yapmışlar ki?"

"Ben bunu bilemem işte. Aralarına bir şey girdi..."

"Mehrunissa mı?"

"Hayır, hayır Mehrunissa değil. Zavallı Mehrunissa kimse için öncelikli biri olmadı ki hiç. Geçiş dönemi esnasında kaçınılmaz olarak ortaya çıkan bir komplikasyon denilebilir onun için," dedi ve ben birdenbire Shamim'in tahmininin doğru olduğundan yüzde emin oldum. Zavallı Mehrunissa'nın gerçekten de başka bir şansı yoktu. "Sana son olarak söyleyebileceğim şey Ahmed ve Yasmeen'in bir-

25 Ç.N.: Ölümcül bir doku hastalığı.

birlerine gereğinden fazla benzedikleri gerçeği," diye devam ediyor. "Haddinden fazla tutkulu ve haddinden fazla duygulu. Haddinden fazla inatçı olduklarını söylememe gerek bile yok sanırım."

"Biri de kalkıp niye özür dileyememiş ki?" diye soruyorum daha önce hiç hissetmediğim kadar sabırsız hissederek.

"Bazı şeyler için özür yetmez. Her neyse onların ilişkisi özür dilemeyi aşan bir ilişkiydi zaten. Ya da onlar öyle zannediyordu. Hiçbir şey bağışlamanın ötesinde değildi. Onları hiçbir şeyin ayıramayacağını düşünüyorlardı. Birbirlerini kaybetmelerinin imkânsız olduğunu düşünüyorlardı."

"Hiçbir kayıp imkânsız değildir."

"Biliyorum," diyor kederle. "Sen bu gencecik yaşında biliyorsun bunu ama onlar henüz öğrenememişti."

Bir süre sessiz kalıyorum. O esnada, onların annemin anlatmış olabileceği trajik bir hikâyedeki olayların başkahramanı oldukları inancımın belki de hayal ettiğimden daha isabetsiz olduğu farkındalığıyla sersemliyorum. O hikâyelerin hangisinde Heer, Ranjha'dan ayrıldıktan sonra onun en yakın arkadaşıyla birlikte olmaya başlıyor ki? Bu destansı aşk hikâyelerinin hangi versiyonunda Romeo bunalıma düşüp başka bir kadını hamile bırakıyor ki? Ahmed benim babam mı? Öyle olmasını dilediğimden ilk kez emin olmayarak soruyorum bu soruyu.

"Ahmed mi?" Şaşırıyor. "Hayır hayatım. Kesinlikle değil."

"1985 yılının yazında olanlara ne diyorsun peki? Mektuplardan birinde Ahmed, Japon Parkı'nda buluşmaktan bahsediyor."

"Sen Japon Parkı'nı hiç gördün mü Irenie?"

"Son zamanlarda hayır."

"Bir buluşma yeri olabilecek durumda değil o park."

"İnsanlar Ahmed'den bahsederken sürekli 'Senin baban şu, senin baban bu,' diye başlayıp duruyorlar ama cümlelerine. Nani bile bir keresinde Ahmed babammış gibi konuştu."

"Dili sürçmüştür. Herkes onların evlenmesini bekliyordu. Herkes Yasmeen'in çocuklarının babasının Ahmed olacağından emindi. Ama öyle olmadı. O yaz hiç görüşmediler onlar. Ahmed onunla vedalaşmak için görüşmek istediğini söyledi ama Yasmeen babanla yeni evlenmişti ve bunu yapmanın doğru bir şey olacağından emin değildi. Ben de ona doğru olmadığını söyledim ama birlikte Japon Parkı'nda sanki tesadüfen karşılaştıkları izlenimi yaratacak bir plan tasarlamışlar."

"Sana söylediğim gibi işte. Buluşmuşlar."

"Ama son dakikada Mehrunissa bunu öğrenip planı bozdu ve onu hiç zaman kaybetmeden Khaira Gullee'nin karşısına çıkardı. Birkaç gün sonra da annenle baban gitti. Yasi ve Ahmed'in bir daha görüşme fırsatları olmadı. Mehrunissa bir yaz önce olanlardan sonra gözünü Ahmed'in üzerinden ayırmıyordu."

"Bir yaz önce ne olmuştu ki?"

"Hay Allah. Ben biliyorsun zannettim. Bu hikâyeyle ilgili bilmediğin şey yok gibi de."

"Neyi biliyorum zannettiniz?"

Derin bir iç çekip "Bir kere ağzımdan kaçırdığıma göre sen şöyle ya da böyle öğrenirsin zaten. Söylenenlere göre Ahmed annenle olabilmek için kaçmış Amerika'ya."

"Söylenenlere göre mi?"

"Söylenenlere göre. Ne Yasmeen ne de Ahmed bu konuyla ilgili tek kelime etmediler bana ama dedikodu çarkının nasıl işlediğini bilirsin."

"Yüzde yüz emin değilsiniz yani."

"Emin değilim. Shireen de emin değil. Emin olduğunu düşünen tek kişi Mehrunissa."

"Gerçekten emin mi?"

"Orasını bilemem hayatım ama şüphem olduğu kesin. Bana o kadar da zeki bir kadın gibi görünmüyor çünkü."

"Son bir sorum daha var," diyorum sormaktan vazgeçebilirim bakışıyla. "Çok yorulmadıysanız tabii." Yorulduğundan adım gibi emin olduğum halde yorulmadığını söylüyor bana. "Üzeri kanaviçeli bir yastık kılıfıyla ilgili bir şey biliyor musunuz? Aamir dayıya düğün hediyesi olarak verilmiş."

Yaygaracı Bebek gülüyor bunu duyunca. Bunun bugüne kadar ona sorulan en tuhaf soru olduğunu söylüyor bana. O bu konuda bir şey bilmiyorsa hiç kimse bilmiyor demektir. En azından hayatta olan hiç kimse.

Ona veda öpücüğü verirken "Neredeyse unutuyordum," diyor. "Sana vermek istediğim bir şey var. Sanırım annenin günlüğü. Yasi buraya son geldiğinde vermişti bana. Ahmed'le görüştüğümde ona vermemi istemişti. Ona 'Bu doğru değil,' dememi de istemişti. Doğru olmayanın ne olduğu konusunda hiçbir fikrim yok ama Ahmed'i bir daha görmek kısmet olmadı. Ben ona bunu veremeden öldü. Bir de nereye koyduğumu hatırlasam..."

Kanepeye çöküp bana gönderteceğine söz veriyor. Tamamen tükenmiş durumda. El sallamak için arkama döndüğümde gözlerinin kapanmış olduğunu görüyorum. Onca anının ağırlığı altında eğilmiş omuzlarıyla keder içinde kıpırdamadan oturuyor. Bir anlığına onun yerinde babamı görüyorum. Küçülmüş, neredeyse geçmişin hayaleti tarafından yutulmuş bir şekilde. Bu sefer sırtımı dönmüyorum.

8

Yüzünü ay ışığında gördüm ilk kez; tenine ilk kez yıldızların altında dokundum. Uçarken özledim seni ilk kez, ilk kez haberini bir sırdaştan aldım. Gazeteye uzanırken koluna değmek harika olurdu, dişlerini fırçalarken seni izlemek gerçekleşen bir rüya olurdu. Ve her gün beş buçukta adını seslenmek; işte bu şimdi bile gerçekleşsin diye ümît edip dua ettiğim bir şey.

Olasılıklardan koruyarak kendi kaderini şekillendiren erkekler vardır sanki çabalarının onları belli bir gelecekte kadere taşıyacağını biliyormuş gibi. Adanmışlıklarının tek amacı vardır. Çabaları tükenmek bilmez. Hayatları kendileri için çizdikleri rotanın kıyısındaki karmaşık kutu oyunlarıdır. Bir de bütün bu mücadeleleri seyreden erkekler vardır. Yolcu gemilerindeki kaçak yolcular gibi ara ara ummadıkları yerlerden nasiplenmenin sefasını sürerler: Tepsiden yere düşmüş azıcık fazla kızarmış Fransız çöreklerinden ya da para vererek girenlerin dans ettiği salondan gelen Polka müziğinden nasiplenmek gibi. Geminin onları nereye götüreceğini onlar belirlemez ya da yol boyunca herhangi bir konuda söz hakları olmaz. Denizci ya da yıldız haritalarını ara ara inceleme şansları olsa bile incelemezler çünkü yönü konusunda söz haklarının olmadığı bir yola kafa yormanın sağır bir adamın ölmüş müzisyenlerin hayat hikâyelerini okuyarak bir gün bir senfoniyi duyabileceğini hayal etmesi kadar nafile bir çaba olduğunu düşünürler. Sevdiği kadının pantolonundaki kahve lekesini kurutma kâğıdına emdirmeye çalışmasını seyrederken James ikinci gruptaki erkeklerden olduğuna her zamankinden çok daha fazla emin oldu. Yirmi yıl sonra mutfakta nasıl olsa umursayacak hiç kimse olmadığı için iç çamaşırıyla oturup kahve içerken o gün öyle düşünmekte haklı olduğunu biliyordu artık.

Yaptıkları konuşmadan beri zamanını ya telefonda çevir sesi olup olmadığını ya da Irenie'nin odasına başını uzatıp temiz giysilerin hâlâ orada olup olmadığını kontrol ederek geçiriyor ve geçmişin ayrıntıları üzerine düşünüyordu derin derin. Bütün sabah Yasmeen'in ellerinin ne kadar yumuşak olduğunu düşünmüştü. O hem hârika hem de berbat günde Yasmeen'e kalbini açtığında kadının ona dokunuşu ne kadar rahatlatmıştı onu.

Yasmeen'in mutfağındaki sandalyenin bacaklarını nasıl üşüttüğünü hâlâ hatırlıyordu. Durmadan bacak bacak üstüne atıp ellerini kalçasının altına koyarak sandalyenin olabildiğince az yerine değdirmeye çalışmıştı bacaklarını. Yasmeen fark etmemişti. Lavaboya eğildiği için sırtı dönüktü ona. İkisi de tek kelime etmemişti. Desenli bir kâğıt havluyu kahve dökülen yere hafifçe değdirmiş, leke çıkarıcı bacağından aşağı sızmasın diye kâğıt havluyu bir saniyeliğine bacağına bastırmıştı. Böyle ince işler söz konusu olduğunda Yasmeen çok titizlenen biriydi. Belki tuhaf gelecek ama sanki kafasındaki bir kılavuzun yönergelerini aşama aşama takip ediyor gibiydi. Ne küçük ne de büyük mevzular söz konusu olduğunda James hiçbir zaman böyle kesin çizgilerle hareket etmemişti. Hayatının hiçbir özelliği olmamıştı. Bahar rüzgârına kapılmış bir kuş tüyü gibi sahipsiz ve özelliksizdi. Hiç beklemediği ya da çaba sarf etmediği halde Yale'den kazandığı bursu tabii ki kabul etmişti. Aynı şekilde, Doktor Oliver Theuriau'nun hiç beklenmedik bir şekilde James'in beşeri bilimler için kazanılması gereken bir cevher olduğuna ikna olması, yine Pittsburgh'dan gelen ve Doktor Oliver Theuiau'nun onu kabul etmeye ikna ettiği teklif, James'in hiç ummadığı halde Crawford'dan kısa sürede aldığı randevu. Artık Crawford'un onu tamamen yanlış düşüncelerle aldığını, ayrıcalığının hayatında olup biten diğer şeyler gibi tamamen şans eseri olduğunu biliyordu.

Crawford'un işe alım ekibi, James'in tez konusuna bakarak onu ince zekâlı bir ukala olarak algılamıştı. Devrim niteliğindeki bilgisinin yıllanmış bölüme bir heyecan getireceğini düşünerek önermişlerdi ona pozisyonu ama James Eccles devrimci ruhlu falan değildi. İnce zekâlı olmak gibi bir derdi de olmamıştı hiçbir zaman. Aslında James Eccles ahım şahım bir bilim adamı bile değildi. Uygulama alanı olmayan bir bilim dalına erkenden itildiği için akademik dünyaya kaymıştı. Crawford Üniversitesi'nden daha saygın bir üniversite bunu hemen fark edebilirdi ama "yayımla ya da öl" sözü beşeri ilimler bölümünde geçerli bir söz değildi. En üretken üyesi Charlene Weber adında bir kadındı. O da Dr. Charles Faber'in yazdığı popüler ama hatalarla dolu tarihi aşk kitapları için kullandığı takma isimdi. James'in ataması yapıldığında bölümün diğer on bir elemanı bir türlü bastıramadıkları kitaplarını bastırabilmek için o kadar uzun bir zamandır debeleniyorlardı ki James'in tezini Bridgeport Free Press Yayınevi'ne bastırabilmiş olması gibi küçük bir başarı onun birkaç yıl mercek altına alınmadan çalışmasını sağladı.

Yıllar ilerledikçe James kendisiyle ilgili ne kendisinin ne de diğerlerinin asla tahmin edemeyeceği bir şey öğrendi: Gerçekten de iyi bir öğretmendi. Anlaşılması güç şeyleri basitleştirebilen, kesinliğin yerine tahmin edilebilirliği koyabilen biriydi. Aşırı detaycı olma özelliği tahmin edilemez bir şekilde onun öğrencileriyle aynı kafada olduğu izlenimini yaratmıştı öğrenciler üzerinde. Genellikle erişilmez oluşu ve gayri şahsi hal ve hareketler sergilemesi bu izlenimi daha da körükledi. Zorunlu dil dersi alan gittikçe daha fazla sayıda birinci sınıf öğrencisi bir ya da iki dönem almak üzere eski Yunanca dersine kayıt yaptırınca diğer dil derslerine kayıt yaptıran öğrenci sayısı azaldı. Öğrencilerin James için yazdığı değerlendirmelerde "Adam muhteşem," "İmkânsızı neredeyse mümkün kılıyor," gibi yorumlar oluyordu.

Ama bu o kadar da kolay bir şey değildi. Bilinçli olarak farkında olmasa da James'in sırrı şuydu: Anlaşılmaz olana giden yolu herhangi bir aptalın bile kolaylıkla ulaşabileceği şekilde erişilebilir kılıyor ama anlaşılmaz olanın itibarını asla zedelemiyordu. Böyle olunca da daha önceki ilgisiz Fransızca ve İspanyolca öğrencileri Dr. Eccles'ın Temel İlkeler sınıfına kaydoluyordu çünkü çok fazla adanmış, çalışmaya istekli ya da gönüllü olmasalar bile bir ihtimal aydınlanma şansını kenarından köşesinden de olsa yakalayabileceklerini umuyorlardı.

James'in yetersiz bir bilim insanı olduğunun gözden kaçırıldığı yıllar boyunca o kazara da olsa kendini beşeri bilimler bölümünün vazgeçilmez bir elemanı yapmayı başardı. Dört yıl boyunca hiçbir makalesi yayımlanmadığı için işten çıkarılması gerekirken, herhangi bir şey bastırırsa titrinin yükselebileceği konusunda bilgilendirildi sadece. Dekan ona bunun herhangi bir şey olabileceğini söyledi. Sözgelimi bir deneme yazısı, bir makale ya da nadiren kullanılan bir özlü söz üzerine yazdığı yorumlar olabilirdi bastıracağı şey. James onun dediğini yapsaydı titri yükselecekti ama böyle bir şeyi becerebilmesi mümkün değildi. Ne yazdığı cümlelerin bir amacı vardı ne de öne sürdüğü karmaşık argümanların anlaşılabilir bir yanı. Çaresizlik içinde tüm dikkatini ders notlarına verdi. Dersini anlatma konusunda yeterince iyi olursa belki de onu profesör yaparlardı yine de. Notlarının belli bir sıraya göre dizilmiş olduğunu fark etti. Daha önce fark etmediği bir eş zamanlılık vardı notlarında. Ders planları yoğun ve birbiriyle bağlantılı bir şekilde hazırlanmıştı. James kendi varlığının patronu olabilseydi bu durum çok da önemsenmeyecek bir kızgınlığın kaynağı olabilirdi ama James öyle biri değildi.

James'e ya bir şeyler yazıp bastırırsın ya da gidersin mesajının verildiği dönem çok yoğun bir dönemdi. Hiçbiri de başlangıç seviyesinde olmayan üç ayrı ders veriyor, ziyaretçi akademisyenler komitesine eş başkanlık yapıyor ve erken dönem Minos sanatı üzerine seçmeli bir ders veriyordu. Zorunlu olmayan tüm bu çalışmaların kendisine puan toplatacağını ümît ediyordu. İlk kez kendisi için bir asistan talep etme ihtiyacını hissetti. Asistanı Wilton adında gençten bir adamdı. Beşeri bilimler bölümü çalışanlarına defalarca asistanlık yapmıştı. Kimsenin koşmak istemediği bir bayrak yarışında elden ele uzatılan bir sopa gibiydi. James asistanından dekan ile yapacağı kader belirleyici görüşmeden birkaç hafta önce bir araya getirdiği ilk kopyaları göndermesini istediğinde onun bu ününden haberi yoktu. Kendini derslerine, müfredat dışı çalışmalarına öyle kaptırmıştı ki ders notlarının olmaları gerektiği yerde olmadıklarını fark edememişti. Önde gelen bir yayınevinin tebrik mektubunu aldığında sadece bu yayınevinin telif hakkını satın almak istediği şeyi kaydetmemişti. O kadar yoğundu ki ders kitabının üç kitaplık setteki ilk kitap olacağı notunu bile eklemeyi unutmuştu ihbarnameye. Sadece teklifi imzalamış ve bu gelişmeyi dekana haber vermeye koşmuştu.

İşte o kritik anda Crawford tarihindeki en beceriksiz asistan imdada yetişip James'in yükselmesini garantiledi. Ders kitapları müthiş bir başarı yakaladı. Yıllarca ülkedeki tüm üniversitelerde Yunanca dersi alan birinci sınıf öğrencilerinin değişmez kitapları oldular. Son bölüm, James Yasmeen'le karşılaşmadan birkaç ay önce yayınevine gönderildi. Yine o hiçbir şekilde planlamadığı halde hayat onu olması gereken yere taşımıştı. Orada bacakları üşümesin diye ellerini kalçasının altına yerleştirmiş otururken James hayatın aslında kurgulanabildiğini ve birçok insanın muhtemelen kendi hayatlarını bir yere kadar kuguladığını düşündü. Kendi adına konuşması gerekirse eğer, o âna kadar Yasmeen ile olan ilişkisinin gidişatı planlanarak çizilmemişti. Yasmeen'e onu sevdiğini söylemişti, çünkü onu seviyordu. Anlaşılmaz bir farkındalık, bir kadını sevdiğinizde yaptığınız şeyin ona bunu söylemek olduğu gerçeğiyle tedirgin etti onu. Ona sahip olabilmek için yapabileceğiniz her şeyi yapmanız da içgüdüsünün ona söylediği ikinci adımdı. Ama bu kez James doğal sürece direndi. Söylediğini tekrar etmedi ya da lafını geri almaya çalışmadı. Yasmeen'e ne düşündüğünü sormadı. Yasmeen pantolonunu ütülerken sadece orada iç çamaşırlarıyla oturup bekledi. Yasmeen ona âşık değildi. Bunu anlıyordu ama beklerse belki bir gün âşık olurdu. Sakin bir aşk olurdu onlarınki. Aşinalıktan doğan, yalnızlıktan, güvende olma hissinden beslenen, her zaman orada olacağını fark ettiğinde Yasmeen'in de zamanla hissedebileceği bir şey.

"İşte tamam," dedi yapışkan sandalyeden sarkan terli bacağın çıkardığı sese gülerek. James pantolonunu giymeye çabalarken, Yasmeen'in onun tuhaflığına değil de o tuhaflığın çekici bulduğu yönüne güldüğünü biliyordu. Belli bir geleceğe yelken açmıştı. O öğleden sonra yaptığı ilanıaşktan ne kendisi ne de Yasmeen bahsetmişti ama sonrasındaki sessizlik belirginleştirmişti her şeyi. Birkaç gün sonra Yasmeen bölümün dönem ortasında verdiği çay partisinde eşlik etti James'e. Resmî bir davete ilk kez bir çift olarak katılmışlardı. İki ay sonra Yasmeen onunla evlenmeyi kabul etti.

Dibindeki telvenin tadını almadan kahvesinin sonunu içti. TM yine aramakta gecikmişti. Irenie'nin bu hafta onunla konuşacağına söz vermişti. James beklemeye hazırlandı. Bekleme konusunda çok iyiydi. Hatta en iyi yaptığı şeydi. Kayınvalidesi onun bilet konusundaki çıkışı karşısında dehşete kapılmıştı ama sonradan onun neyi niye yaptığını anlamıştı sanki. Bir evlat kaybetmenin ne demek olduğunu çok iyi biliyordu.

9

Yıldızların ve çarşafların altında sevdik birbirimizi. İnsanlar suyun altındaki elmaslar gibi kum taneleriydi. Dakikalar içinde evrenlerimiz anlaşılabilirin ötesinde büyüdü. Ve o tuhaflık içinde hiçbir şeyi umursamıyorduk.

Günlerce telefonun çalmasını bekliyorum endişeyle. Havaalanından arayan yok. Yaygaracı Bebek de aramıyor ama cumartesi sabahı James Eccles arıyor. Nani o dışarıdayken telefona bakmamı istediğinde babamın arayacağını söylemeyi unutuyor bana nedense.

"Irenie!" diye bağırıyor telefonda.

Neredeyse telefonu kapatıyorum. "Baba," diyorum. Baba, baba, baba diye yankılanıyor sanki ses telefonda.

"Nasılsın?" Öyle kederli geliyor ki sesi, ben de ona nasıl olduğunu sorma ihtiyacı hissediyorum. Artık Doktor Faber de yok. Hafta sonları ne yapıyor acaba diye merak ediyorum. Genellikle formalite icabı söylediği "İyiyim, teşekkürler," cevabı yerine pekiyi olmadığını söylüyor bana. Üşüttüğünü söylüyor. Yazın geçirilen soğuk algınlığı çok daha kötü oluyormuş. Yeni kitabı üzerindeki çalışmaları pekiyi gitmiyormuş. Zamanının çoğunu kütüphanede geçiriyormuş ama yine de bir ilerleme kaydedemiyormuş. Dondurulmuş yemekler onun kurtarıcısı olmuş. Ona dondurucuya yemek koyduğumu söylemeyi unuttuğumu hatırlıyorum. Bu zamana kadar gördüğümden çok daha konuşkan ve telefon konuşmasını uzatmaya can atıyor gibi görünüyor. Ben de hiç içimden gelmediği halde ona kuzenlerimden bahsediyorum. Ona Naaz'ın bütün vaktini bilgisayar önünde geçirirken Shamim'in *Beowulf*'u okuduğunu söylüyorum. Yaygaracı Bebek ile görüştüğümden bahsediyorum. Tabii ki bana söylediği her şeyi anlatmıyorum ona. Sonra da Shireen Amin'in beni çaya beklediğini söylüyorum.

"Shireen mi dedin?" diye bağırıyor. "Söylesene bana o nasıl?" Görünen o ki annemin en yakın arkadaşı babamın yumuşak karnı. Bana Shireen'in tanıdığı en sıcakkanlı insan olduğunu söylüyor. Bir süre annemle Pakistan'a geldikleri zamanlardan konuşuyoruz. Yarım saat geçiveriyor. Anlattıklarının çoğunu hiç duymamıştım bugüne kadar. Aslına bakılacak olursa, onun benimle annem hakkında konuşması bir ilk. Onun ismini söylediğinde sanki sesi ışıklarla doluyor. Biletimi yırtmış olmasını affediyorum o an. İlk kez, annemi onun da kaybettiğini fark ediyorum.

Vedalaşmadan önce bana Shireen'in beni seveceğini, endişelenmememi söylüyor. Nereden bildiğini merak ediyorum.

***

Shireen teyze, teyze diyorum çünkü ona teyze diye hitap etmem söylendi, umduğumdan daha yaşlı. Büyükannemlerin şöminesinin üzerindeki gümüş çerçeveli fotoğrafta annemin koluna asılan kızı görmeyi ummuştum oysa. Belki o kızdan biraz daha uzun ve belki de iki yerine tek saç örgüsü olur diye ummuştum. Bu kadının o kızla uzaktan yakından alakası yok. Genç kızlığının izlerini bulabilmek için dikkatle inceliyorum onu. Annemi de incelerdim böyle. Kızların ikisi de yok artık: Biri yaşlanmış. Öbürü hayatta değil.

Ona milyonlarca şey sormak istiyorum bir solukta ama nereden başlayacağımı bilmiyorum. Hassas gözleriyle aklımdan geçeni okuyor sanki. Telefon çalıp bizi bölene kadar annemle ilgili bir sürü hikâye anlatıp eğlendiriyor beni. Kızı Shezzie arıyor. Damadın ayakkabılarıyla ilgili bir karışıklık olmuş galiba.

"Korkarım benim gidip sorunu çözmem gerekiyor," diyerek özür diliyor benden. "Düğün ayın yedisinde. Hepimiz biraz delirmiş durumdayız bu aralar."

"Ağustosun yedisinde mi?"

"Eylül. Umarım gelirsin." Ben daha bunun imkânsız olduğunu söyleyemeden kanepenin arkasında bir şeyler aramaya başlıyor harıl harıl. "Neredeyse unutuyordum! Bak ne buldum!" Bana oldukça yıpranmış bir karton kutu uzatıyor.

İçinde eski fotoğraflar var. En üstteki fotoğrafta ben yaşlarda sari giymiş iki kız var. Biri şalı muhafazakâr bir tarzda bel kısmına sarmış biri. Diğeri fütursuzca bir kalçasını kaldırmış, şalı da sarmadan serbest bırakmış.

"Aamir'in düğününde çekildi o fotoğraf," diyor Shireen omzumun üstünden bakarak. "O sarilerin içinde zarafet abideleri gibi hissetmiştik kendimizi. Bunların sende kalmasını istersin diye düşündüm. En sevdiklerimi çerçevelettim bile."

Şansıma inanamayarak coşkuyla teşekkür ediyorum ona. Tanıştıklarından itibaren her yaşta kol kola çekilmiş fotoğrafları var. Bazen sahte bıyıklarla süslenmiş fotoğraflar var. Ağaçların altında uzanırlarken çekilmiş fotoğrafları var. Annemin at üstünde olduğu bir fotoğraf var. Shireen atkı örerken, birlikte ayaklarını dereye sokarlarken çekilmiş fotoğrafları var. Özellikle okul formalarıyla çektirdikleri fotoğrafa bayılıyorum. Koyu renkli kolalı jilelerin içinde çizdiğim zaman annemin beni azarladığı kızlar gibi görünüyorlar. Beyaz gömlekleri siyah beyaz fotoğrafta pırıl pırıl parlıyor. Göğüslerine askeri havası olan bir arma takmışlar. Önden bantlı Mary Jane stili ayakkabıları güneşte gıcır gıcır parlıyor. Tam da benim olmak istediğim kız tipi olmuşlar.

"O gün bizim Saint Mary'e başladığımız gündü," diyor Shireen. "Annenle o fotoğraf çekilmeden beş dakika önce tanışmıştım."

Şaşırıyorum. Sanki birbirlerini doğduklarından beri tanıyormuş gibi görünüyorlar.

"O gün müdire hanımla görüşeceğim için çok gergindim," diye devam ediyor rujunu sürmek için aynaya eğilirken. "Bir kütükte oturduğumu hatırlıyorum başım ellerimin arasında. Annemle babam, diğer çocukların anne babalarıyla konuşuyorlardı. Durduk yere Yasmeen ortaya çıkıp saç örgülerimden birini çekti. Önce beni kızdırmaya çalıştığını zannettim. Neredeyse ağlamaya başlayacaktım ama bana korkmamamı söyledi. Sanırım başım ellerim arasında otururken ne hissettiğimi anlamıştı. Sonra da bana müdire hanımın bıyıklarıyla ilgili komik hikâyeyi anlatmaya başladı. Ona da Mehreen anlatmış. Annemler yanıma geldiğinde öyle yüksek sesle gülüyordum ki sakinleşmem için bana yalvarmak zorunda kaldılar. Bu fotoğrafı o zaman çektiler işte. 'Daima yakın arkadaş olun,' dedi annem. Haklı da çıktı. Biliyorsun sana benim adımı verdiler."

"Babamın kız kardeşi Irene'in adını verdiklerini sanıyordum ben."

Şimdi evin holündeyiz. Kapıya yöneliyoruz.

"Evet öyle. Irene'in adı ve ayrıca benim adım olan Reenie!"

"Sevindim," diyorum yavaşça. "Senin adını aldığıma yani. Hayatta olmadığı dışında başka hiçbir şey bilmiyorum Irene ile ilgili."

"Belki bir gün baban anlatır sana. Babanın o korkunç olayı hiçbir zaman atlatamadığını düşünürdü annen.."

"Çalışma odasında ikisinin fotoğrafını buldum. Irene'in benim gibi biri olduğunu sanmıyorum hiç - ya da daha doğrusu onun gibi biri olduğumu sanmıyorum. Sanırım babam öyle olmamı isterdi." Annemin elini gür dalgalı saçları tıraş köpüğüyle şekillendirilmiş genç bir adamın göğsüne öylesine koyduğu fotoğrafı sallayarak "Bu Ahmet değil mi?" diye bir söz çıkıyor ağzımdan utanarak. Annem başını kaldırmış Ahmed'e bakıyor. Belli ki bir fıkraya gülüyor. Gözlüğünü burnunun biraz daha üstüne itmiş, altından neşeyle anneme bakıyor. Resmî bir davet ya da onun gibi bir şey için giyinmişler gibi. Erkek kardeşinin düğününde giydiği sariyi giymiş annem. Ahmed takım elbiseli.

Shireen şaşırıyor. "Bu fotoğrafın orada olduğunu bilmiyordum. Yasi gelip ikisinin beraber göründükleri bütün fotoğrafları yırtmıştı şeyden sonra."

"Neyden sonra?"

"Bunu söylemek bana düşmez."

"Düğüne gitmek için mi böyle giyinmişler?" diye ısrar ediyorum.

"Bir bakıma öyle. Tanıştıkları gün yapılan bir düğünün anısına öyle giyinmişlerdi."

"Ben üniversitede tanıştıklarını zannediyordum." Ama Claire ne demişti? Annemin ona daha önce bir kez bir rüyada ya da onun gibi bir şeyde karşılaştıklarını söylediğinden bahsetmişti. "Aamir dayının düğününde karşılaştılar değil mi?"

"Bunu benden başka kimse bilmiyor. Şimdi sen de biliyorsun," diyerek susuyor. "Ben en iyisi ayakkabıcıyı arayıp gecikeceğimi haber vereyim." Sevinçle bakıyorum ona. O da bana sadece kendisinin bildiği hikâyeyi anlatmak üzere oturup arkasına yaslanıyor.

***

Yazın sonlarına doğru sıcak ve hafif esintili bir gecede Aaamir Khalil ve Sairah Kakkezai, Aamirlerin evinin bahçesinde evlendiler ve o geceden sonra iki ailenin de hayatları herkesin anlayabileceği geleneksel anlamda olmasa da sonsuza dek sürecek şekilde değişti. Büyük bir olaydı tabii ki. Melbourne'den Manhattan'a kadar farklı farklı yerlerden gelmiş kendileriyle iftihar eden misafirlerle doluydu. Lahor'dan bir yemek şirketiyle anlaşılmıştı. Gelinlik çağa gelmiş kızlar o gecenin detaylarını yıllarca arkadaşlarına ve ailelerine hayallerindeki düğün olarak anlattılar. Sonraki onlarca yıl boyunca o gece saatler on biri gösterdiğinde henüz karşılaşmamış iki insanın hayatını şekillendirecekti o düğünde olanlar.

On beş yaşındaki Yasmeen Khalil, sarisine bürünüp öfkeyle yanaklarını emdi. Bu akşam bitmek bilmeyecek miydi? Bir haftadan kısa bir süre içinde yatılı okula geri dönmüş olacaktı ve diğer kızlara anlatabileceği ilginç tek bir şey yoktu. O akşamın daha erken saatlerinde açık renk gözlü bir çocuk kazara koluna sürtünmüş ve bir anlığına da olsa sanki birbirlerini tanıdıklarını daha önce kimseye karşı hissetmediği bir şekilde hissetmişti. Şimdi ortalıklarda görünmüyordu. Muhtemelen gelinin diğer aile fertleriyle birlikte Şikago'ya dönmüştü. Onu bir daha ne görmüş ne de onunla ilgili bir şey duymuştu. Çok az gördüğü ya da neredeyse hiç tanımadığı birtakım akrabalara sürekli gülümsemekten sıkılmıştı. Yanaklarının sıkılmasından, saçının okşanmasından ve ne kadar güzelleştiği yorumlarından da sıkılmıştı.

Reenie'ye "Hadi bir yerlere kaçıp sigara içelim," diye fısıldamıştı gelin bir dizi fotoğraf daha çektirmek üzere eteklerini toparlarken.

"Sen delirdin mi?" demişti arkadaşı da fısıldayarak. "Ya birileri bizi aramaya kalkarsa?" Kimsenin onları arayacağı falan yoktu. O kargaşada ortadan kaybolduklarını bile fark eden olmazdı. Böyle bir ihtimal olsa dahi Yasi nasıl olsa pes etmeyecekti. Sıkıldığı zaman onu kimse tutamazdı yerinde.

İki kız, tatlıların ikram edildiği masadan uzaklaşıp yaz boyunca içinden geçtikleri dikenli çalılara yöneldiler. Erkek kardeşinin düğün yemeği onların evinin bahçesinde verilecekti. Güzel bir mekândı. Neredeyse Margalla Tepeleri'ne bitişikti ve yeni evlilerin hemen yan taraftaki evi daha geçen hafta dayanıp döşenmişti. Düğüne katılanların tamamı yeni evlerinin giriş kapısına kadar eşlik edecekti gelin ve damada. Bir yerlerden bulunmuş Raja adında çelimsiz bir at taşıyacaktı gelinle damadı. Bütün sokak, kadife çiçekleriyle bezenmişti. Çiçeklerin araçlardan ve onları aşırmaya çalışan çocuklardan korunması için herkesin Kaanta diye bildiği huysuz bir bekçiyle anlaşılmıştı. Gece yarısını biraz geçe Kaanta can sıkıntısından ata çiçek yediriyordu. Yedirilen onca şey Raja'nın güçsüz bağırsaklarını harekete geçirince o da bacaklarının üzerinden bolca dışkı bıraktı. Kızlar yanından kıkırdayarak geçerken, Kaanta atın arka bacaklarını süsleyen çıngırakların üzerinden yarı öğütülmüş kadife çiçeklerini toplamak gibi iğrenç bir işi yaptığı için küfredip duruyordu. Raja'dan başka kimsenin fark etmediği genç bir çocuk, giriş kapısının demir parmaklıklarından birine tünemiş, gözlerinin önüne serilmiş tabloyu izliyordu. Düğünden sıkılıp etrafta biraz dolaşmaya karar vermişti önce. Kaanta küfürler yağdırmaya başlayınca bir kuytuya saklanmıştı. Sonra da sesin nereden geldiğini anlamak için giriş kapısının demir parmaklıklarına tırmanmıştı.

Kızlar yaklaştığında, Kaanta ve atı izlemekten çok sıkılmıştı Ahmed. Kızlar küçük adımlarla sessizce yola doğru süzülüp kaktüslerin arasından geçerlerken izledi onları. Ay biraz daha büyük ya da süs ışıkları biraz daha parlak olsaydı eflatun elbiseli kızın yeşil çay verirken eline değdiği, görmek için etrafa bakındığında ondan tarafa dönünce kalbi duracakmış gibi hissettiği kız olduğunu fark edebilirdi. O olduğunu bilseydi, orada, o demir parmaklıkların üstünde donup kalabilir, yapsa yapsa en fazla içinde kayboldukları çalılığa gidip arkalarından bakabilirdi o kızın tek bir bakışını daha yakalayabilmek umuduyla. Ama o karanlıkta birinin farkına varmadığı ne çok şey saklıydı.

Daha kısa boylu olan kız, birkaç dakika sonra dikenli çalılıkların içinden hızla geri koşunca çocuk nedenini bilmeden büyük bir saksının arkasına eğildi. Belki de kavga etmişlerdi. Belki de diğer kız kırılmıştı. Gidip bir baksam iyi olur diye düşündü.

Dikenli çalıların arasından geçmekte kızlar kadar hüner gösteremedi. Pantolonunu öne eğilmiş bir dala kaptırıp yere doğru tökezleyince dikenler sol yanağını çizerek canını yaktı. Saçlarında yapraklarla ayağa kalktığında giysileri kirlenmişti. Çenesinde kan vardı.

Bitişikteki ev de süs lambalarıyla aydınlatılmıştı ama gecenin sessizliğinde düğün şenliğinden çok daha huzur vericiydi. Etrafta kimsenin olmadığını görünce, evin bir kenarında oturmaya karar verdi. Evin arka tarafında küçük bir döner merdiven gördü. Bu merdivenlerden yukarı çıktı.

Yukarıda ya hizmetçilerin kaldığı bir yer ya da dar bir teras vardır diye düşünmüştü ama kendini geniş bir balkonda buldu. Balkonun kenarlarında saksılarda yetiştirilmiş bitkiler ve küçük ağaçlar vardı. Çatıdan süs lambaları sarkıyordu. Kamıştan yapılmış, kuş yuvasına benzeyen bir salıncak sallanıyordu bir çıkıntıdan. İki kişilik de bir masa hazırlanmıştı balkona. Balkondan Margalla Tepeleri gökyüzünün kapkaranlık göründüğü yere kadar kesintisiz görünüyordu. Ahmed hayatında ilk kez beklenmedik bir güzellik karşısında nutkunun tutulduğunu hissetti. Etrafta başka kimseyi görmeyince salıncakta biraz oturup manzaranın tadını çıkarmaya karar verdi. Salıncağa doğru ilerlerken büyük balkon direklerinden birinin arkasında bir gölgenin farkına vardı. Gölge ona kıpırdıyormuş ve görülemeyen daha derin bir gölgenin içine doğru ilerliyormuş gibi geldi Ahmed'e.

"Orada biri mi var?" diye seslendi korkuyla.

Cevap yoktu.

Kendini aptal gibi hissedip büyük adımlarla gölgeye doğru ilerledi. Muhtemelen üstü örtülmüş bir sandıktır diye düşündü. Tente zannettiği şeyi çekti. Çektiği şey bir çarşaftı ve şüphesiz gelinin çeyizindendi. Çarşafın altında gözlerini sımsıkı kapatarak dizlerini karnına çekip büzülmüş bir kız vardı. Çarşafın üzerinden ânîden çekilmesiye gözlerini yakaladığı kızın yeşil çay içen kız olduğunu fark etti Ahmed. Yakından çok daha güzel görünüyordu.

Ahmed eğilince kız onun yanağındaki çiziği görüp "Sen iyi misin?" diye sorduktan sonra çenesinde kurumak üzere olan kanı silmek için bir parmağının ucunu diliyle ıslattı.

Sen misin? demek istedi ama doğru kelimeleri bulmakta zorlandı Ahmed. Konuşmak yerine kızı öptü. Sanki ne yaptığını biliyormuş gibi, sanki hayatları boyunca birbirlerini öpmüşler gibi, ta ki ikisi de örtüye dolanıp yere yapışana kadar öptü. Nefes almak için durduklarında Ahmed bir gün onunla evleneceğine söz verdi. Kız da hiç düşünmeden kabul etti. Saniyeler sonra bazı ayak sesleri duydular. Kız sessizce kendini Ahmed'den uzaklaştırıp örtünün altına sakladı onu. Bütün bunlar en fazla beş dakika içinde olup bitmişti.

Kızın "Buldun mu?" diye sorduğunu duydu. Sonra başka bir kızın, sonrasında da yakılan bir kibritin sesi geldi. Sigara içerlerken sohbet etmeye başladılar, ama ne konuştuklarını duymadı Ahmed. Kızın parmak ucunun yumuşaklığını ve öpücüğünün tatlılığını hafızasına kazımakla meşguldü o esnada. Kızlar çoktan gitmiş olmasına rğmen uzunca bir sure gölgelerin altına sokulmuş bir vaziyette bekledi. İşlemeli çarşafı tuniğinin altına sokuşturup insanların arasına döndü sonra. Uçağı kaçırmaktan korkan ailesi azarladı onu. Söyledikleriniń hiçbiri umurunda olmadı. O gece uçağın içinde binlerce metre havadayken süs lambalarını, işlemeli çarşafları ve dünyanın en yumuşak dudaklarını hayal etti. Aralarındaki mesafe uzarken adının ne olduğunu daha birkaç yıl boyunca bilemeyeceği bir kız da aynı hayali kurmaktaydı.

10

Cehennemde uyanıp hayatıma nasıl devam edeceğimi bilmediğim günler oluyor. Malebolge[26]'a, Gehenna[27]'ya, Hades[28]'e katlanabilirim sen yanımda olduğun sürece. Öyle görünüyor ki küçücük bir hata beni bu cehennem çukurunun içine attı. Gel gör ki bu ayrılığın sebebini ikinci ihtimale yorduğumda tahminim değişiyor. Bizi bu cehenneme atan kötü kaderden başka bir şey olamaz diyorum.

Ağustos ayında üç şey oluyor. Birincisi korkunç Mehrunissa'nın ailesinin yanına gelmesi. F blok 10 numaradaki ailesinin yanında olduğu için Nani Capital Park'ın batısına geçerek onunla karşılaşma riskini reddediyor. Etrafta sorular sorarak dolaştığımı öğrenip bir gün çay saatinden önce beni bir kenara çekiyor ve bana o korkunç kadını hak ettiğinden fazla önemsememin bir manası olmadığını söylüyor. Ben de ona birileri onu hak etmediği kadar önemsemeseydi belki de bu kadar korkunç bir insan olmazdı deyince burnunu çekip kuzenlerimi tanımak için onlarla daha fazla zaman geçirmemi

26 Ç.N.: Dante'nin Cehennem'inin sekizinci katının beşinci hendeği.
27 Ç.N.: Cehennem.
28 ÇN.: Hades: Yunan mitolojisinde yerlatındaki ölüler diyarına hükmeden tanrı.

öneriyor. Bahsettiği kuzenler Naaz ve Shamim değil. Naaz'ın ağustos ayında buraya gelecek olan kuzenleri, ki bu da ağustos aynın ikinci olayı.

Changez, San Francisco'dan geliyor. Karim de sürekli kötü bir koku alıyormuş gibi gezen karısı Shezray ve o kötü kokunun kaynağı olma ihtimali çok yüksek olan ikizleri Choua ve Chotu ile Lahor'a geliyor arabayla. Her gün ya dışarı çıkılıyor ya pikniğe gidiliyor ya da bir çay partisine. Dağda bir hafta sonu geçirip badminton ve dokuz kiremit oynayarak Sairah yengenin bahçesini mahvediyoruz. Sık sık ve bol miktarda dondurma yiyoruz ve akşamları Nana'nın iftiharla duvara yansıttığı *Mughal-e-Azam*, *Malta Şahini* gibi filmleri izliyoruz. Bazen komşu teyzeler ve tanıdıklar uğruyor. Saatlerce eskilerden konuşuyorlar. Hayatımda ilk kez annem neredeyse hiç aklıma gelmiyor. Ama ikinci haftanın sonunda herkesin hevesinde bir azalma oluyor. Karim ve ailesinin ayrılacağı günden önceki gün Changez sırf bir şeyler yapmış olmak için oğlanları Itwar pazarına götürmeyi öneriyor. Shamim hemen burun kıvırıyor bu öneriye. Bence keşke bunu ben düşünseydim diye geçiriyor içinden. Bu şehirde yapılabilecek topu topu dört şey varken ve bunlardan üçü yemek yemekle ilgiliyken yeni eğlenceler bulma konusundaki yeteneğiyle böbürlenip duruyor Shamim. Şu âna dek kan ter içinde kalmış bir file bindirmek ve iştahlı gözleriyle tetikte duran birkaç maymundan başka sakini olmayan hayvanat bahçesine sürekledi zaten bizi Shamim. Rawal baraj gölüne kürek çekmeye gitmeye ön ayak olmuştu. Zayıflama bahanesiyle, Sairah yengeyi Mutluluk Dağı'nda uzun yürüyüşlere çıkaran da o olmuştu. Itwar pazarının aklının ucundan bile geçmediğinden adım gibi eminim.

Naaz bunun eğlenceli olabileceğini söyleyince "Olur. Tamam," diyor. "Sizinle geliyorum ama can attığımdan değil, çok yalvardığınız için utandığımdan."

Böylece pazar sabahı yola koyuluyoruz. Günün sonraki saatlerindeki kadar olmasa da sabahın dokuzunda bile sıcak hava. Ağaçların arasındaki pek de gizli olmayan geçide varmadan kan ter içinde kalıyoruz. Shamim'in sızlanmalarını duymazlıktan geliyorum ve pazara gitmekle alakalı her şeyi getiriyorum aklıma: Marakeş, Bombay ve yük taşıyan develer. Eve döndüğümde Celeste'in benden dinlemeyi umduğu türden hikâyeler bunlar. Cariyelerle ve haşhaş pipolarıyla ilgili hikâyeler olmasa da en azından binbir çeşit şeyle dolu açık hava pazarlarıyla ilgili hikâyeler.

Itwar pazarı filmlerde gördüklerimize hiç benzemiyor. Oraya ulaşmak için geçtiğimiz küçük dere pırıl pırıl parlıyor ama üstüne vuran gün ışığının değil, cam kırıkları ve poşetlerin yarattığı bir parlaklık. Sanırım çöplerin altından kanalizasyon atıkları geçiyor ama tavukların olduğu yere ulaşınca daha fazla almıyorum kokuyu. Tavuklar kafeslere doldurulmuş. Tüyleri kafesin küçük deliklerinden spagetti gibi fışkırıyor. Choua ve Chotu bize civciv alın diye tutturuyor. Biri pembe diğeri de mavi olanlardan istiyor. Karim kararsız kalınca Shezrey "Bu seferlik onların istediği olsun. Tatilde çocuklar," diyerek bizi şaşırtıyor.

"Biz eve dönmeden ölürler bence," diyor kocası.

Oğlanların ellerindeki minik fosforlu hayvanlarla ne kadar mutlu olduklarını görmek beni üzüyor. Annem de beni buraya getirmiş olsa bana civciv alır mıydı? Ben de on ya da beş yaş daha küçük olsaydım burası benim için de büyülü bir yer olabilirdi. Pamuk helvacılar, pırıltılı oyuncaklar ve üstleri şekerleme kaplı çerezlerle doldurulmuş bebek patikleri var. Satılmak için dizilmiş keçileri görmek başlarına gelecek olan düşünülürse üzücü. Tezgâhlarda güzelce sergilenen incik boncuklar sadece on dakika sonra verecekleri keyfi düşünürseniz adi görünüyorlar. Yüksek mango tepelerinin üzerindeki sinekler bu meyvenin ne kadar tatlı olduğunu belli ediyor ve sebzelerin üzerindeki çamur tarladan daha yeni toplandıklarını gösteriyor. Küçük bir çocuğun sevinciyle renkli simlerle süslenmiş minik şişelerden ve arkalarında güzel artistlerin resimleri olan cafcaflı aynalardan alıyorum. Celeste bayılacak bunlara. Ani bir istekle yere serdiği örtünün üzerinde satış yapan bir Afgan'dan gümüş fotoğraf çerçevesi alıyorum. Annemin dağlarda at üstünde çekilmiş fotoğrafı için ideal. Annemin o halini seveceğini düşünüyorum babamın. Naaz aldıklarıma bakıp kıkır kıkır gülüyor. O parasını daha ziyâde böreklere, kuru kayısılara ve tebeşir gibi görünen uzun şekerlemelere harcıyor.

"Pazarlık yapın ha," diyor Shezrey benim altın renkli yumuşak bir metalden yapılmış bir bileziğe elli rupi verdiğimi görünce. "Bu insanlar ruhun duymadan soyup soğana çevirir seni!" "Bu benim Amerika'dan gelen kuzenim," diye paylıyor satıcıları. "Ona Pakistanlıların böyle insanlar olduğunu düşündürtmeye utanmıyor musunuz?"

Başına taktığı lastik tokaları satan bir kadının "Amerikalıya benzemiyor," dediğini duyuyorum şüpheyle bana bakarak. "Pakistanlı gibi görünüyor."

Ait olduğum yerin orası olduğunu düşünmesi hoşuma gidiyor. Chotu ve Choua beni oyuncak satan yerlere sürüklediğinde tezgâhlardakilere dikkatle bakıp en az onlar kadar eğleniyorum. "Yüzen" teneke bir balık, naylon poşetten bir paraşütü olan bir paraşütçü ve sıkıldığında "Hişt hişt Polly," diye ciyak ciyak bağıran rengârenk plastikten bir papağan görüyoruz.

"Çocuklara buradan kıyafet mi alınır?" diyerek azarlıyor Shezrey Changez'i. "Bu kalitesiz tişörtler ilk yıkamada çeker, bütün çamaşırları da boyar."

"Choua su birikintisine düştü. Ona bir tane almak zorunda kalınca Chotu da istedi," diyerek itiraz ediyor Changez.

"Göreceğiz bakalım," diye iç çekiyor Shezrey oğlanları döndürüp tişörtlerini incelerken. "Neyse ki çöpçü çocuklarına çok fazla benzememişler." Gözleri önce kocaman açılıp sonra da dikkatle bakmak için kısılıyor. "Karim, kardeşinin çocukları nasıl giydirdiğine bir bakar mısın lütfen?"

"Hay Allah," diyor Karim tişörtlerin üzerindeki altın yaldızlı yazılara bakarak. "biraz cafcaflılar, değil mi?"

"Sen asıl ne yazdığına bak," diyor karısı öfkeden köpürerek.

"En iyi mi yazıyor sanki? Hayır, *Enayiymiş*!" Hatasını fark edip gülmeye başlıyor.

"Sen enayisin," diyor Choua Chotu'ya.

"Sen de öylesin!" diye bağırıyor kardeşi.

"Bu hiç komik değil. Oğullarımızın kendilerini böyle komik bir duruma düşürmelerine nasıl izin verirsin?"

"Farkındalarsa kendilerini komik duruma düşürmüş olmazlar," diyor Changez.

"Bu nasıl bir terbiyesizlik?" diyerek arkamızda bir yerlerden çığlığı koparıyor Shamim. "Sokakta böyle mi davranılır insanlara? Sizin evinizde anneniz, kız kardeşiniz yok mu?"

Yaptığına hiç de pişman görünmeyen bir adam "Kusura bakma. Benim hatam," diyor. İki elini uzatıp sırıtıyor.

"Bu adam," diyor Karim'e, "Bana sarkıntılık yaptı. Başörtümü çekip beni elledi."

"Hayır, hayır," deyip itiraz ediyor sarkıntılık yapan adam, uzun boylu kuzenleri görünce. "Düşerken oldu. Yemin ederim."

"Bu kız benim kız kardeşim," diye öfkeyle bağırıyor Karim. "Küçücük bir kız çocuğu o. Senin kız kardeşin yaşında. Nasıl yaparsın böyle bir şeyi?"

Olayı izlemek için başımıza toplanıyor insanlar. "Ne geçiyordu aklından?" diye soruyor daha iyi zamanlarda arkadaş olunabilecek bir adam. "Görmüyor musun ne kadar hanım hanımcık bir kız. Böyle bir şeyi nasıl yaparsın?"

"Kazara oldu," diye savunuyor adam kendini. "Ayağım kaydı."

"Şu hödüğe dersini verelim mi?" diye soruyor birisi Shamim'e. "Kızlara sarkmak ne demekmiş görsün."

Shamim, adama küçümseyerek bakıyor. "Boş verin," diyor en sonunda. "böyle bir adama ne dersi vereceksiniz?"

Kalabalık olay çıkmadığı için hayal kırıklığına uğrayıp dağılıyor. Birkaç kadın, adamın bu işten yakasını bu kadar kolay kurtarmasına sinirleniyor. Erkekler de kafasına çanta yiyen bir adam görme şansını kaçırdıklarına üzülüyor. Uyrukları tarafından ağır bir biçimde yaralanmış yüce gönüllü bir kraliçe edasıyla otoparka doğru ilerliyor Shamim.

***

Öğle yemeğinde Nani, "Bu sabah iyi vakit geçirdiniz mi bari?" diye soruyor. "Pazarın yarısını satın alıp gelmişsiniz."

Choua'nın civcivi "Enayi" yazan tişörtün altından kaçıp üzümlere takılıyor.

Shamim, "Alın şunu buradan!" diye avazı çıktığı kadar bağırıyor.

"Bu da neyin nesi?" diye sorup aşçıya sesleniyor. Maceracı civcivi yakalamak için üç su bardağını devirip her birimizi en bir kez dirsek darbesine mâruz bırakıyor. Chotu masanın üstüne çıkıp sonra da yüzüstü pilavın üstüne kapaklanıyor. Choua tezahürat yaparken, teyzeler otrudukları yerden ayağa fırlıyor. Bütün bu olanları umursamayan Nana mango dilimlerken, Nani boşu boşuna ona bir şeyler yapmasını söyleyip duruyor. Nihayet Aamir dayı, çöreğinin üstündeki civcive peçeteyle vurarak masadan uzaklaştırıyor. Zavallı civciv duvara çarpıp yere düşüyor. Acıyla yerde debelenerek ötüyör.

Choua civcivin yanına koşup Nana'ya "Uyurgezer'i öldürdün!" diyerek feryat ediyor.

Karim "Birincisi mevta," diyor gaddarca. "Diğerinin ipinin çekilmesi için on altı saatimiz var."

***

"Medeni bir ailenin ferdi olmak ne güzel olurdu," diye sızlanıyor o öğleden sonra Shamim. "Her yerde uçuşup kaçışan yaratıkların olmadığı bir ailenin yani."

"Ama bu çok sıkıcı olurdu," diyor Naaz. Aamir dayının fabrikasından bir torba akide şekeri getirmiş, bilgisayarın önünde katur kutur şeker yiyip duruyor.

"İğrenç şeyler bunlar," diyor burun kıvırarak Naaz torbayı uzatıp şeker ikram ettiğinde. Gerçekten de biraz iğrençler. Naaz bile aynı fikirde, ama naneli olanlarını seçip yiyor. Bu, şeker fabrikasında ilaç üreten Aamir dayının yan ürün teşebbüsü.

"Nasıl bu kadar çok şeker yiyorsun Irenie?" diye soruyor Shamim.

"Naneli olanlar fena değil," diyorum şeker torbasını ona uzatıp.

"Naneliler mi dedin?" diyor Naaz heyecanla. "Naneli olanlardan kalmış mı?"

"Birkaç tane var," diyorum kucağımdaki şeker kâğıtlarını işaret ederek.

"Bunların hepsini sen mi yedin?"

"Kâğıtların üzerinde neli oldukları yazıyor. Okumadın mı salak?" diyerek alay ediyor benimle Shamim. Şeker kâğıtlarından birini alıp inceliyorum. Doktor Shitz'in Hazmettirici Naneli Şekerleri. "Onlar müshilli şekerler," diyor kıkırdayarak.

"Boğaz pastilleri de öyle ama," diyor Naaz. "Babam şeker tadında olurlarsa insanların ilaç almaya daha eğilimli olacaklarını düşündü."

Lafı gelmişken, Doktor Shitz'in Hazmettirici Naneli Şekerleri, Aamir dayının özel ilgi alanına giriyor. Bu şekerler İsviçre'de çok satıyor. Pakistanlıların inatçı bağırsakları böyle şekerli taktiklere boyun eğecek türden değil ama böyle olması bu şekerin İsviçre'de çok satmasını engellemiyor.

Naaz, "Kaç tane yedin?" diye soruyor.

"Üç," diyorum. Görmediklerini umarak şeker kâğıdı yığınını ayakkabımın içine sokuşturuyorum.

"Üç taneden bir şey olmaz," diyor Shamim. "Asif on tane yemişti de ishal bile olmamıştı."

Shamim uyuyunca banyoya gidip ayakkabımın içinde sıcacık olmuş şeker kâğıtlarını sayıyorum. On yedi.

***

Çok erken bir saatte puslu bir sabaha uyanıyorum. Bir an beni uyandıran şeyin ne olduğunu bulmaya çalışıyorum, sonra uyku mahmurluğum geçiyor. Yavaş yavaş gelmiyorum kendime. Hani güzel bir rüyadan uyanırkenki gibi değil, bir anda ayılıyorum ne olduğumu anlamadan acayip bir ağrı dalgasıyla. Bağırsaklarım düğüm düğüm olmuş gibi. Gözlerimi kapatıyorum. Yeniden açtığımda biraz hafifliyor ağrı. Ayaklarımın altındaki karo buz gibi. Banyoya ne ara geldiğimi bilmiyorum. Kendimde nihayet banyodan çıkacak gücü bulduğumda bacaklarım tutmuyor. Neredeyse düşüyorum.

Tekrar uyandığımda "Gevşek hareketler. Ne kargaşa ama," dediğini duyuyorum. Shamim'in sesi bu. "Bütün geceyi tuvalette geçirdi."

"Zavallıcık. O pazarda ne yediklerini Allah bilir," diyor Nani.

"Mide nezlesi, gıda zehirlenmesi, Allah korusun amipli dizanteri bile olabilir," dediğini duyuyorum sonra epey bir süredir yattığımı fark ederek. "Bol bol sıvı alıp istirahat etmesi lazım. Dua edelim de ateşi kendiliğinden düşsün."

Aamir dayı yatağımın kenarına oturuyor tüm ağırlığıyla. "Naaz bana naneli şekerlerden bahsetti," diye fısıldıyor. "O şekerler yüzünden olabilir mi sence?"

Başımı hayır anlamında sallamayı zar zor başarıyorum.

"İshal oldun değil mi? Bu yüzden, bu işte naneli şekerlerin az da olsa bir payı olmasın?"

Yatağın kenarındaki leğene kusuyorum. Aamir dayının yüzü kızarıyor. Eliyle başımı okşuyor.

Böyle ateşler içinde üç gün geçiriyorum. Yataktan çıkmama izin verilene kadar dört gün daha geçiyor. Portakal tadında oral rehidratasyon sıvısı içip Sairah teyzenin getirdiği magazin dergilerine göz atıyorum. Ben uyurken Shamim yatağımın kenarında kitap okuyor. Uyanıkken de Naaz ve ben kâğıt oynuyoruz. Bir öğleden sonra beraber odama dalıp Nani'nin Ahmed'in ailesi de gelecek olmasına rağmen Shezzie'nin düğününe gideceğimizi ilan ettiğini söylüyorlar bana, ama bu habere sevinemeyecek kadar halsizim. Gecelerim canlı rüyalarla dolu geçiyor. Annemin biraz daha yakın olsa dokunabileceğim mesafede dans ettiğini görüyorum. Mehreen bir sonraki gelişinde bana "Anneni sayıklıyorsun," diyor. Sonra uyuduğumu zannettiği bir sırada "Ona söylememiz lazım; en iyisi bizden duyması," diye fısıldadığını duyuyorum. Saçımda gezinen bir eli hissediyorum. Saçları hep böyle güzeldi," diyor Nani. "Keşke onu burada tutabilsek." Gözümü açtığımda odada kimse yok. Gerçekten birileri var mıydı diye merak ediyorum.

Sabah olunca Mehreen odaya gelip yatağa oturuyor, yatak örtüsünü düzelte düzelte. "Annenle Ahmed arasında ne geçtiğini öğrenme zamanın geldi."

"Neden ayrıldıklarını mı demek istiyorsun?"

"O konuya da geleceğim," diyor. "Senin aklına gelenlerle uzaktan yakından alâkası yok ama. Bunu gayet iyi biliyorum."

Bütün sıkıntılar nişanlandıklarında başlamış. Üniversiteyi bitirdikleri yaz, sade bir tören yapmayı planlıyorlarmış, ama okuldaki son dönemlerine devam ederlerken Ahmed kararlarında tereddüt etmeye başlamış. Tereddüdünün tabii ki Yasmeen ile bir ilgisi yokmuş. Özgür geçireceği son yazını damatlık provalarına koşturma ve davetli listesi hazırlama işkencesiyle geçirmek isteyip istemediğine karar veremiyormuş.

"Gel şu nişan işinden vazgeçip yüksek lisansım biter bitmez evlenelim," demiş. Hep öyle yapmayı planlıyorlarmış zaten. Nişan bir formaliteymiş sonuçta. Herkesin zaten bildiği bir şeyi ilan etmekten başka bir şey değilmiş. Ahmed de bu yüzden Yasmeen'in sorun çıkarmayacağını düşünmüş.

Yasmeen öneriyi duyunca "Peki, öyle olsun," demiş buz gibi bir ses tonuyla. "Her şeyi unutalım bence. Planlarını altüst edeceğini düşündüğün bir yüzük yüzünden endişelenmene gerek olmadan kaç İngiltere'ye."

Ahmed, Yasmeen'in saçmaladığını düşünüyormuş. Bir hafta boyunca birbirlerini arayıp sormamışlar. Sonra Ahmed başka bir planla çıkmış Yasmeen'in karşısına: Her hâlükârda evleneceklerine göre, nişan için onca zaman ve para harcayacaklarına yaz aylarını Avrupa'yı gezerek geçirebileceklerini söylemiş. Bir yüzükten çok daha değerli anılar ve fotoğraflarla döneriz diyormuş.

Yasmeen, Ahmed'in fikrini değiştireceğini umadursun, Ahmed Avrupa gezisi için gerekli hazırlıkları tamamlamış gizli gizli. Güzel bir gezi programına denk gelmiş. Vizeleri almış ve Yasmeen'in görmek isteyebileceği yerlerin listesini hazırlamış. Ücretsiz kamp alanlarını ve festivalleri araştırmış. Hatta birlikte seyahat edebilecekleri sırt çantalı iki gezgin bile bulmuş. Bu planını Yasmeen ile paylaşma zamanı geldiğinde onun sevinçten havalara uçacağını düşünüyormuş.

Ama öyle olmamış.

"Mehreen'in bu yaz evleneceğini biliyorsun," demiş. "Yapılacak çok iş var." Final sınavları ve son sınıfların kutlama partileri esnasında somurtup durmuşlar. Mezuniyet töreninde bile suratları asıkmış. Pakistan'a dönmelerine çok az bir zaman kala Ahmed, Yasmeen'e Avrupa seyahatine onsuz gideceğini söylemiş.

"Her şeyi çoktan ayarladım," demiş ona. "Bir daha böyle bir fırsatı ne zaman yakalayabileceğimizi Allah bilir. Ağustosta nişanlanırız istersen."

"Şimdi gelmeye zahmet etmiyorsan hiç gelme," diye cevap vermiş Yasmeen.

Nani'ye "Ama neden?" diye soruyorum. "Annem niye beklememiş ki? Ahmed Avrupa'ya neden annemi almadan gitmek zorunda kalmış?"

Nani içini çekiyor. "Ben hayatım boyunca o ikisinden daha inatçı insanlar tanımadım. Çocukları olsa olsa bir katır olurdu herhalde. Tövbe tövbe."

"Yasi bir şeyi kafasına koydu mu hayatta değiştirmezdi fikrini," diye ekliyor Mehreen teyze. Geldiğini fark etmemiştim. Bana bir bardak limonlu arpa suyu veriyor. Nihayet oral rehidratasyon sıvısı içmekten bir süre kurtulduğuma seviniyorum. Yatağımın diğer kenarına oturuyor Mehreen teyze.

"Annen buraya geldiğinde çok kötü durumdaydı. Anlatması çok zor."

"Mehreen!"diyerek uyarıda bulunuyor Nani.

"O yaz düğünüm vardı. Annenin ne kadar zor biri olduğunu biliyorsun. Onun için üzülmedim o zaman. O ikisi hep böyle bozuşup duruyordu zaten. Bir haftaya kalmaz araları düzelir diye düşünmüştüm. Irenie'ye annesini anlatacaksak doğruları söylememiz gerek."

Nani suratını asıp "Hikâyeyi sen mi anlatıyorsun, ben mi?" dedi.

"Yasi'nin hep öyle bir insan olduğunu söylemeye çalışmıyorum ben anne," diye ısrar ediyor Mehreen teyze. "Sadece annesinin nasıl bir ruh hali içinde olduğunu anlatmaya çalışıyorum. Bir ya da iki hafta sonra ortaya çıktı ama. Yanıma gelip 'Mehreen, artık zerre kadar...' -burada annesine bakıyor- 'Umursamıyorum Ahmed'i,' dedi. 'Yapılacak işleri söyle ben ilgileneyim.' Sonrasında da çok yardımcı oldu bana."

"Bütün yaz ağzından Ahmed'le ilgili tek laf çıkmadı," diyor Nani. "'Eğer bu ailenin bir parçası olmak istiyorsa çıkar gelir düğüne,' diyordu da başka bir şey demiyordu. Derken biz hazırlıklara daldık ve her şeyin yoluna gireceğini zannettik. Onun yemeden içmeden kesildiğini fark etmedik bile."

"Ve hiç uyumadığını da."

"Biri Ahmed'in adını andığında odadan çıkıyordu."

"Mektuplarını bile okumuyordu," diyor Nani üzgün üzgün.

"Hiç açılmamış mektupları atmamı söylediğinde gidişatın zannettiğimiz gibi olmadığını anlamalıydım."

"Attın mı peki?"

"Hayır." Mehreen teyze biraz huzursuzlanıyor. "Belki bir gün geri ister diye düşündüm."

"İstedi mi peki?"

"Sormayı unuttum ona. Önce biz Zulfiqar'la Karaçi'ye taşındık. Sonra da Yasi Amerika'ya gidip geldi ve babanla evlendi. Sonra sen ve Shamim doğdunuz. Sonra ben boşandım. Bir daha da bu konuyu açmadım."

"Ne yazıyordu o mektuplarda?"

"İnan bana en ufak bir fikrim yok. Onlar senin. İstersen tabii."

"Hele sen bir ayağa kalk da," diyor Nani.

Evet anlamında sallıyorum başımı. Tabii ki istiyorum o mektupları. "Sonra ne oldu peki?"

Mehreen'in düğün telaşesi bitmiş. Ahmed Berlin'de pasaportunu çaldırınca uçağa binememiş. "Bahaneler, bahaneler..." demiş Yasmeen. Ahmed aradığında da onunla konuşmayı reddetmiş. Yasmeen'in kapris yaptığını düşünmüş herkes. Ahmed gelince her şey yoluna girer demişler. Bütün yaz Yasmeen'in kendisi ve Ahmed'le ilgili dedikoduların kulağına çalındığını, Ahmed'in onu terk ettiğini duyduğunu ve ondan uzak olmaya karar verdiğini bilmiyorlarmış. Küçük bir kuşun Yasmeen'e sürekli haber uçurup durduğundan bihabermişler. Ahmed'in beraber seyahat ettiği kişiler kadın diye yazmış Mustapha. Böylelikle onun rahatlamasını sağlama almayı tasarlamış, ama şimdi sağlama alınan kendisiymiş. Venedik'te gondol keyfi yaptıklarını, Moulin Rouge'da bir gece geçirdiklerini anlatmış. Amsterdam'da haşhaşlı brownie yediklerini, sonra da Allah bilir neler yaptıklarını yazmış. Bütün bunları ona anlatan kendisi olsun istemezmiş ama Yasmeen sorduğunda iki kadının da çok güzel olduğunu, sarışın olanın da öbüründen daha hızlı çıktığını duyduğunu söylemiş.

Ahmed geldiğinde Yasmeen onunla görüşmeyi reddetmiş. Beraberinde getirdiği seyahat arkadaşlarıyla da görüşmek istememiş. Eğer dinlemeyi kabul etseymiş öyle olmadığını öğrenecekmiş. Ahmed'in annesi onu görmeye gelmiş ama kendisi için evde yok dedirtmiş. "Bu kadar kolay sıyıramaz paçasını," diye homurdanıyormuş. "Pis işlerini annesine yaptıramaz." Ahmed'in seyahat arkadaşı olan kadınlarla gelmiş olması onun ilişkilerini kesinlikle bitirdiğine ikna etmiş Yasmeen'i ama kimse fark etmemiş bunu. Mustapha'dan gelen mektupları gördüklerinde de iş işten geçmiş çoktan.

"Ahmed geldikten birkaç gün sonra Yasmeen'i yatağa kıvrılmış bir şekilde bulduk. Ne yerinden kıpırdıyordu ne de ağzını açıyordu."

"Sekiz dokuz hafta boyunca öyle kaldı yatakta," diyor Mehreen teyze bana.

"Altmış yedi gün," diyor Nani alçak sesle.

"Nesi vardı?"

"Doktorların söylediğine göre hiçbir şeyi yoktu. İşe yaramaz adamlardı."

"Depresyondaydı," diyor Mehreen. "Hayatına Ahmed olmadan devam edeceği gerçeğiyle yüzleşemiyordu."

"Yıkılmıştı," diye ısrar ediyor Nani. "Sen orada değildin tatlım. Ne kadar halsiz olduğunu görmedin. Son zamanlarda Rashida onu tuvalete kucağında götürmek zorunda kaldı. Ayakta duracak hali yoktu."

"Ahmed görmeye gelmedi mi onu?"

"Salim içeri sokmadı. Yasi'nin hastalanmasından onu sorumlu tutuyordu. Ahmed kapının önüne gelip ortalığı ayağa kaldırıyordu ama Yasi'nin kılı bile kıpırdamadı. Bir kere bile içeri alın demedi."

"Onun geldiğini duymuş mudur sence?" diye soruyorum kızgın kızgın, ama kime kızgın olduğuma dair hiçbir fikrim yok. "Duymuş olsa bile umursayamayacak bir halde değil miydi zaten?"

"Muhtemelen."

"Her şeyi daha da kötüye götürmüş olabilir," diyor kibarca Mehreen. "Ahmed'in aralarındaki ilişkiyi bitirmek için geldiğine inandığını unutma bu arada."

"Peki sonra ne oldu?"

"Sonra Ahmed yüksek lisansı için geri dönmek zorunda kaldı. Sonradan, teyzesi Yasmeen'in hasta olduğundan bile haberi olmadığını söyledi bana. Yasmeen'in sadece inat etiğini, zamanla bunu atlatacağını düşünüyormuş."

"Ne zaman atlattı peki?"

"Changez doğduktan birkaç ay sonrasıydı. Lambanın kablosunu

kemirmeye çalışıyordu şapşal. Yasi koşup kurtardı onu."

"Ne nutuk çekmişti Aamir'e," diyor Mehreen. "Az kaldın oğlunun beyin hücrelerinin yarısının yanmasına sebep oluyordun diyordu da başka bir şey demiyordu."

"Birdenbire düzeliverdi öyle mi?"

"Aynen öyle."

Annemin sağlığına yeniden kavuşması birkaç hafta sürmüş. Sonra da eğitimine devam etmek üzere Amerika'ya gitme kararını açıklamış. Ne garip ki başvuruyu Ahmed'in sayesinde yapmış. Başvuru formlarını istemeye istemeye doldurmuş. Sonra da yollamamış bile. Ahmed yollamış formları. Amerikalıların yaptığı gibi, her zaman kapıyı yeni fırsatlara açık bırakmak gerekir düşüncesiyle yapmış bunu. Sadece Crawford kaydını kışa kadar dondurmasına izin verecek kadar ısrarcı olmuş annemi almak için. Oraya gittiğinde nelerin ortaya çıkacağına dair bir fikirleri olmadan göndermişler onu Amerika'ya. Hem Ahmed'in hem de onun bu kadar intikam hırsıyla dolu olduğunu bilselermiş onu asla göndermezlermiş oraya.

"Ne demek istiyorsun?" diye soruyorum maalesef ne demek istediğini anladığım halde.

Hem Nani hem de Mehreen teyze huzursuz görünüyor. "Kimin başlattığını bilmiyoruz," diyor Nani nihayet, "ama başlayınca..."

"Birbirlerine karşı vefasızlık yapıyorlar," diyor ifade edilebilecek en kibar şekliyle Mehreen. Başka başka âşıkları olduğunu, başkalarıyla görüştüklerini ve işin içine şehvetin de girdiğini okudum. Âşık olmadıkları insanlarla neler yaptıklarını anlattıkları acımasız tasvirleri okudum. Onca zaman boyunca birbirlerine bunları yapmalarına sebep olabilecek çok kötü bir şey yaşadıklarını düşünmüştüm. Onları sonsuza dek birbirinden ayıran korkunç şeyin ne olabileceği konusuna ne çok kafa yormuştum. Nani haklıydı: Aklıma gelen şeylerle alâkası yoktu gerçek sebebin.

"Irenie? İyi misin?" diye soruyor.

Kendime engel olamayıp gülmeye başlıyorum. "Bu mu yani?" diye soruyorum. "Onları ayıran sadece bir *yanlış anlama mı*?" Endişeyle birbirlerine bakıyorlar. Sanırım azize zannettiğim annemin öyle olmadığını anlamamdan korktular ama ben zaten biliyordum. Bu ayrılığın temelinde yatan şey şoke ediyor beni: Son derece küçük, son derece kolay çözülebilecek bir şey yüzünden ayrılmaları. Her şeyi Ahmed'in başlattığını biliyorum. Annemin mantıksız olduğu söylenemeyecek bir gerekçeyle ondan ayrıldığı izlenimiyle Crawford'a bir mektup göndermiş. Sınıf arkadaşlarından biriyle yaşadığı önemsiz flörtünü ayrıntılarıyla anlatmış mektubunda. Annem bu hamleye karşılık vermekte hiç gecikmemiş tabii. Bundan sonraki her mektup, diğerinin yaptığının daha fenasını yaparak galip gelme çabasına dönüşmüş. Ta ki en sonunda birinin yaptığının daha fenası kalmayana ve ayrılıkları hayatları olana kadar.

11

Karşılaştığımız gün senin bir melek olduğunu düşünmüştüm. Aldığın her nefesin havaya lezzet kattığını, attığın her adımın keşfedilmemiş yerlere doğru olduğunu düşünmüştüm. Konuştuğunda kelimelerinin her birinin bir imparatorluk olduğunu ve dans ettiğinde evrenin maviliklerinin adımlarını takip ettiğini düşünmüştüm. Sen bunlardan çok daha fazlasıyken seni nasıl bu kadar basite indirgemiş olabilirim?

James bir süredir Irenie'nin ona sorular sormasını bekliyor. Shireen'i görmeye gittiğini biliyor. Kim bilir neler öğrendi ondan? Kim bilir neler sordu Shireen'e? Keşke ona anlatacak daha iyi bir hikâyem olsaydı diye geçirdi içinden. Annesi sihirli bir dünya yaratmanın bir yolunu bulurdu oysa, ama Irenie ona Yasmeen'i ve kendisini sorduğunda söyleyebileceği tek şeyin sonunda bana evet dedi demek olacağını düşünüyordu.

James, resmî birliktelikleri bir yılını doldurmadan, fakültedekiler ilişkilerini öğrendikten iki ay sonra evlenme teklif etmişti Yasmeen'e.

"Başkasına âşık olduğumu biliyorsun değil mi?" diye sormuştu ona kibar bir şekilde. "Ve her zaman ona âşık olacağımı da."

Şimdi düşündüğünde mantıklı geliyordu; bir zamanlar o kadar dedikodusu yapılmış bu güzel kadın, onunla aile hayatına başlayacaktı uysal bir şekilde. James ona âşık olurken o hep kibar ama mesafeli durmuştu. Hiçbir karşılık beklemeden James'in varlığının temel taşı olmuştu. Zaman zaman onu tatlı sözlerle akşam yemeği davetlerine ya da kokteyllere gitmeye ikna etmişti ama bunların dışında şekil verdiği hayata ilgisiz kalmıştı hep. James ona hiçbir zaman neden orada olduğunu ya da onunla ne işi olduğunu sormamıştı; hayatının merkezi olmasını kabullenmişti sadece. Aslında Yasmeen'in pazar sabahları sabahlığıyla çay içip karikatür dergilerini okunmaz hale getirirken nasıl göründüğü, odanın öbür köşesinden ona seslenirken sesinin nasıl çıktığı ve uykusunda sere serpe uzanırken ona değen dirseğinin sıcaklığı dışında başka bir şey düşünmemişti onunla ilgili. Gördüğünün ötesinde bir Yasmeen olduğunu anlayamamıştı. Bazen onu telefonda anlamadığı bir dilde konuşurken duyar, ama bunu hemen aklından çıkarmaya çalışırdı. Gerçekten de başka birine âşık olabilirdi ama o her kimse onunla beraber değildi. Sebebi ne olursa olsun, o şimdi James ile birlikteydi ve belki de tekrar sorarsa sonsuza dek de öyle olabilirdi.

Sordu da.

O da evet dedi.

***

Tantanasız kısa bir törenle evlendiler. Öncesinde harareti gittikçe artan yabancı bir dilde yapılan telefon konuşmaları oldu, ama aslolan Yasmeen'in bir cumartesi öğleden sonrası James'in daha önce hiç görmediği koyu kırmızı kokteyl elbisesi içinde nikâh memurunun önünde duruyor olmasıydı. Üniversitedeyken oda arkadaşı olan Claire'den nikâh şahidi olmasını rica etmişti. O da Faber'i nikâh şahidi yapmıştı. Faber evlenmelerine çok sevinmiş görünüyordu. Claire, James'in yanında hiçbir şey söylememiş olsa da epey şaşırmış gibiydi. Yasmeen'in âşık olduğu adamı tanıyor olabileceğinden şüphelendi.

Dönem bitmeden birkaç ay önce baharda evlendiler. İkisi de balayı yapmayı düşünemeyecek kadar meşguldü. Sonraki birkaç ay boyunca James Yasmeen'in garip bir alışkanlıkla sipariş ettiği seyahat broşürlerini gizlice gözden geçirdi. Bulduğu seyahat seçeneklerini ona sununca, Yasmeen İslamabad'a aldığı iki bileti tuvalet masasına bırakarak sürpriz yaptı ona.

"Kendi biletimi almıştım. Senin biletin için de para biriktiriyordum," dedi utanarak. Dönüşte Tayland'da birkaç gün geçirmek için gerekli ayarlamaları bile yapmıştı.

James'in aklındaki balayı planında aşı olmak yoktu. Sadece "Ne hoş bir sürpriz!" dedi. Tabii ki Pakistan'a gidecekleri gün geldiğinde onun ailesiyle tanışmayı, evini görmeyi umuyordu ama bu kadar âni olacağını ummamıştı.

"Sana alışmaları biraz zaman alabilir," diyerek ikaz etti onu. "Ama seni tanıdıklarında seveceklerinden eminim."

Yasmeen yirmi beş yaşındaydı. James kırk üç. Gerçi ona eşler arasında böyle yaş farkı olmasının Pakistan'da oldukça yaygın olduğunu söylemişti. Annesi babasından on beş yaş küçüktü, abisi karısından sekiz yaş büyüktü. Asıl problem yaratma ihtimâli olan şey bir yabancıyla, hiç tanımadıkları bir adamla evlenmiş olmasıydı. Telefonda yaptığı konuşmalarla bu evliliği kabul etmelerini zor da olsa başarmıştı. Şimdi sıra James'i onaylamalarını sağlamaya gelmişti.

***

Okyanus aşırı yaptıkları uzun yolculuklarında Yasmeen'in son savunma mekanizması da çöktü. Berbat bir uçak yolcusuydu. James'den de kötüydü ama halsizlik, heyecan ve gerçekten çok yoğun hissettiği denize çakılma korkusu esnasında ona daha önce hiç olmadığı kadar açık oldu. Neredeyse uçaktaki koltuklarına yerleştikleri andan itibaren konuşmaya başladı. Ailesiyle ve evleriyle ilgili her şeyi anlattı ona. Daha önce hiç bahsetmediği çocukluğundan bahsetti. Uçakları iki günlük yolculuğun son aktarması için İstanbul'a indiğinde James yorgunluktan ölmüştü. Havaalanı otelinde deliksiz bir uykuya daldı. On iki saat sonra uyandığında Yasmeen'i yatağın ucuna ilişmiş, gözlerini ona dikmiş bakarken buldu.

Panikle ellerini dolaştırıp gözlüğünü ararken onu hiç çıkarmadan uyuduğunu fark edince "Ne oldu? Aktarma uçağını mı kaçırdık? Rötar mı var?" diye sordu.

Yasmeen onu incelemeye devam etti. Kendinden uzak tutmak isyeceği bir şeylerin yaklaşmakta olduğunu hissedince ense kökü ürperdi James'in.

"Sana Ahmed'den bahsetmek istiyorum," dedi sonunda.

Otelde geçirecekleri zamanın geri kalanında, İran ve Afganistan'ın üzerinden geçerken ve Pakistan'a inmek üzere alçalırken, Ahmed hakkında çok şey öğrendi James. Yasmeen'in sevdiği adam. Yasmeen'in hâlâ sevdiği, vazgeçmek zorunda kaldığı ve ondan vazgeçen adam. Birbirlerine yazdıkları mektuplardan daha sonra bahsedeceğini söyledi Yasmeen. Bütün bunları anlatarak ona iyilik yaptığını düşünüyordu. Oysa James anlattıklarını hiç duymamış olmayı yeğlerdi. Onu sevmesi, onun da sevilmek için orada olması mutlu hissetmesi için yeterliydi. Yasmeen'in onu niçin sevemediğini öğrenmesine gerek yoktu. Irenie'nin bir gün her şeyin masallardaki gibi olmak zorunda olmadığını fark etmesini diledi.

12

Gecenin bir vakti senin gölgenin dışında yaşamamın imkânsızlığını itiraf ediyorum. Beni içinde tutan küçük şeyler: Tartan bir eşarp, krem brule, yanan tütünün kokusu. Olduğum ve olacağım her şey senin sayende. Ve dürüst olmam gerekirse başka türlü olmasını asla istemem.

Sekizinci gün, kendimi hemen hemen iyi hissederek uyanıyorum. Test etmek için yatakta oturduğumda başım dönmüyor. Saçımı yıkamak çok ama çok yorucu oluyor benim için ama. Annemin saçlarını neden kısacık kestirdiğini şimdi anlıyorum. Dolaptan pembe bir tunik ve Shamim'in verdiği bir giysi çıkarıyorum ama sonra dolaba bakmak için biraz oyalanıyorum. Pamuklu kumaştan, patiskadan, ipekli kumaştan, sade kumaşlardan, soyut, geometrik, çizgili ve çiçekli desenli kumaşlardan yapılmış giysiler var. Giysiler kime ait olduklarına göre yerleştirilmiş: Shamim'inkiler sağ tarafta, benimkiler sol tarafta. Yaz boyunca birkaç tane tuniğim oldu: Bir tane kolsuz, bir tane yeşilimsi ipekli, bir tane butikten alınmış işlemeli ve bir tane de de kenarları dantelli şalvarım var. Kısa bir süre sonra hepsinin toplanıp bir dahaki gelişimde kullanılmak üzere aralarına naftalin ve kâğıt mendil konularak bir hurca tıkılacaklarını bilmek canımı sıkıyor.

Buraya geldikten birkaç gün sonra Nani beni giysi odasına götürüp annemin dolabının anahtarını verdi. Çoğu origami zarfları gibi katlanmış tertemiz sariler ama annemin şalvar tunikleri rastgele yerleştirilmiş, sanki kısa bir süre sonra geri dönmeyi umuyormuş gibi. En son geldiğimde giydiğim uzun kollu bol gömleği görünce şaşırıyorum: Giysilerim anneminkilere uysun diye her gün giymek istediğim işlemeli beyaz bir gömlek. Şimdi gözüme çok küçük görünüyor, sanki oyuncak bebek kıyafeti gibi ama dokuz yaşındayken tam oluyordu bana. Shamim beni dolma kalemle öldürmeye çalıştığı zaman yakasında oluşan mavi leke hâlâ duruyordu. Şimdi bile neden öyle bir şey yaptığını bilmiyorum. Burada geçirdiğim son yazın son günlerinden biriydi. Çocuk gibi bir çocukken burada geçirdiğim son yaz. Sonraki ağustosa kadar her gece yemek pişirdim. Okul malzemelerimi kendim satın alıp izin kâğıtlarımı kendim imzaladım. İnatla düşmeyen son süt dişimi çektirmek için kendimi dişçiye bile götürdüm.

Gömleği hurçta bırakmıştım ama Nani'nin ısrarı üzerine annemin eski yazlık elbiselerinden birçoğunu bir kenara ayırdım. Üzerlerindeki naftalin ve eski parfüm kokusunu hâlâ alabiliyordum. Bütün yaz dolapta asılı kalmışlar. Bir tanesini askıdan alıyorum. Fildişi rengi pamuklu bir kumaştan yapılmış, üzerinde altın rengi ve kırmızı çizgileri olanı. Göğüs hizama kaldırıp bakıyorum. Çok kısa ama bu yaz kısa tunikler moda. Annem benden inceydi ama bu hafta çok kilo verdim.

Saçımı güzelce topluyorum; gözlerime sürme çekip gözlüklerimi cebime koyuyorum. Nani'nin hastalanmadan önce verdiği kalın küpeleri takıyorum ve başörtümü yürürken başımdan kaymayacak şekilde takmak için birkaç dakikamı harcıyorum. Hazırlanmam umduğumdan uzun sürüyor. Bütün aile öğle yemeği için aşağıda toplandı bile. Ben girince odaya sessizlik hâkim oluyor birden.

"Kendini daha iyi hissetmene çok sevindim hayatım," diyor Nana sonunda. Sessizlikte bağırarak konuşmuş gibi geliyor bana. Yavaş yavaş gözler üzerimden çekiliyor. Masada yer açılıyor bana.

"Şimdilik sadece mercimekli pilav ve yoğurt yiyebilirsin tatlım," diyerek uyarıyor beni Nani. Gözlerime bakamıyor nedense. Shamim, Nani'nin bakmadığından emin olduğunda bana kendi yemeğinden vererek şaşırtıyor beni.

Nani nihayet "O tuniğin içinde çok güzel görünüyorsun. Annenin on beş yaşındaki halinin bire bir aynısı olmuşsun," diyor.

İlk kez annemle kıyaslanmak rahatsız ediyor beni. Cebimden gözlüklerimi çıkarıp masaya koyuyorum.

"Yasi daha canlı renkleri severdi," diyor Nana. Hepimiz yemek yemeyi bırakıp ona bakıyoruz. "Irenie çok daha zevkli," diyerek devam ediyor. "Umarım kıyafet konusunda da öyledir."

Bir süre herkes sessiz kalıyor. Sonra hepimiz aynı anda konuşmaya başlıyoruz. Makul bir hayat sürmeyi çok istediğimi söylüyorum. Nani parlak renklerin her şeye uymadığına dair bir şeyler söylüyor. Mehreen de yıkanırken renk saldıklarından dert yanıyor. Sairah yenge konuyu değiştirip annemin kendi boyadığı tuniği ilk defa yağmurlu bir havada giyince nasıl renk saldığını anlatıyor. Nana sanki annem öldüğünden beri ilk kez ondan bahsetmiyormuş gibi pilavına dönüyor. Makul olmaktan söz etmişken çok şükür Nani, Shezzie'nin düğünü konusunda insafa geldi açıklamasını yaparak zafer kazanan Shamim oluyor. "Irenie de gelebilse ne güzel olur değil mi?"

"Burada kalsın," diye ciyaklıyor Naaz. "En azından düğün için. Irenie düğünü kaçırmamalı. Sen de düğünü kaçırmak istemiyorsun değil mi Irenie?" Kaçırmak istemediğimi hissediyorum. "Okula bizimle gider!" diyor bir çırpıda. "Shamim'in formaları olur ona. Hatta eğer isterse sonsuza kadar kalabilir bizimle!"

"Tek çocuklar benmerkezli olmaya eğilimlidirler," diye ekliyor Shamim. "Bir kardeşimin olması benim gelişimim için de iyi olur."

Kuzenlerimin bunu önceden planlayıp planlamadığını merak ediyorum. Eğer öyleyse ne zamandan beri yapıyorlar bu planı acaba? "Yaz nasıl geçti hiç anlamadım gerçekten," diyorum.

Derken masadaki tek konu benim orada kalmaya devam edip edemeyeceğim oluyor. Nana bile hevesleniyor. "Torunumu daha yakından tanımak istiyorum," diyor omuz silkerek misafir odasına daha cicili bicili perdeler almayı önerdiğinde Nani'nin ona kafası karışmış bir şekilde baktığını görünce. Onların heyecanı herkese bulaşıyor. Ben de okul ve Celeste'yi gerekçe göstererek yaptığım itirazların peşini bırakmış buluyorum kendimi. Babamın bana ihtiyacı olduğunu ve Bayan Winterbourne'un tek arkadaşı olduğumu unutuyorum. Gerekli hazırlıklara başlayıp başlamamaları konusunda ne düşündüğümü sorduklarında başlayın diyorum.

13

Benden vazgeçtiğinde nefret doldu içime. Yaptığın şeylerin her birini sırf beni üzmek için yaptığını düşündüm. Dudaklarından dökülen her kelime beni deliye döndürdü, adın her anıldığında hıncını almak için verdiğin hasar geldi aklıma. Zamanla küskünlüğüm geçti. İnsan hayaletlerden elini çekmeli. Aklımı başıma toplayabildiğim zamanlarda sana olan aşkım bu kadar büyük, bu kadar kutsal olmasaydı onca zamandır bu kadar çok kahrolmazdım diye düşünüyorum.

Telefonun sesi James'i hazırlıksız yakaladı. Gelecek dönem vereceği yeni bir ders olan Antik Çağa Giriş dersinin içeriğine son halini veriyordu. Telefon çalmaya başladığında yazıtlarından birini kullanmaya karar verdiği Menander'in[29] çaba gösterilerek yapılan işler ve çaresizlik üzerine bir sözünü hatırlamaya çalışıyordu, ama hatırlayabildiği tek söz "Tanrıların sevdiği kullar erken ölür" sözüydü. Aradığı sözle hem uzaktan yakından alakası olmayan hem de can sıkıcı bir söz. Bütün bir yaz boyunca çok az çalmıştı telefonu. James'in kayınvalidesinin zoruyla yapıldığından emin olduğu Irenie'nin pazar

29 Ç.N.: Atina Yeni Komedyasının en önemli temsilcilerinden olan Yunan oyun yazarı.

sabahı aramaları dışında ya yanlış aramalar olmuş ya da otomatik mesajlar gelmişti hep. Bugün günlerden çarşambaydı. Kim arıyordu o zaman? "İşine özen gösteren kimse çaresizlik hissetmez" sözü Eski Yunanca dersi öğrencilerine belki de anlamıyla öğretilen ilk cümlelerden biriydi. Telefonun çalmasıyla kafası karıştı.

"Efendim? Alo?" dedi telefonu kapıp en az on altı kez çaldıktan sonra. Telefon sapıkları aramayalı haftalar olmuştu (James onun Irenie'nin evde olmadığını bilen bir okul arkadaşı olduğu sonucuna varmıştı.), ama kim telefonu on altı kez çaldırırdı ki?

"James, hayatım. Sen misin?" Kayınvalidesi. Sadece Tehmina Khalil ona hayatım diye hitap ederdi.

"Evet TM. Benim."

"Irenie'yle ilgili arıyorum," dedi durağanlığına rağmen kibar bir sesle.

James'in yüreği ağzına geldi. Irenie geçen hafta telefona gelemeyecek kadar hastaydı. Ona sadece önemsiz bir gıda zehirlenmesi olduğunu, biraz toparlar toparlamaz onu arayacağını söylemişlerdi. Önce Irenie'nin yine onunla konuşmaktan kaçındığını düşündü ama bir önceki hafta yaptıkları konuşmadan sonra hiç değilse bilet konusunda onu affetmiş gibi geliyordu sesi. Herhangi bir gerekçe bulmadan telefonlara çıkmayacak kadar kaba bir kız değildi. "O nasıl? İyi mi?" diye sordu panik yaptığını belli etmemeye çalışarak. Kesin hastaneye kaldırıldı. Kesin uykusunda öldü. Ölmesine nasıl izin verebilirlerdi? James kendine çok öfkelendi.

"O iyi. Merak etme," diyerek rahatlattı onu TM. "Çok daha iyi şu anda. Burada kalmaya devam etmek istiyor. Onu söyleyecektim sana."

"Kalmak mı?"

"Evet," diyerek devam etti kayınvalidesi. "Shireen'in kızı eylülde evleniyor. Kızlar düğünü görmek için can atıyor. Irenie'yi okula da yazdırırız burada. Eğitimi de aksamaz."

"Ne zaman buraya dönecek peki?" diye sordu James.

Okula yazdırmayı planladıklarına göre epey bir süre orada kalacak demekti. Yani planlandığı gibi gelecek hafta dönmesi söz konusu değildi.

"Ne zaman isterse," dedi TM. Huzursuzluğu sesinden anlaşılıyordu. Irenie belki de hiç istemeyecekti dönmeyi. Hatta belki de onu ziyaret etmek için bile olsa gelmek istemeyecekti. James kızını üçüncü dünya ülkelerinin cızırtılı telefon hatlarına ve karmaşık uluslararası uçuşlarına kaptırdığını hissetti.

"Ama o hasta," dedi hiç düşünmeden.

"Artık çok daha iyi. İnan bana gerçekten öyle,"diyerek sabırla cevap verdi TM. "İlk mide rahatsızlığını atlattığına göre bundan sonra daha dayanıklı olur. Çocukların bulundukları ortama bu kadar çabuk uyum sağlamaları şaşırtıcı değil mi?"

Ama ben onun uyum sağlamasını falan istemiyorum ki diye geçirdi James aklından üzgün üzgün. Irenie'nin evde hızlı hızlı konuşmasını, sesini çıkarmadan onu izleyişini, telefonun ikide bir çalmasını özlemişti. Irenie onun tüm fiyaskolarının vücuda gelmiş hali olsa da Yasmeen'in öfke saçan hayaletini özlemişti; bir başına kalmasının onun için çok daha kötü olacağını bilememişti." O bunu mu istiyor?" dedi iç çekerek.

"Belki de ikiniz konuşmalısınız bu konuyu." James kızının hayır hayır hayır dercesine elini kolunu salladığını görebiliyordu.

Kızının "Merhaba," dediğini duyuyor. Kızı hiç beklemediği kadar uysal, hatta suçluluk duygusuyla konuşuyor.

"Irenie! Nasılsın? İyi misin? TM çok hasta olduğunu söyledi."

"Önemsiz bir şeydi. İyiyim şimdi. Gerçekten." Sonra uzun bir sessizlik. "TM sana durumu anlattı değil mi?"

"Orada bir süre daha kalmayı düşündüğünü söyledi."

"Eğer sence de tamamsa. Sadece bir süreliğine. Nasıl olacağını görmek için."

James "Hayır!" diye haykırmak istedi.

Geri dön! Sahip olduğum tek şey sensin. Yemin ederim daha iyi bir baba olacağım. Ama bunları söylemeye hakkı yoktu. Yoksa var mıydı? Kızı doğduğundan beri bir kenarda oturup onunla iyi vakit geçirebileceği günlerin gelmesini beklemişti. Ama o günler bir türlü gelmek bilmemişti. Belki de hiç gelmeyecekti. "Sen bilirsin Irenie," dedi sesindeki ikircimi fark etmesi umuduyla.

"Emin misin? Sen idare edebilecek misin?"

Sahte bir neşeyle ona iyi olacağına dair garanti verdi. En nihayetinde yetişkin bir adamdı o. Telefonu kapatınca Irenie'nin odasına gidip giyilmemiş kıyafetleri hurçlara yerleştirmek istedi. Yapamayacağını fark etti. Neden aslında söylemek istediği şeyi bir türlü söyleyemiyordu? Ütüsüz gömleğinin kenarıyla gözlük camlarını temizleyip tekrar ders içeriğine döndü. Aradığı söz birden aklına geldi. "İşine özen gösteren kimse çaresizlik hissetmez çünkü her şey özen ve gayretle başarılır."

"Saçma," diye düşündü James. Yine de ders içeriğinin en tepesine yazdı bu sözü.

14

En çok da yaz akşamları özlüyorum seni. Gülüşünü özlüyorum. İç çekişinin ahengini ve hatta gözlerini devirişini.

Yaygaracı Bebek'in evine gittikten iki hafta sonra, Nani beni birinin aradığını söyleyip sabahın yedisinde uyandırıyor. "Arayan Yaygaracı Bebek," diye fısıldıyor. "Seninle muhakkak konuşması lazımmış." Başını sallayıp gülüyor.

Günlük! Aklımdan geçen bu. Buldu demek ki! Yataktan fırlayıp telefona koşarak Nani'yi eğlendiriyorum. Bebek beni sabahın bu saatinde uyandırdığı için defalarca özür diliyor. Ben de genellikle bu saatlerde uyanıyorum diyerek defalarca yalan söylüyorum. Fısıldayarak "Irenie," diyor. "Etrafını bir kolaçan etsene. Nani oralarda mı?" Antreye bakıyorum. Orada değil. Salona geri dönmüş olmalı.

"Emin misin?" diyor yine fısıltıyla ben yanımda olmadığını söyleyince.

"Eminim," diyorum ona.

"Aklıma hayalime gelmeyecek bir misafirim vardı geçen akşam.

Firdaus adında genç bir adam." Verdiği bilginin ağırlığının hafiflemesini bekliyor biraz. Hafiflemiyor.

"Firdaus mu?" diyorum.

"Ahmed'in oğlu, Irenie. Küçük olan."

"Sen onu tanıyor musun?"

"Tabii ki tanıyorum! Benim tanımadığım insan var mı ki? Ama konumuz bu değil. Bir sürü soru sordu bana. Senin sorduklarin gibi. Eskilere dair."

"Merak etmiş olması gayet doğal..."

"Ama sadece eskilere dair sorular sormadı. Seninle ilgili sorular da sordu!"

"Benimle ilgili mi?"

"Seninle tanışıp tanışmadığımı, nasıl biri olduğunu, mutlu görünüp görünmediğini. Bunun gibi sorular işte."

"İyi de neden?" Tekrar etrafımı kolaçan edip kısık sesle konuşuyorum. "Neden benimle ilgili sorular sorsun ki?"

"Bence..." diyor cevabı bildiğinden emin olan birinin zafer edasıyla, "Bu oğlan âşık. Defalarca iyi olup olmadığını sordu."

Onu bu düşüncesinin saçma olduğuna ikna etmeye çalışıyorum. Israrla bana oğlanın çok yakışıklı olduğunu söylüyor, sanki asıl meselemiz buymuş gibi. Babasının gençliğindeki halinin tıpatıp aynısıymış. Çok hoş bir çocukmuş. Çok kibarmış. Araya girmeyi başardığımda günlüğü bulup bulmadığını soruyorum. "Ha onu mu? Buldum evet," diyor soruyu savuşturur gibi. "Liaqat bırakacak size."

"Shireen Amin'in evine bırakabilir mi?" diyorum. Geçen gün Naaz ve Shamim'le oturmuş Ahmed'in annemle birlikte olmak için kaçtığı iddia edilen 1984 yazında neler olmuş olabileceğini tartışırken Nana bizi duydu. Çok öfkelendi. "Sizin gibi kızların geçmişi deşmekten çok daha faydalı şeylerle meşgul olması gerekir," dedi bize. Günlüğü görürse neler yapabileceğini hayal bile etmek istemiyorum.

Yaygaracı Bebek tamam diyor; Shireen'in evi onun evine daha yakın zaten. Sonra tekrar Firdaus Kakkezai'yi anlatmaya başlıyor. Telefonu kapattığımda saatin neredeyse sekiz olduğunu fark ediyorum.

***

Shireen teyzenin evine neredeyse iki haftalık gecikme sayılmazsa eğer, on dakika erken vardığımda günlük beni bekliyor. "Irenie mi?" diye soruyor kapıyı açan hizmetçi. Başımı evet anlamında sallıyorum. Beyaz bir kâğıda sarılmış bir paket uzatıyor bana. Hizmetçi, Shireen teyzeye haber vermeye gidince kâğıdı telaşla yırtıp incik boncuk kutusuna tıkıştırıyorum. Günlük ortasından açılıyor. Günlüğün sayfaları pembe. Hafif bir parfüm kokusu geliyor. Harfler yuvarlak ve büyük. Bir hata olduğunu düşünüp diğer sayfalara da bakıyorum. Tüm sayfalardaki yazılar aynı kişiye ait. Anneme ait olmadıkları kesin ama. İlk sayfaya dönüyorum. Yazarın ismi var: Mehrunissa Shabaz.

Hizmetçi tekrar gelip onu takip etmemi söylüyor. Günlüğü aceleyle omuz çantamın içine atıyorum. Daha önce derli toplu olan evin karışıklığını görmeme rağmen, birilerinin beni elimde günlükle görmesinden şüphe ediyorum. Kumaşlar yerlere, incik boncuk kutularındaki bilezikler evin her yerine saçılmış ve sümbülteberler tüm bu karışıklığa son noktayı koymuş. Düğün hazırlıkları olduğunu tahmin ediyorum.

"Anne!'" diye bir çığlık kopuyor. "Neyin peşinde olduğunu biliyorum. Kokunu alabiliyorum!" Shezzie bu. Sesi hatırladığım gibi.

"Saçmalama canım," diyerek boğuk bir sesle yanıtlıyor Shireen teyze. "Sadece şu şeyi takmaya çalışıyorum."

"Anne lütfen aç kapıyı. Mariam teyze numuneler için gelecek. Seni bu vaziyette görürse her şeyi iptal eder."

Başka talimatlar almak üzere dönüp hizmetçiye bakıyorum. Adı Gracie idi sanırım. Gracie kıkırdayıp omzunu silkiyor. Düğün evlerinde bu tür şeylerle karşılaşmak olağan bir şey. Ben de omzumu silkip üst kata yöneliyorum. Shezzie resmiyeti, kibarlığı falan bırakmış, annesinin banyo kapısını yumrukluyor. "Anne," diye uluyor. "Şimdi!" Meyve bıçağına benzeyen bir şeyle kapı tokmağını kurcalıyor. Tam elimle omzuna dokunacakken çabası boşa gitmiyor ve banyo kapısı ardına kadar açılıyor. Shireen teyze klozetin üzerine çıkıp başını camdan sarkıtmış, parmaklarından da bir şey sarkıyor.

"Öf. Öğlen yediğimiz şeyler bende çok gaz yaptı," diyor en ufak bir suçluluk hissetmeden. "Sadece banyoyu biraz havalandırmaya çalışıyordum."

"Anne, Pablo Escobar gibi davranmak zorunda mısın şu an?"

"Lütfen böyle şeyler söyleme hayatım. Senin bu iftiralarını duyduktan sonra Irenie benim hakkımda ne düşünür sonra?"

"Irenie!" diye bağırıyor beni nihayet ilk defa fark edip. "Sonunda gelmene çok sevindim!" Heyecanla bana sarılıyor. Sonra sanki değişiklikleri incelemek istermiş gibi, çenemi tutup bakıyor yüzüme. "Çok güzel olmuşsun!" diyor. "Bu aralar annemle anlaşmak imkânsız. Bütün gün oradan oraya koşturup duruyor. Şimdi de kayınvalidem gelmek üzereyken yaptığı şeye bak."

"Boş ver tatlım," diyor Shireen teyze. "Ona özel çöreklerimizden ikram ederiz. Sakinleşiverir çabucak. Hay Allah..." Gözleri kocaman açılıyor. "Şu bademli olanlardan kaldı mı acaba?"

Kendimi tutamayıp gülüyorum bu söylediğine. Shezzie de gülüyor. "Anne sen tam bir umutsuz vakasın. Tekrar söylüyorum. Tam bir umutsuz vakasın." O esnada kapı çalıyor. "Geldi işte," diyor fısıldayarak. "Siz burada kalın. Mariam teyzeye acil bir işinin çıktığını söyleyeceğim. Birisi ölmüş derim. Harris Chacha mesela. Onun cenazesine gitti derim."

"İyi de o adamcağız geçen ay öldü. Tekrar öldürmek zorunda mıyız gerçekten?"

"Tamam o zaman. Masood amca."

"O hâlâ hayatta."

"Öyle mi? O adam doksan yedi yaşında. Nasıl olsa ölür yakında." Annesinin başıyla yaptığı itirazları görmezden gelip sessizce banyo kapısını kapatıyor Shezzie.

"Bu kız bir alem," diyor Shireen teyze. Başörtüsüyle odadaki esrar kokusunu dağıtmaya çalışırken. "İyice zıvanadan çıktığımı düşünüyor olmalısın."

Belli belirsiz bir yadsımada bulunuyorum.

"Hiçbir şeyin önemi yok." Belki de samimi olmadığımı anlayıp gülüyor. "Belli bir yaşa gelince her şeyden sıyırmanın bir yolunu buluyorsun. Yaygaracı Bebek ve bisküvileri gibi mesela değil mi?"

Shezzie iç çekerek tekrar dönüyor. Annesinin başörtüsü kördüğüm olmadan tam zamanında yetişiyor. "Yemin ederim anne, bazen hiç çekilmiyorsun," diyor.

"Mariam gitti mi yoksa? Ne çabuk?"

"Altaf'ı gönderdi. Bu akşam oraya gitmem gerekecek. Adnan gelip alacak beni."

"Yorgan gitti kavga bitti," diye söyleniyor. "Işık işini halletmek için çıkmam lazım. Aman Allahım! Adama dördü geçirmeden gelirim demiştim. Saat kaç?"

"On geçiyor ama bu vaziyette hiçbir yere gidemezsin."

"Bu vaziyet, bu vaziyet. Her gün her vaziyetteyim. Neyse Aslam'la giderim. Kına gecende sadece Fransız tipi ışıklar olsun istemezsin herhalde değil mi?"

"Anne..."

"Dinle hayatım," diyor Shireen teyze. "Irenie'ye de şu bademli çöreklerden ikram etsene. Gerçekten çok lezzetliler. Vakit kaybetmeden dönerim. Siz de sohbet edersiniz. İki lafın belini kırarsınız. Siz gençler böyle demiyor musunuz bugünlerde?"

"İki lafın belini kırmak bizim için inciği boncuğu kategorize etmeye, sümbülteberleri vazolara yerleştirmeye ve Altaf'la gönderilen kumaş numunelerini katlamaya dönüyor."

"Annem için özür dilerim," diyor Shezzie. "İçine ne kaçtı anlamıyorum."

"Bu sürekli yaptığı şeylerden değil anladığım kadarıyla."

"Tam da öyle. Bunu söylediğimi ona söyleme. Normalde gün ortasında yapmaz bu işi ama gittikçe saçmalıyor. Geçen gün Adnan bana helva gönderdi. Ben daha bir lokma yiyemeden hepsini bitirdi iyi mi? Nesi var gerçekten anlamıyorum. Adnan'ı sever. On beş yıldır evlen onunla diye başımın etini yiyor. Adnan'la evleniyorum ama onun yaptıklarına bak."

"On beş yıldır mı? Sen daha yirmi bir yaşındasın ama."

"İlkokuldan beri peşimde. Annem onu hep çok sevdi. Erken başlıyorlar. Erken demişken..." deyip uzun kirpiklerinin altından muzip muzip bakıyor bana. "Bu öğleden sonra beni Yaygaracı Bebek aradı. Seninle tanışmaya can atan genç bir adam varmış. Öyle dedi bana. Ve o genç benim düğünüme geliyor."

"Düşündüğün gibi bir şey olmadığından eminim," diye bir şeyler geveliyorum ağzımda. Neyse ki Shireen teyzenin tantanalı dönüşü beni bu konuyu daha fazla konuşmaktan kurtarıyor. Elleri kolları United Bakery poşetleriyle dolu. Tepeden tırnağa süs ışıklarına dolanmış. Başörtüsü kabloya takılmış ve o da kendini kurtarmaya çalışırken şeffaf paketlerdeki baharatlı cipsler elindeki poşetlerden sağa sola fırlıyor. Arkasında eli ayağı birbirine dolanmış genç bir adam var. Üstü başı çok düzgün ama jöleye bulanmış saçlarının arasından fışkıran mavi siyah saç tutamı işi bozuyor. Süs ışıklarının fişlerini taşıyor.

"Shazia neredesin?" diye sesleniyor kumaş yığınlarının, çiçeklerin ve bizim aramızdan bakarkör gibi geçerken. "Konuşmamız lazım."

Shezzie pantolonunun paçasını çekiştiriyor hafifçe. Eğilerek onu büyük bir kargaşadan kurtarıyor.

"Numuneler," diyor Shireen teyze nefes nefese elindekileri yere silkelemeyi başararak. "Shezzie'nin görmesi gerektiğini düşündüm."

"Senin seçtiklerinin mükemmel olduklarından eminim teyze," diyor Adnan. "Sen Irenie olmalısın," diyor nihayet beni fark ederek. "Shazia senden çok bahsetti. Senin daha altı yaşındayken *Siyah İnci*'yi okuduğunu söyledi bana."

Kızarıp *Ben hatırlamıyorum*, diyorum Shezzie'nin ona benden bahsetmesinden memnun olarak.

"Gerçekten okudu. Çok şekerdi. Kitap kendinden büyüktü."

"Ben o kitabı on bir yaşındayken okul ödevi olduğu için okudum. O zaman bile sözlüğe bakmam gerekti," diyor. Adnan süklüm püklüm gülümsüyor. "Korkarım annem bu aralar çok kaygılı," diyerek özür diliyor. "Giyeceğim gömleğin kol kenarlarındaki şeritlere uyan mavi tonu tutturabilen tek bir kumaş boyacısı bulamadığını söyleyip duruyor bana. Bütün gün o tonu tutturabilecek birini bulabilmek için oradan oraya koşturuyor. Pindi'ye[30] bile gitti bunun için."

"Sen de o şeritlerden vazgeç gitsin," diyor Shezzie.

"Ona bunu sen söylesene. Seni seviyor. Sabahtan beri delirtti beni. Shazia'yı sizden birkaç dakikalığına ödünç alabilir miyim teyze ve Irenie? Konuşacak çok şeyinizin olduğunu biliyorum, ama işimiz bir saatten fazla sürmez."

"Tabii ki tabii ki," diyoruz. İşin doğrusu, Shireen teyzeyle baş başa konuşmak istiyorum zaten.

30 Ç.N.: Pakistan'ın Pencap eyaletinde bir şehir.

Kendini ışıklardan kurtarınca beni tekrar üst kata çıkarıyor. Okula giden kızlar gibi yatağının üzerine oturuyoruz. Dışarıda gökyüzü delinmiş vaziyette. Hava kararmış.

"Bu havalar bana Yasi ve Ahmed'i hatırlatıyor," diyor baharatlı cipsleri ikram ederken. "İkisi de fırtınalı havalara bayılırdı. Bir keresinde büyükannenle büyükbabanı ziyarete gittiğimde yanıbaşlarında şimşekler çakarken, bu ikisinin dışarıda fırıl fırıl çember çevirdiklerini gördüğümü hatırlıyorum. İkisi de çok çılgındı," diyerek sevecen sevecen kıkırdıyor. "Sürekli bir şeylerin peşindeydiler. Buradayken çok sıkılırlardı. İslamabad'ın eski halini görmüş olsaydın bu şehrin şimdilerde ölü bir şehir olduğunu asla düşünmezdin. Alışveriş yapmak için Aabpara'ya gitmekten başka bir seçenek yoktu. İmkânı elverenler bu şehirde evlenmemek için ellerinden geleni yapardı. Kovboy filmi izleyebilmek için video kiralardık. Bizim için video izlemek eğlencenin zirvesiydi. İsfandiyar'la Yasi Amerika'ya gitmeden önce evlendiğimizi söylemiş miydim sana?"

Başımı sallıyorum.

"O zamanlar beşimiz birlikte gezerdik. Yasi, Sairah, İsfandiyar, Ahmed ve ben. Aamir sürekli seyahat ederdi. Sanırım Sairah yalnız hissedip bize katılırdı. Bazen Mehreen de gelirdi bizimle ama o her zaman ciddi bir tipti. Bütün gece oturup sabahlardık. En güzel hikâyeleri annenle Ahmed anlatırdı ama her Allah'ın günü oturmaktan başka bir şey yapmamak onları çok sıkardı. Elektrikler kesildiğinde Sairah bize gazete kâğıdından yelpazeler yapardı ama o yelpazelerle serinleme çabası daha çok terletirdi bizi. 'Haydi arabayla gezelim,' derdi Ahmed bazen sabahın ikisinde. Hepimiz onun arabasına doluşur, Blue Area yolunda bir aşağı bir yukarı gider gelirdik. Çok hızlı araba kullanırdı. Bazen başkanlık binası tarafına, bazen de Capital Park'ın oraya giderdik. Yasi ve Sairah bellerine kadar camdan sarkmaya bayılırlardı. Döndüğümüzde saçları kirpi gibi dimdik, suratları da kıpkırmızı olurdu.

Ahmed yaptıkları şeyleri sıkıcı bulmaya başladığında Yasi'ye kullandırırdı arabayı. Nasıl da ödümüz patlardı ama. Ne kadar kötü araba kullandığını anlatamam. Sonradan doğru düzgün kullanmayı öğrendi mi bâri?"

Başımı sallayıp "Hayır," diyorum. "Araba kullanmaktan nefret etti hep."

"O zamanlar severdi. Çok kötü kullanırdı hakikaten. Bütün şeritleri kullanır, sonra da çiçekleri ezerdi. Ahmed çok korkusuzdu. Durmadan 'Daha hızlı, daha hızlı,' deyip dururdu. Sonra ortada hiçbir sebep yokken ona dur diye bağırırdı. Hepimiz yerlerimizden fırlardık. İsfandiyar dâhil herkes Yasi'nin kullandığı arabada seyahat etmeyi tıpkı lunaparktaki dönen salıncaklara binmek gibi acâyip heyecan verici bulurdu. Bizi öldürmemiş olması mucize. Herhangi bir şeye çarptığını da sanmıyorum. Ahmed her zaman iş işten geçmeden yakalardı direksiyonu."

Shireen teyze yıllar öncesinde şimdi. Hayaletlerle dolu bir arabada uçarcasına gidiyor gecenin bir vakti. Sehpanın kenarını sıkıca kavrıyor. Parmak eklemleri bembeyaz. Uzun yıllar önce arka koltukta otururken de böyle sımsıkı tutunup inşallah ölmeyiz diye dua etmiş olsa gerek.

"Bir keresinde Yasi yüzmek için gizlice İslamabad Kulübü'ne girmeyi önerdi. Güvenlik görevlisi gelip bizi yakaladığında halimiz içler acısıydı. Öyle ıslaktık ki giriş kapısına tırmanıp çıkamadık kaydığımız için. Zavallı adam gecenin kör karanlığında kapıyı açmak zorunda kaldı. Nihayet çıkmayı başardığımızda o bile gülüyordu halimize.

Bir başka sefer de Ahmed İslamabad'ın çok sıcak olduğuna karar verip bizi taa Nathia Gullee'ye götürdü sabahın üçünde. O zaman yollar haydut kaynıyordu. Bagajı da ağzına kadar bira şişeleriyle doldurmuştu. Soyulmasak ya da öldürülmesek bile hapse gireceğiz diye çok korkmuştum. Eve döndüğümüzde büyükannenle büyükbaban küplere bindi. Ama bu onları hiçbir zaman durdurmadı. Bu güzel günlerin çok geçmeden sona ereceğini hiçbirimiz tahmin edemezdik." Başını sallıyor üzüntülü üzüntülü.

"Nani ve Mehreen teyze aralarında ne geçtiğini anlattı bana. Tamamen bir yanlış anlama. Her şeyi tatlıya bağlamak için yapılması gereken tek şey birinin ağzını açıp bir şey söylemesiymiş aslında."

"O zaman diğeri de dinlemek zorunda kalacaktı. Bu konuda hiç iyi değillermiş."

"Sanırım bu söylediğin çok mantıklı. Hikâyeyi dinlemeden sonunu tahmin edebildim. Annemin anlattığı masallar da hep böyle bitiyordu."

"Bu hikâyeler nadiren sonsuza dek mutlulukla bitiyor. Her şey harikaydı. Her şey çok güzeldi ve birbirlerine tapıyorlardı ama beraberken patlayıcı madde gibiydiler."

"Sonu acıklı olmasa farklı bir hikâye olurdu."

"Sonu öyle olmadı ama," diyor şaşırarak Shireen. "Baban onun için daha uygun biriydi."

"Babam mı?"

"Baban. Büyükannenle büyükbabanın her şeye rağmen bu evliliği neden kabul ettiklerini sanıyorsun? Yasi'yi dengeliyordu. Onu sakinleştiriyordu. Yasi ve Ahmed birlikteyken mutluluktan havalara uçarlar ya da ifrit olurlardı birbirlerine ya da mest olurlardı ya da bedbaht olurlardı hep. Ama James'le, özellikle de sen doğduktan sonra, annen çoğunlukla hayatından memnundu. Bu sana sıkıcı bir şeymiş gibi gelebilir ama iyi geçiniyorlardı. Sessizlikleri paylaşmaktan keyif alıyorlardı. Bir insanın yaşamak istediği hayatı yaşamak için ille de romantik anlar yaşatan türden bir aşka ihtiyacı yok."

"Ben hiç böyle düşünmemiştim."

Shireen bilge bir insan edasıyla başını sallayıp bir cips atıyor ağzına. "Belki de bu hikâyenin sonuna dair yaptığın değerlendirmeyi yeniden gözden geçirmelisin."

15

Hayatlarımız, kaybetme ayinleri. Kaybettiğimiz şeyleri tek tek saymaya başlayamam bile. Ama benim anladığım bir şey varsa o da kayıplarımızın suçlarımızı telâfi etmediğidir. Biz birbirimizi affettik ama günahlarımızın bağışlanmayacağından ve ruhlarımızı bu suçlardan arındıramayacağımızdan korkuyorum sık sık.

Kahverengi sarili kadın, o kargaşada beni izliyor. Aramızda elleri kınalı, giysileri allı pullu bir düzine genç kız sallanarak dans ediyor ama onun bakışını yakalıyorum ben. Bol işlemeli etekler ve bluzlar sahnede parıl parıl parlıyor. Yere serilen kenarları metalik renkli şifon işlemelerle bezenmiş.

"Mehndi hai rachnewali, haathoon mein gehri laali ..."

Zarif hareketler. Kızlar günlerce prova yapmış. Bu gece mükemmel dans ediyorlar. Başörtüleri kaymıyor ve saçları her nasılsa gözlerinin önüne gelmiyor.

"Gaaye maiya aur masi, gaaye behna aur Bhabhi ..."

Shireen teyze, büyülenmiş gözlerle izleyip alkışlıyor onları. Daha önce birçok düğünde söylediği bu şarkı, kızının düğününde farklı geliyor ona. Shezzie bir tablo kadar mükemmel görünüyor dansçıların arkasına kurulmuş kürsüde. Gelinlik makyajları çirkin kızları güzelleştirirken, güzel kızları bambaşka birine dönüştürüyor. Sadece gülümsediğinde kendisine benzetirsiniz onu. Genç gelinlerden beklenen ağırbaşlılığın aksine sık sık gülümser. Yanında oturan Adnan'ın ağzı kulaklarında. Onun sol, gelinin sağ el bileği kırmızı ve altın rengi kıvrımların içinde kaybolmuş durumda. Üzerindeki yüzükler, kınalar ve kırmızı ojeli tırnaklarla, Adnan'ın tuttuğu duvağa dolanmış el, elin kendisinden ziyâde idealleştirilmiş bir sûreti. Bütün bir sabah ümit dolu kızlar çalıştı o ellerin üzerinde. Birkaç saat sonra bir koca tarafından sımsıkı tutulacak o elleri yumuşatıp kına yaktılar. Belki de gelinin tenine kendi hayallerini işlediler. Belki de bir gün yatak odalarının duvarlarını süsleyecek şeylerle gelinin parmaklarına son dokunuşlarını yaparken kendi aseton lekeli parmaklarına takılıp sonsuza dek orada kalacak yüzükleri getirdiler gözlerinin önüne. Bütün bu süslemelerin altında terliyor mudur gelinin avuçları? Damadın parmakları kuru ve pürüzlü mü acaba?

"Tere mann ko, jeevan ko, nayi khushiyaan milnewaali hain..."

Dansçılar arabeskin ahengine kaptırıyorlar kendilerini. Kahverengi sarili kadın hâlâ beni izliyor. Kim olduğumu gayet iyi biliyor. Ben de günlüğünü okuduğum için onun kim olduğunu gayet iyi biliyorum.

Bakışlarında düşmanlık arıyorum ama yok. Merakla ya da tedirginlikle de izlemiyor beni. Tek başına ayakta duruyor. Oğulları ortalıkta görünmüyor. Görüş alanına girmiş bir sıradağ ya da bir meşe ağacını seyreder gibi bakıyor bana. Odanın karşı tarafında gözüne takılan bir nesneden farksızım onun için.

Kızlar ikinci danslarını daha önce hiç duymadığım bir müzik eşliğinde yapıyorlar. Aslında popüler bir şarkıymış; Naaz ve Shamim keyifle eşlik ediyorlar müziğe alkışlarıyla. Kahverengi sarili kadın da alkışlıyor. Onca haftadır onunla karşılaşmaya can atıyorum ama söylerim zannettiğim şeyler bile aklımdan uçtu gitti şimdi. Suçluluk duygusu ya da ona benzer bir duygunun altında eziliyorum ve neden böyle hissediyor olabileceğimi düşünmekten kaçınıyorum.

Kırlentlerin üzerinde kuzenlerim gibi bağdaş kurmuş dimdik oturuyorum. Kolumdaki altın renkli ve yeşil cam bilezikleri sayıyorum ve arabadan telaşla inerken kırılıp kolumu çizen yirmi sekizinci bileziğin üzerinde gezdiriyorum parmaklarımı. Bana giydirdikleri topuklu ayakkabılar çok yüksek. Tunik istediğimden daha dar ve nakışların altındaki dikişler tenime sürtüyor. Çevremdeki kızlar parıltılı topuklu ayakkabılarıyla gayet zarif görünüyorlar; düğün kıyafetleri de üzerlerine tam oturmuş. Elektriklenmeden ya da nemden etkilenmeyen saçları upuzun. Kollarındaki bilezikler de neredeyse hiç şıngırdamıyor. Mücevherleri de öyle. Büyük küpeleri benimkiler kadar can yakarak ağırlık da yapmıyor. Onların içinde kendimi bir sahtekâr gibi hissediyorum. Kuzenlerimin okulunda da öyle hissediyorum. Onlara uymadığımı biliyorum.

Kahverengi sarili kadın da bana bakarken onlara uymadığımı düşünüyor mu acaba? Ayaklarımın buz gibi, gövdemin sıcak, kulak memelerimin kopmak üzere olduğunu biliyor mu? Diğerleriyle aynı tempoyu tutturamadığım için müziğe alkış tutmadığımı biliyor mu? Aynı şekilde, buradaki varlığımın burayla olan uyumsuzluğunun farkında mı? Elbette oradaki herkesin içinde bir tek o bunun nasıl bir his olduğunu biliyor. O da ona dokunmuyor gibi. Gözlerinin bana dokunuyor olması tuhaf ama yine de o olmasa ben belki de hiç var olamayacaktım.

***

Hoş bir yaz akşamı olan 1983 yılının haziran ayının birinci cumasında kahverengi sarili kadın bir karar verdi. Öyle düşünmeden verilmiş bir karar değildi onunkisi, çünkü büyüyüp bu kadar düzgün kolalı sariler giyen biri düşünmeden karar vermezdi. Böyle bir kadın herhangi bir adım atmadan önce o adımın önünü ve sonunu düşünürdü. Bir kez karar verdi mi de kararı uygulama hazırlıkları yoğun olurdu. Butiklere gidilir, günlerce öncesinden SPA'lardan randevu alınır, rujlar özenle seçilir ve aldıkları tepki olumlu olmazsa çöpe atılırdı. İlişkilerde gizemli bir havaya bürünülür, dışarıdan sezilemeyen bir esrarengizliğin onları diğerlerinden ayırması sağlanırdı. Sohbetler sadece onun yakalayabileceği incelikler üzerine kurulurdu. Kararını hayata geçirdiğinde o karara o kadar sadık kalırdı ki yanlış bir karar olduğu aklının ucundan bile geçmezdi. Bu kadar küçük ve önemsiz bir şeyin onca hayatı altüst edeceğini bilemezdi. Babasının küplere bineceğini, annesine inme ineceğini öngöremez ve bu yüzden de hayata küsmenin suskunluğuyla geçen yıllarla tanımlanırdı hayatı.

On sekiz yıl once sevdiği adam tarafından terk edilen Mehrunissa adında bir üniversite öğrenciymiş kahverengi sarili kadın. Babasının yeni stajyerlerinden biri olan mimarlık öğrencisi Ahmed Kakkezai ile flört etmiş aylarca. Ahmed o zaman yirmi dört yaşındaymış. Mehrunissa'dan beş yaş büyükmüş ama genç kız için partilerde ve düğünlerde tanıştırıldığı bütün o aptal gençlerden çok daha aklı başında bir insanmış. Onunla konuşurken gözlerini onun vücudunda gezdirmek ya da odadaki diğer güzel kızları kesmek yerine gözlerinin içine bakarmış. Sanki evlenip çoluğa çocuğa karışmaktan başka yapılabilecek bir plan varmış gibi, ona gelecekle ilgili planlarından bahsedermiş. Bazen ona göz kırpıp "Ufaklık" diye seslenirmiş onun tatsız bulduğu sohbetlerden uzaklaştığını fark ettiğinde. Mehrunissa ona tüm kalbiyle âşıkmış.

Sorun, Ahmed'in Mehrunissa'ya âşık olmamasıymış. Evet, şu ya da bu konuda geyik yapıyorlarmış ve Ahmed arada bir dalga geçer gibi, ona ne kadar güzel olduğunu söylüyormuş ama ona hiçbir zaman etrafında dört dönen ve sürekli değişen yaşça büyük kızlara baktığı gibi bakmıyormuş. Kendilerinden emin hallerine rağmen ellerinde tutamadıkları Ahmed'i o iki dirhem bir çekirdek kızlarla akşamları dışarıda görmek kalbini kırıyormuş. Bu cılız aptallar onu anlamıyor diye düşünüyormuş Mehrunissa. Ahmed'le ilgili trajik bir şeyler varmış. Tüm o câzibesinin altında ruhunu saran bir çatlak varmış ona göre ve Mehrunissa bu çatlağı tamir etmeye karar vermiş. Sadece o anlayabilirmiş Ahmed'in kafasındaki karışıklığı. Sadece o Ahmed'i olduğu gibi sevebilirmiş.

İşte bu düşüncelerle vermiş onca hayatı değiştirecek o kararı.

***

Her şey Knightsbridge'deki bir partide olmuş. Japonya'dan getirtilmiş zarif fenerler parıldıyormuş ağaçların arasında. Üniformalı garsonlar Mehrunissa'nın elini sürmesi yasak olan şampanya dolu kristal kadehlerin olduğu tepsilerle dolaşıyormuş davetlilerin arasında. O gece ilk sarisi varmış üzerinde: İpekli kumaştan yapılmış, kenarları gümüş işlemeli turkuaz bir sari ve gösterişli bir bluz varmış üzerinde. Hareket ettiğinde annesinin gurur duyarak düzelttiği pliler bozulacak diye ödü kopuyormuş. O yüzden de bir köşede sessizce ayakta durup babası bakmadığı zamanlarda şampaya yudumluyormuş. Bu partiye davet edilmemiş aslında. Annesi Mumtaz gelecekmiş babasıyla ama son dakikada baş ağrısı tutmuş ve Omar'a partiye kızlarıyla gitmesini önermiş. Sonuçta ev sahibesini doğru düzgün tanımıyorlarmış. Omar'ın müşterilerinden biri bu kadın için Thames Nehri'nin kenarında tasarladığı sergi sarayının tamamlanmış olmasını kutluyormuş. Ahmed'in de orada olacağını bildiği için Mehrunissa bu öneriyi hemen kabul etmiş.

Kokteylerin tadına bakarken, her dakika verdiği karardan biraz daha emin olarak Ahmed'i izliyormuş. Onunla konuşurken erkeklerin yüzünün gevşediğini, kadınların da kibarlıktan kırıldığını görmüş. Görünmez bir elektrik yayıyormuş etrafa. Hiç görmediği kadar çekiciymiş o akşam, bir bakışıyla asık suratlı davetlilerin gönlünü kazanıyormuş. Çekiciliğinde hafif bir öfkenin izleri varmış o akşam; sanki onu alt etme ihtimali olan derin bir kederle ölesiye savaşıyormuş gibi. Çok sonraları, Yasmeen'den onu çok üzen bir mektup aldığını ve o mektubu bütün gece cebinde taşıdığını öğrenecekmiş. Yasmeen mektubunda Mustapha'nın onu tekrar ziyaret ettiğini ve bu kez ona en başından beri istediği şeyi verdiğini yazmış. Yasmeen'i aklından çıkaramadığı zamanlarda Ahmed'in yüzünde beliren tuhaf ifadeyi fark etmeyi önünde sonunda öğrenecekmiş Mehrunissa. Bu yüz ifadesini gördüğünde ondan nefret etmeyi öğrenecekmiş önce. Sonra da bu ifadeyi görmediği zamanlarda bile nefret edecekmiş ondan. Ama o akşam aşkına yenik düşmüş. O akşam defalarca Ahmed'in koluna girmek istemiş, ama ne zaman sarisinin sorun çıkarmayacağına ikna olup harekete geçse Ahmed'in yanında başka biri oluyormuş. Omar sık sık onun yanına gelip hârika göründüğünü söylüyormuş. Ahmed onun olduğu tarafa bakmıyormuş bile. Akşam yemeğinde Ahmed'in yanına oturtulunca onun da partide olduğunu ancak fark etmiş Ahmed.

"Mehrunissa!" diye bağırmış şaşkınlıkla. İsmini onun ağzından duymayı seviyormuş Mehrunissa. "Nasılsın ufaklık?"

"Ben ufaklık değilim," demiş ona cilveli cilveli. Ses tonunu öyle mükemmel ayarlamış ki sonraki yıllarda Ahmed o gece ona o şeyi yaptıranın onun ses tonundaki bir şey olduğunu anlatmak için sayfalar dolusu açıklama yapmış. Mehrunissa'nın ondan hoşlandığını biliyormuş; ondan uzak durması gerektiğini de biliyormuş ama nedense yapmamış. Kafası pek de yerinde olmayarak, hayatına girip çıkan tüm kızlara yaptığı gibi, uzun zamandır özlemini çektiği ilgi ve alakaya boğmuş Mehrunissa'yı. Tabağındaki eti minik parçalara böldüğünde onunla dalga geçmiş. Peçetesini yere her düşürdüğünde eğilip almış. Hatta Mehrunissa bir ara eteğinin altından özenle dışarı uzattığı ayak bileğine Ahmed'in elinin değdiğini bile hissetmiş. Biraz çakırkeyif olan babası olanlardan habersiz, dişleri sararmış kadın bir at binicisiyle sohbet ediyormuş.

"Mehrunissa'yı eğlendirmen ne hoş," demiş Ahmed'e birkaç kez.

Ortak tanıdıklarından ve son zamanlarda izledikleri filmlerden konuşmuşlar. Ahmed huysuz müşterilerle ilgili hikâyeler anlatıp güldürmüş onu. Bu arada Mehrunissa ayakkabılarının ayağını biraz sıktığını unutmuş. Yemek masasındakilerin sohbeti gittikçe koyulaşıp kimin ne söylediğinin bir önemi kalmamış. Ahmed içkiyi biraz fazla kaçırmış ama Mehrunissa bunu dert etmemiş. Sadece yanında olması yetiyormuş ona. Mumtaz aradığında henüz tatlılara geçilmemiş. Baş ağrısı kötüleşmiş. Kocasının eve gelmesini istiyormuş.

"İzin veriseniz ufaklık tatlıların da tadına baksın," demiş Mehrunissa'nın adına konuşarak Ahmed. Bu kez "ufaklık" derken ses tonu küçük bir çocuktan bahseder gibi değilmiş.

"Lütfen baba, lütfen," diye yalvarmış Mehrunissa. Tatlıdan sonra dans faslı başlayacakmış; Ahmed belki de onunla dans eder diye geçirmiş aklından. Sonra da isteyen tüm davetlilere söz verilen yeni binayı gezme faslı. Mehrunissa tabii ki gezecekmiş binayı. Ahmed yanında olduktan sonra her yere gider, onun elinin değdiği her şeyi görmek istermiş. Tüm şirinliğini takınarak "Lütfen tasarladığınız binayı gezmeme izin ver baba," demiş babasının gururunu okşayan bir şeyin nadiren işe yaramayacağını gayet iyi bilerek. Birkaç dakika sonra da babasını öpüp kapıya kadar geçirmiş. Tatlıların gelmesini beklerlerken şarabını yudumlayan Ahmed'in yanında oturmuş.

O akşamki tatlı muhteşem bir şeymiş: Vanilya soslu ve böğürtlenli muazzam bir pasta. Mehrunissa'nın o gece ile ilgili anlattıkları doğruysa eğer, Ahmed'i şeker kaplı çileklerle besleyip onun parmaklarından böğürtlen yemiş. Okyanusaşırı bir ülkede geçirdiği ergenliği döneminde geliştirdiği Güney Asyalılara özgü gizli kapaklılık canının istediği şeyleri yapmasına engel olmasa da paranoyak yapmış onu. Dans ederlerken başını Ahmed'in göğsüne yaslayınca insanların babasına laf taşımasından endişelenmiş. Ev sahibesinin kız kardeşi step dansı ayakkabılarıyla çıkıp *O Sole Mio (Benim Güneşim)* şarkısını söyleyip de çılgınca alkışlanınca Mehrunissa davetlilerin onu ya da Ahmed'i fark edemeyecek kadar sarhoş olduklarına kanaat getirmiş. Ahmed'in onu avluya götürmesine, merdiven boşluğundan aşağı indirmesine ve sonra da bir geçitten geçirerek çiçekleri solmaya yüz tutmuş küçük bir kiraz bahçesine götürmesine ses çıkarmamış. Yerdeki solmuş çiçekler taptaze ve kar beyazı görünüyormuş ay ışığının altında. Gölgelerin içinde yavaşça dönmüşler Ahmed'in elleri şalının desenlerinde gezinirken. O eller belinin çıplak tenine değdiğinde üşümediği halde titremiş Mehrunissa. Ahmed bilmediği bir şarkının sözlerini mırıldanarak daha sıkı sarılmış ona. Sessizce sallanmaya başlamışlar. Eğer bir yerlerde bir müzik çalıyorduysa bile Mehrunissa duymamış. Onun düzenli kalp atışlarından ve göğsünden yükselen notaların yarattığı titreşimlerden başka bir şey duymuyormuş. Sari kendiliğinden çözülüp vücudundan kayarak zarafetten yoksun dansları için örtü olmuş. Parmaklarını Ahmed'in saçlarında gezdirip kulağına onu sevdiğini fısıldamış. Ancak yıllar sonra onun bunu duymadığını öğrenmiş.

Mehrunissa, Ahmed'in boynunun kokusuna öyle kaptırmış ki kendini, diğer davetlilerin çoktan gittiğini fark etmemiş. Ahmed onu öperken yukarı doğru baktığında etrafta kimseler yokmuş.

Onun yerinde başka bir kız olsa kaygılanırmış ama aylardır içinde demlenen bir kararı varmış Mehrunissa'nın. Kimseyi tanımadığı bir partide, bir misafir odasındaki kanepenin üzerinde gerçekleştirmiş bu planını.

Üç hafta sonra kendini hiç de hazır hissetmediği bir şeyle sonuçlanmış bu plan. Altı hafta sonra emin olmuş. Bir ay içinde evlenmiş. İki ay içinde de çok büyük bir hata yaptığını fark etmiş. Annesinin müzmin baş ağrılarının onu elden ayaktan düşürecek bir felcin göstergesi olduğu ortaya çıkmış. Babası yıllarca yüzüne bakmamış. Peşinde koştuğu koca eve nadiren uğrar olmuş. Annesinin altına bez bağlamayı öğrenirken küçük bir file dönmüş. Birkaç ay sonra da silmesi gereken iki ağız, temizlemesi gereken iki popo ve banyo yaptırması gereken iki vücut olmuş hayatında. Ve okyanusun öbür ucunda, adını bile duymadığı bir kadın durmadan ağlıyormuş.

***

Kahverengi sarili kadın, yemeklerin servis edildiği büfeye ilk ulaşan oluyor. Shamim ve Naaz, "İşte oradaki kadın o. Gördün mü?" diyerek dürtüyorlar dirsekleriyle. Benden daha heyecanlılar. Nani geldiğimizden beri otoriter bir havayla sahnenin yanındaki gezinti arabasının üstünde oturuyor. Shamim ve Naaz ufak tefek bilgiler toplayıp mekik dokuyorlar odada: Mehrunissa'nın oğulları hiçbir yerde görünmüyor. Sarisi ipekli şifondan yapılmış. Salı gecesi İngiltere'ye dönüyormuş.

"Giydiği sariye inanabiliyor musun?" diye soruyor Naaz gördüğüm şeyin gereksindiğim destek olduğu düşüncesiyle. "Sanki biraz evvel postayla gönderilmiş gibi. Birinci sınıf. Ne bir leke ne de bir iplik var. Sadece pullar."

"Yasi teyze çok daha güzeldi," diye ekliyor Shamim.

Bu kadarı doğru ama sarisini beğeniyorum. Bej rengi. Pırıl pırıl. "Shamim haklıydı. Olanlar onun hatası değil," diyorum alçak sesle.

Naaz dehşet içinde bakıyor bana. "Onun hatası olmadığını nasıl söylersin?" diyor. "Annene ve Ahmed'e neler yaptığını duydun. Günlüğü okudun. Her şeyi o planlamış gibi görünüyor."

Nani, Chak Shehzad'a giden yol boyunca Mehrunissa Shabaz'ın akla hayale sığmayan kötülüğüne verip veriştiriyor. Mehrunissa Shabaz, pençelerini Ahmed'e bir geçirdi bir daha da bırakmadı. Mehrunissa, Ahmed'in ve annemin ölümüne sebep oldu. Mehrunissa Shabaz, kendi annesini öldürüp babasının aklını kaçırmasına sebep oldu. Bangladeş'teki kuraklığın ve Pencap'taki sellerin sebebi de Mehrunissa Shabaz'dı.

"Ona bir bak," diyorum meraklı kulaklardan uzak bir köşeye yerleştiğimizde. "Hayır, hayır. Dikkatli bak."

"Diğer kadınlardan farklı görünmüyor bana," diyor Shamim omzunu silkerek. Tabağımdan bir parça pide çalıyor.

"Aynen öyle. Yanlış adama âşık olan aptal bir kız çocuğu." Bunu kendime bile itiraf etmekten hiç hoşlanmasam da doğru olduğunu düşünüyorum. Belli ki Mehrunissa zaman içerisinde kötü bir insana dönüşmüş, ama başlangıçta öyle bir insan olmak gibi bir niyeti olduğunu düşünmüyorum. En azından bir süre Ahmed'e gerçekten âşıkmış ve onu gerçekten mutlu etmek istemiş. Ahmed, Mehrunissa'nın onu kazanmak için yaptıklarını küçümseyip dalga geçen kaç tane mektup yazmış. Anneme kaç kere sabahları uyandığında onun yüzünü görmenin verdiği acıdan bahsetmiş. Mehrunissa'nın hiç şansı yokmuş.

Annem Mehrunissa'yı asla ana yemek olamayacak bir sokak atıştırmalığı diye tanımlardı.

"Ama neler yaptığına bir bak," diyerek hatırlatma yapıyor Naaz. "Sebep olduğu acılara bak. Adı bile iğrenç: *Mehrunissa*."

Lakap kullanmaya çok meraklı bir kültürden geldikleri için Ahmed'in mektuplarında karısının adını kısaltarak yazmamış olması tuhaf gelmişti bana. Yasmeen'in lakabı "Yasi", Shireen'inki "Reenie", Sairah'ınki de "Sissy" idi mektuplarında; ama Mehrunissa'nın adı hep tam yazılmıştı, Dört hece, on harf. Ahmed çok hasta olduğunda bile parmaklarını klavyenin her yerinde dolaştırmaya üşenmemiş. Hiçbir zaman "Mehr", "Nissa", "Mehroo" hatta "MN" bile olmamış. Ahmed'in evlendiği kadın kolayca sadeleştirilemeyecek biriymiş demek ki diye düşünüyorum. Ancak bu sabah öğreniyorum Mehrunissa'nın ne anlama geldiğini: Yardımsever.

Nani, "Onun hayatı boyunca kimseye tek bir hayrı dokunmamışken, neden Mehrunissa'ya Mehrunissa'lık yapayım ki?" diye çıkıştı Shamim kinimizden kurtulmamız gerektiğini söylediğinde.

Ahmed'in karısının adını bir lanet gibi görüp her seferinde dalga geçer gibi tam yazması beni çok etkiledi. Koşullar onu "Yardımsever"e mahkûm ettiğinde bunun hiç bir hayrını görmemişti. Yardımsever de onun böyle hissettiğini fark edince kılını bile kıpırdatmamıştı. Peçetemi katlayıp Ahmed'in hem annemin hem de benim kalbimi kıran Mehrunissa'yı anlattığı mektubu getirdim gözümün önüne.

O mektubu o kadar çok okumuştum ki her satırını ezbere biliyordum. Mektupların olduğu kutu geri gelmese bile o mektubu ölene kadar hatırlayacağım. Annem o mektubu benden önce defalarca okumuş olmalı. Kenarları buruşmuş ve her yerinde parmak izleri var. Bir başkasının gözyaşlarıyla ıslanmaya alışık olan mektup benimkilerle buluşuyor. Zaman, mekân ve şahısların ötesine geçecek bir şeye dönüşüyor mektup. Kapasitesinin benim zannetiğimin ötesinde olduğunu idrak ettiğim annemin varlığının açığa vurulduğu o eşsiz an bu bana göre. Önceki mektupların açıklığı gibi tedirgin ediyor beni. Bu mektubu okuyana kadar o zamanki koşulların ağırlığını hissetmemiştim. Annemin mektuplaşarak aşk yaşadığına inanmak, adını bile anmadığı bir adama âşık olduğunu fark etmekten daha az huzur kaçırıcıydı. Mektubu satır satır defalarca okudum, sanki her şeyin cevabını bulabilecekmişim, sanki bugünüme ışık tutan bu kâğıt parçası geçmişi de ortaya çıkaracakmış gibi. Suçluluk, keder ve rahatlama arası bir şey hissediyorum. Varlığımın tıpkı annemin varlığı gibi her seferinde aynı mektup tarafından etkisiz hale getirildiğini hissetmek midemi ağrıtıyor.

Bu mektubu okuduktan sonra kendi iyiliğim için kutuyu kaldırmayı düşündüm ama yapamadım. Kutudan iki hafta uzak kalmayı başardıktan sonra mektuplara tekrar el attığımda yazışmalarına aylarca ara verdiklerini fark ettim. Annem onun mektubunu aldığından bahsetmiyordu. O sırada ne hissettiği benim hiçbir zaman öğrenemeyeceğim bir şey olacak sanırım. Belki de kendisine Pakistan'da vereceğinden daha büyük bir zarar verebilmek için ya da insanların ona acımasını, onun için üzülmesini ve oraya döndüğünde üzerinde hissedeceği her şeyi bilen bakışlardan uzak durmak için Amerika'da kalmaya karar veriyor o kış.

Mart ayında doğum haberini alıyor: Erkek bebek Kakkezai, Khuram; Üç kilo sekiz yüz gram ağırlığında, elli altı santimetre boyunda, siyah saçlı, siyah gözlü, esmer tenli. Annem cevap yazmıyor. O yaz yine tezi için "araştırma" yapacağı bahanesiyle Amerika'da kalıyor. Pakistan'a yolladığı mektuplar havalardan, akşam yemeğinde ne yediğinden bahsettiği üstü kapalı notlardan oluşuyor. Ailesi endişeli, ama yapabilecekleri fazla bir şey yok. Ne onlar ne de o vakte kadar durumu muhtemelen öğrenmiş olan annem Ahmed'in evliliğinden bahsetmiyor. Üçüncü bebeğine hamile olan Sairah yenge ilk ultrasonundan sonra annemi ziyarete gitmeyi planlıyor ama haziran ortalarında bebeğini düşürünce ziyareti iptal ediyor. Temmuz ayında yazdığı mektupta Ahmed evliliğin cehennem gibi bir şey olduğunu, oğlunun sürekli ağladığını, kayınvalidesi ile kayınpederinin ondan nefret ettiklerini, karısının durmadan başının etini yediğini ve boşanmayı planladığını yazıyor. Tabii Yasmeen'i hâlâ çok sevdiğini de ekliyor. Annem yine de cevap yazmıyor.

Burada 1984 yılının annem için kayıp bir yıl olduğunu belirtmek istiyorum: O yılı nasıl geçirdiğine dair kimsenin bir fikri yok. O yıla ait fotoğraf yok. Sadece birkaç mektup ve yaşamına dair daha az bilgi var günlüğünde. Ocak ayının ilk şiddetli kar yağışının yaşandığı gün yirmi dört yaşına giriyor. Görünen o ki saklamaya değer herhangi bir tebrik kartı falan almamış. Okul kayıtları geçer notlar aldığını, banka hesabı da Crawford'da öğretmenlik yapmaya başladığını ve her ay 115 dolar 65 sent kira ödediğini gösteriyor. Şubat ayında nasıl olduğu bilinmeyen bir kazada kırıldığı için sol kesici ön dişlerinden birine kaplama yapılıyor. Ekim ayında bir türlü geçmeyen boğaz ağrısı için antibiyotik yazılıyor. Yine ekim ayında babamla karşılaşıyor ilk kez. Babamdan etkilendiğine dair bir bilgi yok. Arkadaşları varsa bile ben buna dair bir iz bulamıyorum. Kayda değer bir şey yaptıysa bile buna dair de bir bilgi yok.

1984'te gerçekleşen dikkate değer tek şey, Ahmed'in eşini terk etmesi. Hem de iki kez. Onu ilk 17 Şubat'ta terk ediyor. Bugün aynı zamanda 42 Essington Place Crawford adresindeki diş hekimi Doktor Melanie Sutcliff tarafından annemin ağzına bir kalıp geçirilerek gülüşünün dondurulduğu gün. 17 Şubat sabahı Ahmed karnı burnunda karısını öpüp Edinburgh'a giden ekspres trene biniyor ve birkaç saat boyunca krem karamel yiyip karla kaplı kırları izliyor. Newcastle'da bir sigara molası verdikten sonra trene geri dönmüyor. Pelesenk kulplu şemsiyesi, yemek vagonundaki bir raftan yürüttüğü dergi ve kızını hamile bırakmadan önce kayınpederinin ona hediye ettiği gri fötr şapkası sınırı Ahmed'siz geçiyor. Ahmed'in bu eşyaların içinde kaybettiğine üzüldüğü tek şey dergi. Bir daha bulamayacağı canlı bir organizmanın ışık üretimiyle ilgili çok ilginç bir makalenin ortasına gelmişken iniyor trenden. O gün Ahmed'in eşini terk etmeyi planladığını bilen tek kişi annem. Ahmed bu planından 24 Eylül 1989 tarihli mektubunda bahsediyor anneme. Aynı zamanda, otuz yıllık karmaşık hayatı boyunca işlediği günahları da sıralıyor bu mektupta.

Ahmed'in eşini ikinci kez terk etmesinden herkes haberdar olmuş. Muzaffarabad'daki üçüncü dereceden kuzenlerden tutun da Kuveyt'de oturan baldızlara kadar herkes duymuş ne olduğunu. Pakistan'a gelene kadar Ahmed'in eşini ikinci kez terk edişinden haberim olmamıştı. Anneme temmuz ayında gönderdiği mektubuna cevap alamayınca, Ahmed de bu evlilik meselesini çözmenin tek yolunun kimseye söylemeden Amerika'ya gitmek olduğuna karar vermiş. Kayınpederi delirdiğinde uçağı Heathrow Havaalanı'ndan kalkmak üzereymiş. Elmayı portakaldan ayıramamak ya da neden eşinin mayosunu giyip bahçesinde güneşlenemeyeceğini idrak edememek gibi küçük belirtilerle başlamış her şey ama sonra hızla ilerlemiş. Mehrunissa kocasının evi terk ettiğini fark ettiğinde, Omar trafik ışıklarıyla sohbet etmeye ve biçare köpeklerin üzerine işemeye başlamış. O zamana kadar altı gün geçmiş, ama Ahmed genellikle ofiste yatıp sabah da kimseler uyanmadan üniversiteye gittiği için durum fark edilmemiş. Mehrunissa kocasını en son ne zaman gördüğünü hatırlamayınca paniklemiş. Nereye gitmiş olabileceğini anlaması çok zor olmamış.

Yasmeen ve Ahmed'in ağustos ayındaki o haftayı nasıl geçirdikleri bilinmiyor. Buna dair bir sürü rivayet var ama kimse gerçekte ne yaptıklarını bilmiyor. Bütün bir hafta boyunca Crawford'da oldukları düşünülüyor ama Meksika'ya ya da Kanada'ya da gitmiş olabilirler. Bütün bu zamanı tartışarak mı geçirdiler? Kaçma planları mı yaptılar? Ahmed'in nihayet gelmiş olmasını umursayamayacak kadar büyük bir buhran mı geçiriyordu annem? Kimse bilmiyor. Ben çok ama çok mutlu olduklarını hayal etmek istiyorum. Gerçi çalınmış bir zaman boyunca ne kadar mutlu olunabilinir ki? Doğrulayabildiğim tek bilgi, Ahmed'in 9 Ağustos 1984 tarihinde anneme en yakın havaalanı olan JFK (John F. Kennedy) Havaalanı'na indiği. Bir haftadan kısa bir süre sonra da gitmiş.

Mehrunissa tekrar izini bulduğunda Ahmed ailesiyle Şikago'daymış. Eve dönmek istemiyormuş. Karısının maddi sıkıntısı yokmuş sonuçta. Ayrıca, derslerin başlamasına da bir aydan fazla zaman varmış. Ama istemediği karısı ve yeni doğan oğlu dışında düşünmesi gereken bunak bir kayınpederi ve felçli bir kayınvalidesi varmış. Bu meseleye dair ortak kanı, karısının el altından yürüttüğü işler olmazsa Ahmed'in sorumluluk duygusunun zamanla devreye gireceğiymiş.

Kocası Amerika'dan ayrılmayı erteleyince Mehrunissa'nın yaptığı ilk şey, Ahmed'in dosyalarının altını üstüne getirmek olmuş. Dosyaların arasında Ahmed'in Knightsbridge'de geçirdikleri geceyi anlattığı mektubu bulmuş. Kiraz çiçeklerinden, turkuaz sariden ve yıldızların altındaki danstan bahsediyormuş bahsetmesine de anlattıklarının Mehrunissa'nın hatırladıklarıyla alakası yokmuş.

Öfkeden deliye dönüp Ahmed'in dosya dolaplarına dalmış. Yasmeen'in kocasının imha etmek isteyip de edemediği mektuplarını bulmuş. Bavulunu toplayıp, St. Tropez bileti ayırtmış ve henüz bebek olan Khuram'ı anne ve babasına emanet etmiş. Kısa bir zaman sonra da "Kardeş Tokmakçısı "adresli, Yasmeen'den ibaresinin özellikle grafik harflerle iliştirildiği bir kartpostal almış Ahmed. "Kayınpederin oğlunu tuzlayıp fırına atıyor. Git bir bak istersen," diye devam eden kartpostaldaki mor renkli bitişik el yazısını okuyunca Ahmed, Mehrunissa'nın hayırseverliği acı bir şaka halini almış.

Mehrunissa'yı Yasmeen için terk etme niyetinde olup olmadığı bilinmiyor Ahmed'in. Ahmed ve annemin o hafta bıraktıkları yerden devam edip etmedikleri de meçhul. O sırada birbirlerini görüp görmedikleri bile doğrulanamıyor. Ama böyle konularla ilgili sorular sorulduğunda o soruları sadece sormak bile en az akla gelen cevapları kadar yıkıcı olabiliyor. Artık kimsenin Yasmeen'le evlenmeyeceği gerçeği, kargaların onlar için leş üreten felaketleri göz ardı etmeleri gibi kendini beğenmişlik ve kederle gözlemlendi. Bundan yedi ay sonra Yasmeen, James Eccles adında kendinden yaşça epey büyük bir profesörle evlendiğini ilan ettiğinde bu haber ailesinin yüreğine su serpti.

Birkaç yıl sonra kötü bir kavga esnasında Mehrunissa genç kızlığından beri tuttuğu günlüğü kocasının kafasına fırlattı.

"Elinin tersiyle ittiğin şey bu işte," diye bağırdı.

Günlük, mor plastik kapaklı. Sayfaları pastel renkli. Parfüm sıkılıp baştan aşağı Ahmed Kakkezai kokusuna bulanmış. Altıdan daha az olmayan farklı tonlardaki neon mürekkepleriyle haylazca çizdiği papatyalar ve açelyaların arasında Mehrunissa'nın kızlığının bozulması var. Sonra Mehrunissa'nın evlenmesi, anne oluşu, kocasını mutlu etme çabaları var. Günlüğü ona fırlattığı anda sonlanıyor. Ahmed günlüğü anneme göndermeden önce ilk sayfasına başında günlüğün izinin kaldığını yazmış. Annem onun yaptığı düzeltmelere *belki de yapabileceği en iyi şey buydu* yazıyor bazen. Bazen de Mehrunissa'yla alay ediyor o da. Farklı mürekkep ve farklı yazım şekillerinden bu günlüğü yıllarca birbirlerine gönderdikleri sonucu çıkıyor. Yorum yapacak şeyleri kalmadığında bile mükemmel bir komiklik buluyorlar ve boş sayfalara kısa notlar yazıyorlar. İlk başta gerçekten eğlenceli buldum bunu. Biz de Celeste ile bize kötülük yapmış birinin günlüğünü bulsak böyle bir şey yapabilirdik. Ancak kadını gördükten sonra, dalga geçtikleri kadına Ahmed'in karısı gözüyle bakıyorum. Onu burada kahverengi sarisinin içinde gördüğümde nesiyle dalga geçtiklerini bulmaya çalışıyorum. Annemin günahları diye düşünüyorum. Midemdeki ağrının kaynağı bu. Tenime yerleşen suç tortusu. Zihnimin derinliklerine gömülmüş sağlam bir ses hayır diyor. Sadece o değil. Sen de bu zavallı kadına karşı nefret besledin içinde.

16

Öleceğimi hissettiğim günlerde sadece seni düşünmek rahatlatıyor beni. Beni çevreleyen her yerde gördüğüm tek şey acı. Bazen şimdi çekip gitsek, bu dünyadan göçsek daha mı iyi olurdu diyorum.

Shezzie'nin düğünü Marriott'da yapılıyor. "Çok daha medeni bir yer," diyerek burnunu çekiyor Sairah yenge.

Shireen teyzenin amcasının evine giden toprak yolda yüzüğünün tekini kaybetmiş ve bunu kimseye unutturmak niyetinde değil.

"Güzel bir küpeydi," diyor Mehreen teyze kibarca. "Her yerde yanan fenerler bahçeyi çok güzelleştirdi."

"Yaz ortasında kim bahçesine fener koyar? Yeterince sıcak değilmiş gibi."

"Gerçekten Sairah. Düğünü dışarıda yapıyor gibi değillerdi."

Mehreen teyzeyle annem de böyle didişirler miydi diye merak ediyorum. Naaz, Shamim ve ben de didişecek miyiz acaba? Ansızın, babamla mutfakta sessiz sessiz oturuşumuz geliyor aklıma. Hüzünleniyorum. Babamın mutfakta tek başına oturuyor olması fikrine daha çok üzülüyorum. Geçen hafta neredeyse bir saat konuştuk telefonda. Bana Irene'den bahsetti. Daha önce hiç yapmamıştı bunu. Geri dönsem farklı bir ilişkimiz olur muydu diye düşünüyorum.

Sairah yenge "Reenie!" diye bağırıyor Shireen teyzeyi görünce. "Hârika görünüyorsun hayatım. Muhteşemsin."

"Gelebilmene çok sevindim," diyor öpüşüp iltifatlar yağdırıken. "Tehmina teyze hâlâ hasta mı?" Nani'yi imam nikâhı günü yataklara düşüren şeyin ne olduğunu biliyor olmasından şüpheleniyorum: Yaşlı bir tanıdık, onu Mehrunissa Shabaz ile tanıştırmaya kalktı. Nani çantasını yere düşürdü. Onu eve götürmelerini söyledi. Başı dönüyormuş. Öyle dedi.

"Hâlâ biraz sendeliyor." Shamim muzır muzır gülüyor. Mehreen teyze onu bakışlarıyla îkâz ediyor.

"Gel gel," diyor Shireen teyze. "Shezzie hepinizle muhakkak fotoğraf çektirmek istediğini söylüyor."

Bütün aile Shezzie'nin arkasında gülerek poz veriyor sahnede. Tanımadığımız bir dizi kuzenini yanına almış damat da geliyor. Hem dijital hem analog fotoğraf makinelerinin flaşları patlıyor. Kuzenlerimin artık yanımda olmadıklarını görünce gülüşüm bezginleşiyor. Onların yerini koyu bir takım elbise giymiş uzun boylu bir çocuk almış. Geldiğini fark etmiyorum hiç. İflah olmaz bir hayalperestin sınır tanımayan bakışlarına sahip. İleride yakışıklı bir çocuk olabilir ama şu anda çok zayıf. Ama ona bir kez daha bakmama sebep olan bir şeyler var.

"Selam," diyor alçak sesle.

"Selam," deyip fotoğraf makinelerine dönüyorum hemen ona bakarken yakalandığımdan utanarak.

"Irenie değil mi?" diyor fısıldayarak fotoğrafçılar bize gülümseyin emri verirken.

Şaşkınlık içinde yüzüne bakarken canı sıkılan fotoğrafçı homurdanıyor. "Bu tarafa bakın lütfen," diyor. Hemen dönüyorum, ama bana değil de Shezzie'nin kucağına tırmanmaya çalışan küçük bir oğlan çocuğuna söylüyormuş meğer. "Tamam. Eminim yeterince fotoğraf çektirdik," diyor Shezzie.

Fotoğraf çekimi sonlanırken Adnan'ın Shezzie'ye "Muhteşem görünüyorsun aşkım," dediğini duyuyorum. Ağır makyajına rağmen Shezzie'nin yüzünün kızardığını görebiliyorum.

Çocuk oyalanıyor. Belki de gelinle damadı tebrik etmek için bekliyordur. Bana tanıdık gelen bir şeyler var onda ama adını koyamıyorum. Uzun zaman önceki gelişimde tanıştığım biri mi acaba? Bakışımı yakalıyor ve sahnenin arkasındaki çiçek deryasını gösteriyor başıyla. Etrafıma bakıyorum ama yakınımda kimse yok, bu işareti yapabileceği benden başka kimse yok etrafta. Tekrar başıyla işaret ediyor çiçeklerin olduğu yeri.

Beni ona çeken şey merak değil. Onu bir yerlerden tanıyor olmam ya da ilgimi çekmiş olması da değil. Kalabalığı bulanıklaştıran âni bir netlik. Tatlıya dadanan kuzenlerim bir anda gözden kayboluyor. Shireen teyzenin oturduğunu görmüyorum. Büyük olasılıkla âcilen halledilmesi gereken hayali bir şeyin peşinde. Aaamir dayıyı da görmüyorum. Daha önce Sairah yengenin "İğrenç yaratık," dediğini duyduğum bir kadının karısını lafa tutmasından faydalanıp sigara içmeye kaçtığını da görmüyorum. Mehreen teyzenin bana yakın bir mesafede çiçekleri düzelttiğini, gelinle damadın yeni bir poz vermek için ayağa kalktığını da. Bugün gri sari giymiş olan kahverengi sarili kadın bile artık görüş alanımda değil.

"Firdaus?" diye soruyorum çocuğa.

Başını evet anlamında sallayıp "Konuşmamız lazım," diyor. Her yerinden altın sarkan teyzeleri kolaçan ediyor sanki KGB ajanıymışlar gibi. "Burada olmaz ama."

Yan kapıdan geçip loş bir koridora süzülüyoruz. "Nereye gittiğini biliyor musun?" diyorum.

"Buralarda nereye gittiğimi hiçbir zaman bilemiyorum. Sen?"

Omzumu silkiyorum. Boş bir konferans salonuna gelene kadar sessizce ilerliyoruz. Tek kelime etmeden oval masanın iki ucundaki yönetici koltuklarına oturuyoruz. Çenesini ellerine dayayıp bana bakıyor. "Tıpkı hayal ettiğim gibisin," diyor en sonunda.

Beni niye hayal etmiş olsun ki? Sonra gülüyor ve ben de onu hayal ettiğimi fark ediyorum. Shireen teyze bana fotoğraf kutusunu verdiğinden beri defalarca yüzünü hayal ettim, çünkü sadece düz bir yüzeyde gördüğüm bir sûretin neredeyse mükemmel bir biçimde vücuda gelmiş hali. Üç boyutlu olunca nedense o kadar canlı görünmüyor. Bildiğim yüzün bir yansıması gibi. Benim yüz hatlarım da ona bulanık görünüyor mu acaba. Görmeyi umduğu şeyin kirli bir kopyası gibi görünüyor olabilir mi?

"Böyle gözümü dikip baktığım için özür dilerim. Seninle tanışmayı o kadar uzun zamandır istiyorum ki." Derin bir nefes almak için duruyor ve o nefes her şeyi açıklıyor. "Sana bir özür borçluyum."

"O sendin değil mi?"

Tekrar durup ellerini inceliyor. "Telefonu kapatmak istemiyordum. Seninle konuşmayı gerçekten istiyordum."

"Neden konuşmadın o zaman?"

"Konuşamadım. Telefonun diğer ucunda sesini her duyduğumda söylemek istediğim her şey aklımdan uçup gidiyordu."

"Bir keresinde sana avaz avaz bağırdığım için mi? Bunun için özür dilerim."

"Hayır, hayır. Tabii ki o yüzden değil. Hak etmiştim. Sana bir merhaba demeliydim o zaman. Lafa nereden başlayacağını bilmek çok zor."

"Başlamak?" diyerek öne eğiliyorum.

"Özür dilerim... Hayır, demek istediğim bu değil. Yani aslında demek istediğim bu ama tamam..." Derin bir nefes daha alıyor. "Mektupları okudun değil mi?"

"Mektupları okudun değil mi mi? Sen bunu nereden biliyorsun?"

Başını sallıyor. "Babam hastayken gelen mektuplarda annenin adı var mı diye bakmamı istiyordu. Yasmeen. Görürsem eğer, mektubu saklayıp annem yokken ona getirmemi söylüyordu."

"Onun için aşk mektubu kaçırmanı mı istedi senden?"

Huzursuz görünüyor. "Göründüğü gibi kötü bir şey değil."

"Ama sen küçücük bir çocuktun o zamanlar."

"İlk başta ne olduklarını bilmiyordum bile. Mektupların onu mutlu ettiğini, mektup aldığı zaman kendini daha iyi hissettiğini biliyordum. Bu da bana yetiyordu."

Mektup kutusunu düşünüyorum bir an. Çocukluğumu ele geçirmesini hem seviyor hem de bundan nefret ediyordum. O zaman anlıyorum bunun onu neden mutlu ettiğini.

"Onun için yalan söylüyormuşum gibi hissetmiyordum tam olarak," diyerek savunuyor kendisini. "Sadece onun güldüğünü görmek istiyordum. Annemle babamın mutlu oldukları bir anı hatırlamıyorum ben."

"Senin hatırlamıyor olman onların mutlu olmadıkları anlamına gelmez," diyorum Mehrunissa'nın ihanetlerine zaten olduğumdan daha fazla suç ortağı olmak istemeyerek. Annemle babamın birbirine olan düşkünlüğünü çok zor olsa da ispatlayacak bütün küçük şeyleri geçiriyorum aklımdan ve onun haksız çıkmasını diliyorum. Gördüğüm kadarıyla, anne ve babalarımızın yazdıklarında olmayan, Ahmed ile Mehrunissa Shabaz'ın bir zamanlar aynı zevki paylaştığı hayatlar.

İç çekiyor. "Bu benim ispatını gördüğüm bir şey değil. Gördüğüm kadarıyla annem bütün yetişkinlik hayatını aşk ve intikam duygusu gibi çelişkili iki duygu arasında gidip gelerek geçirmiş. Onun hatası olduğu için değil. Gerçekten. Babamın hatası bile değil. Düşünsene Irenie, babam sevmeyi bırak bir parça dahi hoşlanmadığı bir kadına mahkûm olmuş ve annem onun ne hissettiğini biliyormuş."

"Sana bir şey sorabilir miyim?"

"Tabii ki."

"Birlikte bu kadar mutsuzlarken neden bu ilişkiye bir son vermemişler?" Herkesin hayatı çok daha kolay olurmuş o zaman demiyorum.

"İnat yüzünden. Annem, onu aslâ sevmemiş olmasının bedelini ödetmeye kararlıymış babama. Babam da annemin onun beş para etmez bir baba olduğu iddialarını çürütmeye kararlıymış."

"Yine inatçılık..."

"Tabii bir de annen vardı."

"Annen vardı derken ne demek istiyorsun? Öyle bile olsa, bu onların boşanmalarını kolaylaştırmaz mıydı?"

İrkiliyor. "Annemin babamı boşamak gibi bir düşüncesinin olduğunu sanmıyorum. Hiç değilse, savaşmadan pes etmeyecekti. Onu terk ederse bizi bir daha asla göremeyeceğini söyledi ona. Babamın da bu riski göze almak gibi bir niyeti yoktu. Annem babamla mutsuz olmayı, onun annenle mutlu olmasına tercih etti."

"Ondan nefret ediyor olmalısın. Annemden yani."

"Hayır." İki elinin parmaklarını birleştirip düşünüyor. Dibine kadar yenmiş tırnakları çok bakımsız. "Böyle bir şey aklımın ucundan geçmedi sanırım. Babamın mutluluğu karşılığında ödenen çok küçük bir bedel olduğunu düşünüyorum mektupların. Sonuçta sadece mektup onlar. Ve bunun bir parçası olmak istedim: O küçücük mutluluğun. Yaygaracı Bebek ile konuştum..." Susuyor.

Yaşadığı çocukluk için gözlerimin arkasında yaşların biriktiğini hissediyorum. Sıyrık dizli sakar bir çocuk. Kemikli bilekleri küçülmüş ceketinin kollarından çıkan, küçük bir mutluluğun, herhangi küçük bir mutluluğun parçası olmak isteyen bir çocuk. Hasta babası ve huysuz annesiyle yaşayan yapayalnız bir çocuk. Bana bir şey söylemeye can atıyormuş gibi geliyor. Ben de zoraki gülümsüyorum. "Reçelli bisküvi?"

Gülüyor. "Böğürtlenli. Yaygaracı Bebek bana babamın anneni babanı terk etmeye ikna etmeye çalıştığını söyledi. Annen bunu yapmayı reddetmiş Irenie. Babanı seviyormuş. Benim babamı sevdiği gibi değil belki ama aralarında aşk varmış yine de," diyor bir solukta bana şu ana dek bir sürü insanın söylediği benim de kalben bildiğim şeyi onaylayarak. "Ve buna çok seviniyorum. Gerçekten öyle," diye devam ediyor. "Ben seni mutlu biri olarak hayal etmeyi başaramadım pek. Özellikle de olanlardan sonra, ama en azından mutsuz olmamanı diledim hep."

"Onca zamanını beni hayal ederek mi geçirdin gerçekten?" Dikkatim dağılıyor. Gülüyorum. Bana tıpkı hayal ettiği gibi olduğumu söylediğinde onun babasına benzemesi gibi benim de anneme benzediğimi kastettiğini zannetmiştim. "Tüm çocukluğum boyunca. İlk konuşmamızdan itibaren."

"İyi de sen hiçbir zaman konuşmadın ki. Her seferinde tek kelime etmeden kapattın telefonu."

"Sen hatırlamıyorsun," diyor. "İnsanın yaptıkları için özür dileyemeyeceği şeyler vardır. Bunu bilmeliydim."

"Hatırlamıyorsun diyerek ne demek istedin?" Ben her şeyi, her detayı, Zoraki her gülümsemeyi ve her yalanı hatırlarım.

"Belki de daha iyidir."

"Ne daha iyidir?" Üsteliyorum. "Sen neden bahsediyorsun?" Beynimin derin ve karanlık köşelerinde bir çatlak oluşmaya başlıyor. Uzun zaman önce gömülmüş bir yük dışarı fışkırmak üzere.

Arkasına yaslanıp şakaklarını ovuyor. "Özür dilememin işe yarayacağına inanıyordum ama şu anda bencillik yaptığımı düşünüyorum. Özür dilemek dileyenden başkasına yaramıyor."

"Ne için özür dilemek?"

"İlk seferinde küçük bir çocuktum. Hiçbir şey bilmiyordum. Ama ikincisinde biliyordum. Ne olacağını biliyordum ve onun gelmesini istiyordum." Başını masaya koyuyor.

"Kimin Firdaus?" Kalkıp masanın etrafında yürüyorum. "Kimin gelmesini istiyordun?"

"Otur. Lütfen." Sanki o masanın etrafında yirmi yedi tane daha sandalye yokmuş gibi sandalyesini uzatıyor bana. Bunu o zaman da biliyordum. Ama onun babamı iyileştirmesini istedim. Onu iyileştirebileceğine gerçekten inandım."

Gözlerinin yaşlarla dolması telaşlandırıyor beni. "Annemin mi?"

Üzüntüyle başını sallıyor evet anlamında. Yanına oturuyorum ve olabildiğince nâzik bir şekilde ondan bana her şeyi anlatmasını istiyorum. "Her şeyi en baştan anlat."

Gözlerini silip derin bir nefes alıyor. "Tamam," diyor. Başını sallıyor. "Ağzımı hiç açmamalıydım, ama açtığıma göre artık her şeyi bilmen gerekiyor. Mektup kaçakçılığımı biliyorsun. Ne olduklarını hiçbir zaman sormadım, ama ne olduklarını biliyor gibiydim demiştim hatırlarsan. Bütün çocukluğumu annemle babamın birbirlerini suçlamalarıyla geçirmiştim. Bir gün hastaneye gittiğimde annem hâlâ oradaydı. Bu sıra dışı bir şeydi, çünkü nadiren hastanede olduğu zamanlarda çay saati geldiğinde giderdi. Ne annem ne de Khuram hastanelere tahammül edemezdi. Beni hastaneye okuldan sonra Nanny getirirdi. O gün annemle babam tartışıyorlardı. Koridordan duyabiliyorduk seslerini. 'Ona söylemek zorundayım,' diyordu babam sürekli. 'Hayır değilsin,' diye bağırdı annem. Nanny onları duyduğumu söyler söylemez annem odadan fırladı. Nanny de peşinden gitti ama annem öyle öfkeliydi ki bizi fark etmedi bile.

Tartışmaya rağmen babamı görmeme izin vermesi için yalvardım Nanny'ye. Benim için üzülmüş olacak ki izin verdi. Bütün o ağrı kesiciler ve üzüntüsü yüzünden babamın aklı başında değildi o gün. 'Ona söylemek zorundayım,' deyip duruyordu."

"Anneme mi?" diye soruyorum tekrar.

Başını sallıyor evet anlamında. "Tahmin etmem uzun sürmedi. 'Ona her şeyin buraya kadar olduğunu söylemelisin,' diye fısıldadı bana ben kim olduğunu anlayınca. 'Ona elveda dediğimi söyle.' Sonra gözlerini kapattı."

Firdaus da gözlerini kapatıyor. Bir şey söylemem, bir şey yapmam gerek diye düşünüyorum ama ne olduğunu bilmiyorum. Onların hikâyeleriyle ilgili ne yapmam gerektiğini bilmiyorum. "Neden veda etmek istediğini anlayamadım," diye mırıldanıyor. "Yolunda gitmeyenin ne olduğunu gerçekten anlamamıştım. Nanny'ye sorup öğrenene kadar uluslararası telefon görüşmelerinin nasıl yapıldığını bile bilmiyordum. Sadece annemin senin annenden nefret ettiğini biliyordum. Sanırım bu yüzden yaptım. Hasta haliyle babamı üzdüğü için, onu seyrek ziyaret ettiği için ve geldiğinde de yüzüne bile bakmadığı için ona çok sinirlenmiştim. Dışarı ilk çıktığında telefon ettim. İlk aramamda telefona sen çıktın."

"Bunu hatırlıyorum. İlk aramada telefona cevap verdiğimi." Annem telefona cevap vermezse, babam bir şeylerin yolunda olmadığını düşünür diye korkmuştum. Ya da daha kötüsü. Telefona o cevap verir de babam bir şeylerin yolunda gitmediğini anlar diye korkmuştum.

"Bana annenin müsait olmadığını söylediğini hatırlıyor musun? Rahatsız edilmek istemediğini söylemiştin."

"Bilmem ki." Bir sürü insana annemin telefona gelemeyeceğini söylediğimi hatırlıyorum. Ama ona söylediğimi hatırlıyor muyum? Şu ya da bu şekilde, sanırım bir yerden hatırlıyorum. "Belki."

"Sen tam telefonu kapatacakken söyleyecektim. 'Kim hoşça kal diyor?' diye sorunca sen söyledim ben de. 'Ahmed hoşça kal diyor,' diye tekrar ettin. 'Her şey buraya kadarmış.' Sonra ikimiz de kapattık telefonu. Ne yaptığımı anlayacak yaşta olmasam da biraz daha büyüyene kadar anlamamış anında pişman oldum yaptığım şeyden."

"Ne demek istiyorsun?" diyorum. Ahmed hoşça kal diyor. Çok tanıdık geliyor bu cümle bana. Şimdi duyunca bu cümleyi söylediğimi hatırlıyorum. Bu cümleyi söylememin pişman olduğum bir şey olduğunu da hatırlıyorum. Özür dilerim. Hepsi benim suçum.

"Özür dilerim Irenie. Teyzelerini konuşurken duydum. Annenin senin sayende hayatta kaldığını söylüyorlardı."

Özür dilerim. *Hepsi benim suçum.* Ellerimin buz gibi olduğunu hatırlıyorum. Parmak eklemlerimin nasıl tutulduğunu hatırlıyorum. Kendimi tutmaktan, kısılan sesimi hatırlamamıştım. Bunca zaman onu bir hayaletin korkuttuğunu sanmıştım. "O yüzden yaptı değil mi? Benim söylediğim şey yüzünden değil mi?"

"Hayır, senin yüzünden değil. Benim yüzümden. Çok özür dilerim. Gerçekten çok özür dilerim." Karşımdaki oğlana bakıyorum. Belki de yakışıklı olan oğlana. Düzgün yüz hatları kederden ve suçluluk duygusundan şekilden şekle girmiş. Gözlerinin altında halkalar olduğunu görüyorum şimdi. Bugüne kadar gördüklerimden çok daha mor halkalar bunlar. Beti benzi solgun. Hızla büyüyen ergenlik çağındaki bir çocuğun olması gerekenden bile zayıf. "Hayır," diyorum istediğimden daha yüksek bir sesle. Neredeyse bağırıyorum. Sesimden irkiliyor. "Hayır, senin yüzünden değil." İtiraz edeceğini hissedip elimi kaldırıyorum. "Özür dileme. Sakın. Küçücük bir çocuktan böyle bir şey yapmasının istenmesi korkunç."

"Asıl küçücük bir kıza bu kadar yüklenmem çok kötü. O zamanlar fark etmedim. Anlayamadım. Babam için yapmam gerekiyordu. Ben de hiç düşünmeden yaptım."

Onu anlamamayı tercih ederdim ama anlıyorum. Küvete gitmek

için de annemin bana ihtiyacı vardı. Kahve kupasını ağız gargarasıyla çalkalamama ihtiyacı vardı. Akşam yemeğinin yanmaması için kontrol etmeme ihtiyacı vardı. "Biz sadece teminattık," diyorum alçak sesle. "Yapabileceğimiz hiçbir şey, işleri daha iyiye ya da daha kötüye götüremezdi."

Başını sallıyor itiraz ederek. "Anlamıyorsun. İlk seferinde masum bir çocuk gibi davranmış olabilirim, ama ikincisinde annenin babam için neler yapabileceğini biliyordum. Babama iyi geliyordu. Ben de ikinci kez aradım onu."

"Sen neden bahsediyorsun? Ne zaman?"

"Babam ilk hastalandığında." Kafamın karıştığını fark edip susuyor. "Bildiğinden emindim."

"Annem babanı nasıl iyileştirmiş olabilir? Kendine bile hayrı yoktu. Darmadağın olmuştu. Ne olduğunu biliyorsun. O olaydan sonra haftalarca bizden uzaktaydı."

"O mu gitti?"

"Hayır babam gönderdi. Hastaneyi gördüm." Babamı Jo Anne ile gördüm.

"Öyle olabilir, ama Londra'ya gelmenin bir yolunu buldu işte. Geldiğinde ben hastanedeydim. Annemi hiç o kadar öfkeli görmemiştim. Önce onu içeri sokmak istemedi ama sonunda izin vermek zorunda kaldı. Sadece birkaç dakikalığına görüştüler ama onlar için yeterliydi. Dört sene sonra vedalaşacak kadar yeterli zamanları olduğunu düşündü sanırım annem. Annenin ziyaretinden birkaç gün sonra babam iyileşmeye başladı. Annenin bir melek olduğunu düşünmüştüm o zaman."

"Ölüm meleği belki de," diye mırıldanıyorum kan beynime sıçramış vaziyette. Ben evde onun için endişeden ölürken, o başka insanlara meleklik yapmak için dünyanın öbür ucuna gidiyor. Ben değil "biz" onun için endişeden ölürken diye değiştiriyorum düşüncemi.

Babamı da terk etmişti. Babam onu bir hücreye kapatıp anahtarını da denize atmamıştı: Bırakıp giden *o*.

Yüzü daha da sararıyor. "Haklı olabilirsin," diyor. "Onu aramaktan daha iyi bir şey bulmalıydım. Birbirlerinden ayrı yaşayamayacaklarını anlamalıydım o zaman. Babamın ayrılığa dayanamayıp öleceğini. Görmek istemedim ve bu yüzden şimdi annen de hayatta değil."

"Firdaus," diyorum. "Bu duyduğum en aptalca fikir. O bir kazaydı."

"Öyle mi dersin?" diye soruyor bir şeyler bilip bilmediğimin izlerini arayarak yüzümde, niyetlerinin ne olduğunu tasdik edecek izleri.

"Değil miydi?" diyorum fısıldayarak.

"Annenin ne kadar kötü bir sürücü olduğunu biliyordu babam. Bunu herkes biliyordu. Ben bile biliyordum."

"İyi de babanın araba kullanacak hali yoktu ki o zaman zaten. Eminim annem elinden geleni yapmıştır ama arabanın kontrolünü kaybetmiş. Gazeteler de öyle söylüyordu."

"Sence de öyle mi oldu?" Daha önce ne bu kadar samimi bir yüz ifadesi, ne de bir varsayımın gerçek olması dileğine bu kadar dört elle sarılan bir insan görmemiştim hiç. Neden benimle görüşüp konuşmak istediğini anlıyorum şimdi.

"Yağmur yağıyordu. Yollar ıslaktı."

"O zaman niye geri dönmediler?"

Sessiz kalıyoruz. İkimiz de dönemediklerini ve asla dönemeyeceklerini itiraf eden taraf olmak istemiyoruz.

17

Sana âşık olmadan önceki hayatımın nasıl bir şey olduğunu hatırlamaya çalıştım ve bomboş olduğunu fark ettim. Sana yemin ederim o hayattan vazgeçecektim ve yine yemin ederim ki denedim. Ama bana öyle geliyor ki ne yaparsam yapayım seni aklımdan çıkaramıyorum. Seni ne zaman görebileceğimi bilmiyorum. Hatta bir daha görüp geörmeyeceğimi de bilmiyorum. O yüzden sana şimdi söylüyorum tüm kalbimle: Nerede olursak olalım, ne yapıyor olursak olalım, ölene dek seveceğim seni.

Oturmuş öğle yemeğini yerken Archibal Crowe ismi durduk yerde geldi James'in aklına. Mayonezli ton balıklı sandviç ve mango sosu yiyordu. Ona kalsa turşu yemeyi tercih ederdi ama evde bulundurdukları bir şey değildi turşu.

Amerikan mezeleriyle arası yoktu Yasmeen'in; hele Irenie'nin hiç arası yoktu. Irenie daha da beterdi bu konuda. Bazen kızının Yasmeen'den daha Yasmeen olduğunu düşünüyordu. Ütülediği yakalar aslâ yanmazdı. Pişirdiği yemeklerin tuzu az olmazdı. Masa örtüsünün tertemiz ve kolalı olmasına dikkat eder, oturma odasındaki lambaların düzenli olarak tozunu alırdı. Evdeki karışıklıkların gösterişsiz bir biçimde hangi ara değişime uğradığını bilmiyordu James. Tabloların ne zaman düzeltildiğini ve asırlık kapı kollarının ne zaman parlatıldığını bilmiyordu sözgelimi ama Irenie'nin ilk ne zaman evdeki kontrolü ele aldığını hatırlıyordu.

Yasmeen öleli neredeyse bir yıl olmuştu. Irenie birkaç ay sonra on bir yaşına girecekti. Zaten suskun bir çocuktu: James evdeyken odasına kapanır, merdivenlerde karşılaştıklarında da sesini çıkarmadan geçip giderdi yanından. Yılbaşı gelip geçmişti; Yasmeen'in tatil coşkusu olmadan geçirilen iç karartıcı bir gün olmuştu yılbaşı onlar için. Çam ağacı almak James'in aklına gelmemişti. Irenie de ona hatırlatmayı unutmuştu. Sahte bir yılbaşı sevinciyle yaktıkları ateşin başında James ona yılbaşı hediyesi olarak *Odysseia*'nın çocuklar için hazırlanmış resimli kitabını hediye etmişti. O daha paketi açmadan Irenie'nin yaşının o kitap için çok büyük olduğunu fark etmişti James. Irenie de bir şey söylemeden kendi eliyle hazırladığı patlamış mısır toplarını uzatmıştı ona. Birini ağzına atar atmaz dişlerinden tekini çatlatmıştı James. Hüzünlü hüzünlü hindilerini yemiş ve ilk kez keşke bir televizyonumuz olsaydı demişlerdi. Yasmeen aslâ bir televizyon istememişti evde. Yılbaşı yemeklerini yedikten sonra Irenie'nin hep çaldığı *The Nutcracker*'ın cızırtılı kaydını dinlemiş, James'in şöminenin üzerine tek sıra dizdiği ışıklara bakmışlardı uzun uzun sessizce. Dirsekleri aşınmış, yaka danteli dikkatsiz bir maceraperestin boynuna dolanmış bir örümcek ağı gibi görünen kırmızı kadife elbisesine damlamamasına dikkat ederek marşmelov kızartmıştı. Yeni giysilere ihtiyacı var diye geçirmişti aklından James. Nihayet ona verecek doğru düzgün bir şey akıl ettiği için sevinmiş ve çocukların büyüyen varlıklar olduğunu hatırlamadığı için kendinden utanmıştı.

Ertesi gün Irenie alışveriş merkezinde tek başına alışveriş yapma konusunda ısrar etmişti. On yaşındaydı ve alışveriş merkezine babasıyla gidecek yaşı çoktan geçmişti, ama James onun o minik bedenini o kalabalığa karışırken gördüğünde on yaşın hiçbir şeyin yalnız yapılamayacağı kadar küçük bir yaş olduğunu düşünmüştü. Daha önce planladığı gibi eve gidip çalışmak yerine, Irenie dışarı çıkana kadar otoparkta bekledi.

Eve gittiklerinde Irenie ona kredi kartını ve titizlikle sıraya konulmuş bir deste alışveriş fişi vermişti. Yaptığı harcama üç yüz doların biraz altındaydı. Çocuk kıyafetleri almak için biraz fazla görünüyordu ama James bu miktarın Yasmeen'in harcadığından fazla olmadığını biliyordu. Fişlere bakıldığında alışverişi sanki Yasmeen yapmış gibi görünüyordu: Kısa denizci ceketi, yağmurluk, beş tane yünlü etek, beşi pamuklu sekiz bluz, altı süveter, dört elbise, iki kazak, Mary James ayakkabı, sandalet, spor ayakkabısı, bir çift kısa çizme, bir paket dizaltı çorabı, dörtlü iki paket külotlu çorap, her birinden ikişer tane alınmış külot ve atletler. Yasmeen'in kararlı bir şekilde karşı çıktığı özel tasarım kotlardan yoktu alınanlar arasında. Irenie'nin bir ara okuldaki bütün kızların giymek zorunda olduğunu söylediği pantolondan bile yoktu. Kafa karıştıran tek alışveriş fişi, alışveriş merkezinin yakınındaki küçük bir marketten alınan otuz yedi dolar elli sentlik fişti. Irenie'nin tamamen kendine ayırdığından emin olduğu şekerlemeleri ona bir ara soracağına karar verip işinin başına döndü. Saat yedi buçukta, her zaman yaptıkları gibi, kızını mikrodalga fırında dakikalar içerisinde hazırlanan akşam yemeğine çağırmak için odasının kapısını çaldı. Kızı cevap vermedi. Belki de bu akşam sofrayı kendisi kurmak istemiştir diyerek mutfağa yöneldi. Üç dakika gecikmişti. Irenie her zaman dakikti. Aşağı katta onu plastik tepsilerin karşılamasını beklerken, üzerine güzel bir örtü serilmiş mutfak masasının uzun zamandır kullanılmayan çin porseleni yemek takımlarıyla donatıldığını gördü. Yasmeen'in genellikle acelesi olduğunda pişirmeyi tercih ettiği tavuk yemeğinin dumanı tütüyordu sofrada. Etrafına yoğurt ve turşu kâseleri dizilmişti tıpkı Yasmeen'in ailecek yemek yedikleri zamanlarda yaptığı gibi. O an, James karısının geri döndüğünü düşündü. Irenie okul alışverişini yapmış, sonra da dönerken markete uğrayıp akşam yemeği için alışveriş yapmıştı. Ama sonra kızını fırının yanından gelirken gördü. Antika gümüş tepsiye tepeleme doldurulmuş pilavın ağırlağından elleri titriyordu. Tek kelime etmeden James'in tabağına yemek koydu. Yasmeen'in yaptığı gibi ilk servisi babasına yapmış, sonra da kendi tabağına yemek koymuştu.

"Lezzetli görünüyor Irenie," dedi. Irenie'nin yemeği kaşıkla tabağa koyarken masaya damlayacak diye endişelenerek dudağını ısırması dokundu ona. Çok da lezzetliydi. Yemekler özellikle güzel olduğunda Yasmeen'in Irenie'ye methiyeler düzdüğü zamanları hatırladı. James ilk defa Yasmeen'in bunu Irenie'nin pirinci yıkamasının vazgeçilmez bir yardım olduğunu hissetmesi için yapmadığını fark etti. "Gerçekten de lezzetli," diye ekledi beceriksizce.

Irenie ona baktı ama gülümsemedi. Sanki yemeğin lezzetinden zaten eminmiş edasıyla çatalını alıp yemeğini yemeye başladı.

O günden sonra 437 Chestnut Hill adresinde bazı şeyler değişmeye başladı. James evde olsa da olmasa da her gün yedi buçukta akşam yemeği masada hazırdı. Televizyon karşısında atıştırılan hazır yemek stokları çöpü boyladı ve buzdolabının kapısında alınacaklar listesi peydahlanmaya başladı. James'in ruhu bile duymadan kirli çamaşırlar çamaşır makinesinin yanında yığınlar oluşturmaz oldu. Daha önce tekrar tekrar teslim olduğu buruşuk giysiler mûcizevî bir şekilde dümdüz oldu. Gece çekilip sonra da haftada bir gelen temizlikçi tarafından açılan perde gündüzleri açık, geceleri kapalı olmaya başladı. Evin önündeki yolun kenarındaki güller budandı ve pencereler pırıl pırıl oluncaya kadar silindi. Irenie on iki yaşındayken küçük harcamaların üstesinden gelebileceğinden emin bir şekilde çek defterini Irenie'ye verdi bir sabah James. O güne dek esamesi okunmayan düzen kendiliğinden kuruldu ve uzun zamandır ihmal edilen detaylar onlarla ilgilenecek hamarat birine kavuştu. Ancak bir bahar akşamı Faber kendini bir şeyler içmeye davet ettirdiğinde fark etti James bütün bu değişiklikleri.

Yasmeen gideli üç yıldan fazla olmuştu, James'in öldü demeye dili varmıyordu hâlâ ve bunalımdaydı. James her nisan ayında bunalımda oluyordu. Gerçi onun nisan ayına özel bunalımıyla her zamanki sıkıntılı hali arasındaki anlaşılması zor geçişi kızı bile fark etmiyor gibiydi. Bu belki de Irenie'nin kendi nisan bunalımına gömülmüş olmasından kaynaklanıyordu. On üç yaşına yeni girmişti, annesiz geçirdiği dördüncü doğum günüydü, adet görmeye başlaması onu her zamankinden daha mesafeli yapmıştı. Beraberinde gezdirdiği kederi artık anlaşılmıyordu.

Bu keder eskisi kadar ağır değildi artık, ama babasınınki gibi müphem gri bir tatminkârlık yanılsamasına dönüşmüştü. James bu örtünün altında kızının ne düşündüğünü ya da ne hissettiğini bilmiyordu; aslında anlamak için pek de çaba sarfetmemişti bugüne kadar. Ne Faber'in kızlarının sorumsuzluğundan şikâyetini yarım kulakla dinlerken ne de kendini bir şeyler içmeye gitmeye davet ettirirken düşünüyordu kızını.

James en son Crawford'daki bir bara gireli yıllar olmuştu. Bir ayağı çukurda olmayanları pek de iyi ağırlamayan Pembe Oda tavernası dışındaki diğer barlar, sattıkları on sentlik içki ve dartlar yüzünden delik deşik olmuş duvarları ile daha çok öğrencilere hitap eden mekânlardı. Kariyerinin ilk yıllarında James, ısrarcı öğrencilerinin onu ufak çaplı çapkınlıklar yapmak için gece dışarı çıkmaya ikna etmelerine izin verirdi bazen. Faber'in kendisini çoğu kızının yaşındaki eğlence düşkünleriyle dolu yapışkan zeminli bir bara sürüklemesine izin vermek gibi bir niyeti yoktu. Faber'in olmasa bile onun biraz haysiyeti vardı. Bu da onlara Crawford'un saygıdeğer insanlarının pahalı ara yemeklerin üstüne kaliteli şaraplarını yudumladıkları restoranlarına gitmekten başka bir seçenek sunmuyordu ama James bu yaşça büyük adamla uzun bir akşam yemeği yemeye çok da hevesli değildi. Bunu hisseden Faber, James'in evinde bir şeyler içmeyi teklif etti. James düzgün içkiler bulundurduğu bir içki dolabı olmadığı yalanını söyleyemeden Faber onun dosya dolabından yirmi beş yıllık bir viski şişesini çıkarıp ısrarla her yere taşıdığı, üzerinde isminin baş harfleri olan tuhaf evrak çantasının içine attı.

Faber telaşlıydı, çünkü kızlarından biri bile annelerinin otuzuncu ölüm yılını anmak için eve gelmeye istekli değildi. Mezar başında yapılacak küçük bir tören ve dışarıda yenecek gösterişli bir akşam yemeği planlamıştı, ama kızları bu kadar geç haber verdiği için gelemeyeceklerini söylemişlerdi. "Kadın otuz yıldır ölü. Ne kadar erken haber vermemi bekliyorlardı ki," dedi burnundan soluyarak.

Dürüst olmak gerekirse, kızlarının ikisi Sacramento'da yaşayan tanınmış kişilerdi. Üçüncü kızı da Hollanda'nın The Hague şehrinde diplomattı. James, Faber'in bir şeyler planlayabilecek bir hassâsiyette olmasına çok şaşırmıştı. Faber'den hiçbir zaman çok hoşlanmasa da onu gayet iyi tanıyordu James. Sonuçta son günlerini yaşayan bir bölümün ileri gelen iki üyesiydiler. Öyle bile olsa James, Faber'in sırlarını onunla paylaşmasına hep hazırlıksız yakalanıyordu. James biraz kafa yorsa, Faber'in onu bir dost gibi gördüğünü anlayabilirdi ama buna hiçbir zaman kafa yormadı. James'in arkadaşları yoktu. Bir keresinde Irenie'nin bileğini iyileştiren doktorla bundan birkaç yıl önceki kıran kırana oynanan bir tenis maçında omzu çıkana dek her cumartesi günü tenis oynardı. Omzunu muayene ettikten sonra Doktor Phelps ona zorlayıcı sporları yapmayı bırakmayı önermişti üzülerek. Arada bir kahve içmek için buluşsalar da tenis oynamayınca arkadaşlıkları eskisi gibi değildi. Yasmeen yeniden samimi olabilmeleri için Phelps ailesini akşam yemeğine davet etmişti ama Bayan Phelps'i o kadar çekilmez bulmuştu ki James'e onlarla bir daha görüşmek için şartları çok zorlamaması konusunda yalvarmıştı. James birkaç hafta boyunca onlara borçlu olunan akşam yemeğini reddetme cesaretini bulmuştu kendinde ama o yemek daveti hiç gerçekleşmedi. Belki Bayan Phelps de Yasmeen'in çekilmez biri olduğunu düşünmüştü. Belki de bunun Doktor Phelps'in tenis arkadaşının genç ve güzel karısından gözlerini bir türlü alamamasıyla bir ilgisi vardı. Sebebi ne olursa olsun, James'in sahip olduğu tek arkadaşı da uçup gitmişti elinden. Arkadaşlıkları James'in çok istediği ya da yerine başka birini koymak istediği türden bir arkadaşlık değildi.

Faber'e onun arkadaşlığına ihtiyaç duyduğu ya da bu arkadaşlıktan keyif aldığı izlenimi yaratmak için hiçbir şey yapmamıştı ama Faber kızlarının sorumsuzluğu üzerine saçmalarken buna kayıtsız görünüyordu. Antik Yunan'da erkeklere hak ettikleri saygı gösterilirdi. Bunu her ikisi de biliyordu. Baba eve geldiğinde yorgun ayaklarını ovmak için kim koşuyordu şimdi? Kim ona çok eğlenerek üzüm soyuyordu? Kim onu şarkı ve danslarıyla eğlendiriyordu her akşam? Tabii ki Faber'in nankör kızları değildi. Chestnut Hill Lane'e geldiklerinde James'in bunalımı derin bir öfkeden kaynaklanan baş ağrısına dönüşmüştü. O içkiye çok ihtiyacı olacaktı.

Eve giden yolda yürürlerken Faber "Aman Allahım!" diye bağırdı. "Bizim yağmur ormanına ne olmuş böyle?" James dize kadar gelen çimlerin güzelce biçildiğini gördü. Çiçek tarhlarına tohumlar ekilmiş, güller budanmıştı. Biri verandanın kenarları boyunca hercai menekşeler dikmiş, çınar ağacına da bir kuş evi asmıştı. Üç su perisi heykelciği leylakların arasından James'i gözetliyorlardı. Elma ağacının altında bir peri heykelciği dans ediyordu. Yıldırım çarpan çınar ağacının kütüğünün çevresine incelikle işlenmiş zehirli mantar heykelcikleri yerleştirilmişti. Yasmeen'in kanının son damlasına kadar atmama mücadelesi verdiği saçma barok çeşme bile tamir edilmişti. Bahçe Viktorya devrine ait bir kâbusa, Lewis Caroll'un[31] kitaplarındaki gibi bir rüyaya dönüşmüştü.

"Sanırım Irenie bahçe işlerine biraz meraklı," diye mırıldanmıştı James daha önce fark etmediğinden utanarak. Bir bahçıvanlık firması adına kesilmiş çekleri imzaladığını hatırladı ama o çeklerin hiçbiri burada yapılanlara yetecek kadar büyük miktarlarda değildi. "Bildiğin mucize yaratmış!" yorumunu yaptı Faber. James de aynı fikirdeydi. Kızının Faber'in kızlarından çok farklı olmasından gurur duyuyordu. Ona sanki bahçe bir gecede dönüşüm geçirmiş gibi gelse de yıllardır süren bir çalışmanın ürünüydü aslında. Yasmeen daha gitmeden önce heykelcikler yerleştirilmiş, çeşme yapraklardan arındırılmıştı. Bahçeye el atmak Celeste'in fikriydi. Büyükannesinin Upper East Side bölgesindeki havasız apartman dairesinde kandırılarak geçirdiği onca yıldan sonra Eccles'ların bahçesinde keyfine diyecek yoktu çiçek saksılarının. Celeste'in çalışmalarına devam etmeleri konusundaki kararlılığı olmasa, Irenie annesi gittikten sonra bahçeden elin eteğini çekecekti. Çok çalışmak Irenie'nin dikkatini dağıtıp kaybettiği annesini düşünmesini engeller diye düşünmüştü. Öyle de olmuştu bir bakıma. Yıllarca kendini otun çöpün içinde helak ettiği zamanlarda uyuyabilmişti geceleri ancak. Faber'lerin ziyaretinden sadece birkaç hafta önce bahçe işlerinin artık ihtiyaç duymadığı koltuk değneği olduğunu fark etmişti. James şaşıracak, kızını kötü yola düşüreceğinden emin olduğu asi Celeste'in baharın hemen hemen her gününde onlara uğrayıp Irenie'nin doğru düzgün yapmadığı budama işini düzeltip temizlikçinin vurdumduymaz oğlunun gözden kaçırdığı yabani otları yolduğunu öğrendiğinde zerre

31 Ç.N.: *Alice Harikalar Diyarında*'nın yazarı.

kadar rahatsız olmayacaktı.

James, Faber'i oturma odasına götürürken onun ruhu bile duymadan her şeyin böyle değişmiş olmasına ne kadar şaşırdığını belli etmemeye çalıştı, ama oturma odası da Faber'i en az bahçe kadar şaşırttı.

"Ne yaptınız siz? Dekoratör mü tuttunuz?" diye bağırdı. "Ev muhteşem görünüyor. Muhteşem olmuş. Yoksa çaktırmadan görüştüğün kadın arkadaşlarının mârifeti mi bütün bunlar?"

Bir haftadan kısa bir süre önce ziyaretçi olarak gelen Fransız bir öğretim görevlisiyle çıkmış olmasına rağmen, Faber'in kinâyeli sözlerine sinirlendi. Çapkın bir adam değildi o. Buluşma kötü geçmişti. Ayrıca, Faber'in son gelişinden beri geçen sürede evinin dekorasyonunun değiştiğini düşünmüyordu. Sonra değiştiğini fark etti. Yasmeen'in verdiği son akşam yemeği davetinin üzerinden altı yıl geçmişti. Oda o zamanlar bu kadar derli toplu değildi. Mobilyalar da bu kadar zarif yerleştirilmemişti. Oda adım adım ahenge kavuşturulmuştu. Irenie'ye köftelerinin annesininkinden daha lezzetli olduğunu söyleme hatasını bir kez yaptıktan sonra, yaptığı değişiklikler için ona iltifat etmekten daha önemli bir şey biliyordu artık James. Irenie annesinden daha iyi olmak istemiyordu. Onunla aynı olmak istiyordu.

James'in eski yerinde olduğunu görünce rahatladığı Yasmeen'in düğün fotoğrafını incelerken, "Her zamanki gibi çok güzel," dedi Faber kendi kendine konuşur gibi. Faber'in karısını incelemesinden her zamanki gibi çok hoşnutsuzdu ama boşverdi.

"Hadi bir şeyler içelim," dedi.

***

Irenie eve geldiğinde James sarhoştu. Faber ondan da sarhoştu.

"Selam fıstık," dedi kelimeleri söylemekte zorlanarak. "Gecenin bu saatinde nereden geliyorsun?"

Saat daha yediydi. Üçten beri içiyorlardı. Boğazlarından aşağı süzülen her viski yudumuyla James şaşkınlık içinde Faber'i gittikçe daha az can sıkıcı buluyordu. Adam için üzülmüştü neredeyse: Bu denli yalnız olması ne kadar üzücüydü.

"Kütüphaneden," dedi Irenie şaşkın şaşkın. Faber, Irenie'nin bahçe konusundaki başarısına, eve nasıl güzel baktığına, her görüşünde daha da güzelleştiğine dair iltifatlar yağdırdı. Ona okulunu sordu, James sorsa kaçamak cevaplar vereceği ya da duymazdan geleği sorular sordu. Çok güldürdü onu. Faber daha ne olduğunu anlamadan akşam yemeğine kalmasını istedi. Neden olmasın ki? Yemekleri çoktan pişirmişti.

Yemek boyunca aralıksız sohbet ettiler. Hatta biraz daha az sarhoş olan Faber'i geçirinceye kadar devam etti sohbetleri. James yaşlı bir adamla genç bir kızın konuşacak bu kadar çok şey bulmasına hayret etti.

"Misafirimiz olacağını söyleseydin eve erken gelip akşam yemeği için yeni bir şeyler pişirirdim," dedi Faber gittikten sonra Irenie ona.

James sadece başını sallayıp biraz utanmış bir okul çocuğu gibi yere baktı. O günden sonra Irenie, Faber'in uğramayı alışkanlık haline getirme ihtimalinin olduğu perşembe akşamları için özel bir şeyler pişirmeye başladı. Bir keresinde Faber ona "Bunu yapmak zorunda değilsin. Bana bir muz ve yumurta yeter," dedi. Bunlar James'in defalarca söylemek istediği ama sadece bir kez dile getirdiği şeylerdi. Irenie ona öyle soğuk bir bakış fırlatmıştı ki bir daha aynı şeyleri söylemeyi aklından bile geçirmemişti. O zaman Irenie'nin kendi tuhaf yöntemleri dikkate alındığında bunu yapmak zorunda olduğunu anlamıştı. Bu onun yapmaya can attığı ya da rica ettiği bir şey değildi, ama ondan başka yapacak kimse yoktu artık. James'in bunu yapmak zorunda olmadığını söylemesi ona Yasmeen'in artık yapamayacağını hatırlatıyordu. İşleri annesinin yaptığından farklı bir şekilde yapmak onun dönmeyeceğini kabullenmek demekti. Oysa bunu Faber söylediğinde Irenie sadece güldü ve "En sevdiğiniz yemek büryan pilavı değil mi?" dedi.

***

"Archibald Crowe... Archibald Crowe... Ben bu ismi nereden hatırlıyorum?" diye geçirdi aklından dalgın dalgın James öğle yemeğini öylesine yerken. Yemek yemek bir göreve dönüşmüştü onun için. Asansörde çalan müzik gibi artık dikkatini vermediği bir şey. Ton balıklı sandviçinin ekmeği hamur gibiydi. Bayatlamıştı. Aylardır bir sürü alüminyum kabın arkasında beklemişti dondurucuda. O kapların hepsinde de Irenie'nin gitmeden haftalar önce ona söylemeden pişirdiği yemeklerden kalanlar vardı. Bir sürü yemek bırakmıştı dondurucuda Irenie. Öğle yemeğinde de onlardan yiyebilirdi ama bugün ton balıklı sandviç çekmişti canı. Tadı hiç iyi olmadığı halde inatla bu ton balıklı sandviç iyiymiş diye geçirdi içinden James. Sadece turşudan başka şeyler koyunca annesinin yaptıklarından farklı olmuştu. Sandviçi atıp onun yerine kızının ev yapımı atıştırmalıklarından birini ısıtmayı düşündü ama sonra vazgeçti. Neredeyse tüm gençliğini yalnız yaşayarak geçirmişti. Bir ergenin ona bakmasına ihtiyacı olmadan da hayatta kalabilirdi. Yine de gitmeden önce dondurucuya yemek istiflemesi düşünceli bir davranıştı. Bunu neden yaptığını merak etti. Hayatı boyunca suskun kalmasının sebebi yalnızca ilk adımı onun atmasını beklemesi miydi? Telefon konuşmalarında ona karşı açık olmaya başlamıştı ve bunun karşılığında o da daha önce hiç bilmediği hayatının bazı küçük detaylarını paylaşmıştı onunla.

Hayır, gerekçelerinin bu kadar basit olduğunu düşünerek ona haksızlık etmeyecekti. Annesi gittiğinde onu suçlamıştı. Bunu biliyordu. Hatta annesi gitmeden önce bile onu sanık sandalyesine oturtmuştu. Karısı onun tahmininden çok daha fazla yıkılmıştı ama Irenie onu bunun için suçlayamazdı değil mi? Artık Ahmed'i bildiğine göre ki biliyordu, değil mi? Biliyor olmalı. Yoksa neden âniden Pakistan'a gitmek istemiş olsundu ki? Sonra James bu kararı aniden aldığından emin olmadığını kendine itiraf etmek zorunda kaldı. Belki de ona ani bir karar gibi görünmüştü.

O kararı verirken kızının aklından ne geçtiğini, orada ne bulduğunu merak etti. Huzur bulmuş muydu? Annesini affedebilmiş miydi? Affetmesine gerek var mıydı? James bunların hiçbirini bilmiyordu. İlk seferinde Irenie de bilmiyordu. Yasmeen pişman olarak dönüp hastaneye yattığında kızlarına her şeyin planladıkları gibi gittiğini söyleyecekleri konusunda anlaşmışlardı. Annesinin gitme kararı verdiğini bilmeden onu gönderdiği için James'den nefret ediyordu. İkinci sefer, yine James'i suçlamıştı. Bundan emindi ama annesi bir daha dönmediği için deliye dönmüş müydü?

"Archibald Crowe, şimdi hatırladım!" Hatırlaması öyle âni oldu ki hâlâ kemirdiği sandviçi düşürdü elinden. Archibald Crowe: Heykelcikleri yapan adam, evin o satın almadan önceki sahibi, bodrumda kendini asan adam. Yasmeen, Irenie'yi bodrumda boynuna ip dolamış vaziyette görene kadar durumun ciddiyetini kavrayamamıştı ama bodrumdaki bu yaşanmışlık Yasmeen'i çok rahatsız etmişti. Bütün o korku dolu ayakları ters dönmüş cadıların ya da güzel ama şeytani kadınların mezarlıklardan dışarı çıkma hikâyeleri en ince ayrıntılarıyla Yasmeen'in kafasına üşüşmüş, çığlık çığlığa kalmıştı. James kızının bu tür sahnelere kaç defa şahit olduğunu bilmiyordu. Bilmek istemiyordu. O öğleden sonraya kadar Yasmeen'in gayet iyi olduğuna inanmayı seçmişti.

Yasmeen'i yatağa yatırdığında Irenie "Annemin nesi var?" diye sormuştu. James bile bunu ona izah edecek durumda değildi. Annesinin aklını kaçırdığını, çünkü yaşayamadığı geleceğin, onun varlığını imkânsız kılacak olan o geleceğin okyanusun öbür ucunda bir hastane odasında ölüyor olduğunu altı yaşındaki bir kız çocuğuna izah edemezdi. Bu yüzden de Yasmeen'i hayaletin üzdüğünü söylemişti ona.

Babasının yalan söylediğini anlamak çok zamanını almayacaktı Irenie'nin ve o bir yalancıysa ondan kim bilir başka neleri saklıyordu. Ona karşı hep tedbirli olmuştu ama bu olaydan sonra ondan sonuna kadar şüpheleniyordu. Onun spor delisi Jo Anne'le yaşadığı ilişki de üstüne tuz biber ekmişti. Tabii ki ne ona ne de Yasmeen'e tek bir şey söylememişti. Sessizliğini sonsuza dek sürdürebilirdi. Altı yaşında bile o merdivenlerin tepesinde, o altında bir adamın kendini astığı merdivenlerin, o hiçbir şey görmeyeceği kadar karanlık olan merdivenlerin tepesinde üç saat boyunca ağzını açmadan durabilmişti. Nihayet konuşmaya karar verdiği için ona minnettardı James.

18

İlk karşılaşmamızdan kısa bir süre önce tekbenciliğe[32] *merak salmıştım. Bu olabilir miydi? Sadece ben mi vardım? Bunu nereden bilebilirdim? Nereden bilecektim? Ya sadece ben varsam ve koskoca evrenle sonsuza dek yalnız başımızaysak? Seni bir kez tanıyınca bunun öyle olmadığından emin oldum.*

Konferans odası daha önce bulunduğum ortamların hepsinden daha karanlık. Nemli bir silgi tarafından silinen bir tebeşirin karanlığı, yıldızlı bir gecede eski bir kuyuya baktığınızda gördüğünüz karanlık kadar karanlık. Bu belki de yerin iki metre altında ya da gökyüzünün en yakın güneşten asırlarca uzak bir yerinde olduğunuz için var olmamanızın karanlığı. Bir an annem bana hiç olmadığı kadar yakın ve hiç olmadığı kadar uzak.

Elime bir şey dokunup tutuyor. İkimiz de konuşmuyoruz. Konuşmaya gerek yok. Onun da boşluktaki yankıları hissedebildiğini biliyorum. Anne ve babalarımız her tarafımızdalar. Bizi terk edenler ve hâlâ orada olanlar.

32 Ç.N.: Yalnızca bireysel benin varlığını tanıyan, kişinin kendi dışındaki her şeyin düşte görülenler gibi gerçek dışı olduğunu öne süren felsefi öğreti.

Işıklar tekrar geldiğinde bin yıl geçmiş bile olabilir çok rahat. Halıların kıvrılmadığını, boyanın yeni olduğunu fark edince şaşırıyorum. En azından kapının yanındaki vazodaki çiçekler ölmeli.

"Pekâlâ," diyor Firdaus göz kırparak. Elimi bırakmıyor.

"Pekâlâ," diyerek karşılık veriyorum. İçimdeki bir şey, onun iki elini birden tutmaya zorluyor beni. "Bildiğinden o kadar emindim ki," diyor sanki bir rüyanın son kalıntılarını silkeler gibi başını sallayarak. "Emin miydin?"

"Mektuplar yüzünden."

"Bir dakika," diyorum sesimi yükselterek bir anda bu sohbetin en başından beri beni rahatsız eden şeyin ne olduğunu fark ederek. "Mektupların bende olduğunu nereden biliyordun?"

Biraz kafası karışmış görünüyor. "Onları ben yolladım sana değil mi?"

"Bunu neden yapasın ki?"

"Çünkü sana bu dünyada güvendiğim herkesten daha çok güvendim."

Şüpheli görünüyor olsam gerek ki açıklama ihtiyacı duyuyor. "O aramayı yaptıktan sonra babam her şeyi anlattı bana. Sanki annenin adını söylemek için yıllardır yanıp tutuşuyormuş da nihayet bunu yapma şansını yakalamış gibiydi. İtiraf ediyorum en çok sen çektin ilgimi. Bildiği her şeyi anlattırdım ona. Senin sesinde bir şey duydum, beni anlayacağını düşündüren bir şey. Sen de bunun nasıl bir şey olduğunu biliyordun benim gibi. Sürekli seni düşünürdüm. Arkadaşmışız gibi yapardım. Kafamda serüvenden serüvene koşardık seninle. Çok utanç verici..."

Ona bu itirafı borçlu olduğumu düşünerek "Biliyor musun Yaygaracı Bebek sana söyledi mi bilmiyorum ama babanın benim babam olduğunu hayal ederdim hep. Olmasını isterdim"

"Gerçekten mi?" diyerek gülüyor. Sonra ciddileşiyor tekrar. "Ama benim babam öldü." Susup elimi tutuyor yine. "Ah Irenie."

Omzumu silkiyorum. "Aptalca olduğunu biliyorum. Mektupları okuduktan sonra senin babana kendi babama hissettiğimden daha yakın hissettim kendimi, ama şimdi dünyanın öbür ucundayım ve ona bugüne kadar hissettiğimden çok daha yakın hissediyorum. Ne komik değil mi?"

"Bence değil."

Üzgün görünüyor ve hüzün katlandığı bunca şeyden sonra ona hissettirmek istediğim son şey. "Dünyanın en zeki insanı değilim," diyerek şaka yapıyorum başıma vurarak. "Belki de mektupları başkasına emanet etmeliydin."

Hafifçe gülümseyip başını sallıyor. "Yanlış. Her neyse emanet edebileceğim başka kimse yoktu zaten. Babamın son arzusu onları saklamamdı. O mektuplar ortaya çıkarsa insanlar incinecek dedi bana. O yüzden de ona bir şey olursa mektupları yok etmemi istedi benden. Olanlardan sonra böyle bir şey yapamazdım. Mektupların her şeyi açıklığa kavuşturacağından emindim. Ama işin aslı öyle değil, değil mi?"

Yenmiş tırnaklarına, yorgun gözlerine bakıyorum. "Biz ne yaparsak yapalım, hikâyenin sonunu paylaşmanın bir yolunu bulacaklardı." İlk kez mektupların ortadan kaybolmuş olmalarına seviniyorum. Bilmediğimi bilmesine gerek yok. Yüzyıl daha yaşasam, bu yalandan daha gerçek bir şey söyleyip söyleyemeyeceğimi bilmiyorum.

Gülümsüyor. "Bana her sonun yeni bir başlangıç olduğunu mu söyleyeceksin?"

"Hayır," diyorum Shireen teyzeyi düşünerek. "Ama belki de sonlar bizim zannettiğimiz yerde değildir. Belki de her hikâyenin sonsuz sayıda farklı sonu vardır."

"Ve benim bu sonların sadece yedi tanesini hayal ettiğimi düşünmek!"

"Sonlarını kendilerinin belirleyemedikleri tüm o karakterleri bir düşünsene."

Ellerimiz iki yana düşüyor. Birden tuhaf görünüyoruz.

"İşte buradasınız!" diye bağırıyor Naaz kapıdan içeri dalarak. "Her yerde sizi arıyoruz!"

"Bu kim?" diye soruyor Shamim, Firdaus'u tepeden tırnağa süzerek.

Çabucak tanıştırıyorum onları o an başka bir yerde, herhangi bir yerde olmayı isteyerek. Firdaus da öyle hissediyor gibi görünüyor. Şu anda havadan sudan bahsetmek kutsal bir şeye saygısızlık etmek gibi geliyor nedense. Geri dönmek için koridordan geçerken Firdaus kulağıma eğilip "Ve sanırım her bir sonun da sonsuz sayıda sonucu var," diyor bana.

Gülüp omzumu kaldırıyorum. "Sadece öyle olduğunu ümit edebiliriz."

Kuzenlerimle balo salonuna dönünce her şeyin bıraktığım gibi olduğunu görüyorum. Kimse bizim yokluğumuzu fark etmişe benzemiyor. Bir dizi poz daha veriyoruz fotoğraf makinelerinin karşısında Shezzie ile. Sonra da büfeyi kolaçan ediyoruz kalan yiyeceklerden almak için. Shamim kıyafetini hangi terzinin diktiği konusunda annesiyle hafif yollu bir tartışmaya giriyor. Naaz her zamanki gibi tartışmadan çok korkup elindeki çayı yere düşürüyor. Firdaus'un odanın karşı köşesinde oğlan kardeşinin yanında oturduğunu görüyorum, ama biz daha konuşma fırsatı bulamadan Aamir dayı eve gitmekte diretiyor.

"Beş saattir buradayız. Gelin ve damadı seyrederek daha ne kadar vakit geçirmemiz beklenebilir ki?"

Başörtümü arka taraftaki bir sandalyenin üzerinde bırakıyorum bilerek. Tam kapıdan çıkmak üzereyken almak için geri dönmek zorunda kalıyorum. Kuzenlerim ne yaptığımı anlayarak bakıyor bana, ama sebebi zannettikleri şey değil. Başörtümü bıraktığım yerin biraz ötesinde oturuyor. Son bir çay daha içip geline gülümsüyor. Boğazımı temizliyorum ama onu selamlayamıyorum. "Mehrunissa" ya da "özür dilerim" ya da "merhaba" bile demeyi başaramıyorum.

En sonunda "Özür dilerim," diyebiliyorum boğuk bir sesle.

Bana bakıyor. Öyle benden hoşlanmuyormuşçasına değil. Sonra da ben yıldırım hızıyla uzaklaşmadan hafifçe başını sallıyor onaylayarak.

***

Arabada yanımızdan akıp giden sokak lambalarını sayıyorum. Aklımın bir köşesinde gereksiz bir şey. Yolun üzerinde ölü bir serçe, kontrol noktasındaki taburelerinde oturup uyuklayan iki polis memuru, çiçekleri solmuş üç tropikal bitki. Yatma zamanları çoktan geçtiği halde sokakta olan dört bisikletli çocuk, Margalla Yolu boyunca yan yana park edilmiş beş tane Suzuki marka araba, bir ağaçtan sarkan altı tane yarasa. Naaz'ın tuniğinde yukarıdan aşağıya yedi düğme var. Şimdi arabanın ya da sokağın neresinde birbirine benzeyen sekiz şey bulabilirim? Maalesef akrabalarım kimin ne giydiğini ve kimin bir oturuşta ne kadar ne yediğini tartışmakla o kadar meşguller ki burnumu cama yapıştırdığımın farkında değiller.

Kendimi mektupların düzenlenmiş olmasına kafa yorarken buluyorum. Bodrumda saklanan etiketlenmiş çocukluk fotoğraflarımı getiriyorum gözümün önüne, öyle karmaşık bir raf düzeni ki ilk bakışta kaotik görünüyor. Annemin babama, babamın da anneme gönderdiği mektuplar tarihlerine göre özenle sıralanmış. Annemle Ahmed'in mektupları da aynı şekilde sıralanmış. Beni rahatsız edenin Firdaus'un söylediği ya da daha doğrusu söylemediği bir şey olduğunun farkına vardığımda neredeyse eve varmak üzereyiz. Eğer mektupları aceleyle hazırlanmış bir pakete koyduysa onları tarihlerine göre kim düzenledi?

19

Bir gün uyanıp aşkının bittiğini hissedersem şüphesiz düşer ölürdüm. Kalbim duruverirdi. Bir zaman ruhum olan şeyden kalan ne varsa uçup giderdi. Artık sana aslâ sahip olamayacağımı ve birlikte bir hayat kuramayacağımızı biliyorum. Ama aşkının denizlerce uzakta parlayan hayaleti olmasa öleceğimden eminim.

Paket ulaştığında Irenie hâlâ Florida'daydı. Havayoluyla acele posta olarak gelmişti. 'Bayan Irenie Eccles' adınaydı ama gönderinin kim olduğuna dair en ufak bir bilgi yoktu. Kraliyet Posta pulunu görünce James, annesinin Irenie'ye doğum günü hediyesi gönderdiğini düşündü bir an ama Grace Eccles öleli neredeyse beş sene olmuştu. Irenie'ye gönderdiği son hediye, vaftiz edilmeyen Irenie'nin hiç kullanmadığı kendi elleriyle diktiği vaftiz elbisesiydi.

Annesi "Onun minik ruhunun Araf'ta dolaşıp durduğunu bir hayal et," cümlesini eklemeye başlamıştı doğum günü hediyesi olan mendillerin paketine iliştirdiği her mektubun sonuna. James, Irenie'yi vaftiz ettirmeyi düşünmüştü bir ara. Çok kısa bir ara. Sonra kendi dinlerinin onların hayatında uzun zamandır bir hükmü kalmadığı için Yasmeen ile kızlarına herhangi bir dini aşılamama konusunda anlaşmışlardı. Yine de James annesinin tek torununu asla gerçekten sevmediği konusunda endişelenmişti. Onu ziyaret ettiklerinde Irenie'ye saatlerce çocuklar için yazılmış İncil'den pasajlar okurdu ama ona anneannesi ile dedesinin gösterdiği sevginin yarısını bile gösteremezdi. Grace asla duygularını gösterebilen bir kadın olmasa da James daha fazla vakit geçirme imkânları olsa birbirlerine daha yakın olabileceklerini düşünürdü. Yaptıkları on günlük ziyaretlerden birinden sonra Grace bahçede düşmüştü. James'in kendini suçlu hissetme hastalığı aslâ tamamen yok olmamıştı. Bu suçluluk duygusunun kaynağı olan dinle bir alakası kalmamış olmasına rağmen, bu hastalık onun eğer annesinin hayatında bir torun olsaydı daha uzun yaşar mıydı sorusunu sormamasını imkânsız hale getirmişti. İşte tam da bu yüzden paketi görünce bir anlığına da olsa mutlu olmuş, ama hemen sonrasında da onu saran suçluluk duygusuna geri dönmüştü.

Paket annesinden gelmediğine göre Yasmeen göndermiş olmalıydı. Başka kimin Irenie'ye İngiltere'den bir paket gönderme sebebi olabilirdi ki? Yasmeen orada olduğunu biliyordu. Bunu o aksanı yüzünden İngiliz'e benzeyen ama adında dört yaşında bir çocuk tarafından İngiltereli biriyle karıştırılamayacak kadar çok hece olan bir kadının Heathrow'dan arayıp Bayan Yasmeen Eccles adında birinin her nasılsa pasaportunu göçmen bürosunun arkasında unuttuğunu söylediği sinirli telefon konuşmasından önce de Yasmeen'in İngiltere'de olduğunu biliyordu. Eve gelip kimseyi bulamadığında da biliyordu. Yasmeen, Irenie'nin Florida'ya gitmesine izin verdiğinde de bir şeylerin yolunda gitmediğini biliyordu. Ama ağzını açıp tek kelime etmemişti.

Ahmed'in ölmek üzere olduğunu tabii ki biliyordu; Yasmeen

söylemişti ona. İlk iyileşme mucizesi beklenmedik, hatta daha önce eşi benzeri görülmemiş bir gelişmeydi. İkincisi olmayacaktı. Karısı onu kapıda karşıladığında bunu onun feri gitmiş gözlerinde, markete gitmek için çıkarken aynadaki yansımasına bakışındaki umursamazlıkta, iç çekişinde ve elbisesinin yanlış iliklenmiş düğmelerini düzeltmek yerine üzerine bir yağmurluk geçirmesinde görmüştü. Ahmed'i ölmeden önce görmek isteyeceğini biliyordu ama bunu hiç gündeme getirmemişti. İlk seferinde gitmek kolay olmuştu onun için: James onu hastaneye yatırtmaya kalkmış, o da buna tepki olarak kaçmıştı. Bu kez onu terk etmek için hiçbir gerekçesi yoktu ve James de onun bunu yapmayacağını düşünüyordu gerçekten. On yıldan uzun bir süredir kendisine iyi bir eş olmuştu Yasmeen. Bu süre zarfınca Ahmed'in adını anmama sözünü tutmuştu. James şimdi de bu sözüne sadık kalacağını biliyordu. Sadece tek kelime etmeden gitmesini beklemiyordu. James onun bu kez dönmeyi planlamadığından emindi.

Haftalardır kızlarına iyi bir anne olmadığı için acımasızca eleştiriyordu kendini. Aylardır bunalımdaydı. Bir keresinde Irenie'nin onsuz daha iyi olacağını söyleyecek kadar ileri gitmişti. James ciddiye almamıştı onu. Paketi verandadan içeri getirirken böyle bir şeyi ciddiye almadığı için öfkelendi kendine. Keşke ona bir şeyler söylemiş olsaydı o zaman. Keşke gidip Ahmed'i görmesini isteseydi. Keşke döndüğünde onu burada bekliyor olacağını söyleseydi. Ama hiçbirini yapmamıştı. Birkaç gün sonra Dove civarında uçurumdan yuvarlanan aracın haberini alacaktı James. Araçta biri kadın biri erkek iki kişi olduğunu öğrenecekti. Araba kiralama şirketi arayıp Yasmeen'in kiraladığı gümüş rengi arabayı teslim etmekte üç gün geciktiğini söylemeden önce biliyordu kadın olanın Yasmeen olduğunu. Sahil Güvenlik'ten aranıp ölmüş olabileceği söylenmeden önce biliyordu onun öldüğünü. James'in karısını kaybedeceğini tahmin ettiğini söylemek pek doğru olmasa da evlilik anlaşmasını daha ziyâde kira kontratına yakın bir belge gibi gördüğü doğruydu. Evet, hayallerinin kadını ile evlenmişti ama bunu onun aslâ kendisine ait olmayacağını ve ödünç alınan bir şeyin bir gün mutlaka sahibine iade edildiğini bilerek yapmıştı. James neredeyse tüm evliliği boyunca bu düşünceden uzak durmayı başarmıştı ama boş bir eve geldiği gün kira kontratının sona erdiğini hemen anlamıştı: Çok şeyini verdiği bir şeyi hiç beklemediği bir anda kaybeden birçok insan gibi kendini suçlamıştı. Önce bunca zaman kaçınılan bir şeyin olmasına izin verdiği için, sonra da böyle bir şeye habersiz yakalandığı için. Paketin geldiği gün berbat bir durumdaydı. Üzerinde kızının adı yazan paketin kâğıdını çıkarıp altı katlı koli bandını sıyırdığında bilinci çok da yerinde değildi.

James, paketin içinde ne olacağını umuyordu, bunu bile bilmiyordu. Kısa süreli saçma bir iyimserlikle üzerinde klasik "Annem Londra'ya Gitti ve Bana Getirdiği Tek Şey Bu Berbat Tişört" yazan kırmızı çocuk tişörtü olduğunu hayal etti paketin içinde.

Tabii ki bunun paketin içindekiyle alâkası yoktu. Eski bir kâğıda sarılmış bir deste mektup vardı pakette.

İlk mektubun ilk satırında "Sevgili Ahmed," yazısını okudu. Beş yıl sonra mektupları bulduğunda kızının da aynı şaşkınlıkla hissedeceği bir âşinâlık hissetti karısının eğri büğrü el yazısını görünce. Irenie'nin tersine James, bu mektupların ne olduğunu ve bu mektuplara verilen cevapların konulduğu mineli kutunun evde bir yerlere saklandığını bilecekti. Neden Yasi, neden bu mektupları Irenie'ye gönderesin ki?

Son yıllarda James karısının teselliyi boş şişelerde arama alışkanlığını edinmişti. Paketin geldiği gün de öyle yaptı.

James biraz ezilmiş olan paketi masasının üstüne koyup içki dolabını boşaltmaya gitti. Bir şişe viskinin beşte birinden fazlasını, yarım litre cini ve Yasmeen'in birkaç hafta önce buzdolabında bıraktığı votka toniği içti. Sonra da yarısından azı dolu olan bütün şişeleri içerek şarap rafını düzenledi. Tatlı olarak da bir kutlama ya da acil durum için sakladığı ev yapımı biraları bitirdi. Ondan not koparabilmek için hediye edilenen biraların öğrencinin söylediği gibi iyi olup olmadığını aslâ bilemediğini söylemeye gerek yok. James olduğu adam olmasaydı Irenie kimsesiz bir çocuk olarak bulabilirdi kendini. Onun bu çığırından çıkmış aşırılıkları başlı başına bir adamı öldürmeye yeterdi ve bu hayali diğer adamın beyin fonksiyonları alkol komasını bir şekilde atlatsa bile büyük bir ihtimalle kendini damdan tren raylarının üzerine atar ya da yemek borusundaki kusmuğu boşaltmayı imkânsız hale getirdiği için onu öldüren nöbetler geçirirdi.

Ama James böyle bir adam değildi. James kendini ayarlamayı bilirdi. Ne zaman bir dilim ekmek yemesi gerektiğini ve viskinin ne zaman su ile içilmeyeceğini bilirdi. Aslına bakarsanız, James kendini öldürmek ya da kendini öldürmeyi isteyecek cesareti toplayacak kadar içmek istemiyordu. James'in istediği tek şey, bir anlığına da olsa zihninin tamamen boşalmasıydı ve masasındaki pakete on dört saat boyunca gözünü kırpmadan bakıp küçük bir gergedanı öldürmeye yetecek kadar da içki içerek bunu yapmayı başardı.

Kendine geldiğinde oturma odasında yerde yatıyordu James. Yastık niyetine de terliği vardı başının altında. Kollarının her yerini kırmızı mürekkeple kargacık burgacık yazdığı "Hayır" kelimesiyle doldurmuştu ve bunu yaptığını hatırlamıyordu. Üstüne de Yasmeen'in hamileyken giydiği kazaklardan birini geçirmişti beceriksizce. Akşamdan kalma olup da kendini bu kadar berbat hissettiği tek bir gün olmuştu bugüne kadar, o da birinin punch[33] eklemeyi unuttuğu bir sürahi punchı kafaya diktiği çılgın bir parti akşamının sabahıydı. O zaman kendini sokakta yere yapışmış vaziyette bulmuştu. Boynu

33 Ç.N.: Çay, şeker, tarçın, limon karışımına rom veya kanyak gibi damıtılmış bir alkollü içecek katılarak yapılan ve bunun buharlaşan alkolü yakıldıktan sonra içilen içki.

bir köşebentin, bacağı da bir tekerleğin içindeydi uyandığında. O sabah uyandığında hissettiği yaralanma kendini aşağılama şeklindeydi ama James'in fizyolojisi onu yine onca yıl önceki gaddarlığıyla cezalandırmıştı. Ölecekmiş gibi hissettiğini söylemek fazla abartılı olmaz. Mutfağa giderken karısının mineli kutusuna takılıp düşmüştü. O kutuyu nereden bulduğuna ya da mektupları okuyup okumadığına dair en ufak bir fikri yoktu. Kutunun anahtarının Yasmeen'in çalışma odasına astığı zincirin ucundaki kolye ucu olduğunu nasıl anladığına dair de bir fikri yoktu. Bildiği kadarıyla Yasmeen o kolyeyi daha önce hiç çıkarmamıştı boynundan. Neyse ki espresso demliğinin dibinde kalanı imdadına yetişmişti. Sarhoşların ileri görüşlülüğü işte, ama Ahmed'in mektuplarının başına ne geldiğini tahmin bile edemezdi.

James akşamdan kalmalığından kafeinle kurtulmaya boşu boşuna uğraşırken, paket kâğıdının bir parçasının mutfak masasının ortasında duran bozulmuş bezelye kâsesinin içine sokuşturulmuş olduğunu fark etti. Üzerindeki el yazısı, Yasmeen'in el yazısı değildi. Biraz telaşlandı. Ahmed'in el yazısı da olamazdı, çünkü onun el yazısı o kadar kötüydü ki hiçbir şeyi elle yazmazdı. James bunu biliyordu. Bu el yazısı neredeyse berbat bir şekilde okunaklıydı. Çocukların kompozisyon ödevlerinde gördüğünüz, biraz sola eğik yazılan harfler yüzünden puan kırdığınız türden bir el yazısı. Bu el yazısı kesinlikle bir çocuğa aitti.

Bir gece önce iliklerine dek duyumsadığı o aydınlanma anında sorusuna bulduğu cevapla sarsılmıştı: Neden Yasi, neden bu metupları Irenie'ye gönderesin ki? *Bir gün onu anlasın diye.* Öfkeden kudurmuş bir şekilde, kızını terk edip gittikten sonra ne yaparsan yap asla kızının kahramanı olamayacaksın diye geçirdi aklından.

Ama Yasmeen kahraman olmaya falan çalışmamıştı. Mektupların başkası tarafından gönderildiği çok açıktı. Yasmeen'i tanıyordu.

Muhtemelen tek kelime etmeden terk ettiği için kızının ondan nefret etmesini umuyordu. Ya da geri dönmeyi planlıyordu. Belki de kaza gerçekten bir kazaydı. Karısının onu terk ettiği fikrine teslim olmuştu olmasına da Yasmeen, Irenie'yi terk eder miydi? Emin olmamakla birlikte böyle bir şey yapması olası görünmüyordu. Kendisinden başka birinin terk ediliyor olması bir kez olsun aklının ucundan geçmemişti.

James o günün geri kalanını ve sonraki iki günü belasını arayarak geçirdi. Akşamdan kalmalığı yerinden oynatamadığı iğrenç bir böcek gibi olmaya devam etse de gecenin kör karanlığında şehrin bir ucundan diğerine gidip durdu arabasıyla yaptığı içki âleminin delillerini çöp konteynerlerinde bırakarak. Eve verdiği küçük hasarları gidermeye koyuldu. Düzeltilmesi en zor olan hasar, oturma odasının parkelerindeki kocaman yanık iziydi. En nihayetinde, yanık izinin üzerine kanepeyi çekti. Çok çalışmaktan ve direksiyon başındaki gece gezmelerinden bitap düşünce, birkaç bin mektuba verdiği zararı tamir etmeye girişti. Neyse ki verdiği zarar korktuğu kadar büyük değildi. Her birini tek tek ütüleyip birincisinden başlayıp sıraya koydu: Yasmeen, Ahmed, Yasmeen, Ahmed. Mektupların tarihlerini okudu sadece. Kutunun kapağını kapatmadan hemen önce aklına bir fikir geldi. Yatak odalarına -artık sadece onun olan yatak odasına- gidip Yasmeen'in resim derslerinden kazandığı paranın kalanını mücevher kutusunun arkasındaki gizli bölmeden aldı. Saymak zahmetine katlanmadan annesinin hediye ettiği mendillerden birine sardı ve iple bağladı. Desteyi Manila kenevirinden yapılmış sert bir zarfa bantlayıp yaptığını düşünmeden mektupların en altına iliştirdi. Sonra da kutuyu kilitleyip banyonun üstündeki tavan arasının en uzak köşesine itti. Mektuplar Irenie'ye gönderilmiş olabilirdi ama o daha bir çocuktu. Mektupları gönderen de bir çocuktu. Ahmed'in çocuğu olduğunu tahmin etti. Çocukların muhâkeme yeteneğinin iyi olmadığı bilinen bir şeydi. İşlediği suçun itirafı olarak da kolye ucunu döndükten birkaç hafta sonra Irenie'ye verdi. "Annen bunu senin almanı istiyordu. Doğum günü hediyesi olarak verecekti sana," dedi.

"Ama ben büyümedim ki," dedi Irenie vakur bir şekilde.

James ne ilk ne de son kez onun bir yetişkin olarak doğduğundan şüphe etti.

20

Her şeyin birbiriyle bağlantılı olduğuna inanıyor musun hâlâ? Ya da yalnız hissediyor musun? Bir düşüncenin, bir dileğin, bir öpücüğün yolculuğun seyrini tamamen değiştirebileceğine inanıyor musun? Yoksa sadece yapacağın şeylerin mi seni gideceğin yere ulaştıracağını düşünüyorsun?

James çocukken macera romanlarını severdi. Macera onun ve Irene'in birlikte keyif aldıkları bir edebiyat türüydü. James ergenlik yıllarında da macera romanları okumaya devam etti. Yetişkinliği boyunca okudukları içindeyse *Hardy Kardeşler*[34] ve *Odysseia* okuduğu macera romanlarıyle boy ölçüşememişti bile denilebilir. Trenlerin soyulduğu ve gizli haritaların kayalara kazındığı romalarda James'in aklının alamadığı tek şey, Aztek yüzüğü taşıyan roman kahramanının zaman zaman "soğuk terler dökerek" uyanmasıydı. James hiçbir zaman soğuk terler dökerek uyanmamıştı ya da sıcaklıktan başka bir şeyin sebep olduğu bir ter dökerek uyanmamıştı. Oysa 11 Eylül sabahı James soğuk terler dökerek uyandı. Yine Irene'i görmüştü

34 Ç.N.: Franklin W. Dixon'ın bir romanı.

rüyasında. Altı yaşında oldukları yaz, taş ocağının oralarda bir yerlerde yüzüyorlardı. Grace diğer annelerle yüzmüyordu. Bir kayanın kenarına tünemişti ve kırmızı bir şey örüyordu. Irene uçurumun kenarından suya atladığında onları izlemiyordu. Kızının nefes almak için su yüzüne çıkmadığını fark etmedi. Sadece James farkındaydı bunun.

Okuldan tanıdığı birkaç çocukla su topunun daha gaddar bir versiyonunu oynuyordu. Yüksek puan almak için rakibin mayosunu indirmek gerektiğinden kız kardeşi oyuna alınmamıştı. James nadiren Irene'in oynamadığı bir oyuna dâhil olurdu. O yüzden eğlenmiyordu. Kafasının suya batırılması ya da mayosunun indirilmesi hoşuna gitmedi. Irene'in genellikle yaptığı gibi, ikisinin oynayacağı çok daha iyi bir oyun bulduğunu söylemesini istiyordu ona, ama onu bir yarışta yendiği için kızgındı James'e. Ters giden bir şeyler olduğunu hissettiği sırada bu oyundan kurtulabilmek için ona bir gerekçe bulsun diye bundan sonraki on yarışta da Irene'in onu geçmesine izin vermeyi geçiriyordu aklından. Tam o sırada biri arkasından üzerine atladı. James şaşkınlıkla tekrar su yüzüne çıktığında kız kardeşinin en yüksek kayalıktan atladığını gördü. Belki de oğlanlara onlardan daha cesur olduğunu göstermeye çalışıyordu ya da ne kadar endişeleneceğini bildiği için sadece kardeşini korkutmak istemişti. Sebebi ne olursa olsun, James onun boğulmaktan korkmayacağını biliyordu.

O hengâmenin arasında diğer oğlanların üzerine sular sıçrata sıçrata "Irene?" diye bağırdı. Irene geçen uzun saniyelere rağmen su yüzüne çıkmayınca "Irene!" diye bağırdı tekrar. Kimse duymuyordu onu.

Onu suya batırıp mayosunu indirmeye çabalayan oğlanlardan kurtularak taş ocağının kenarları boyunca yüzdü. Ama Irene hiçbir yerde yoktu.

"Irene!" diye bağırdı gölgelerin içine. Suyun altında sadece ikisinin konuştuğu balık diliyle "Irene?" diye mırıldandı. Tam artık pes edip Grace'e haber vermek üzereyken suyun en koyu gölgesinde, kimsenin yüzmek istemediği yer olan meşe ağacının altında yüzen yeşil bir şeyin parladığını gördü.

"Irene!" diye bağırdı tekrar ama ona doğru dönmedi yeşil parlaklık. Ağacın köklerinin kuş yavasına benzeyen bir şekle dönüştüğü uzak köşeye gittiğinde Irene'in boynunun tuhaf bir şekilde bükülmüş olduğunu gördü. Hayır, diyerek haykırdı rüya benliği, nasıl olur. Irene kayalığın kenarında annemin arkasında saklanıyordu. Ama rüyadaki Irene ölmüştü. İkiz kardeşi olduğunu düşündüğü şeyin yanına gitti çıldırmış gibi. Ona bakan boş gözler Irene'in gözleriydi.

Ve böylece James ilk kez soğuk terler dökerek uyandı.

Daha sonraki aylarda, o sabah kahve kupalarında mantar şeklinde bulutlar gören öğretmen ya da iyi huylu atları ürkerek ahırdan kaçan çiftçi hikâyelerini dinledi ama James soğuk terler dökmesinin o türden bir alamet olmadığını biliyordu James. Soğuk terler dökmesinin onun uyuduğu yerin güneyinde, yüzlerce mil ötede binlerce insanın ölmek üzere olmasıyla bir ilgisi yoktu. James'in soğuk terler dökmesi kız kardeşiyle alakalıydı. Uyandığı an bunu biliyordu.

O sabah telefonun uzun uzun çalmasına izin verdi. Malum telefon sapığıyla uğraşacak halde değildi. Bugün Irenie'nin arama günü de değildi üstelik. Daha sonra James ona bundan bahsettiğinde Irenie gizemli bir şekilde gülümseyip artık arayanın telefonu kapatmayacağını söyleyecekti. Oysa o sabah Irenie babasına haberleri okuyup okumadığını sormak için aramıştı. Babasının New York'un kuzeyinin epey uzağında olduğunu gayet iyi biliyordu ama yine de endişelenmişti. Ayrı olduğunuz sevdiklerinizden bir anda sonsuza dek ayrı kalabilirsiniz. James yalvarmaya hazırdı. James özür dilemeye de hazırdı. Emretmeye, hatta tehdit etmeye de hazırdı ama

Irenie bunların hiçbirine gerek kalmadan kabul etti. Yıllar sonra babasına eğer on gün o teklifi yapmasaydı da kendisinin teklif edeceğini söyleyecekti.

Biraz daha konuştular telefonda. Daha çok Irenie'nin dönüş yolculuğuyla ilgiliydi konuşmaları. James onu tabii ki havaalanından alacaktı. Hatta Celeste'i de getirecekti. "Hayır," dedi babasına. "Onu daha sonra göreceğim. Seninle konuşmak istiyorum," dedi biraz utanarak neredeyse gergin bir sesle. Telefonda vedalaşmadan önce de alçak sesle teşekkür etti babasına. James kalbinin derinliklerinde cevabını bildiği halde ona neden teşekkür ettiğini sorma fırsatı bulamadan Irenie telefonu kapattı.

21

23 Eylül 2001 tarihinde Pakistan'dan ayrılıyorum. Amerika Afganistan'a yapacağı hava saldırısını henüz başlatmadı ama eli kulağında. İnsanlar ilk bombanın ne zaman düşeceği üzerine bahis oynuyor. Bombardıman başladığında ben burada olmayacağım. Sonrasında da ben burada olmayacağım. Dünyanın öbür ucunda babamın yapmakta ustalaştığını iddia ettiği ton balıklı sandviçimi yiyor ya da Celeste'in utanç verici aşk ve ihtiras hikâyelerini dinliyor olacağım. Belki de telefonda kuzenlerimle ya da Firdaus'la konuşuyor olacağım. Belki de nihayet resmî bir çalışanı olduğum kütüphanede olacağım ya da okul sıramda oturup daha büyük bir dünyayı hayal ediyor olacağım. Her ne yapıyor olursam olayım yaşıma uygun bilindik şeyleri yapıyor olacağım.

Uçağım sabah 4'te ama sabahın körü olmasına rağmen herkes burada. Nani kâğıt mendille gözlerini silip geri döneceğime dair söz vermemi istiyor. Naaz beni ziyaret edeceğini söylüyor. Princeton'da bir müzik grubu buldu. Naaz'ın bütün yaz gizlice yazdığı şarkı sözlerini kullanmak istiyorlar. Shamim gitmemi hiç istemeyerek beni özleyeceğini söyleyip kalın kollarıyla sarılıyor bana biraz canımı acıtarak. Aamir dayı yenmeyecek gibi olduklarından adım gibi emin olduğum bir torba şekerleme veriyor bana. "Naneli değil," diye fısıldıyor göz kırparak Sairah yengenin duyamayacağı bir şekilde. Beni takılara ve rengârenk ipekli kumaşlara boğan karısı yüzümü her gece buz gibi suyla yıkamam ve cildimi her ne pahasına olursa olsun güneşten korumam konusunda îkâz ediyor. Mehreen teyze buna burun kıvırıp diş ipi kullanmayı hatırlamamın daha önemli olduğunu söylüyor. Nana başımı okşayıp *Fesat Sultan* adındaki romanının bir kopyasını elime tutuşturmadan önce kitap hakkındaki yorumumu dört gözle bekleyeceğini söylüyor. Çok beğenmesem de uyumama yardımcı olurmuş. Ben içeri gIrene kadar ayrılmıyorlar yanımdan. Güvenlik görevlisi oradan ayrılmaları gerektiğini söyleyene kadar camekânın arkasında bekleyip deli gibi el sallıyorlar bana. Arkamı döndüğümde gözlerimden yaşlar süzülüyor yanaklarıma. Bunca yıldır hiç ağlamamıştım ama şimdi neredeyse ağlamadığım zaman yok.

Babamı görünce de ağlayacak mıyım acaba? Belki eve girince ağlarım. Eve dönüş yolculuğunun bir aşamasında, her ikimizin de hayatında ilk defa konuşacağı bir yolculuk sırasında. Onunla annem hakkında konuşmak istediğimi düşüneceğini biliyorum ama yanılıyor. Yıllarca annemi hiç olmadığı bir insan gibi gördüm ama babamı hiç göremedim. O mektupları düzleştirmek, bana gönderildikleri için evde saklamak ona kim bilir ne bedeller ödetti? Annemin gitmesine izin verdiği için ondan nefret etmeme izin vermesinin bedeli kim bilir ne kadar büyüktü? "O seni de terk etti Irenie," demişti ama ben annemin onu da terk ettiğini fark etmemiştim.

Bavulumu teslim etme tantanasından sonra bekleme salonu sessiz ve tenhaydı. Havaalanı pistini seyrettim. Karanlık ve boştu: Sadece PIA'ya[35] ait bir uçak, pistin uzak bir noktasına yanaştı. Ek-

35 Ç.N.: Pakistan Uluslararası Havayolları.

randan "2.15 Katar Havayolları'na ait uçak Doha'ya gitmek üzere havalanmıştır" ve "PIA'nın 7.00 Abu Dabi uçağı gecikmeli olarak kalkacaktır," yazıları geçiyordu arka arkaya. Anladığım kadarıyla havaalanı anonsları benim uçuşumla ilgili bir şey söylemiyor ama tuvaletlerde sigara içmenin kesinlikle yasak ve Pakistan milli takımı bugün bir yerlerde bir maç kazanmış. Ortalıkta tek bir uçuş görevlisi olmamasına rağmen kimse endişeli görünmüyor. Uçuş kartı sırasında önümde olan üç genç, oturdukları yerde şekerleme yapıyor. Saat 4.30'da bu ülkenin onu göndermeye aslâ niyeti olmadığından şüphelenmiş gibi görünen endişeli Çinli bir iş adamı, hediyelik eşya mağazasının sahibine yaklaşıyor. Mağaza sahibi omuz silkiyor umursamaz tavırlarla; diğer yolcular bunu eğlenerek izliyor.

Saat 4.45. Sanırım benim ismim anons edildi. Ben olamam diye düşünüyorum. Başka biri olmalı. Sonra yerimden fırlıyorum yeni bavulumla. Uçağı kaçırmış olabilir miyim? İnsanlarla bir kere daha vedalaşmaya dayanacak gücümün olduğunu sanmıyorum.

Masadaki kadın paniğimle eğlenmiş gibi görünüyor. Endişelenmeyin deyip uçağımı kaçırmadığımı söylüyor. Gülümseyip saçını başörtüsünün altına yerleştiriyor. Anladığım kadarıyla biri bana ait bir şey bulmuş. Beni bir kapıdan geçirip bavulların ölmek üzere gibi göründüğü bir yere götürüyor. Birkaç tane eski püskü bebek arabası ve kırık Samsonite bavul var. Onların arkasında da üzerindeki etiketin sağ üst tarafındaki "I. Ecc" yazısı zar zor okunan siyah bir bavul. Genç kadın, uçuş kartımı veren adamın benim tuhaf ismimi bir yerlerden hatırladığını söylüyor. Tekrar gülümseyip ismimin anlamını soruyor. Her Allah'ın günü havaalanını aranabilecek her numaradan arayıp kayıp çantasını soran kişi siz miydiniz diyor. Çantaya bakıyorum. Kırık bir tekerlek ve haftalarca önce çantayı sağlama almak için taktığım komik kilit. Ben de kadına gülümsüyorum ve başımı sallıyorum.

"Bu çanta benim değil."

Teşekkür

Laura Susjin ve Priya Bora'ya bilinmeyene verdikleri şans için en içten teşekkürlerimi sumak istiyorum. Çalışmalarınız kitabımın hayal ettiğimin çok ötesinde bir kitap olmasını sağladı.

Harper Collins Indiana'daki Manasi Subramaniam'a zekice yapılmış düzeltmeleriyle kitabıma evrim geçirttiği için teşekkür ediyorum.

Periscope Yayınları'na, Mitch Albert'e, Sam Barden'a ve James Nunn'a hârikalar yarattıkları için teşekkür ediyorum.

Çabamı daha ben bile emin değilken şampiyonlukla taçlandıran muhteşem babam ve annem Stephanie Bunker ve Shahrukh Khan'a teşekkür ediyorum. Sizin sevginiz ve desteğiniz olmasaydı (ve bana hediye ettiğiniz onlarca kitap) bunu başarmam mümkün olmazdı. Bana olan inancınız için size sonsuz bir minnettarlık duyuyorum.

Lila Kurosaka-Black, yazdığım ilk kopyayı okuyup bana kitabı elinden düşüremediğini söylediğin için sana teşekkür ediyorum. Bunun benim için ne demek olduğunu bilemezsin.

Gul Mawaz-Khan'a bana tüm kalbiyle inandığı için teşekkür etmek istiyorum. Benim kızgın bakışlarımı ve sessizlik taleplerimi sineye çektiği için de ayrıca teşekkür ediyorum.

Arapaie Kurosaka-Black, kelime icat etme hevesin bulaşıcı. Ne zaman seninle konuşsam zihnim canlanıyor.

Anum Ali Waheed ve Rachel Sennett'e ilk kopyalarımı okuyup paha biçilmez fikirlerini benimle paylaştıkları için teşekkür ediyorum.

Susan Striker'a bana hayatımın en esnek işini verdiği için teşekkür ediyorum. Benden başka hiçbir yazarın bu kadar rahat koşullarda çalıştığını sanmıyorum.

Sarah Lawrence'daki üniversite hocalarıma ve meslektaşlarıma çılgın taslaklarıma gösterdikleri son derece nazik yaklaşımları için teşekkür ediyorum.

Ve burada isimlerini sıralayamacağım kadar çok olan akrabalarıma ve arkadaşlarıma çok teşekkür ediyorum. Bu kitabın basıldığını görme hevesleri hayal edemeyecekleri kadar değerliydi benim için.

